21世纪教师教育系列教材

初等教育系列

初等教育课程与教学论

罗祖兵 编著

图书在版编目(CIP)数据

初等教育课程与教学论/罗祖兵编著. —北京:北京大学出版社,2018.1
(21世纪教师教育系列教材·初等教育系列)
ISBN 978-7-301-29016-3

Ⅰ.①初… Ⅱ.①罗… Ⅲ.①初等教育—教学研究 Ⅳ.①G62

中国版本图书馆 CIP 数据核字（2017）303511 号

书　　　　名	初等教育课程与教学论 CHUDENG JIAOYU KECHENG YU JIAOXUELUN
著作责任者	罗祖兵　编著
策 划 编 辑	李淑方
责 任 编 辑	李淑方
标 准 书 号	ISBN 978-7-301-29016-3
出 版 发 行	北京大学出版社
地　　　　址	北京市海淀区成府路 205 号　100871
网　　　　址	http://www.pup.cn　新浪微博:@北京大学出版社
微信公众号	科学与艺术之声（微信号：sartspku）
电 子 信 箱	zyl@pup.pku.edu.cn
电　　　　话	邮购部 62752015　发行部 62750672　编辑部 62767857
印 刷 者	三河市北燕印装有限公司
经 销 者	新华书店
	787 毫米 × 1092 毫米　16 开本　18.75 印张　320 千字 2018 年 1 月第 1 版　2023 年 6 月第 3 次印刷
定　　　　价	45.00 元

未经许可，不得以任何方式复制或抄袭本书之部分或全部内容。
版权所有，侵权必究
举报电话：010-62752024　电子信箱：fd@pup.pku.edu.cn
图书如有印装质量问题，请与出版部联系，电话：010-62756370

作者简介

  罗祖兵,教育学博士;美国新墨西哥州立大学访问学者。现为华中师范大学教育学院教授、博士生导师,华中师范大学中小学发展研究中心副主任。在《教育研究》《高等教育研究》《课程·教材·教法》《中国教育学刊》等杂志上发表学术论文120余篇,出版的学术专著有《课堂境遇与教学生成》等。主要研究方向为"课程与教学论""中小学教育"等。

前　言

本书主要探讨的是课程与教学的基本理论以及初等教育（即"小学教育"）中的课程与教学问题。本书是在笔者多年教育学专业本科生和小学教育专业硕士研究生的"课程与教学论"课程教学经验的基础上编撰而成的。

基于初等教育的特点和笔者的经验，在编写过程中本书力图体现如下设想：

第一，按课程与教学的实践逻辑来建构教材体系。当前，众多的"课程与教学论"教材均以"整合论"（即"课程与教学是同一件事情的两个不同方面"的观点）为指导来建构教材体系。在这些教材中，课程与教学被当作平等的、同等重要事项来对待，比如在相关教材"章"的标题中有如下的表述："课程与教学的目标""课程与教学的内容""课程与教学的组织""课程与教学的评价"等；但具体到"节"时，似乎又将课程与教学分开了，如将"课程与教学的组织"一章分为"课程的组织"和"教学的组织"两节等。而本教材采取的思路是，课程与教学的整合并不意味着非要实现课程与教学的平起平坐，或者将二者视为是同一件事，而是指要加强它们之间的内在联系。在教育实践中，尤其是在当前中国的教育实践中，绝大多数时候都还是先编制课程，然后再进行教学；在教学过程中开发课程的情况确实存在，但没有形成主流。基于这一认识，本书先讨论如何编制课程，然后讨论如何进行教学，在讨论教学时也涉及如何通过教学来开发课程的问题。

第二，注重课程与教学知识的基础性与前沿性。在本教材的撰写过程中，笔者详细地介绍了课程与教学研究的历史、著名课程与教学研究者的思想、课程与教学的基本知识等，以便让读者对"课程与教学论"这门课有一个整体的认识，为进一步的学习与研究打下扎实的基础。与此同时，本教材还尽可能地将课程与教学论领域的前沿研究推荐给读者，以开阔读者眼界，激发读者的思考。

第三，统筹课程与教学的理论性与操作性。作为未来的教师，学习"课程与教学论"的目的不仅仅在于获得知识，而在于学会课程编制和课堂教学。本教材在介绍、阐述课程与教学的基本知识的同时，非常关注相应知识、理论、思想在小学教育中的运用。在介绍每一个知识点时，都尽可能结合小学课程与教学的实际和实例来进行，力争讲清楚它们在小学教育中的体现与运用。

第四,协调课程与教学的知识性与学术性。作为教材,所呈现出来的知识都应该是共识性的。本教材亦不例外。但是,本教材在介绍"课程与教学论"领域公认的理论、思想和观点的同时,亦介绍了一些笔者对该领域相关问题的思考与研究。比如,在介绍"课程内容的选择"时,还谈到"课程内容的改造";在介绍"课程内容的组织"时,将其进一步分为"微观组织""中观组织"和"宏观组织",而且还讨论了每一组织中的具体组织形式;在介绍"课堂教学的组织与实施"时,还讨论了当前比较流行的"生成性教学"等。

第五,统筹课程与教学知识的全面性与重点性。从知识学习的意义上讲,本书几乎囊括了"课程与教学论"领域所有的基础知识。在全面呈现基础知识的同时,本教材还重点介绍了其中比较重要的知识,尤其是那些影响比较大的观点、与现实联系比较紧密的理论以及对教学改革具有启发意义的思想。这样,让读者既可以全面学习"课程与教学论"的知识,又能深入思考、研究其中的一些理论与问题。

本书先由罗祖兵拟订基本框架,然后分工撰写初稿。承担初稿撰写任务的人员有:罗祖兵(导论、第一章、第三章、第六章、第八章、第九章、第十章、第十一章的第三、四节、第十三章)、余瑶(第二章)、何百杰(第四章)、周省非(第五章)、王玉芳(第七章)、秦利娟(第十一章第一、二节)、程龙(第十二章)。全书由罗祖兵完成修改与统稿。

在本书的撰写过程中,借鉴与参考了国内外不少学者的研究成果,由于篇幅所限,很多地方都没有详细注明,在此特向相关研究者表达诚挚的谢意!感谢北京大学出版社的李淑方老师,作为本书的责任编辑,李老师为本书的出版费尽心力。正是在她的鼓励与鞭策下,本书才得以顺利完稿。

由于理论水平有限,本书在内容和形式上肯定还存在不少缺憾,恳请广大读者、专家、学者以及同行给予宝贵的批评、指正,以便我们进一步改进与完善!

罗祖兵

2017 年元月改稿于华中师范大学教育学院

目　录

导论　课程与教学论概述 …………………………………………… 1
　第一节　课程与教学论的学科性质 ……………………………… 1
　　一、课程与教学论的研究对象 ………………………………… 1
　　二、课程与教学论的研究任务 ………………………………… 3
　　三、课程与教学论的学科性质 ………………………………… 4
　第二节　课程论与教学论的关系 ………………………………… 5
　　一、课程论与教学论关系概述 ………………………………… 5
　　二、本书关于课程与教学关系的观点 ………………………… 7

第一章　课程与课程研究的历史 ………………………………… 11
　第一节　课程研究的历史 ………………………………………… 11
　　一、前科学时期 ………………………………………………… 11
　　二、系统探究时期 ……………………………………………… 21
　　三、独立科学时期 ……………………………………………… 26
　　四、课程理论的多元化 ………………………………………… 29
　　五、中国现代的课程及其研究 ………………………………… 37
　第二节　课程的内涵 ……………………………………………… 41
　　一、课程定义的多样性 ………………………………………… 41
　　二、几类典型的课程定义 ……………………………………… 44
　　三、课程的内涵 ………………………………………………… 48
　　四、课程的表现形式 …………………………………………… 49
　　五、课程的层次 ………………………………………………… 51

第二章　课程目标的确定 ………………………………………… 54
　第一节　课程目标的内涵 ………………………………………… 54
　　一、课程目标的含义及意义 …………………………………… 54
　　二、与课程目标相关的概念 …………………………………… 56

第二节 课程目标的基本取向 …… 59
一、普遍性目标 …… 60
二、行为性目标 …… 61
三、生成性目标 …… 62
四、表现性目标 …… 64
五、体验性目标 …… 65

第三节 课程目标的确定 …… 66
一、课程目标的来源 …… 66
二、对目标进行筛选 …… 68

第四节 课程目标的表达 …… 70
一、普遍性目标的表达 …… 70
二、行为性目标的表达 …… 71
三、生成性目标的表达 …… 74
四、表现性目标的表达 …… 74
五、体验性目标的表达 …… 75

第三章 课程内容的选择与改造 …… 76

第一节 课程内容的含义及取向 …… 76
一、课程内容的含义 …… 76
二、课程内容的取向 …… 78

第二节 课程内容的构成要素 …… 81
一、课程学的研究 …… 81
二、心理学的研究 …… 83

第三节 课程内容选择的原则与程序 …… 85
一、课程内容的选择原则 …… 86
二、课程内容的选择程序 …… 87

第四节 课程内容的改造 …… 88
一、精减 …… 88
二、改编 …… 88
三、浅化 …… 89

第四章 课程内容的组织 …… 90

第一节 课程内容的组织及其原则 …… 90
一、课程内容组织的概念 …… 90
二、课程内容组织的意义 …… 90

三、课程内容组织的原则 …… 91
　　四、课程内容组织的层次 …… 92
第二节　课程内容的微观组织 …… 92
　　一、知识逻辑结构 …… 92
　　二、心理逻辑结构 …… 93
第三节　课程内容的中观组织 …… 94
　　一、逻辑顺序和心理顺序 …… 94
　　二、直线式组织与螺旋式组织 …… 95
　　三、纵向组织与横向组织 …… 95
第四节　课程内容的宏观组织 …… 96
　　一、学科课程与活动课程 …… 96
　　二、分科课程与综合课程 …… 98
　　三、核心课程与边缘课程 …… 100
　　四、必修课程与选修课程 …… 101
　　五、显性课程与隐性课程 …… 103
　　六、国家课程、地方课程与校本课程 …… 104
　　七、课程体系 …… 104

第五章　课程的实施 …… 107
第一节　课程实施的概念及价值 …… 107
　　一、课程实施的概念 …… 107
　　二、课程实施的价值 …… 108
第二节　课程实施的取向 …… 109
　　一、忠实取向 …… 110
　　二、相互适应取向 …… 111
　　三、创生取向 …… 112
第三节　课程实施的宏观样式：课程变革 …… 113
　　一、课程变革的策略 …… 113
　　二、课程变革的基本模式 …… 114
第四节　课程实施的微观样式：教学 …… 119
　　一、教学的定位 …… 119
　　二、教学的意义 …… 120

第六章　教学及教学研究的历史 …… 122
第一节　教学研究的历史 …… 122

一、前启蒙时期的教学思想 ………………………………………… 122
　　二、传统教学论的形成与发展 ……………………………………… 132
　　三、现代教学论的形成与发展 ……………………………………… 135
　　四、教学论的多元化发展 …………………………………………… 139
　　五、中国现代的教学论发展 ………………………………………… 145
　第二节　教学的含义 …………………………………………………… 149
　　一、对教学的已有理解 ……………………………………………… 149
　　二、关于教学本质的争论 …………………………………………… 151
　　三、教学的概念 ……………………………………………………… 154

第七章　教学目标的确定 …………………………………………………… 157
　第一节　教学目标及其功能 …………………………………………… 157
　　一、教学目标的概念 ………………………………………………… 157
　　二、教学目标的特征 ………………………………………………… 157
　　三、教学目标的功能 ………………………………………………… 159
　第二节　教学目标的确定 ……………………………………………… 159
　　一、研究课程标准 …………………………………………………… 160
　　二、研究教材内容 …………………………………………………… 160
　　三、研究学生特征 …………………………………………………… 160
　第三节　教学目标的陈述 ……………………………………………… 161
　　一、教学目标表达的误区 …………………………………………… 161
　　二、教学目标的表达方法 …………………………………………… 162
　　三、教学目标的综合性表达 ………………………………………… 166

第八章　教学内容的分析与加工 …………………………………………… 168
　第一节　教学内容的分析 ……………………………………………… 168
　　一、研读教学内容 …………………………………………………… 168
　　二、分析教学内容 …………………………………………………… 170
　第二节　教学内容的加工 ……………………………………………… 171
　　一、使内涵发生变化 ………………………………………………… 171
　　二、使结构发生变化 ………………………………………………… 172
　　三、改变教学内容的形态 …………………………………………… 172
　　四、增删教学内容 …………………………………………………… 173
　　五、替换既定的教学内容 …………………………………………… 173

第九章 教学过程的设计 ……………………………………………… 175
第一节 教学过程的本质 …………………………………………… 175
一、教学过程是一个促进学生学习的过程 ……………………… 175
二、教学过程是一个促进学生发展的过程 ……………………… 178
第二节 教学过程的基本结构 ……………………………………… 179
一、著名教育家的教学过程模式 ………………………………… 179
二、常用的几种教学结构 ………………………………………… 181
第三节 教学模式的选择与创造 …………………………………… 184
一、教学模式的含义 ……………………………………………… 184
二、教学模式的多样化 …………………………………………… 185
三、教学模式的类型 ……………………………………………… 190
四、教学模式的选择与创造 ……………………………………… 193

第十章 教学组织形式的选择 ……………………………………… 196
第一节 教学组织形式概述 ………………………………………… 196
一、教学组织形式的含义 ………………………………………… 196
二、教学组织形式的历史发展 …………………………………… 197
第二节 几种主要的教学组织形式 ………………………………… 203
一、班级授课制 …………………………………………………… 203
二、小组教学 ……………………………………………………… 205
三、个别教学 ……………………………………………………… 206
四、网络教学 ……………………………………………………… 207
五、走班制 ………………………………………………………… 208
六、复式教学 ……………………………………………………… 208
第三节 影响教学组织形式选择与运用的因素 …………………… 210
一、教学目标与教学内容 ………………………………………… 210
二、拟采用的教学活动类型 ……………………………………… 211
三、班级规模及学生之间的差异 ………………………………… 211
四、教学的资源条件 ……………………………………………… 211

第十一章 课堂教学的组织与实施 ………………………………… 212
第一节 教学原则的运用 …………………………………………… 212
一、教学原则的概念 ……………………………………………… 212
二、常见的教学原则及其运用 …………………………………… 213
三、运用教学原则时要注意的问题 ……………………………… 222

第二节　教学方法的选择 …………………………………………… 223
　　一、教学方法的内涵 ………………………………………………… 223
　　二、常用的教学方法及其运用 ……………………………………… 225
　　三、影响教学方法选择的因素 ……………………………………… 235
第三节　生成性教学及其实施 …………………………………………… 236
　　一、生成性教学的内涵 ……………………………………………… 237
　　二、生成性教学的实施建议 ………………………………………… 238
　　三、生成性教学的样态 ……………………………………………… 239
第四节　课堂的管理 ……………………………………………………… 242
　　一、课堂管理概述 …………………………………………………… 242
　　二、创设良好的课堂环境 …………………………………………… 244
　　三、进行预防性管理 ………………………………………………… 246
　　四、处理课堂问题行为 ……………………………………………… 248

第十二章　教学评价的设计与实施 …………………………………… 253
第一节　教学评价的内涵与取向 ………………………………………… 253
　　一、教学评价的概念 ………………………………………………… 253
　　二、教学评价的功能 ………………………………………………… 254
　　三、教学评价的取向 ………………………………………………… 255
第二节　教学评价的类型 ………………………………………………… 258
　　一、目标本位评价与目标游离评价 ………………………………… 258
　　二、常模参照评价、标准参照评价和个体内差异评价 …………… 258
　　三、诊断性评价、形成性评价与总结性评价 ……………………… 259
　　四、效果评价与内在评价 …………………………………………… 260
　　五、鉴赏性评价与鉴定性评价 ……………………………………… 260
第三节　教学评价的内容 ………………………………………………… 261
　　一、学生的学习效果 ………………………………………………… 262
　　二、学生的学习过程 ………………………………………………… 262
　　三、教师的教导效果 ………………………………………………… 263
　　四、教师的教导过程 ………………………………………………… 263
第四节　教学评价的原则与方法 ………………………………………… 264
　　一、教学评价的原则 ………………………………………………… 264
　　二、教学评价的方法 ………………………………………………… 266

第十三章 教学艺术及其形成 …………………………………… 274
第一节 教学艺术的内涵与类型 ………………………………… 274
一、教学艺术的内涵 ………………………………………… 274
二、教学艺术的分类 ………………………………………… 276
第二节 教学艺术的形成 ………………………………………… 278
一、影响教学艺术形成的因素 ……………………………… 278
二、教学艺术的形成过程 …………………………………… 280

导论　课程与教学论概述

学习目标

1. 了解有关课程与教学论研究对象的不同观点。
2. 理解课程与教学论的研究任务。
3. 了解课程与教学论的学科性质。
4. 了解有关课程论与教学论关系的不同观点。
5. 掌握本书关于课程论与教学论关系的观点。

"课程与教学论"是教育学的下位学科,是"课程论"与"教学论"的合称。在教育学的学科体系中,课程与教学论占据着核心地位,因为学校的主要工作就是课程与教学,培养人这一重任是借助课程与教学的工作来完成的。在某种意义上可以说,人才培养质量依赖于课程与教学的质量。因此,学好课程与教学论,对成为并成长为一名优秀的教育工作者具有重要意义。本书主要讨论课程与教学的基本原理以及初等教育课程与教学论。为了叙述的方便和表达的简洁,在各章不再冠以"初等教育"字样。

第一节　课程与教学论的学科性质

一、课程与教学论的研究对象

任何一个学科都有其特定的研究对象,研究对象的特定性决定了学科的特殊性。关于课程与教学论的研究对象,目前有三种常见的、具有代表性的观点。[①] 第一,"现象说":认为课程与教学论的研究对象就是课程与教学的现象;第二,"问题说":认为课程与教学论的研究对象是课程与教学的问题;第三,"规律说":认为课程与教学论的研究对象是课程与教学的规律。总体而言,支持"规律说"的学者比较多。

当然,还有学者认为,以上三种观点都过于褊狭,课程与教学论是研究课程与教学的现象和问题,并揭示课程与教学规律的一门学科。这样,课程与教学现象、课程与教学问题、课程与教学规律都成为课程与教学论的研究对象。这一观点可以称为"综合

---

① 黄甫全主编.课程与教学论[M].北京:高等教育出版社,2002:10—13.

说"。"综合说"虽然比较全面、辩证,但它没有道出新的东西,只是将已有的观点进行了简单的综合。而且,关于学科的研究对象,似乎有一个"通用公式",那就是"××学是研究××现象与××问题,并揭示××规律的一门学科"。比如,教育学是研究教育现象与教育问题,并揭示教育规律的一门学科;经济学是研究经济现象与经济问题,并揭示经济规律的一门学科等。这样看来,"综合说"似乎没有多大意义。

那么,课程与教学论的研究对象到底是什么呢?下面笔者将对此作出说明。

(一)课程与教学的现象

在日常的教育实践中,课程与教学的现象非常丰富。比如,在小学教育中,语文、数学课程所占的比重最大,而音乐、美术、体育所占的比重较小;有的老师课堂教学生动有趣,有的则平淡无味等。课程与教学的现象是课程与教学活动最直观的表现,是每个接触教育的人都能感知到的存在。在课程与教学的现象中,有的是积极的,有的是消极的。同时,课程与教学现象还具有随机性、分散性等特征。在教育实践中,课程与教学现象多如牛毛,但并不是所有的课程与教学现象都能进入研究者的视野,成为课程与教学论的研究对象。事实上,只有那些构成问题的现象,才成为课程与教学论的研究对象。

(二)课程与教学的问题

课程与教学的问题通常隐藏在课程与教学现象的背后,比较难以觉察。比如在小学,语文、数学的课时比例比较大,体育、音乐、美术的课时比例比较小,反映的是学术性科目和非学术性科目的关系问题。同样,有的课堂生动有趣,有的则平淡无味,反映的是教师的教学艺术问题。通常而言,科学研究的过程是一个发现问题、解决问题的过程。从这个意义上讲,将课程与教学的问题作为课程与教学论的研究对象是合适的。然而,所有的课程与教学问题都是课程与教学论的研究对象吗?事实并非如此!课程与教学的问题又分为日常问题与科学问题、个别性的问题和普遍性的问题。只有那些带有普遍性的科学问题,才是课程与教学论的研究对象。这些问题,需要经过深入的、专业的分析与思考,才能被洞察。日常生活中所遇到的课程与教学的问题,需要经过专业的提炼与概括,才能成为课程与教学论的研究对象。

(三)课程与教学的规律

课程与教学的规律,是课程与教学内部、课程与教学同其他因素之间的本质的、固有的联系以及必然的发展趋势。比如,在小学教育中,学术性科目和非学术性科目对学生发展都是不可或缺的,因此不存在孰轻孰重的问题。同样,生动有趣的课堂能促进学生的积极学习,对学生的发展价值较大;而平淡无味的课堂只会导致学习低效或无效学习,对学生发展的价值较小。如果说课程与教学规律是课程与教学论的研究对象,那就说明课程与教学规律从逻辑上讲已经存在了(要不然就不能断定它有规律);而假如课程与教学的规律已经存在了,那还研究它干什么?通过研究可以发现规律,但也可能发现不了规律,因此规律不是课程与教学论的研究对象。我们只能研究如何运用规律,而不能研究规律本身。其实,在研究之前,是否存在规律是不确定的;通过研究,能否发现规律也是不能确定的。如果说规律是研究的对象,那就等于说规律在研究之前就已经确定存在,并且一定可以被发现,这显然不合理。

综上所述,课程与教学论的研究对象只能是课程与教学的问题。对此,国内研究者基本取得了共识。有研究者明确指出,"课程与教学论的研究对象是课程与教学问题。"[①]有研究者通过比较后指出,"把课程与教学论的研究对象界定为课程问题与教学问题,是国内学术界大多数人比较赞同的看法。"[②]那课程与教学问题有哪些呢?概括起来,课程与教学问题有三类:一是为什么教,这涉及课程与教学的目标、价值;二是教什么,这涉及课程与教学的内容及其组织;三是如何教,这涉及教学的途径、手段与策略等。此外,还有研究者将课程与教学论的研究对象分为事实问题、价值问题和技术问题。[③] 事实问题主要涉及课程与教学的性质、状态与关系等;价值问题主要涉及课程与教学目标的设定、意义判断和各种可行途径之间的抉择;技术问题主要涉及课程与教学的实现形式、活动程序与操作方法。

二、课程与教学论的研究任务

课程与教学论的研究任务,是指课程与教学研究要完成的工作。它与研究对象不同但又与其有关,研究任务是指对研究对象进行研究时要完成的工作与其他事项。概而言之,课程与教学论的研究任务有三个方面:揭示课程与教学的规律、确立课程与教学的价值、优化课程与教学的技术。

(一)揭示课程与教学的规律

通过对课程与教学问题的研究,揭示课程与教学的规律,是课程与教学论的基本研究任务,其他的研究任务都建立在这一研究任务的基础之上。现象与规律都属于事实的范畴,但现象往往带有虚假性,规律则更接近事物的真相。自古以来的教育工作者,都在有意无意地追寻着课程与教学的规律,而且发现了不少课程与教学的规律。比如,教学工作是学校的最基本、最重要的工作;课程受社会文明发展程度的制约,也受儿童心理发展水平的制约等,这些都是经过千百年的实践证实了的规律。

---

① 黄甫全主编.现代课程与教学论学程[M].北京:人民教育出版社,2006:13.
② 王本陆主编.课程与教学论[M].北京:高等教育出版社,2009:4.
③ 王本陆主编.课程与教学论[M].北京:高等教育出版社,2009:5.

(二) 确立课程与教学的价值

课程与教学的价值是建立在认识规律基础上的对课程与教学工作的一种主观倾向。众所周知,课程与教学工作的根本目的是促进学生发展,然而重点是应该放在有才能的学生的发展上还是放在水平比较低的学生的发展上,是发展学生的优势潜能还是弱势潜能,是发展学生的知识还是发展学生的能力抑或是道德品质等,涉及的都是价值问题。既然是价值,那就没有正误之分,只有大小之别。确立课程与教学的价值,就要通过结合当前中国教育实际与现状,对比国际教育发展的趋势等来进行。

(三) 优化课程与教学的技术

研究课程与教学,关键在于改进课程与教学的实践,提升课程与教学的效果和质量。然而,这只能通过课程与教学的活动来实现。优化课程与教学技术,其目的就是通过改进课程与教学的实践活动来促进学生更好地发展。通过对课程与教学论的学习与研究,教师应学会如何确立与表达课程与教学的目标,如何选择课程内容,如何组织课程内容,如何加工教学内容,如何确立教学的程序,如何选择教学原则与教学方法,如何进行教学评价等,这些都是技术问题。如果课程与教学的理论不能转化成技术,那其价值也是有限的。

三、课程与教学论的学科性质

课程与教学论是一门理论性与实践性都很强的综合性学科。或者,用英国著名教育学家穆尔(T. W. Moore)的话来讲,课程与教学论属于"实践性理论"范畴。

说它理论性强,是因为经过千百年的实践与探索,人们发现并总结出不少带有规律性、原则性的东西。这些东西就是课程与教学的基本原理、价值观念和操作原则。研究者指出,理论可以分为"描述—解释"和"构想—规范"两种类型[①],而根据穆尔的观点,课程与教学论不属于这两种理论中的任何一种,它是"实践性理论"[②]。实践性理论不是回答"事情的某种可能状态是这样的",而是回答"事情的某种可能状态应该是这样的""而且要达到某种所希望的目的"。穆尔进一步指出,"一种实践性理论必须始于目的或目标。然后人们必须假定,在既定的环境中,什么是实现这个所希望的目的最佳手段,这种理论在于提供要达到的目的,在于建议把这些各种各样的手段作为实现目的的方式。"穆尔的观点表明,课程与教学论作为一种理论,它并不是纯粹的,而是与实践相关。既然它基于实践,它就要告诉人们从事课程与教学的依据、原则。

---

① 杨小微.教学论是一门什么样的学问?[J].课程·教材·教法,2002 2005(12):14—19.
② 瞿葆奎主编.教育学文集·教育与教育学[C].北京:人民教育出版社,1993:490.

说它实践性强,是指这门课程是基于实践、关照实践、指向实践的。学习课程与教学论,并不是纯粹地学习理论,或者说学习理论并不是学习这门课程的唯一目的。相反,它是实践取向的。一方面,课程与教学的理论并不是来自哲学思辨,而是来自课程与教学的实践,是对课程与教学实践经验的总结与反思;另一方面,它关注实践的改进与改革,关注如何将理论运用于实践。课程与教学论作为实践性学科,通过一定的理论和价值指导课程与教学的实践来告诉人们从事课程与教学活动的方式、方法。

综合性不仅指它是由课程论与教学论综合而成,也不仅指它是理论与实践的综合,还指它是理论、开发、应用的综合,是教育学知识、心理学知识、哲学知识、社会学知识等的综合。

第二节 课程论与教学论的关系

一、课程论与教学论关系概述

课程论与教学论的关系,实际就是课程与教学关系的反映。因此,弄清楚了课程与教学的关系,也就弄清楚了课程论与教学论的关系。综合已有研究[①],课程(论)与教学(论)的关系有以下几种。

(一)独立论

独立论认为,课程与教学是相互独立的,彼此没有直接关系。如布鲁纳(J. S. Bruner)和麦克唐纳德(J. B. MacDonald)认为,课程与教学是两个同等重要的不同的教育领域,尽管有时二者是结合在一起的,但它们仍保持着各自固有的特点和独立性。课程学者比彻姆(G. A. Beauchamp)则明确指出,课程理论和教学理论是教育学并列的下位理论。[②] 课程与教学的相互独立论有利于课程研究与教学研究的深入,但容易导致课程开发者不考虑如何教学的问题,而教师则只照本宣科地教书,不管课程本身是否科学合理。正如研究者所言,"课程规划者忽视了教师,同时也被教师所忽视。课程研究与它们在学校中的教学实际应用分离开了。"[③]

(二)交叉论

交叉论认为,课程与教学虽然具有独立性,但二者并不是毫不相干的,而是相互交

---

① 黄甫全主编.现代课程与教学论(上册)[M].北京:人民教育出版社:17—21;王本陆主编.课程与教学论[M].北京:高等教育出版社,2009:15—16.
② 杨小微.教学论是一门什么样的学问?[J].课程·教材·教法,2002 2005(12):14—19.
③ 黄甫全主编.课程与教学论[M].北京:高等教育出版社,2003:15.

叉的:课程包含了教学的一部分,教学也包含了课程的一部分,但仅仅是一部分而已。由此推论,课程论包含了教学论的一部分,教学论也包含了课程论的一部分。但是,它们各自包括了对方的哪一部分,有多大一部分被对方包含了,研究者几乎都没有指明。然而,这确实是一个问题,因为1%的内容被彼此包含和99%的内容被彼此包含,差别还是挺大的。因此,交叉论仅仅是提出了设想,并未被研究透彻。

(三) 包含论

包含论有两种模式。一是"大教学论",即认为教学的范围比课程大,课程是教学的内容,教学包含着课程。苏联的研究都没有将课程论作为一个独立的分支来研究,而是将其放在教学论的框架下讨论,将课程等同于教学内容。受苏联的影响,长期以来,我国学者也将课程视为教学的内容,这种状况一直持续到2000年前后。二是"大课程论",即认为课程范围比教学大,教学就是课程的实施,课程包含着教学。西方学者多半都持此观点。比如,哈利·布朗迪(H. S. Broudy,1905—1998)和蔡斯(R. S. Zais)认为课程是个更广义的概念,课程是母系统,教学是子系统;著名课程论学者塔巴(H. Taba,1902—1967)认为,课程与教学是有区别的,课程的范围大于教学,课程的重要性也高于教学。[1]

(四) 连环论

连环论认为,课程与教学彼此具有独立性,但这并不表示二者毫无关系。相反,课程与教学在保持各自独立性的同时,也是相互联系、相互影响的。课程与课程论不断地作用与影响着教学与教学论,反之亦然。研究者指出,"二元循环联系模式意味着,教学决策制订于课程决策之后;反之,课程决策则在教学实施与评价之后得以修改完善。"[2] 其实,在编制课程时,课程编制者就要考虑教学的可能与需要,要有教学意识;在教学过程中,教师要有课程意识,要对课程进行研究与反思,为课程修订提供建议。

(五) 整合论

整合论认为,已有的关于课程与教学关系的观点,都是以课程与教学的分离为前提的。这一状况会导致许多问题。其实,课程与教学应该是同一事物的两个不同方面,或者是同一事物的两种不同称谓。美国学者韦迪(R. Weade)甚至创造了一个新词——"课程教学"(curriculum′n′instruction)——来表达这一状况。整合论有三个基本观点[3]:第一,课程与教学的本质就是变革。教学的过程就是教师与学生在具体情

---

[1] 杨小微.教学论是一门什么样的学问?[J].课程·教材·教法,2002 2005(12):14—19.
[2] 黄甫全主编.课程与教学论[M].北京:高等教育出版社,2003:15—16.
[3] 张华.课程与教学论[M].北京:上海教育出版社,2000:88—93.

境中对内容做出根本性变革的过程,即创造内容与建构意义的过程。第二,教学作为课程开发的过程,即教学的过程实际上就是师生共同创生课程的过程。通过创生,实现了课程内容的转化与课程意义的建构。第三,课程作为教学事件,即课程是一个动态的过程,是不断变化的课堂教学事件。整合论是当前关于课程与教学关系的主流观点,得到了绝大多数研究者的认可。然而,整合论整合得并不彻底,因为它只实现了形式上的整合,没有实现内容与逻辑上的整合。

二、本书关于课程与教学关系的观点

(一) 整合论存在的困境

尽管整合论得到了普遍的认可,而且人们以整合论为前提对课程与教学做了不少研究,但从已有的研究成果看,整合论似乎并不成功。例如,尽管许多教材都名曰《课程与教学论》,但这仅仅是在书名和章的名称上整合了,如"课程与教学的目标""课程与教学的组织""课程与教学的评价"等。具体到节时,依然是分离的,如将"课程与教学研究的历史"一章分为"课程研究的历史"与"教学研究的历史",将"课程与教学的含义"一章分为"课程的含义"与"教学的含义",将"课程与教学的组织"一章分为"课程的组织"与"教学的组织",将"课程与教学评价"一章分为"课程评价"与"教学评价",将"课程与教学研究的发展趋势"一章分为"课程研究的发展趋势"与"教学研究的发展趋势"等。这种整合,似乎是以"历史""含义""目标""内容""组织""评价""发展趋势"等范畴来整合课程与教学的,而不是以课程与教学的内存逻辑来整合的。比如,就"课程与教学的组织"而言,"课程的组织"是指如何将课程材料组织成体系,"教学组织"是指教学的组织形式(班级授课制、小组教学、个别教学等),二者之间并不存在必然联系,仅仅是因为都含有"组织"这个词而已。

在整合论中,有时候还存在为了整合而生硬地将原本不相干的两个内容放在一起的现象,如"课程开发与教学设计""课程内容与教学方法的选择"等。就"课程内容与教学方法的选择"而言,课程内容是指教学中需要学生学习的内容,教学方法则是师生为完成特定课程内容的教学而采用的方法。表面上,课程内容与教学方法的联系还比较紧密,但事实上并非如此。课程内容必须借助于一定的教学方法才能对学生的发展产生实质性作用,但教学方法的选择不仅受课程内容的制约,也受学生的年龄特征、教学条件、教师的个人特征等制约。如果将"课程内容"与"教学方法的选择"作为一章来处理,容易造成一种误解,即认为教学方法只受课程内容的制约。

因此可以说,关于课程与教学整合论的观点虽然在理论上得到了普遍认可,但实际上并不成功。有研究者在批判"大课程论"的观点时指出,"揭去'大课程论'这件外套,人们看见的还是'一袋马铃薯'。"①即一堆缺少内在逻辑联系的内容。其实,课程与教学的整合论存在同样的问题,揭开"整合论"这件外套,呈现在人们面前的仍是"一袋马铃薯"。整合论的不成功,并不是因为研究者的能力有限或者不够努力,而是课程与教学的本质属性决定了二者不可能完全整合。

(二) 课程与教学未曾分离过

在课程与教学的关系中,"独立论"在今天已经没有市场了。或许"独立论"从来都没有过市场,任何时代都不存在将课程与教学完全割裂开来的做法。"独立论"或许是研究者为了研究的需要而"臆想"出来的。除"独立论"外(假设它存在过),其他的各种观点并没有导致课程与教学的完全分离。换句话说,除"独立论"以外的有关课程与教学关系的各种观点本身就是整合的。就"大教学论"而言,它将课程整合进了教学;就"大课程论"而言,它将教学整合进了课程。整合并不意味着课程与教学二者必须平起平坐、平分秋色,或者将二者完全合并成一个东西。至于说这些观点的前提是将课程与教学视作两种不同的东西,这本身是没有问题,因为整合论亦是先将"课程"与"教学"视为不同的事物,然后再整合的。假设二者本身就是同一个东西,那就不需要"整合"了,"整合论"因此也没有必要了。再说,科学研究首先是分析式研究,即弄清楚事物的内部要素及其关系,然后才是综合性研究,将各个要素综合起来,让其协同发挥作用。如果没有先前的分析式研究,始终保持综合性研究,研究就不可能深入。因此,将课程与教学分开来进行研究,然后再综合,是符合科学研究规律的。

(三) 课程与教学关系的复杂性

有研究者指出,关于课程与教学的关系,虽然错综复杂,但下列几点似乎已经达成了共识②:第一,课程与教学虽然有关联,但又是各不相同的两个研究领域。课程强调每一个学生及其学习的范围(知识或活动或经验),教学强调教师的行为(教授、对话或引导)。第二,课程与教学肯定存在着相互依存的交叉关系,而且这种交叉不仅仅是平面的、单向的。第三,课程与教学虽是可以进行分开研究与分析的领域,但是不可能在相互独立的情况下各自运作。第四,鉴于课程与教学有着胎联式的关系,"课程—教学"一词也已经被人们接受。这一总结是有启发意义的。基于已有认识,本书从以下几个方面来理解课程与教学的关系。

1. 课程作为教学内容

对于课程(论)与教学(论)的关系,没有绝对准确的定位。"要合理地界定课程论

---

① 杨小微.教学论是一门什么样的学问?[J].课程·教材·教法,2002 2005(12):14—19.
② 施良方,崔允漷主编.教学理论:课堂教学的原理、策略与研究[M].上海:华东师范大学出版社,1999:23—24.

与教学论的关系,关键是要注意分析的角度。"①分析的角度或立场不同,课程论与教学论的关系就会有所不同。

课程就其存在状态来看,有"制度课程"与"体验课程"之分。不论在哪个国家,"制度课程"都仍是课程的主流。在"制度课程"框架内,"课程是学校教育的实体或内容,它规定学校'教什么',教学是学校教育的过程或手段,它规定学校'怎么教'。"②就"制度课程"而言,课程就是教学的内容,教学就是课程实施的过程。"课程作为教学内容"与"教学作为课程实施的过程"是同一回事,是同一种关系的两种不同表达。在"制度课程"中,课程在教学之前就已经存在了,教学的过程就是实施课程的过程。课程编制多半都是由专家完成的,教学则主要是由教师完成的。

2. 教学作为课程开发的过程

在"体验课程"的框架之内,课程是由教师、学生、情境等因素的相互作用而生成的,是师生实实在在的经历过程。"在这里,课程不再只是一些于教育情境之外开发出的书面文件,而是师生在教育情境中共同创生的一系列'事件',通过这些'事件',师生共同建构内容与意义。在这里,教学不再只是一个传递内容而与内容无关的'管道',而是一个产生基本的课程效应的社会情境。"③换句话讲,课程并非存在于教学之前,而是产生于教学过程之中。此时,教学的过程就是课程开发的过程,课程就是教学的事件。课程与教学是同一件事情、一个活动,或者说是一个事情、一个活动的两个方面。④教学作为课程开发的过程与课程作为教学的事件,是同一件事情的两种不同表达。

课程与教学关系的复杂性是指,在不同的情境中,课程与教学具有不同的关系。"课程作为教学内容"与"教学作为课程开发过程"分别表达的是"制度课程"框架与"体验课程"框架之下的课程与教学的关系,是两种典型的关系。在这两种关系之间或之外,还有许多关系类型。仅就"课程作为教学内容"与"教学作为课程开发过程"这两种关系而言,前一种关系是主要的。因此,可以进一步将课程与教学的关系总结为"课程主要是教学的内容"或"教学主要是课程实施的过程"。"主要"这两个字本身就说明,它并不排斥课程与教学之间存在其他关系。

对课程与教学的关系做这样的一种总结,多少有点"大教学论"的味道,但这符合实际。不论是国内还是国外,长期以来都将课程视作教学的内容。20世纪初课程论从教学论中独立出来后,发展迅猛,大有超过教学论的势头。但与此同时,教学论亦取得了长足发展。"大课程论"的观点与教育分权国家的教育体制是相适应的,但它无法

---

① 王本陆主编.课程与教学论[M].北京:高等教育出版社,2009:5.
② 张华.课程与教学论[M].上海:上海教育出版社,2000:88.
③ 张华.课程与教学论[M].上海:上海教育出版社,2000:88.
④ 钟启泉,汪霞,王文静编著.课程与教学论[M].上海:华东师范大学出版社,2008:30.

反映教育集权国家的状况。尽管中国的社会结构与政治结构在不断地改革与优化,但教育体制总体上还是集权式的,而且在一定的时间内不会改变。因此,"大教学论"的观点更适合中国国情,也是中国教育研究的一个传统。

提倡"大教学论"的观点,并不是说课程不重要或不研究课程。相反,受"大课程论"的启发,应该进一步加强对课程的研究,以弥补此前课程研究的不足。再说,本书所持的观点与"大教学论"的观点还是有区别的。一般而言,课程是事先编制好的教学材料。说课程是教学的主要内容,并不意味着它是唯一的内容。教学的内容是可以在教学过程中现场开发的。同样,说教学主要是课程实施的一种方式,并不意味着教学不能做别的,也不意味着它是唯一方式。教学在实施课程的同时,也开发课程,但实施课程是主要的方面。课程实施的方式除教学之外,还有课程变革。也就是说,课程与教学的关系是复杂的:在制度课程框架内,课程是教学的内容,教学是课程实施的一种方式;在体验课程的框架内,课程是在教学过程中开发的,教学是课程开发的过程。但在目前的教育中,制度课程是主要的。因此我们说,课程主要是教学的内容,教学主要是课程实施的一种方式。

练习与思考

1. 关于课程与教学论的研究对象,有哪些主要观点,请对这些观点进行述评。
2. 将课程与教学的问题作为课程与教学论的研究对象,你同意吗?为什么?
3. 课程与教学论的研究任务有哪些?请作简单的介绍。
4. 课程与教学论的学科性质是什么?请解释。
5. 关于课程与教学的关系,已有的观点有哪些?请作一个简要的述评。
6. 如何理解本书关于课程与教学关系的观点?

第一章　课程与课程研究的历史

学习目标

1. 了解孔子、朱熹的课程思想。
2. 掌握中国古代课程及其研究的特征。
3. 了解柏拉图、苏格拉底、昆体良的课程思想。
4. 掌握西方古代课程及其研究的特征。
5. 掌握夸美纽斯、赫尔巴特、福禄贝尔、斯宾塞、杜威的课程思想。
6. 了解博比特、查特斯的课程思想。
7. 掌握泰勒、布鲁纳、施瓦布、斯滕豪斯的课程思想。
8. 了解"存在现象学"课程论、批判课程论、后现代课程论等理论的主要观点。
9. 了解中国现代的课程及其研究。
10. 了解课程定义的多样性。
11. 掌握课程的定义。
12. 了解课程的表现形式及层次。

了解课程研究的历史,有利于我们把握课程发展的历史脉络以及未来的发展趋势,能够帮助我们更好地理解现在的课程为什么是这个样子。本章先介绍课程研究的历史,其中包含着课程发展的历史,然后再讨论课程的内涵。

第一节　课程研究的历史

一、前科学时期

(一) 古代中国的课程及其理论

原始社会由于生产力水平低下,没有剩余产品,因而没有专门的学校,故而也没有专门的课程。那时的教育通常是和生活、生产结合在一起的,教育内容主要是生产与生活需要的知识、技能、习俗等。但是,这些内容都是随机、零散的,称不上"课程"。进入奴隶社会后,由于有了专门的学校与教师,有人就专门思考课程问题,课程因此有了很大的发展。

1. 西周的课程及其思想

经过夏、商两朝,到了西周,中国已经形成了比较完备的教育体系。与之对应,古代中国的课程亦形成了体系。"西周的教育内容包括德、行、艺、仪四个方面,而以礼、乐、射、御、书、数六艺为基本内容。"[①]也就是说,西周的教育注重培养人德、行、艺、仪四个方面的品质,而为了培养这些品质,学生需要学习礼、乐、射、御、书、数这"六艺"。"六艺"就是当时的课程。至于为什么要学习"六艺",缺乏明确的文字记载。可以说,此时处于有"课程"无"思想"的状态。但可以看得出,学习这些课程是出于当时生活、生产以及战争的需要。据传,当时的学校分"国学"与"乡学",在"六艺"都要学的基础上,"国学"与"乡学"的课程体系有所不同[②]:"国学"的科目有乐教(乐德、乐语、乐舞)、三德(至德、敏德、孝德)、六艺(五礼、六乐、五射、五御、六书、九数)、六仪(祭祀之容、宾客之容、朝廷之容、丧纪之容、军旅之容、车马之容)、六舞(鼓舞、羽舞、皇舞、旄舞、手舞、人舞);"乡学"的教学科目有六礼(冠、婚、丧、祭、飨、相见)、七教(父子、兄弟、夫妇、君臣、长幼、朋友、宾客)、八政(饮食、衣服、事为、异别、度、量、数、制)、乡三物(六德、六行、六艺)。

据王炳照的《简明中国教育史》:《礼记》是战国末期至汉初儒家学者论述"礼"的著作汇编,该书亦将"《礼记》中的教育思想"一节放在"春秋战国时期的教育思想"一章之下。

2. 春秋战国时期的课程及其思想

1) 孔子的课程实践及思想

孔子的课程实践及思想表现在以下几个方面:第一,编写教材。史籍记载,孔子"删诗书、定礼乐、著春秋、系易辞"。孔子对当时的典籍进行了整理,编撰成了"六经",即诗、书、礼、易、乐、春秋。"六经"后来成了中国封建社会的经典教材。第二,论述了不同教材具有不同的教育作用。在《论语·泰伯》中,孔子这样讲到:"兴于《诗》,立于礼,成于乐。"在《论语·季氏》中,孔子又曰:"不学诗,无以言""不学礼,无以立"。

2)《礼记》中的课程思想

《礼记》中关于课程的思想,可以概括为以下几方面。第一,不同的年龄阶段,开设不同的课程,学习不同的内容。《礼记·内则》篇说:"六年,教之数与方名""九年,教之数日""十年,外出就傅,居宿于外,学书计""十有三年,学乐,诵诗,舞勺,成童舞象,学射御""二十而冠,始学礼"。《礼记·学记》篇说:"比年入学,中年考校;一年视离经辨志,三年视敬业乐群,五年视博习亲师,七年视论学取友,谓之小成。九年知类通达,强立而不反,谓之大成。"这虽然是关于考试的规定,但根据教考一致的观点,可以推断出其提倡在什么学龄阶段,学习什么课程。第二,不同的时节学习不同的课程。《礼记

---

① 王炳照等编.简明中国教育史[M].北京:北京师范大学出版社,1994:11.
② 详见:王炳照等编.简明中国教育史[M].北京:北京师范大学出版社,1994:11—12.

·王制》篇说:"乐正崇四术,立四教,顺先王诗、书、礼、乐以造士。春秋教以礼乐,冬夏教以诗书。"《礼记·文王世子》曰:"春夏学干戈,秋冬学羽籥""春诵夏弦……秋学礼……冬读书……"。

3. 秦至隋唐五代时期的课程及其思想

秦朝采取"以法为教,以吏为师"的文教政策,对"博士官"进行压制。战国末期齐、魏、秦等国大量征召儒家、名家、神仙家充任博士,他们被称为"博士官",其职责在于议政事、备咨询、掌故籍。秦始皇"焚书坑儒"事件给当时教育事业的发展带来了深重的灾难。到了汉代,汉武帝吸纳了董仲舒的建议,采取了"罢黜百家,独尊儒术"的文教政策,同时在朝廷设"五经"博士。自此,"五经",即诗、书、礼、易、春秋,成为中国的法定课程。

汉代除了官学外,私学亦相当发达。当时的私学就其程度而言有小学阶段和专经阶段之分。小学阶段的教育机构,通常被称为"书馆""学馆""书舍"等;专经阶段的教育机构,通常有"经馆""精舍""精庐"等。小学阶段的私学又分两个阶段:第一阶段是蒙学,主要是读字书,学识字;第二阶段学习《论语》《孝经》,为进入专精阶段做准备。

在蒙学阶段,学生主要学习字书。字书就是识字课程,亦称蒙学教材。字书有三字、四字、七字为句的。四字句的字书有周之《史籀》,已失传。汉初,闾里之师将秦朝李斯所作的《苍颉篇》,赵高所作的《爰历篇》以及胡毋所作的《博学篇》三篇合一,仍称《苍颉篇》。后来扬雄作了《训纂篇》,顺续《苍颉篇》。和帝时贾鲂又作《滂喜篇》。后人以合并后的《苍颉篇》为上卷,扬雄的《训纂篇》为中卷,贾鲂的《滂喜篇》为下卷,合称《三苍》,全书已失传。此外,还有司马相如作的《凡将篇》,元帝时史游所作的《急就篇》,班固所作的《太甲篇》,蔡邕所作的《黄初篇》等等。这些蒙学教材在教学生识字的同时,还教学生儒经要点或科学、生活常识。相比之下,官学一开始就学"五经",而私学则先学蒙学课程,然后再习经,更符合儿童的学习规律。

到魏晋南北朝时期,出现了专业课。魏明帝(227年)时期,卫觊奏请设置律博士,教授刑律。后来,秦姚兴设置了"律学",梁武帝时亦增设了"律学"。晋武帝时设立书博士,教习书法,这是中国古代书法专科学校的开端。南朝宋文帝期间,京师出现了研究儒经的"儒学"、研究佛老的"玄学"、研究历史的"史学"以及研究词章的"文学"四馆并立的局面。学生分馆学习,教师分馆授课。南朝文帝元嘉二十年(443年)开设医学,北魏时也曾设医学博士,这是中国古代医学专科教育的开端。这些变化对隋唐时代专科学校的建立和分科教学产生了重要影响。这一系列的变化说明,课程由"儒学独尊"逐渐演化为"儒释道并行"的局面,且科技类课程在学校中占有一席之地。梁武帝时周兴嗣撰写的《千字文》,是一本以识字为主兼有封建思想教育和常识教育的综合性蒙学教材,影响广泛。

到了隋唐,课程进一步完善。第一,专业课更加完善。唐朝中央设立的学校有"六学二馆",分别是国子学、太学、四门学、书学、算学、律学和门下省的弘文馆、东宫的崇文馆。"六学"的前三学近似于大学性质,后三学属于专科性质。此外还有医学,隶属于太医署。书学主要学习书法《国语》《说文》《字林》等;算学主要学习《孙子》《九章》《海岛》《五曹》《张丘建》《夏侯相》《周髀》等;律学主要学习律令、格式法例。医学又分医、针、按摩、药四个专业。唐代尊崇道教,不仅在中央设置了崇玄学,而且在每个州都建立一所崇玄学,讲授《道德经》《庄子》《列子》和《文子》等课程。① 第二,蒙学课程进一步发展。唐代出现的蒙学教材有李瀚的《蒙求》、无名氏的《太公家教》、杜嗣先的《兔园册府》等。这些蒙学教材在当时的私学中很流行。第三,出现了课程计划以及课程性质的划分。为了满足科举考试的要求,当时的学校将儒家经典分大、中、小三类。大经为《礼记》《春秋左传》;中经为《诗经》《周礼》《仪礼》;小经为《易》《尚书》《春秋公羊传》《春秋谷梁传》。大经和中经为必修科目;小经为选修科目;《孝经》和《论语》为公共必修科目。《孝经》和《论语》共学一年;《尚书》《春秋公羊传》《春秋谷梁传》各一年半;《礼记》和《左传》各为三年。第四,唐朝非常重视儒经的整理与研究。唐太宗命国子祭酒孔颖达等人编撰《五经正义》,令天下传习。正是在《五经正义》中,第一次出现了"课程"一词,但该词的含义与今天的"课程"相去甚远。

4. 宋元明清时期的课程及其思想

宋代及其以后,课程在延续"五经"的基础上有所发展。宋朝熙宁期间,曾以王安石的《三经新义》取代"五经"。宋朝后期,逐渐增加了程朱语录和"四书"。元朝仁宗皇庆二年(1313年)制订科举条例,规定科举考试的第一场为经问五条,经问从"四书"中出题,并以朱熹的《四书集注》为准。此后,"四书"成了正式课程,其地位超过了"五经"。此种状况一直持续到清末。明朝,课程仍以"四书""五经"为主,同时学习《性理大全》、刘向的《说苑》及《御制大诰》《大明律令》等,此外还有习字、习射等课程。

宋朝期间,专业课得到了进一步发展。除了唐朝已经设立的律学、算学、书学、医学外,还增加了画学、武学。元代,京师除设有国子学外,还设有蒙古国子学、回回国子学,分别学习蒙古文和波斯文。

宋朝采取了"重文"的文教政策,非常重视典籍的整理。1008年,宋真宗祭泰山,并亲自到曲阜孔庙行礼,且自撰《文宣王赞》,称孔子为"人伦之表",称孔学为"帝道之纲";此后又著《崇儒术论》。此外,他还命祭酒邢昺等校定《周礼》《仪礼》等书的正义,编著"七经"义疏。② 随后,邢昺又撰《论语正义》《尔雅正义》《孝经正义》,孙奭撰《孟子

---

① 王炳照等编.简明中国教育史[M].北京:北京师范大学出版社,1994:117.
② 王炳照等编.简明中国教育史[M].北京:北京师范大学出版社,1994:141.

正义》,再加上唐人孔颖达的《五经正义》,组成十三经正义,大量印行,并赐给州县学校,作为官方指定教材。正是在这样的背景下,朱熹完成了《四书集注》。理宗在宝庆三年(1227年)下诏:"朕观朱熹集注《大学》《论语》《孟子》《中庸》,发挥圣贤蕴奥,有补治道""特赠熹太师,追封信国公。"自此,"四书"得到认可,其地位逐渐超越"五经"。

朱熹将教育分为两个阶段:小学与大学。8~15岁属于小学阶段,教学的内容是"学其事",即从洒扫应对进退开始,将伦常礼教教给儿童,进而教他们诗、书、礼、乐之文,使儿童在行事的基础上,熟悉伦理纲常,达到存养已熟、根基已深的程度;十五岁以后,属于大学阶段,教学内容是"明其理",此时应该以"四书"作为基本教材。朱熹的这一主张,体现了由感性到理性、由行到知的学习过程,充分考虑到儿童的年龄特点,对于提升课程的教学效果具有重要意义。在《朱子全书·论学》中,朱熹多次提及"课程",如"宽着期限,紧着课程""小立课程,大作工夫"等。虽然他并未对"课程"一词做出明确的解释,但其含义是很清楚的,即功课及其进程。

宋元明三朝的私学,可以分为两类:一类是以识字和学习基本知识为主的蒙学,相当于"小学";另一类是在蒙学基础上,学习儒家经典,准备参加科举考试的"经馆",相当于"大学"。南宋时期,私学常用的蒙学教材除早期流传的《蒙求》《太公家教》《千字文》外,还有《百家姓》《三字训》。到了元朝,使用最普遍的启蒙教材当数《三字经》《百字姓》《千字文》三书。

鸦片战争前的清朝教育基本沿袭明朝的教育制度。中央官学设有国子监和特殊性质的宗学、旗学、觉罗学,还有算学馆及俄罗斯学馆。国子监生所习的科目有"五经""四书"、性理、习字等。其中,俄罗斯学馆主要是教满汉贵族子弟学习俄文。地方官学有府学、州学、县学,统称"儒学"。儒学学科,根据《大清会曲》,有《御纂经解》《性理》《诗》《古文辞》以及《十三经》《二十二史》《三通》等科目;根据《皇朝文献通考》,有《四书》《五经》《性理大全》《资治通鉴纲目》《大学衍义》《历代名臣奏议》《文章正宗》等科目。总之,课程内容不外乎儒家经典和体现官方哲学思想的宋明理学著作,以及应付科举考试的"时文"之类。

随着外敌的入侵,清朝统治集团内部出现了两个派别:顽固派和洋务派。自19世纪60年代开始到90年代,洋务派举办了一系列"自强""求富"的洋务事业,史称"洋务运动"。洋务教育是洋务运动的重要组成部分。洋务派广开洋务学堂。洋务学堂大致分三类:一是方言学堂,主要学习外国语,培养翻译人才;二是军事学堂,主要是培养能使用洋枪、洋炮的人才;三是技术学堂,主要是培养使用和维修洋机器的人员和通信人员。其中,京师同文馆是我国最早的官办新式学校。最初,京师同文馆只设英文馆教授英语,1863年增加法文馆和俄文馆,1866年增加天文学馆、算学馆,1872年增加德文馆,1896年增设东文馆。在同文馆的课程中,外语居首位,后来课程有所增加,如算学馆设有外语、算学、化学、万国公法、医学、生理、天文,物理等课程。但是,汉文经学贯穿始终。此时京师同文馆的课程体系,已经接近于现代课程体系。1902年,京师同文馆并入京师大学堂。此后,维新派创办了许多现代意义上的学堂,主张中、西兼学。如康有为在广州创办了万木草堂,他本人在此讲学四年,课程中有中学亦有西学,且分内课与外课。内课学科有:(1)义理之学,包括孔学、佛学、周秦诸子学、宋明学、泰西哲学等;(2)考据之学,包括中国经史学、万国史学、地理学、数学、格致学;(3)经世之学,包括政治原理学、万国政治沿革得失、政治经济学、群学;(4)文字之学,包括中国辞章学、外国语言文字学。外课课程又分校中和校外两种,校中有演说、札记;校外有体操、游历。此外,万木草堂还开设有音乐和体育课。[①]但是,在清朝政府的官学中,"四书""五经"依然是主要的课程,这种状况一直到1905年科举制度废除,才得到根本改观。

综观整个中国古代的课程,呈现出以下几个特点:第一,以儒家经典为主,有时也会兼顾其他学派的思想,如佛学、道家思想等;第二,课程注重道德教化,不注重知识本身的获得;第三,课程的内容比较单一,尽管课程有"四书""五经"之分,甚至还有其他的内容与名称,但所有这些课程在某种意义上,都是关于思想道德教育的课程。

就课程研究而言,呈现出以下几个特征:第一,注重课程实践的探索,轻视课程理论的研究,比如,意识到了不同年龄阶段应安排不同的课程,甚至注意到了在不同季节,应学习不同的课程,并且现实中也是这样做的,但没有解释原因;第二,注重研究课程内容的含义,但忽视课程形式、课程门类的研究;第三,考虑到了儿童学习课程的年龄特征,意识到不同年龄阶段的儿童应学习不同的课程,但缺少学理分析。

(二)古代西方的课程及理论

1. 古希腊的课程及其思想

从公元前8—前6世纪,希腊先后出现了几十个城邦。其中,斯巴达和雅典最具有代表性,它们曾先后称雄于希腊,因此其教育在西方教育史上具有重要地位。

公元前8—前7世纪,希洛人为反抗斯巴达的统治,举行了几次声势浩大的起义。斯巴达人为保持政权的稳定,先后实施了一系列具有浓厚军事色彩的教育措施。"斯巴达立法者为了适应其特殊的政治经济生活的需要建立了一套以培养战士为唯一目的的教育制度。这种教育,专门以军事训练为中心内容,很不重视发展人的智慧和才能。"[②]在斯巴达教育中,7岁之前的儿童在家接受家庭教育;从7岁到18岁,儿童进入国家的教育机构即军营,开始接受正式教育。教育的主要任务是培养儿童健康的体

---

① 王炳照等编:简明中国教育史[M].北京:北京师范大学出版社,1994:254.
② 滕大春主编.外国教育通史(第一卷)[M].济南:山东教育出版社,1989:147—148.

魄,顽强的意志以及勇敢、坚忍、顺从、爱国等品质。其课程有"五项竞技"(赛跑、跳跃、摔跤、掷铁饼、投标枪)、神话和传说。① 此外,儿童还要参加祭神、竞技和各种仪式。正是这种军事教育,使斯巴达的部队一度成为希腊最精锐的部队,斯巴达正是借助强大的军事力量雄踞于希腊世界,成为希腊最强盛的国家。这一状况一直持续到希波战争时期,才被雅典的崛起所代替。

公元前5世纪,雅典成为希腊文明的中心。雅典由于具有良好的海运条件以及民主的政治体制,社会发展非常和谐。与此一致,其教育的主要目的是培养儿童的理智、聪慧、公正等品质。"在雅典教育中,有一个极重要的概念就是和谐。身心的和谐发展是雅典人所理解的教育的最主要的内容,也是雅典教育概念的根本含义。"②同斯巴达教育一样,7岁以前,儿童在家接受来自父母的教育;7岁后,男孩开始进入文法学校、琴弦学校进行学习,女孩则在家里由父母进行教育,学习纺织、缝纫等技能。文法学校主要学习读、写、算等课程,而琴弦学校主要学习音乐、诗歌、朗诵等课程。到了13岁,孩子除了继续在文法学校和琴弦学校学习外,还要进入体操学校(又称"角力学校"),接受各种体育训练:学习游泳、舞蹈、赛跑、跳跃、摔跤、掷铁饼、投标枪,其目的在于使公民的子弟拥有健全的体魄和顽强、坚忍的品质。雅典人认为,身体不仅要健康,而且要优美,因此健美是其体育教育的重要目的。到十五六岁时,少数贵族子弟则进入国立体育馆,接受体育、智育和美育等方面的教育。

在谈论古希腊的教育时,不得不提及"智者派"。智者派是公元前5世纪至前4世纪活跃在古希腊各城邦的一批职业教师、演说家、作家。"智者"原指古希腊的哲学家,后泛指有智慧、有能力、技艺超群的人。公元前5世纪的后半叶,"智者"一词获得了特殊的含义,成为以收费授徒为职业的一部分人的专有名称。智者派产生于希腊奴隶主民主政治制度的鼎盛时期,其共同的思想基础是相对主义、个人主义、感觉主义和怀疑主义。③智者派云游各地,授徒讲学。他们适应时代对辩论、演讲的需要,抱着实用的目的讲授文法、修辞、辩证法(即哲学),再加上当时已经在学校里盛行的算术、几何、天文、音乐,共同组成了"自由七艺"。此后,"自由七艺"一直是西方课程体系中的主流,延续千年之久。

为了培养"智慧"之人、治国之才,苏格拉底(Socrates,公元前469—前399年)除教授政治、伦理、雄辩术和人生所需要的各种实际知识外,还将几何、天文、算术列为必须学习的科目。学习这些科目的目的在于实用,而不在于理论思辨。

在《理想国》中,柏拉图(Plato,公元前427—前347)认为,一个理想的社会应该由

---

① 吴式颖主编.外国教育史教程[M].北京:人民教育出版社,1999:32.
② 滕大春主编.外国教育通史(第一卷)[M].济南:山东教育出版社,1989:175.
③ 吴式颖主编.外国教育史教程[M].北京:人民教育出版社,1999:43.

三类人组成：执政者、军人和生产者。这三类人各司其职、协调共济，才能造就一个正义、和谐的社会。7～17岁的青少年，要进入学校接收普通教育，其课程主要是音乐与体育。毕业后有一部分学生将成为劳动者，剩下的继续学习。18～20岁时除继续接受音乐教育外，还要接受算术、几何、天文等科学知识教育。到了20岁，学业基本结束，他们中的大多数人将进入军营，成为军人；少数优秀的对学问有兴趣、各方面发展良好的青年则继续学习，一直学习到30岁。此时，他们学习的课程是算术、几何、天文、音乐理论。学习这些高深理论的目的在于让心灵更加明亮，更加接近真理与实在。到30岁以后，极少数最优秀的人继续学习，一直学到35岁，此时学习的科目是哲学、文法、修辞等。35岁以后，他们要担任各种官职，以取得实际工作经验；到50岁时，就可以成为最高统治者，即"哲学王"。

亚里士多德（Aristotle，公元前384—前322）认为，任何事物都是由质料与形式构成的，人也不例外，包括躯体和灵魂两部分，而灵魂又包括非理性与理性两部分。按人的成长进程来看，先是躯体的发展与成熟，然后是非理性灵魂，最后是理性灵魂。因此合理的教育应该遵循个体发展的自然过程，先是体格的教育，使其有健康的体魄；然后是品格的教育，以情欲的训练为主，使其养成自制的品质；最后才是理智的教育，使其专心于学问。也就是说，为了让人成长为理性的个体，必须学习三类课程：体育课、道德课和智育课。亚里士多德认为[①]，在幼儿教育阶段，应该学习游戏、体育、故事等课程；7～14岁的儿童应该学习计算、文学和道德，此外还包括体育与音乐；15～21岁，年轻人将学习数学、几何、天文学、语法、诗歌、修辞学、美学和政治学等；到21岁及以后，学生将继续学习更多的理论科目，如物理学、宇宙哲学、生物学、心理学、逻辑学和形而上学等。

2. 古罗马的课程及其思想

在西方教育史上，古代罗马的教育亦占有非常重要的地位。古罗马的教育，一直到共和后期才发展得比较完善。在罗马共和后期，平等地存在着两种学校：希腊式学校和拉丁语学校。前者以学习希腊语、希腊文学等课程为主；后者则包括初等教育、中等教育和高等教育三个阶段。7～12岁是初等教育阶段，学习的课程是读、写、算等基本内容，此外还要学习道德格言和《十二铜表法》。音乐和体育在此阶段不受重视。12～16岁属于中等教育阶段，要进入文法学校进行学习。起初，文法学校完全由希腊人主持，讲授希腊语和希腊文学，故此时的文法学校被称为"希腊文法学校"。随着拉丁文学的成长，拉丁语和拉丁文学在课程中的地位逐渐提升。公元前100年前后，出现了第一所"拉丁文法学校"。此后，儿童可以同时学习希腊文和拉丁文。在文学方面，希腊文法学校学习《荷马史诗》和其他希腊作家的作品；拉丁文法学校则学习西塞

[①] [美]阿伦·奥恩斯坦，莱文·丹尼尔著.教育基础[M].杨树兵等译.南京：江苏教育出版社，2003：76.

罗等人的著作。到了帝国时期,拉丁文法和罗马文学逐渐压倒了希腊文法和希腊文学。从文法学校毕业后,准备担任公职的贵族子弟进入修辞学校或雄辩术学校进一步学习,开始接受高等教育。雄辩术学校的发展和文法学校一样,起初只有希腊雄辩术学校,后来才出现拉丁语雄辩术学校。前者用希腊语教学,学习希腊作家的作品;后者用拉丁语教学,学习拉丁语作家的作品。雄辩术学校除学习文学和修辞学课程外,还学习辩证法、历史、法律、数学、天文学、几何、音乐和伦理学等课程。从上述论述中可以看出,古代罗马的课程结构和"自由七艺"基本上是一致的。其实,此时罗马采用的正是希腊的教育模式。到了罗马帝国时期,专门培养法律人才和医学人才的法律学校和医疗学校出现了。

公元前1世纪,基督教在罗马的巴勒斯坦产生,此时罗马帝国正处于强盛时期。公元4世纪初,基督教被当时的罗马皇帝宣布为合法的宗教;4世纪末,基督教又被定为罗马帝国的国教。在基督教兴盛的背景下,罗马出现了教义学校。由于传教士在传播宗教时要与世俗文化做斗争,因此教义学校的课程除基督教教义外,还要学习世俗文化,即希腊文化和罗马文化。有的学校还开设了逻辑学、物理学、几何学、天文学、语义学、伦理学、哲学等课程。教义学校培养了一大批有学问的传教士和神学家,有力地推动了基督教的传播与发展。

西塞罗(M. T. Cicero,公元前106—前43年)是古罗马杰出的演说家与教育家。西塞罗认为,要成为一位名副其实的演说家,必须具备"广博的知识",包括"自由艺术"和"各种重要的知识"。其中前者指的是"自由七艺",后者指的是政治、各国政治制度、法律、军事和哲学等。此外,还要学习伦理学。

昆体良(M. F. Quintilianus,约35—约100)是古罗马帝国著名的教育家,其代表作为《雄辩术原理》。昆体良的教育理念就是要培养善良的雄辩家。雄辩家是通过文法学校和修辞学校培养出来的。文法学校的中心课程就是文法,但文法的基础是阅读能力。培养阅读能力,应该以阅读《荷马史诗》为主,希腊悲剧对提高阅读能力也是必要的。此外,还应该学习西塞罗和阿西纽斯(Asınius)的作品,因为从这些作品中可以学到纯正的语言。文法学校的课程还包括音乐、几何、天文、哲学等。从文法学校毕业后,学生就进入修辞学校,接受演讲术的训练。在修辞学校,学生主要学习辩证法、物理学和伦理学等课程。可以看出,昆体良的课程体系仍未超出"自由七艺"的范围。

奥古斯丁(A. Augustinus,354—4300)是古罗马基督教教父哲学的集大成者。他用哲学解释基督教教义,创立了基督教哲学。他所创立的基督教哲学是中世纪基督教教义的重要组成部分,是经院哲学所依据的权威之一。在《忏悔录》这部著作中,奥古斯丁阐述了他对教育的看法。奥古斯丁将追求学问和真理看作是危险的好奇欲,因此他轻视自然科学。同时,他也认为不应该将古希腊、古罗马的文学作品作为教材。他并不认为"自由七艺"都是邪恶的,反倒认为其中有正确的内容,值得学习。学习"自由七艺",就是为了认识上帝的至真、至善、至美。最重要的教材就是《圣经》,它是上帝的语言,是一切知识的源泉。

3. 中世纪的课程及理论

中世纪,指5世纪末到14世纪文艺复兴运动之前的这段历史。中世纪是僧侣统治的世纪,是基督教的世纪,其时最典型的教会教育机构是修道院。修道院最初只对那些志在侍奉上帝、准备充当神职人员的人进行教育,后来扩大了范围,使得那些不以神职为生的人也可进入修道院学习。早期的修道院教育主要强调宗教信仰,知识学习的内容不过是简单的读、写、算,后来的课程逐渐增多加深,"自由七艺"成为主要课程。意大利的威维尔修道院院长卡西奥多鲁斯(Cassiodorus,480—575)在他撰写的《神学与世俗学读本入门》一书中正式使用了"七艺"这一名称:"自由七艺"的名称由此而来。他论述了七艺的主要内容,并将其作为与神学并列的世俗学问。他还认为"七艺"不但不与神学对立,反而提供了上帝创造世界的证明。

公元8世纪以后,随着封建制的发展和王权的巩固,出现了有别于教会学校的世俗教育机构:宫廷学校和骑士学校。宫廷学校主要是培养王公贵族后代的教育机构,其课程以"七艺"为主。骑士教育是西欧封建社会的一种特殊教育形式。在当时的欧洲,封建国王是最高的统治者,国王之下是有爵位的贵族,依次为公、侯、伯、子、男五种爵位。最低一级的贵族是骑士,他们多半是贵族家中的次子,不能继承家中的封地和爵位,主要依靠替国王或大贵族打仗而获得分封与奖赏。骑士制度最盛行的时期是十字军东征的十一二世纪。骑士教育分三个阶段:从出生到七八岁为家庭教育阶段,主要的教育内容为宗教知识、道德教育和身体的养护;8岁以后进入礼文教育阶段,贵族之家按等级将其儿子送入高一级贵族家中充当侍童,侍奉主人和贵妇。此阶段主要学习吟诗、下棋、唱歌、奏乐等技艺,同时也开始学习赛跑、角力、骑马、游泳和击剑等;14~21岁为侍从教育阶段,主要学习"骑士七技",即骑马、游泳、投枪、击剑、打猎、下棋、吟诗。学习这些内容的主要目的是效忠贵族及其夫人。在中世纪,西方已经产生了大学。最早的大学有意大利的萨来诺大学、波隆那大学,法国的巴黎大学等。当时的大学主要是进行职业训练,为社会培养专业人才。因此,大学的教学是分专业进行的,当时主要有文、法、神、医四个专业。

古代西方的课程呈现出以下几个特点:第一,整个西方古代的课程,以"自由七艺"为主,但在中世纪,情况稍有变化,中世纪的课程以《圣经》为主,尽管也学习"自由七艺",但其目的是为《圣经》的学习服务;第二,课程门类比较丰富,"自由七艺"虽然只有七门课程,但在这七门课程中,有自然科学,有社会科学,还有人文科学;第三,课程的目标以求知为主,当然,中世纪除外;第四,课程与政治的关联性较弱。相比古代中国教育中课程与政治的那种紧密关系,西方的课程与政治的关系并不紧密(中世纪除外),这有利于教育工作者独立地研究课程。古代西方的课程研究呈现出以下特点:第一,不仅注重课程的实践探索,而且还注重对课程理论的思考;第二,对课程创新的重视甚于对课程继承的重视。虽然整体上看,古代西方的课程以"自由七艺"为主,但他们仍旧十分重视课程的创新。比如苏格拉底、柏拉图、亚里士多德三人的课程理论,就呈现出长江后浪推前浪的状态;又比如,古罗马在引进古希腊课程体系的同时,强调要创造属于自己的课程,学习自己的文学。

(三) 前科学时期课程研究的特点

前科学时期的课程研究具有以下几个特点:第一,对课程实践的探索重于对课程理论的探索。这一时期,人们主要关注课程实践的问题,即为了培养特定的人才,要开设什么样课程的问题,而不太关注课程的理论问题,即为什么要开设这些课程,这些课程是如何组成一个体系的。第二,没有专门的、独立的课程研究。有些思想家提出一些朴素的课程言论,但这些言论都渗透在其哲学、社会学著作之中,没有专门的关于课程的论文或著作。第三,此时的课程主要以思想教化为目的。中国的课程主要是培养能遵守封建伦理准则的人;西方中世纪的课程则以培养宗教信徒为目的。第四,课程体系非常稳定。不论是中国的"四书""五经"还是西方的"自由七艺",形成之后都存在了相当长的时间。

二、系统探究时期

(一) 文艺复兴时期的人文主义课程

在文艺复兴及其以后,西方的课程进入了系统探究时期。文艺复兴发生于公元14世纪到17世纪,是欧洲在意识形态领域出现的一场反抗封建主义和天主教神学体系的伟大文化运动。它发源于意大利,然后传至欧洲各国。人文主义文化和宗教改革运动是文艺复兴运动的两大成就。文艺复兴,表面上看是复兴古希腊、古罗马的人文学科,但实际上,复兴的范围远不止于人文学科。并且复兴并不是简单地复兴过去,而是对过去的继承、借鉴、利用和发展,借此创造新的文化。文艺复兴的根本宗旨是将人从中世纪的宗教统治中解放出来,恢复人的价值、尊严、理性,强调人的思想解放与个性自由,重视人现世生活的价值。

意大利的弗吉里奥(P. P. Vergerio,1349—1420)是最先阐述人文主义教育思想的学者。他写了一篇名为《论绅士风度与自由学科》的论文,认为人文主义教育的目的是培养身心全面发展的人,为此必须实施自由教育(liberal education,又译"通才教育")。在教育内容上,弗吉里奥非常重视历史、伦理学、雄辩术三门课程,此外还要学习体育、文学、音乐、绘画、数学、医学、法律、自然知识等学科。英国的人文主义者托马斯·莫尔(St. T. More,又作 Sir T. More,1478—1535)非常推崇柏拉图的《理想国》,其教育思想体现在他所著的《乌托邦》一书中。他认为应该废除私有制,实行公共教育,所有男女儿童都有平等的受教育权,儿童应学习古代作家的作品,尤其是古希腊作家的哲学、历史、戏剧、医学、植物学著作等,此外还要学习劳动。拉伯雷(F. Rabelais,1494—1553)是法国著名的人文主义学者,在《巨人传》中,他提出了一种注重个人自由的教育观,主张身心并行发展。他认为,教育要教会学生认识所有事物,因此要学习古典语言和著作,要学习自然科目,还要学习本民族语言。同时,还要学习体育、骑马、击剑、角力、跑步、游泳、射箭、登山、攀树等体育科目。总之,人文主义者强调,教育不仅要发展学生的精神,也要发展学生的身体;所学习的知识,不仅应该包括人文学科,也应该包括自然学科;不仅应该学习古代的经典,也应该学习当代的经典;不仅应该学习古典语言,也应该学习本民族语言。这为后世百科全书式的课程体系奠定了基础。

(二)夸美纽斯的泛智主义课程论

夸美纽斯(J. A. Comenius,1592—1670)是捷克教育家,科学教育学奠基人。他于1632年出版了《大教学论》一书。1634年,他开始研究"泛智论"。1639年,《泛智论导言》在英国出版。夸美纽斯认为,"博学包括一切事物、艺术和语文知识"[①],通过教育,一个人应该成为"博学"、有"德行"和"虔信"的人,或者说人应当"学习一切艺术和科学"[②]。"泛智"即为"博学",就是要学习"一切知识"。夸美纽斯认为,"学习应该从婴儿期开始,一直继续到成年;这二十四年的光阴应该分成界限分明的几个时期",即婴儿期、儿童期、少年期和青年期,每六年为一个时期。这四个时期分别对应的学校为"母育学校""国语学校""拉丁语学校或高等学校"和"大学与旅行"。每个家庭应当有个母育学校,每个村落应当有个国语学校,每个城市应当有个高等学校,每个王国或每个省应当有个大学。在母育学校里,外感官应该得到练习,让孩子能够去辨别周围的事物;在国语学校里,应该训练内感官、想象力、记忆力和相关的器官,应学的课程为阅读、书写、图画、唱歌、计数、量长、测重以及记忆各种事物;在拉丁语学校里,要让学生领悟感官收集起来的知识并加以判断,因此要学习辩证法、文法、修辞以及科学与艺术;大学应该训练人的意志,因此应该学习神学、哲学、医学、法学。具体而言,母育学校应该学习下列20个学科的"种子"(感知这些学科的基本现象):玄学、物理学、光学、天文学、地理学、年代学、历史学、算术、几何学、静力学、机械学、辩证法、文法、修辞学、诗词、音乐、经济学、政治学、道德学(伦理学)、宗教;国语学校应该学习国语阅读、国语写作、计算、测量、音乐、赞美诗、宗教(《教义问答》和《圣经》)、道德原则、经济学和政治学、世界通史、宇宙学的重要事实、技艺的重要原则;拉丁语学校应该学习"自由七艺",使学生

---

① [捷]夸美纽斯著. 大教学论[M]. 傅任敢译. 北京:教育科学出版社,1999:11.
② [捷]夸美纽斯著. 大教学论[M]. 傅任敢译. 北京:教育科学出版社,1999:203.

成为文法家、辩证家、修辞学家或演说家、算术家、几何学家、音乐家、天文学家,此外,还应该成为物理学家、地理学家、年代学家、历史学家、道德家、神学家。也就是说,学生要精通这些学科。大学的"课程应该真正是普遍的,应有学习人类知识的每一部门的准备""使人人都能得到一种健全的教育""成为具备百科全书式知识的人"①。

(三)赫尔巴特的主智主义课程体系

赫尔巴特(J. F. Herbart,1776—1841)是德国著名的哲学家、心理学家和教育家。他于1804年出版了《普通教育学》一书。在课程方面,赫尔巴特的基本主张是,"课程内容的选择必须与儿童的经验与兴趣相一致。"②赫尔巴特将儿童多种多样的兴趣分为两大类:经验的兴趣和同情的兴趣。其中,前者又分为经验的、思辨的和审美的三种兴趣;后者又分为同情的、社会的和宗教的三类兴趣。根据经验的兴趣,应该开设自然、物理、化学、地理等课程;根据思辨的兴趣,应该开设数学、逻辑、文法等课程;根据审美的兴趣,应该开设文学、绘画等课程;根据同情的兴趣,应该开设外语、本国语等课程;根据社会的兴趣,应该开设历史、政治、法律等课程;根据宗教的兴趣,应该开设神学等课程。主智主义产生于科学主义和理性主义盛行的时代,它主张把知识的传授与理性的发展作为教育和教学过程的基础与目的,注重对有效传授知识的方法和途径的探讨,重视研究选择、编制知识内容的基本原则和具体方式。主智主义的生成、演变贯穿整个西方近代教育的发展过程,而它最初是从"赫尔巴特和赫尔巴特学派的教育理论为主要代表的教育思潮"③中演变而来的。正因为如此,赫尔巴特的课程体系被称为"主智主义课程体系"。

(四)福禄贝尔的整体主义课程论

福禄贝尔(W. W. A. Froebel,1872—1852)是德国著名的教育家、幼儿园的创立者、近代学前理论的创始人,被誉为"幼儿教育之父"。福禄贝尔生活的年代,是欧洲自然科学大发展的时代。科学的发展表明,事物之间是相互联系的。与此对应,人们形成了整体的观念,认识到人类与周围的世界是统一的。这种统一的、联系的观念深刻地影响到福禄贝尔。学校应该教什么?福禄贝尔认为这取决于人的少年时期发展的性质与要求。福禄贝尔认为,心灵、外部世界以及作为媒介的语言,构成了少年期儿童生活的核心,同时它们也是统一的。为此,学校必须设置三方面的课程:(1)认识心灵的科目:宗教及宗教教学;(2)认识外在世界的科目:自然科学和数学;(3)统一外在世界与内在世界的科目:语言。除此之外,福禄贝尔还增加了表现人内心的科目,即艺

---

① [捷]夸美纽斯著.大教学论[M].傅任敢译.北京:教育科学出版社,1999:226—227.
② 吴式颖主编.外国教育史教程[M].北京:人民教育出版社,1999:323—324.
③ 张斌贤.西方主智主义教育原理述评[J].北京:北京师范大学学报(社会科学版),1997(3):44—50.

术。根据上述思想,福禄贝尔提出了16个教学科目:宗教教育、体育卫生、自然科学的常识、诗的记诵与歌唱、说话、手工、图画、颜色辨别、游戏、故事和童话以及小说的叙述、散步和短距离的旅行、算术、几何、文法、写字、阅读。

(五) 斯宾塞的功利主义课程体系

斯宾塞(H. Spencer,1820—1903)是英国著名的哲学家、社会学家和教育家,著有《教育论》(1861)一书。他是当时英国反对古典主义教育,提倡实科教育的主要代表人物之一。斯宾塞认为,教育就是为成人的完满生活作准备的过程。学生需要学习什么,就看他未来需要过什么样的生活,而现在的成人生活就是未来儿童生活的模板。"我们的第一步显然应当是按照需要的程度把人类生活的几种主要活动加以分类。它们可以自然地排列成为:(1)直接有助于自我保全的活动;(2)从获得生活必需品而间接有助于自我保全的活动;(3)目的在于抚养和教育子女的活动;(4)与维持正常的社会和政治关系有关的活动;(5)在生活中的闲暇时间用于满足爱好和感情的各种活动。"① 斯宾塞认为,最重要的不在于知识有无价值,而在于知识的比较价值:科学对社会生产起决定作用;在个人的能力、道德和宗教训练上,也是科学知识最有价值。总之,科学知识是斯宾塞最重视的课程内容。

根据生活准备说和知识价值论,斯宾塞认为学校应该开设以下五类课程。② 第一类是生理学和解剖学:它是直接保全自己的知识,是合理的教育中的最重要的一部分。第二类是逻辑学、数学、力学、化学、天文学、地质学、生物学和社会学:是间接保全自己的知识,是使文明生活成为可能的基础。第三类是生理学、心理学和教育学:这是履行父母责任必需的知识,人们养育了子女之后才可能有国家,家庭福利是社会福利的基础。第四类是历史:它实际上是一门描述的社会学,利于人们调节自己的行为,履行公民职责。第五类是文学、艺术等:它是满足人们闲暇时休息和娱乐的知识。

斯宾塞的课程论与古典主义教育的内容不同。他非常强调科学知识,强调知识对个人生活、社会生活的实用价值。因此他的课程论被称为"实用主义课程论"。在西方教育史上,斯宾塞是首次使用"课程"(Curriculum)一词的人。1859年,斯宾塞在"什么知识最有价值"一文中第一次使用"课程"一词,它指的就是"学习的进程"。

(六) 杜威的经验主义课程论

杜威(J. Dewey,1859—1952)是美国著名哲学家和教育家。1902年,出版了《儿童与课程》一书,专门探讨课程问题。杜威认为,儿童的生活和经验具有统一性和完整性,他们到学校读书,分门别类的学科把他们的世界加以割裂和肢解,从而使儿童对世

---

① [英]赫·斯宾塞著.斯宾塞教育论著选[M].胡毅,王承绪译.北京:人民教育出版社,2005:12.
② 吴式颖主编.外国教育史教程[M].北京:人民教育出版社,1999:385.

界的认识呈现出片面性。"一句话,已经归了类的各门科目是许多年代的科学的产物,而不是儿童经验的产物。"① 同时,杜威还认为,旧的课程和教材还有一个弊端,那就是缺乏社会精神。课程、教材不能只从自身出发,而应与社会生活相联系。杜威并不反对间接经验,但他认为间接经验代表的是成人的种种标准,不适合儿童的现有能力,不符合儿童自然的冲动与倾向。为此,必须实现教材的心理学化,"就需要把各门学科的教材或知识各部分恢复到原来的经验。"② 简而言之,就是要将教材中的间接经验转化为直接经验。杜威以其经验论为基础,要求学生从做中学,从经验中学。说到底,杜威所倡导的课程,就是经验课程,其范围非常广,包括园艺、烹饪、缝纫、印刷、纺织、油漆、绘画、唱歌、演剧、讲故事、阅读、书写等。在杜威看来,这些活动既能满足儿童的心理需要,又能满足社会性发展的需要,还能让儿童对事物的认识具有完整性与统一性。

(七) 系统探究时期课程研究的特点

系统探究时期的课程研究具有如下特点:第一,将课程作为专门的问题进行探讨。尽管此时仍然没有出现专门有关课程的著作,但课程被作为一个专门问题进行探讨,而且对课程的探究多是由教育者以及教育学者进行的,呈现出了专门化和专业化的特点。第二,此时对课程的探究,主要关注的是课程开设,而不是课程开发。第三,研究者在提出自己的课程体系时,都在探索其背后的理论依据,以期使其课程体系更加科学。第四,课程体系不断丰富。仅就"自由七艺"而言,它经历了一个不断丰富的发展过程(详见表1-1)③。

表1-1 "自由七艺"的发展状况

14 世纪以前	文艺复兴时期	17—18 世纪
文　法	文　法 文　学 历　史	文　法 文　学 历　史
修辞学	修辞学	修辞学
辩证法	辩证法	论理学、伦理学
算　术	算　术	算　术、代数学
几　何	几何学 地理学	三角法、几何学 地理学、植物学、动物学
天　文	天文学 机械学	天文学 机械学、物理学、化　学
音　乐	音　乐	音　乐

---

① [美]约翰·杜威者.学校与社会·明日之学校[M].赵祥麟等译.北京:人民教育出版社,1994:117.
② [美]约翰·杜威者.学校与社会·明日之学校[M].赵祥麟等译.北京:人民教育出版社,1994:127.
③ 参见:王本陆主编.课程与教学论[M].北京:高等教育出版社,2009:44.

三、独立科学时期

(一)科学化课程理论诞生的背景

1. 19 世纪科学取得巨大的成就

文艺复兴解放了人的思想与智力,使人开始摆脱宗教和权威的束缚,进行独立的思考与研究,这为科学(尤其是自然科学)的繁荣创造了前提条件。蒸汽机的发明,促进了资产阶级革命,而资产阶级革命又对科学提出了巨大的需求。19 世纪,以细胞学说、能量转化与守恒定律、生物进化论为代表的自然科学理论取得了突飞猛进的发展,并给人们的生活带来了巨大、积极的影响。科学的发展与影响让人们相信,人类面临的许多问题都将得到解决。在这样的背景下,所有学科都以成为"科学"为荣。比如,心理学在产生之初,其研究对象是"意识",但到 19 世纪末和 20 世纪初,心理学为了成为"科学",放弃了对意识的研究,转而研究人的行为,行为主义心理学因此而生。社会学同样如此,通过采用自然科学的方法,演化成为"实证社会学"。其他学科,都在不约而同地向自然科学靠拢,或运用自然科学的方法进行研究,力图让自己成为"科学"。

2. 19 世纪末 20 世纪初的社会效率运动

社会效率运动是由美国"科学管理之父"泰罗(F. W. Taylor,1856—1915)开创的。科学管理是相对于经验管理而言的。在此时,科学就意味着实证和实验。1881 年,泰罗开始在米德维尔钢铁厂进行劳动时间和工作方法的研究,这为创建科学管理理论奠定了实践基础。1898 年,在受雇于伯利恒钢铁公司期间,泰罗进行了著名的"搬运生铁块试验"和"铁锹试验"。1911 年,他出版了《科学管理的原理》一书,系统阐述了科学管理理论。科学管理的基本思路是,选取从事某项工作的技术娴熟的工人,对其工作进行观察、统计、分析,以确定从事该工作的标准动作、基本流程以及合适的生产工具;然后根据得出的结论对工人进行培训,并实行计件工资制,以提高工人的劳动生产率。其核心是通过动作的标准化、流程的规范化、计件工资制等对工作进行控制,以达到提高效率的目的。其基本特征是,以效率为取向,以控制为手段,以标准化为方式,将人视为生产的机器。科学管理理论一经提出,就受到美国社会的普遍青睐,其影响远远超出了企业领域,成了一种社会精神,进而掀起了"社会效率运动"。科学化课程开发理论正是在 20 世纪初美国社会效率运动的背景下诞生的。

(二)科学化课程理论的代表人物及其思想

1. 博比特的课程理论:活动分析法

1918 年,美国著名教育学者博比特(J. F. Bobbitt,1876—1956)出版了《课程》(*The*

Curriculum)一书。这是第一本专门以"课程"为名的书,一般认为,此书是课程成为一个独立研究领域的标志。1924年,他又出版了《怎样编制课程》(How to Make A Curriculum)一书,其课程开发理论进一步完善。

博比特是科学化课程理论的开创者、奠基者。他认为,"课程是儿童及青年为准备完美的成人生活而从事的一系列活动及由此取得的相应的经验。"①显然,博比特的课程观吸收了传统教育和进步教育的合理成分。如果将课程理解为儿童的活动以及由此而获得的经验,那其外延是非常广泛的:既包括儿童在社会中获得的未经指导的经验,也包括儿童在学校获得的经过指导的经验。博比特更强调后者。博比特认为,如果儿童学习是为了获得未经指导的经验,那他就不需要进入学校中。正因为课程就是让学生在学校获得经过指导的经验,所以课程开发时必须对经验进行选择。

博比特的课程开发方法被称为"活动分析法"。所谓"活动分析法",就是把人的活动分析为具体的、特定的行为单元的过程和方法。它包括五个步骤②:

第一,人类经验的分析,即将广泛的人类经验划分成一些主要的领域。既然课程的出发点是为未来的生活作准备,那就得明确要做哪些准备,即分析完美的成人生活包括哪些领域。在1924年出版的《怎样编制课程》一书中,博比特将人类经验分解为10大领域:语言活动、健康活动、公民活动、一般社交活动、休闲娱乐活动、维持个人心理健康的活动、宗教活动、家庭活动、非职业性的实际活动、个人的职业活动。

第二,具体活动或工作的分析,即将人类活动的每一领域进行再分解,直至分解出具体的活动。

第三,课程目标的获得,即将从事每一具体活动所需要的能力具体、清楚而详尽地陈述出来。这些能力是由知识、技能、习惯、价值、态度、鉴赏力等多种成分构成的。由于目标是课程开发的依据,因此目标的陈述必须具体化和标准化,不得模糊与笼统。

第四,课程目标的选择,即从上述众多的课程目标中选择适合学校的目标,作为教育计划的基础和行动纲领。显然,通过第三步的分析,获得的目标数量非常庞大。有些目标不适合学校,有些目标无须经过学校。只有那些复杂的、无法在儿童的社会生活中自然获得的目标,才能成为学校的课程目标。

第五,具体教育计划的制订,即设计达到课程目标所需要的各种活动、经验和机会。博比特认为,必须为每一年龄或年级的儿童每一天的活动制订详细的活动计划。这些活动就构成了课程。

2. 查特斯的课程开发理论:工作分析法

查特斯(W. W. Charters,1875—1952)是和博比特同时代的美国著名教育学者。

---

① 张华.课程与教学论[M].上海:上海教育出版社,2001:5.
② 张华.课程与教学论[M].上海:上海教育出版社,2001:5—6.

1923年,他出版了《课程编制》(Curriculum Construction)一书。其课程编制理论与博比特具有内在的一致性。查特斯认为,学校课程的功能在于满足社会的需要和解决社会面临的问题。因此,课程开发必须考虑社会的需要,考虑将来要从事的工作,"所有的关于做某事的说明书都是建立在工作分析的基础之上的。"[①]查特斯指出,工作分析并不陌生,它一直被当作一种教学方法在使用,只是它从来没有像今天这样被广泛地使用。在《课程编制》一书中,查特斯指出,课程开发"首先必须制订目标,然后选择课程内容,在选择过程中,必须始终根据目标对课程内容进行评价"[②]。基于此,他提出了自己的课程开发理论,这一理论被称为"工作分析法"。工作分析法由以下七个步骤组成[③]:

第一,确定能构成主要目标的理想与活动。

第二,分析这些理想与活动,直至分析出工作单元。

第三,按重要性程度来排列所分析出的工作单元以及与其对应的理想与活动。

第四,把对儿童具有重要价值,即使是对成人具有较低价值的理想与活动,提升到较高的位置。

第五,删除能在校外学会的理想与活动,然后确定在学校教育期间能够掌握的最重要的理想与活动的数量。

第六,收集教授这些理想与活动的最佳的实践活动。

第七,根据儿童的心理特征和材料的结构,将材料组织成适合于教学的序列。

查特斯指出,所有的人都努力通过理想指导下的活动来获得某种满意。活动是去除不满意、获得满意的手段,它包括身体的活动,也包括心理的活动。理想是长久的满意而非暂时的满意。理想就是范型,就是正确的、恰当的观念。没有理想的指导,活动不会继续;不通过活动,理想无以运作。

3. 泰勒的课程原理:目标模式

泰勒(R. Tyler,1915—1972)是美国著名的教育学家、课程理论专家、评价专家。他是现代课程理论重要的奠基者,是科学化课程开发理论的集大成者。由于对教育评价理论、课程理论的卓越贡献,泰勒被美誉为"当代教育评价之父""现代课程理论之父"。1934年,泰勒出版了《成绩测验的编制》一书,从而确立了"评价原理"。1949年,他又出版了《课程与教学的基本原理》,从而确立了"课程基本原理"。二者统称为"泰勒原理"。由于"课程基本原理"也包含着早先的"评价原理",因此人们通常认为"泰勒

---

① Charters, W. (1923). Curriculum Construction. New York: Macmillan, p.35.
② 转引自:张华.课程与教学论[M].上海:上海教育出版社,2001:7.
③ Charters, W. (1923). Curriculum Construction. New York: Macmillan, p.26.

原理"等同于"课程基本原理"。《课程与教学的基本原理》被公认为是课程开发"最完美、最简洁、最清楚的阐述,达到了科学化课程开发理论发展的新阶段"[①]。

在《课程与教学的基本原理》一书中,泰勒指出,任何课程开发和教学计划都必须回答四个问题:

第一,学校应该试图达到什么目标?

第二,提供什么教育经验最有可能达到这些目标?

第三,怎样有效组织这些教育经验?

第四,我们如何确定这些目标正在得以实现?

这四个基本问题可以概括为"确定教育目标""选择教育经验""组织教育经验""评价教育计划"[②]。这就是泰勒原理的基本内容。由于该原理的第一步为确定目标,其他各步都围绕着目标而展开,因此该课程开发模式又称为"目标模式"。

(三)独立科学时期课程研究的基本特征

该阶段的课程研究呈现出如下特点:(1)课程论已经成为一门独立的学科,而且有专门的研究者对其进行研究;(2)此时的课程研究以追求课程的科学化为特征,多采用实证的研究方法,并试图为课程开发提供一个通用的模式;(3)科学化课程理论在此阶段走向了巅峰。具体而言,是泰勒将科学化课程理论推向顶峰的。

四、课程理论的多元化

(一)学科结构运动与学术中心课程

1. 学科结构运动

20世纪50年代末至60年代初,在西方世界发生了"学科结构运动"。该运动肇始于美国,但其影响波及全球。在这场运动中,产生了一种新的课程,即"学术中心课程"。

1957年10月4日,苏联成功发射了人类历史上第一颗人造地球卫星。这让与苏联处于冷战状态的美国异常震惊。"美国人认为他们有能力引导他们自己的未来,他们把教育看作是进步的关键。"[③]然而,苏联将卫星送上了天,让美国人意识到自己的教育落后了。要知道,自19世纪末期以来,美国的教育一直是由杜威的思想主导的。为改变教育落后的状态,1958年美国颁布了《国防教育法》,以国家安全受到威胁为借口斥巨资进行全国范围内的课程改革。此后,强调学科结构的"新课程"纷纷出现。比较

---

① 张华.课程与教学论[M].上海:上海教育出版社,2001:10.
② 张华.课程与教学论[M].上海:上海教育出版社,2001:13.
③ [美]阿伦·奥恩斯坦,莱文·丹尼尔著.教育基础[M].杨树兵等译.南京:江苏教育出版社,2003:94.

著名的新课程有"物理科学研究委员会"(PSSC)研究开发的 PSSC 物理课程,"生物科学课程研究会"(BSCS)的 BSCS 生物课程,"学校数学研究组"(SMSG)的 SMSG 数学课程,"化学键取向研究会"(CHEMS)的 CBA 化学与 CHEMS 化学,"地球科学课程设计研究会"(ESCP)的 ESCP 地学等。这些课程统称为"学术中心课程"。

1959 年 9 月,美国科学院召集了约 35 位科学家、学者和教育家在马萨诸塞州的伍兹霍尔讨论怎样改进中小学的自然科学教育。在会议结束时,会议主席布鲁纳(J. S. Bruner,1915—2016)作了题为"教育过程"的总结报告(此报告后来以同名出版成书)。该报告奠定了"学科结构运动"的理论基础与行动纲领。教育史上将这种强调学术中心课程的教育改革运动称为"学科结构运动"。伍兹霍尔会议以后,"学科结构运动"在全美蓬勃展开。

2. 学术中心课程

"学术中心课程"是指以专门的学术领域为中心而开发的课程。"学术"一词有两种含义:一是指有组织的学科领域,由基本概念、基本原理组成;二是指该知识领域的探究方法。基本概念、基本原理、基本方法就构成了学科结构。因此,"学术中心课程"亦称为"结构课程"。

"学术中心课程"有三个基本特征:

(1) 学术性。学术中心课程论者认为,"从'学术'的内涵看,作为组织起来的知识领域及相应的探究方法的学术最有利于教学,也最有价值。"[①]学术知识是课程的唯一来源;像学习者的活动、经验、兴趣以及社会生活中的问题,都只能作为课程的补充或辅助,其本身不能构成课程。

(2) 专门性。学术中心课程不主张课程的综合化、相关化,而主张课程的专门化、专业化。专门化的课程有利于体现各学科的内在逻辑,有利于课程学习的深入。因此,课程的编制应该由学科专家主导,比如由物理学家来编制物理课程,由化学家来编制化学课程等,而不是由教育家来主导课程的编制。布鲁纳说:"必须使任何特定学科的最优秀的人才参加到课程设计的工作中来""决定美国史课应该给小学生教些什么或算术课应该给他们教什么,这种决断要靠各个学术领域里有着远见卓识和非凡能力的人士的帮助才能解决好。"[②]

(3) 结构性。学术知识本身是有结构的,因此学术中心课程也是有结构的。由一门学科的基本概念、基本原理的形成的体系,称为学科的"实质结构";由一门学科基本的探究方法和基本态度构成的体系,称为学科的"句法动结构"。广义的学科结构还包

---

① 张华.课程与教学论[M].上海:上海教育出版社,2001:10.
② 王承绪,赵祥麟编译.西方现代教育论著选[M].北京:人民教育出版社,2001:445.

括学科间的结构。强调学科结构,是学术中心课程最基本的特征。布鲁纳曾在《教育过程》中说:"不论我们选教什么学科,务必使学生理解该学科的基本结构。"①

学术中心课程解决的一个重要问题是,在知识激增与信息爆炸的时代,学校应该教给学生什么。布鲁纳给出的答案是,要教给学生基本概念、基本原理、基本方法和基本态度,因为这些东西具有广泛的迁移性与适用性。学术中心课程以学科结构为核心构筑课程体系,使纷繁复杂的信息和知识得以统整、简化,创造了现代化课程的一个范例。同时,学术中心课程也汲取了杜威进步主义教育中的积极因素。虽然它将课程开发的基点落在专门化的学术领域上,有回归传统课程的味道,但它强调基本概念、基本原理的学习应该采用探究的方法,而非接受的方法。20世纪70年代在美国兴起"回归基础"(back to basics)在某种意义上就是"学科结构运动"的延续与浮化。

(二)实践性课程开发理论

实践性课程开发理论是美国著名的课程论专家、生物学家施瓦布(J. J. Schwab,1909—1988)提出的。施瓦布是泰勒的学生,受过"泰勒原理"的系统训练;同时他又与布鲁纳一起领导了结构课程的改革运动,被视为在倡导课程结构运动中仅次于布鲁纳的第二旗手。声势浩大的课程结构运动持续了10年,但并未取得预期效果。20世纪60年代末,美国教育界对学科结构运动的改革怨声载道,斥巨资开发出的"新课程"陆续被废止。这引起了施瓦布的深思:泰勒原理试图提供一种普适性的课程开发方法,而对于不同的学校而言,它有效吗?学科结构运动以各学科领域的专家为主导来开发课程,这种课程能得到中小学教师的认可吗?它适合具体的学校情况吗?施瓦布认为,这种脱离学校教育实际、脱离学校教师的课程开发方式是不当的;课程开发必须尊重具体学校的特殊性。

1. 实践性课程的含义

从1969年到1983年,历经14个春秋,施瓦布撰写了四篇论文,它们分别是:"实践:课程的语言""实践2:折中的艺术""实践3:转换成课程"和"实践4:课程教授要做的事"。这四篇论义建构起了一个新的课程理论——实践性课程开发理论。

实践性课程开发理论建立在实践性课程观的基础上。在"实践3:转换成课程"一文中,施瓦布提出了一种新的课程观,即"实践性课程"。在施瓦布看来,课程就是教师、学生、教材、环境这四个要素之间持续的相互作用。教师和学生是课程的主体和创造者,其中学生是课程的中心。教材是课程的有机构成部分,它由课程政策文件、课本和其他教学资料组成,但孤立的教材不构成课程,只有当它成为相互作用过程中的积极因素时,才具有课程意义。因此,教材必须具有极大的灵活性,能够根据不同的学习

---

① [美]布鲁纳著.布鲁纳教育论著选[M].邵瑞珍译.北京:人民教育出版社,1989:27.

需要、不同的教育情境作出改变和调整。教材应该为学习情境中的问题、需要和兴趣服务,而不是相反。环境是指除教师、学生和教材之外物质的、心理的、社会的、文化的因素,它也参与到课程的相互作用之中。在学校中,不仅仅只有教材对学生产生影响,教师、学生、教材、环境之间的交互作用构成一个有机的生态系统,它们共同对学生的思想、感情、观点和行为产生影响。换句话讲,有多少个生态系统,就有多少种课程。不同学校的生态系统不一样,因此其课程亦有别。课程,在本质上就应该是校本课程。

2. 实践性课程的开发方法:审议

施瓦布认为,课程开发的基本方法是审议。课程审议是指课程开发主体对具体教育实践情境中的问题进行反复讨论权衡以获得一致性的理解与解释,最终作出恰当的、一致的课程变革的决定并设计相应的策略。由于课程审议是在主体之间进行的,因此课程主体就不是一个人,而是一个集体。这个集体被称为"课程集体",是一个民主型的课程组织。课程集体的建立应该以学校为基础,其成员应该有校长、社区代表、教师、学生、教材专家、课程专家、心理学家和社会学家等。在课程集体中,应该有一位主席来担任领导。施瓦布认为,课程教授应该担当此任。

课程开发的基本方法是审议,那如何进行审议呢?施瓦布认为,审议有三种方式:实践的艺术、准实践的艺术和折中的艺术。其中,施瓦布尤其重视实践的艺术和折中的艺术。

1)"实践的艺术"是针对每个人所感知的个别的、具体的和特定的情境而言的

每一个情境都是一个特定的整体,因此它与理论的通用性、普适性不同。实践的艺术包括三种方式:"观察的艺术""问题形成的艺术"和"问题解决的艺术"。"观察的艺术"就是对具体教育实践情境进行"无关扫视",以感知情境的细节并初步赋予其意义。进行"无关扫视"的目的,就是以不带任何偏见的方式观察、感知情境,识别情境中的问题。"问题形成的艺术"是指根据感知到的情境的细节以及所赋予的意义,对情境中的问题作进一步诊断,并尽可能以不同的方式来表述问题,然后权衡各种表述,以确定一个最佳的问题表述方式。"问题解决的艺术"包括形成解决问题的备择方案,追踪各种方案可能产生的后果,在多种方案中进行权衡与选择,并决定何时终止审议并采取行动。

2)"准实践的艺术"是实践艺术的延伸

由于我们遇到的问题情境通常不是一个单个的、孤立的纯实践情境,而是由相互关联的、多样的个别情境组成的"准实践"情境,因此处理准实践情境中的问题要比处理纯实践情境中的问题复杂。处理准实践情境中的问题,除了要运用上述所讲的"实践的艺术"外,还要补充两种准实践的艺术。一是准实践决策过程的艺术。在解决准

实践问题的决策过程中,先要区分问题属于哪一个别情境。由于准实践的情境是由许多个别情境相互关联而构成的,因此在给问题划界时一定要有灵活性,问题的表达要有流动性。同时,由于准实践问题涉及的范围非常广,因此准实践的决策需要多方面代表的参与,以保证有多样化的问题表述以及问题解决的备择方案。二是准实践决定的系统表达艺术。在表达准实践的决定时,为了传达该决定所有的准实践特点,需要指出将该决定转换成实际行动时应该考虑哪些方面,同时指出哪些方面可以修改、哪些不能修改等。总之,不要让行动者误认为准实践的决定是必须被不折不扣地被执行的"指令"。

3)"折中的艺术"

"折中的艺术"是指针对具体教育实践情境的特殊性,对不同的理论进行选择、修改、超越,使之适合实践性课程开发之需要的艺术。它包括如下过程:第一,把理论与学术的观点与具体教育实践情境的需要和兴趣相对应;第二,对理论与学术的观点进行修改,使其适应具体教育实践情境的需要;第三,产生可替代的行动过程并预测该行动过程的道德后果。

总之,由于具体的教育实践情境是复杂的,不是一种理论能解释的,因此针对具体实践情境的课程开发也不能只接受一种理论的指导,解决具体情境中课程问题的方案也不止一种。因此,课程开发需要有一个多元化的课程集体来审议,以免作出片面的、单一的课程决定。从本质上讲,实践性的课程开发就是基于校本、师本的课程开发。

(三)课程开发的过程模式

课程开发的过程模式是由英国著名的课程理论家劳伦斯·斯滕豪斯(L. Stenhouse,1926—1982)提出的。1975年,他出版了《课程研究与编制导论》一书。在该书中,他系统阐述了他自己的课程思想。这一思想是基于对目标模式的反思与批判而提出的。

1. 斯滕豪斯的教育观

过程模式的提出,是以斯滕豪斯的教育目的观、知识观为支撑的。

(1)教育的目的是让人更自由、更有创造力,其结果是无法预测的。斯滕豪斯认为,教育的目的是使人从作为权威的固定知识结论的束缚中解放出来,从而获得理性自主的能力。教育的使命在于让人变得更自由、更有创造力,在于引导学生去探索,因此其结果是不能事先确定的。

(2)知识是思考的材料,学习知识的目的是发展理解力与判断力。知识与信息不同,它是一个结构,支撑着创造性思维并提供判断的框架。已有的知识只是思考的材料,而发展理解、判断和批判反思的能力才是根本。"知识的价值在于作为思考的焦点激发各种水平的理解,而不是作为固定的信息让人们接受。"①

(3)教育过程本身具有内在的价值。有没有先在的目标,有没有现成的知识都不是教育的关键;教育的关键在于激发学生不断探索,让学生获得理性自由,让学生更有创造力,而这只能通过教育过程来实现。教育活动过程本身具有促进学生发展的内在价值,它无需用外在的标准来判断。

2. 过程模式的基本原理

基于其教育观,斯滕豪斯提出了课程开发的过程模式。过程模式的基本思想是,如果教师设计并实施了恰当的课程活动,而且学生深度参与其中,那学生自然就能获得发展。学生发展的结果是无法预测的,它依赖于课程活动的质量以及学生参与的程度。因此,过程模式有课程活动的标准,有学生参与的标准,却没有学习结果的标准。在课程设计过程中,过程模式不以事先确定的目标作为课程开发的依据,而是关注整个课程(包括教学)展开过程的基本规范,使之与宽泛的目标保持一致。过程模式认为,课程开发不是生产出一套计划或处方,然后予以实施和评价,而是一个研究的过程。在这个过程中,要对所涉及的变量、要素及其相互关系不断地进行评价和修正。在过程模式中,课程研究、课程编制和课程评价是一体的,是相互渗透、相互作用的。整个课程开发的过程是一个尝试性的过程,没有确定不变、必须实施的东西。过程模式的重点在于编写一种课程说明,阐明存在哪些可能的学习结果,并将这些结果与它们的起因联系起来。这种说明作为对教学过程的一种假设,由教师自己在具体的课堂情境中验证和调整。过程模式要求教师选择并实施有价值的教育活动,而不是去落实有价值的外在目标,因为目标本身并不能告诉教师在课堂上如何行动。

斯滕豪斯以自己的思想为指导,进行了"人文学科课程设计"。他认为,人文学科课程与教学应该遵循以下五条程序原则。② 第一,应该在课堂上与学生一起讨论、研究有争议的问题。第二,教师在教有争议的内容时,要坚持中立的准则。例如,教师不要把提出自己的观点作为教师责任的一部分。第三,在有争议的领域进行探究的方式,是讨论而不是讲授。第四,讨论时应保护参与者不同的观点,而不是试图达成一致意见。第五,教师作为讨论的主持人,应该对学习的质量和标准承担责任。总之,过程模式将其焦点集中于教师的课堂教学实践。没有教师的参与,就没有课程编制。因此他还提出了"教师即研究者"的口号。课程开发的过程模式并没有提供明确的、可操作的步骤,"与其

---

① 施良方.课程理论——课程的基础、原理和问题[M].北京:教育科学出版社,1996:177.
② 施良方.课程理论——课程的基础、原理和问题[M].北京:教育科学出版社,1996:182.

说它是一个详述编制步骤的'模式',不如说它是一种编制的思路,一种编制的思想。"①

(四) 课程领域的概念重建

美国当今著名的课程理论家派纳(W. F. Pinar,1947—)在1995年出版了《理解课程》一书。在该书中,派纳指出美国课程研究领域自20世纪70年代以来发生了重要的"范式转换",由"课程开发"范式转向"课程理解"范式。他指出:"课程开发:生于1918年,卒于1969年。"②而1969年,恰是施瓦布发表《实践:课程的语言》,提出实践性课程开发理论的时间。从那一年起,"该领域不再为开发(development)抢先占有。正如我们将要看到的,今天的课程开始为理解(understanding)所占有。"③从"课程开发"到"课程理解",其实质就是课程概念的重建。秉持课程概念重建观点的课程论专家被称为"概念重建主义者",其理论体系被称为"概念重建主义范式"。该课程理论流派并没有统一的行动纲领,其不同成员之间的观念甚至相互矛盾,但他们有共同的研究兴趣:批判传统课程理论,对课程领域进行"概念重建"④。概念重建主义范式有以下几种理论倾向。

1. "存在现象学"课程论

该课程论以现象学、存在主义、精神分析理论为理论基础,着眼于存在经验的发展和自我意识的提升,其代表人物有派纳、格鲁梅特(M. Grumet)、格林(M. Green)、休伯纳(D. Heubner)、威利斯(G. Willis)、范梅南(M. van Mannen)等。"存在现象学"课程论充分肯定个体的存在价值,认为个体是知识和文化的创造者而不是接受者。在"存在现象学"课程论看来,课程就是具体个体活生生的经验,或者说是具体个体的存在体验;课程是个体的自我知识,而不是个体之外的社会知识或文化知识。"存在现象学"课程论通过对个体的关注而提升个体的意识水平,进而达到个体解放的目的。

2. 批判课程论

批判课程论以法兰克福学派、哲学解释学、知识社会学为理论基础,着眼于对社会意识形态的批判以及社会公正的建立,其代表人物有阿普尔(M. W. Apple)、麦克唐纳(J. B. Macdonald)、吉鲁(H. A. Giroux)、韦克斯勒(P. Wexler)、曼恩(J. Mann)等。批判课程论将课程理解为社会性的"反思性实践",即课程是行动与反思的统一。换句话讲,课程并不只是一套要实施的计划,它还是一个蕴含着反思精神的行动过程。"反思性实践"的根本目的就是通过对课程、社会现实的不断反思与批判来建构、创造意义。课程本身涉及权力与政治。那些拥有权力的人会将他们自己的意义确定为"真理"以让人接受,而师生只能通过对它进行反思与批判,对其进行挑战,才能建构自己的意

---

① 施良方.课程理论——课程的基础、原理和问题[M].北京:教育科学出版社,1996:173.
② [美]威廉F.派纳等著.理解课程(上)[M].张华等译.北京:教育科学出版社,2003:6.
③ [美]威廉F.派纳等著.理解课程(上)[M].张华等译.北京:教育科学出版社,2003:6.
④ 张华.课程与教学论[M].上海:上海教育出版社,2001:25.

义。因此,反思性课程实践在本质上是一种政治实践。批判课程论通过批判课程中隐含的不合理的因素,从而避免个体受到所谓真理的约束,从而实现人的解放。

3. 后现代课程论

后现代课程论以后现代主义哲学、后结构主义、建构主义、批判理论、过程哲学、女性主义、多元文化主义等为理论基础。其代表人物有威廉姆·多尔(W. E. Doll, Jr.)、帕特里克·斯拉特瑞(P. Slattery)、车里霍尔姆斯(C. H. Cherryholmes)等。后现代课程观不再像泰勒原理那样只关注课程的目标及其实现,而是关注学习过程中个人发展的过程、历史、政治、宗教、生态、社会环境,从课程研究的过程来看,它不再关注课程的规划、设计、实施和评价,而是注重理解课程在文化、历史、政治、生态平衡、美学等方面的对人类状况、社会结构、生态领域的影响。[①] 后现代课程论并没有一个统一的纲领,其内部存在诸多派别。其中,主要的派别有[②]多尔的以复杂、开放的宇宙观为基础的后现代主义课程观、斯拉特瑞的通俗化后现代主义课程观、史密斯(D. G. Smith)以全球化为背景的解释学后现代课程观、卡普拉等人的生态主义课程观。后现代主义课程观反对现代课程的统一性、整体性,强调课程的开放性、过程性、多元性、对话性,强调课程的启迪与解放功能,强调课程对于个体心灵、精神成长的意义。在后现代主义的视野中,课程具有开放性、多元性、创造性和内在性等特征。[③] 后现代课程论通过强调课程的多元性、个体性来实现人的解放。

将课程领域的概念重建范式区分为存在现象学课程论、批判课程论和后现代课程论三种倾向,是相对的。其实,这三种倾向都是基于对泰勒原理及相应课程实践的批判而提出的,而且它们都强调课程不是需要学习的东西,而是需要批判和建构的东西,都强调课程的多元化、个体性、开放性等特征。从这个意义上讲,上述三种倾向其实是同一种课程观念的不同表达,它们有着共同的旨趣,只是侧重点不同而已,或者只是课程研究者给自己的课程理论命名的不同而已。

(五)课程理论的多元化阶段课程研究的特点

此阶段的课程研究,呈现出以下几个特点。

第一,都以批判泰勒的目标模式为起点。

第二,课程理论观点多元化,没有一种理论能起绝对的主导作用。在这一阶段,某一课程理论一统天下的局面已不复存在。不同课程学者都基于对目标模式的批判而建构了自己的课程理论。虽然每种理论都有自己的观点,但它们又有某些共同之处。

---

① 李臣之.后现代主义课程理论试探[J].教育科学,1999(1):58—62.
② 靳玉乐,于泽元.后现代主义课程理论[M].北京:人民教育出版社,2005:74.
③ 靳玉乐,于泽元.后现代主义课程理论[M].北京:人民教育出版社,2005:83—91.

每种理论都在学习与借鉴其他理论的优势,但又都保持着自己的独特之处。整体上看,各种理论在协作与竞争的张力中共存,保持着多元化的局面。此阶段,主要的课程理论流派有:经验主义课程论、结构主义课程论、要素主义课程论、永恒主义课程论、人本主义课程论、建构主义课程论、后现代主义课程论等。

第三,课程理论都以人的解放、个性的解放为目的。关注个人、关注具体的情境,是此阶段课程理论的重要特征。

五、中国现代的课程及其研究

(一) 现代课程体系的确立

在中国,自先秦以来,教育家就已开始研究课程,但课程论作为一个正式的研究领域,其历史非常短。

1902年,清政府管学大臣张百熙曾拟订《钦定学堂章程》,即"壬寅学制"。该学制由于制订仓促,存在众多缺陷,因此未及实行。1903年7月,清政府命张百熙、荣庆、张之洞以日本学制为蓝本,重新拟订学堂章程,于1904年1月公布,即《奏定学堂章程》。《奏定学堂章程》公布之日按旧历算,仍为1903年,而1903年为癸卯年,故《奏定学堂章程》又称"癸卯学制"。它是我国第一个正式颁布且正式实行了的学制。该学制规定学堂的立学宗旨是"以忠孝为本,以中国经史文学为基,俾学生心术壹归于纯正,而后以西学瀹其知识,练其艺能,务期他日成才,各适实用"。该学制规定了一个兼具传统性与现代性的课程体系:(1)初等小学堂为五年,课程有修身、读经讲经、中国文字、算术、历史、地理、格致、体操等。视地方情形,可增加手工、图画1科或2科。贫瘠地区可设简易科,课程酌减。(2)高等小学堂4年,课程有修身、读经讲经、中国文字、算术、中国历史、地理、格致、图画、体操等。视地方情形可增设手工、农业、商业等科。(3)中学堂5年,课程有修身、读经讲经、中国文学、外国语(东语、英语或德语、法语、俄语)、历史、地理、算学、博物、物理及化学、法制及理财、图画、体操。《奏定学堂章程》的颁布,标志着现代课程正式得到官方认可。显然,这样一个既具有传统特点又具备现代特点的课程体系,是学制制订者研究的结果。该学制从颁布之日起一直沿用到1911年。

1912年1月1日,"中华民国"宣告成立。1月9日,中央教育部成立,蔡元培任教育总长。1月19日,教育部颁布《普通教育暂行办法通令》和《普通教育暂行课程之标准》。《普通教育暂行课程标准》规定,初等小学校应开设作为德育课程的修身,作为智育课程的国文、算术,作为体育课程的游戏、体操,作为美育课程的图画、唱歌,作为劳动教育课程的手工。高等小学校应开设修身、国文、算术、博物、理化等,体操(兼游戏)、唱歌、手工、农业和工业等。中学校应开设修身、国文、数学、博物、理化等,体操、图画、音乐、手工等。此外,从高小开始,增设外语课。可见,《普通教育暂行课程标准》在科目设置上体现了德、智、体、美、劳等全面发展的教育理念,标志着我国教育由原来的偏重人伦道德教育转求德、智、体、美、劳诸方面的全面发展,这是我国教育发展史的一个重大转变。①

1912年9月3日,教育部又颁布《学校系统令》,史称"壬子学制"。1913年,教育部又陆续颁布了各级各类学校法令,补充了"壬子学制",逐步形成了一个新学制,称"壬子癸丑学制"。该学制规定的课程体系如下:(1)初等小学设修身、国文、算术、手工、图画、唱歌、体操,女子加设缝纫。高等小学设修身、国文、算术、本国历史、地理、理科、手工、图画、唱歌、体操,男子加设农业,女子加设缝纫,并视地方情形加设英语或其他外国语。(2)中学课程为修身、国文、外国语、历史、地理、数学、博物、物理、化学、法制经济、图画、手工、乐歌、体操。女子中学加课家事、园艺、缝纫。外国语以英语为主,因地方条件可任择法、德、俄语其中的一种。

(二)课程研究的兴盛时期

从1919年"五四运动"开始,中国教育事业发生了历史性的转折。全国教育会联合会从1919年起就开始讨论修改学制的问题。经过三年的讨论,1922年11月以大总统的名义公布并实行了修改后的学制,即"壬戌学制",又称"新学制"。在讨论新学制时,全国教育会联合会组织了"新学制课程起草委员会",1923年该委员会公布《中小学课程纲要》。该纲要规定,小学校课程为国语(包括语言、读文、作文、写字)、算术、卫生、公民、历史、地理(后四科初小合称社会科)、自然、园艺、工用艺术、形象艺术、音乐、体育等学科。中学采用学分制和选科制。初中必修科目有公民、历史、地理、国语、外国语、算学、自然、图画、手工、音乐、生理卫生、体育。高中采用综合中学制,分普通科和职业科。普通科分文理两组,其公共必修课有国语、外国语、人生哲学、社会问题、文化史、科学概论、体育。文科组还要学习特设国文、心理学初步、伦理学初步、自然科或数学一种;理科组还要学习三角、高中几何、高中代数、解析几何大意以及物理、化学、生物选修两科。此外,还设有选修课。

在访华美国教育家的推动与"壬戌学制"的酝酿和施行的影响下,教育界对学制、课程、教材等内容的关注与研究迅速加强。在1930年国民党教育部编制的《大学科目表》中,"课程编制"被列为教育系第三、四、五年级的选修课。20世纪30—40年代,中山大学、中央大学、复旦大学、东北大学、北京大学、北平师范大学、燕京大学、湖南大学、云南大学、桂林师范学院、贵阳师范学院等高校的教育系都开设了课程论课程。新学制的实施催生了课程研究,大学课程论课程的开设,促进了课程论翻译著作和本土

---

① 王玉生.《普通教育暂行课程标准》制订的基础及蕴含的教育理念[J].课程·教材·教法,2010(5):109—112.

著作的出版。这一时期,比较有影响的课程论著作如下①:(1)译著有《设计组织小学课程论》(庞希尔著,郑宗海、沈子善译,商务印书馆,1925)、《课程》(博比特著,张师竹译,商务印书馆,1928)、《课程编制》(博比特著,熊子容译,商务印书馆,1943)等。(2)课程理论研究著作有《小学课程概论》(程湘帆,商务印书馆,1923)、《课程编制的原则和方法》(王克仁,广西教育厅编译处,1928)、《小学课程研究》(朱智贤,商务印书馆,1931)。(3)课程史研究著作有《中国学校课程沿革史》(徐雉,上海太平洋书店,1929)、《小学课程沿革》(盛朗西,中华书局,1934)、《近代中国小学课程演变史》(陈侠,商务印书馆,1944)。(4)教材研究著作有《小学教材研究》(吴研因、吴增芥,商务印书馆,1933)、《新小学教材研究》(俞子夷,上海儿童书局,1935)、《小学教材研究》(吴宗旺,上海开明书店,1934)。其中,商务印书馆1923年出版的程湘帆著《小学课程概论》是目前所能见到的我国近现代最早的课程论专著。②

20 世纪 30 年代,对小学课程教材的研究比较深入,出版了大量教材研究方面的书籍,除前文提到的外,还有孙钰《小学教材研究》(北平文化学社,1932)、朱翊新《小学教材研究》(上海世界书局,1932)、俞艺香《小学教材研究》(南京钟山书局,1934)等。这些著作对小学课程教材的目的和范围、教材的性质和功用、教材内容的选择和分配、教材的组织和分配、教科书的编辑以及小学各科教材进行了论述。

这一时期中国的课程研究,呈现出以下几个特点:(1)以借鉴学习为主。这表现为翻译国外相关的课程论著作,同时自己的著作中也带有国外课程论著作的痕迹。从这个意义上讲,创新不足。(2)有强烈的本土意识。虽然此时的课程研究以借鉴为主,但其目的是改善本土的课程实践,建构本土的课程理论。本土的研究以本土的课程史研究和教材研究为主。(3)与国外的课程研究保持一致,表现出紧跟国际课程研究趋势的特点。(4)呈现出繁荣的局面。此时的课程研究呈现出繁荣、兴盛的局面,著作出版相对集中,各种观点都有存在的空间。

(三)课程研究的停滞时期

1949 年至 1976 年,中国特定的社会政治背景造成了课程研究的全面停滞和课程论教材建设的缺失。

1949 年,在社会主义改造和全面学习苏联的社会政治大背景下,我国的整个教育学科领域都走上全面改造和模仿、照搬苏联的模式,课程及课程研究亦不例外。在苏联,"课程"一词基本上被忽略,与课程相关的内容被教学计划、教学大

---

① 孙宽宁,徐继存.我国课程论教材建设90年:反思与展望[J].课程·教材·教法,2012(12):3—12.
② 张廷凯.我国课程论研究的历史回顾:1922—1997(上)[J].课程·教材·教法,1998(1):7—12.

纲、教学内容、教科书等代替，而这些东西是国家规定的，是不能研究的。受此影响，我国在这一时期的大学中没有开设课程论课程，也没有编写新的课程论教材。这一时期出版的教育学和教学论教材中，偶有"课程"一词出现，但也被窄化为教学内容。

在1956年至1966年间，随着中苏关系的恶化，中国的教育学界开始摈弃苏联的教育学体系，尝试创建和发展自己的教育学，但此时提出了教育为无产阶级的政治服务，教育与生产劳动相结合，要以毛泽东教育思想为唯一指导思想的教育方针。因此，中华人民共和国成立前的课程研究成果和国外的课程研究成果并没有进入研究的视野，未被借鉴与吸收。此时以课程执行为主，课程研究比较少，没有成为主流。如上海师范大学《教育学》编写组编的《教育学》(1979)，是1961年至1963年间编写的高等师范学校教育学教材的讨论稿，对课程设置的依据、各门课程的目的和任务、课程的安排、教材的选择、教材的组织等问题进行了探讨。

1966年至1976年是动乱的十年，社会生活的各个领域均遭到严重破坏，教育领域也脱离了教书育人的轨道。

同时，由于特殊的政治环境，导致国外的课程及其研究、民国时期的课程及其研究被移出了研究视野。

（四）课程研究的重振阶段

"文化大革命"结束后，教育回归正道，课程及其研究重新进入人们的视野。1981年，戴伯韬先生在《课程·教材·教法》创刊号上发表《论研究学校课程的重要性》的文章，强调要加强课程研究。随后几年内，该杂志发表了一系列关于课程研究的文章。1983年起，人民教育出版社编辑出版的《外国教育丛书》中，有关中小学课程研究与改革的著作，占了一定的比例。1985年起，人民教育出版社又陆续出版了一套集中介绍英、美、日、苏等国有关课程研究理论成果的《课程研究丛书》，共10本，其中包括乔治·A.比彻姆的《课程理论》，伊藤信隆的《学校理科课程论》，劳顿(D. Lawton)的《课程研究的理论与实践》，克拉耶夫斯基(В. В. Кразвский)的《普通中等教育内容的理论基础》等。整个20世纪80年代，课程的理论研究主要集中在译介国外的课程理论上。1989年，有两本课程论专著出版：一是陈侠著《课程论》（人民教育出版社，1989）；二是钟启泉编著《现代课程论》（上海教育出版社，1989）。这标志着课程论作为一个学科又重新被确立了起来。此后，课程研究日趋繁荣。

20世纪90年代，出版关于课程研究方法的书籍有：《课程学》（廖哲勋，华中师范大学出版社，1991）、《国外课程改革透视》（钟启泉等，1993）、《中国课程变革研究》（杨玉厚等，1993）、《现代课程论》（靳玉乐著，西南师范大学出版社,1995)、《中国古代学校教材研究》(熊承涤著,人民教育出版社,1996)、《课程理论——课程的基础、原理和问题》(施良方著,教育科学出版社,1996)、《潜在课程论》(靳玉乐著,江西教育出版社,1996)、《课程变革概论》(白月桥著,河北教育出版社,1996)、《阶梯形课程引论》(黄甫全著,贵州人民出版社,1996)等。同时,数学、物理、化学等学科课程论的研究也取得了成果。1990年代末期,由钟启泉主编的《当代中小学课程研究丛书》由山东教育出版社出版,该丛书包括《课程设计基础》(钟启泉、李雁冰主编,1998)、《课程流派研究》(张华、石伟平、马发庆著,2000)、《国外中小学课程演进》(汪霞主编,2000)和《现代教学的模式化研究》(高文主编,1998)。这一时期的课程研究,以编著教材为主。

真正的课程研究热潮,出现在2001年以后。2001年,国家启动了新一轮基础教育课程改革。为了进一步推进课程改革,全国各地都掀起课程研究的热潮,课程论教材、专著、论文都呈现大幅增加的趋势;各种课程论的观点和理论都被介绍到国内。而且,全国各地的大学都开始招收"课程与教学论"专业的研究生,《课程论》《课程与教学论》成为教育学专业的必修课和教育类研究生的必修课。

当前的课程研究呈现出欣欣向荣的局面,总体上看呈现出如下几个特点:第一,翻译、借鉴较多。当前的课程研究,主要是以翻译评介国外著作为主。第二,原创性不足。受研究环境的限制,当前中国的课程研究缺少原创性,不少研究都呈现出人云亦云的状态。

第二节 课程的内涵

一、课程定义的多样性

"课程"是一个使用广泛而又含义多样的术语。不同时代、不同社会的"课程",含义不一样;即使是在同一个社会中,不同人所使用的"课程"含义也各不相同;甚至是同一个人,在不同情境中所使用的"课程",所指亦有别。据美国人鲁尔于1973年统计,课程这一术语至少有119种定义。① 美国学者斯考特(R. D. V. Scotter)甚至认为,"课程是一个用得最普遍但却定义最差的教育术语。"②

(一)课程定义多样性的表现

课程定义的多样性主要表现为,不同学者的课程定义不同。

---

① [美]乔治·A. 比彻姆著.课程理论[M].黄明日宽译.北京:人民教育出版社,1989:169.
② Scotter, R. D. V. and others(1979). Foundations of Education: Social Perspective. Prentice-Hall, p. 272.

奥利瓦(P.F.Oliva)对课程的各种本质做了如下的总结①：(1)课程是在学校中所传授的东西；(2)课程是一系列的学科；(3)课程是教材内容；(4)课程是学习计划；(5)课程是一系列的材料；(6)课程是科目顺序；(7)课程是一系列的行为目标；(8)课程是学习进程；(9)课程是在学校中所进行的各种活动，包括课外活动、辅导及人际交往；(10)课程是在学校指导下，在校内外所传授的东西；(11)课程是学校全体职工所设计的任何事情；(12)课程是个体学习者在学校教育中所获得的一系列经验；(13)课程是学习者在学校所经历的经验。

列维(A.Lewy)主编的《国际课程百科全书》对各种不同的课程定义做了如下归纳②：(1)课程是学校为了训练团体中儿童和青年思维及行动方式而组织的一系列可能的经验；(2)课程是在学校指导下学习者所获得的所有经验；(3)课程是为了使学生取得毕业资格、获取证书及进入职业领域，学校应提供给学生的教学内容及特定材料的总体计划；(4)课程是一种方法论的探究；(5)课程是学校的生活和计划……一种有指导的生活事业；课程成为构成人类生活能动活动的长河；(6)课程是一种学习计划；(7)课程是在学校指导下，为了使学习者在个人的、社会的能力方面获得不断的、有意识的发展，通过对知识和经验的系统改造而形成的有计划和有指导的学习经验及预期的学习结果；(8)课程基本上包括五大领域的训练学习：掌握母语并系统地学习语法、文学和写作、数学、科学、历史、外国语；(9)课程是关于人类经验的范围不断发展的、可能的思维方式——它不是结论，而是结论产生的方式，以及那些所谓真理的结论产生和被证实的背景。

在美国的著名教育家奥恩斯坦(A.C.Ornstein)和汉金斯(F.P.Hunkins)所著的《课程：基础、原理和问题》一本中，将课程的定义归纳为以下几种③：(1)课程可以定义为一种行动计划，或一种书面文献，包括达到设定目标或目的的策略；(2)课程也可以从广泛的意义上定义为对学习者的经验所作的处理；(3)将课程定义为一种系统，用于处理人与过程，或使系统运作所需要的人员组成和程序；(4)将课程看作一个研究领域，包括其理论基础和知识领域，以及其自己的研究、理论、原理和对这类知识进行解释的专家；(5)将课程定义为"学科内容(数学、科学、英语、历史等)或内容组成(我们组织和吸纳信息的方式)"。

麦克尼尔(J.D.McNeil)总结出了七种课程定义④：(1)研制进行学习所需的产品、

---

① Peter F. Oliva (1982). Developing the Curriculum. Little Brown & Company (Canada) Limited, p. 5.
② Arieh Lewy(1991). The International Encyclopedia of Curriculum. Pergamon Press, p.15.
③ [美]艾伦·C.奥恩斯坦，费朗西斯·P.汉金斯.课程：基础、原理和问题[M].柯森等译.南京：江苏教育出版社，2002，12—13.
④ [美]约翰 D.麦克尼尔著.课程导论[M].施良方等译.沈阳：辽宁教育出版社，1990：344.

书籍和材料的一系列指南;(2)活动的教学大纲、学程设置、单元、课程和内容的编目;(3)学校指导的所有活动;(4)决定教什么的过程;(5)对课程编制中使用的过程的研究;(6)学习者在学校里实际学习的东西;(7)为学习者制订的计划。

国内有学者对各种课程定义进行了归类研究,大致上将课程分为六种类型①:(1)课程即教学科目;(2)课程即有计划的教学活动;(3)课程即预期的学习结果;(4)课程即学习经验;(5)课程即社会文化的再生产;(6)课程即社会改造。

课程的定义如此之多,到底哪一种正确呢?显然,这是一个难以回答的问题。其实,课程的每个定义都有其优缺点,而且迄今为止,还没有出现一个完美的定义。甚至可以预计,完美的课程定义在将来也不会出现,但将来一定还会出现新的课程定义。有研究者认为,课程定义的多样性造成了混乱。然而,我们认为,课程定义的多样性有利于促进课程及课程理论的发展。甚至可以说,课程的定义将永远是多样的。

(二) 课程定义多样性的原因

课程定义之所以呈现出多样性的特点,至少有以下几个方面的原因。

1. 课程本身不是纯粹的客观存在物

研究者指出,"教育不是一种自在的自然存在,而是为培养人而人为建构的社会活动系统。"②课程作为教育的一个子系统,亦如此。表面上看,课程是一种客观存在:对于我们每个具体的人而言,课程往往先于我们而存在;而且通常而言,普通的个人对课程的影响微乎其微。然而,对于整个人类而言,课程并非先于人类而存在。课程与山川、河流、星球等自然存在物不一样。自然物是客观性存在,它们先于整个人类而存在,且不以人类意志为转移,不会因为人类不存在而消亡。课程则不一样,如果没有人类,它就不会存在。虽然不是每个人都会对课程的发展产生影响,但是某些特定的个人确实会对课程的发展产生重要影响。从这个意义上讲,课程是一种人为建构的存在,不但不具备纯粹的客观性,而且还具有相当的主观性、不稳定性和可变性。既然如此,人们对课程的认识必然会因为课程自身的变化而有所不同。

2. 不同社会对课程有不同的建构

尽管个人可以发表自己的课程观,提出自己的课程建议,但如果这一课程观与建议不符合社会的需要,整个社会的课程体系是不会因为这一课程观和建议而发生改变的。因此,在一个社会中,课程更多是由统治阶级或阶层规定的。由于不同时代、不同社会的统治者对课程有不同的理解与认识,因此其建构的课程亦不一样。当研究者对不同时代、不同社会的课程进行概括时,自然就会得出不同的结论。

---

① 施良方.课程理论——课程的基础、原理和问题[M].北京:教育科学出版社,1996:3—7.
② 王道俊,郭文安主编.教育学[M].北京:人民教育出版社,2009:1.

3. 不同学者看待课程的视角不同

后现代主义哲学认为,重要的不在于我们将世界看成什么,而在于我们如何看世界;我们看待世界的方式不一样,我们所看到的世界就不一样。就课程而言,即使在同一个时代、同一个社会中,不同研究者所定义的课程也不一样。这主要是因为,每个研究者看待课程的视角都不一样。比如,赫尔巴特所持的是德国古典哲学的观念,在他看来,课程就是分门别类的学科、知识;杜威不一样,他以经验主义哲学为基础,认为课程就是儿童的经验,就是儿童的活动。

二、几类典型的课程定义

在当前已经出现的各种课程定义中,以下几种定义具有一定的代表性。[①]

(一)课程即教学科目

将课程定义为教学科目,是使用最为普遍的课程定义。在古代,不论是中国的"六艺"(礼、乐、射、御、书、数)还是"四书""五经",抑或是西方的"自由七艺",都以教学科目的形式存在。即使是今天,绝大多数课程依然表现为教学科目。《中国大百科全书·教育》是这样定义"课程"的:"课程是指所有学科(教学科目)的总和,或学生在教师指导下各种活动的总和,这通常被称为广义的课程;狭义的课程则是指一门学科或一类活动。"[②]也有研究者指出,课程是"学校学生所应学习的学科总和及其进程安排"[③]。

将课程理解为教学科目,其优点在于:第一,它强调了知识学习,因为每一个学科都是某一类知识的集中体现;第二,它强调了分科学习,学科多是分门别类的,一门学科代表着一个特定的知识领域;第三,它强调了接受学习,因为每个学科中的知识都是前人经验的精选,代表着"正确"的认识;对于个人而言,只能接受。

然而,其缺陷亦非常明显:第一,它忽视了学生的经验,因为学科知识都是前人的经验和他人的经验;第二,它否定了师生在教学中的创造,因为它重视的是那些已经取得共识的知识,而师生在教学中所创造的内容是没有取得共识的;第三,它忽略了非学科性的课程,比如"木工""活动课程""社会调查"等。

(二)课程即经验

将课程理解为经验,源自杜威的实用主义教育理论。杜威认为,传统的课程分

[①] 参阅:施良方.课程理论——课程的基础、原理和问题[M].北京:教育科学出版社,1996:3—7;郝德永.课程研制方法论[M].北京:教育科学出版社,2000:52—62;张华.课程与教学论[M].上海:上海教育出版社,2000:67—68.

[②] 《中国大百科全书》出版社编辑部编.中国大百科全书[Z]·教育.北京:中国大百科全书出版社,1985:207.

[③] 王道俊,王汉澜主编.教育学[M].北京:人民教育出版社,1989:154.

科而设,而这些已经归类的科目是多年来成人思考的结果,不是儿童经验的产物;儿童一到学校,分门别类的课程就将儿童的世界加以割裂与肢解。因此,他主张,"把各门学科的教材或知识恢复到原来的经验。它必须恢复到它所被抽象出来的原来的经验。"①

杜威提出经验课程后,广受追捧。卡斯威尔和坎贝尔(H. L. Caswell, D. S. Campell)认为,课程是"儿童在教师的指导下获得的所有经验"②。道尔(R. C. Doll)认为,课程定义已经由学习内容或各类科目变为在学校指导、计划下学生获得的经验的总和。③ 经验课程除了将课程理解为学生在学校指导下获得的经验外,还有一种观点将课程理解为学校为学生提供的经验,如那格里(R. L. Nagley)和伊凡斯(N. D. Evans)认为,"课程是学校为了增进学习结果所提供的有计划的经验的总和。"④ 泰勒在1956年也提出了一个宽泛的课程定义,认为"课程"是"为达到教育目标而由学校规划和指导的所有学习经验(包括课外及在家庭进行的学习活动)"⑤。将课程理解为经验,实际上是将课程理解为学生已经学会的东西,因为只有已经学会了的东西,才能成为学生自己的经验。

将课程理解为经验,其优点在于:第一,它将课程由外在于学生的东西变成内在于学生的东西,符合教育的本质要求;第二,它从儿童的角度而不是从成人和社会的角度来审视课程,更符合教育的实际与需要。其不足在于:第一,它使课程变得难以理解,经验不是学科那样的实体性存在,而是一个过程,将其作为课程,很难被理解与接受;第二,它增加了课程的不确定性,经验本身具有不确定性,比如有直接经验和间接经验,成人经验与儿童经验,动词的经验和名词的经验,获得的经验和提供的经验,积极的经验和消极的经验,等等,将课程理解为经验,那到底是指哪种经验?第三,它增加了教学的困难,因为经验必然是因人而异的,为不同的学生提供不同的经验或让其获得不同的经验不是普通教师能完成的任务。

(三)课程即教学目标

这类定义将课程理解为教学目标或预期的学习结果。它起源于博比特、查特斯以及泰勒的目标模式,后来广为流传。古德莱德(J. I. Goodlad)认为,"课程包括那些个

---

① 赵祥麟,王承绪编译.杜威教育论著选[M].上海:华东师范大学出版社,1981:89.
② Hollis L. Caswell, Doak S. Campell(1935). Curriculum Development. New York: American Book Company, p. 66.
③ Ronald C. Doll(1978). Curriculum Improvement: Decision Making and Process(4th ed.). Boston: Allyn and Bacon, Inc. p. 6.
④ 转引自:欧用生.课程研究方法论[M].台湾:复文图书出版社,1984:6.
⑤ 转引自:Daniel Tanner and Laurel N. Tanner(1975). Curriculum Development: Theory into Practice. Macmillan Publishing, Co., Inc., p. 19.

别学生或学生团体通过学习所要达到的所有(目标)。"①波法姆和贝克(W. J. Popham, E. L. Baker)则旗帜鲜明地指出,"课程是学校所担负的所有预期的学习结果。"②约翰逊(M. Johnson, Jr)将课程界定为"预期学习结果的结构化序列"③。将课程理解为教学目标,意在表明课程的重心不是学生在学习情境中的行为,而是行为的预期结果。如果将目标视为课程,那内容或经验就是实现目标的手段。

将课程定义为教学目标,其优点在于:第一,它强调了目标的作用,使课程不再受教师的主观性与随意性的影响;第二,它强调了效率与控制,使课程成为可以被掌控的范畴。

其不足在于:第一,它容易导致手段与目标的对立,因为如果只关注目标,就容易导致以一种不当的手段去得到一个善意的结果;第二,它忽视了目标之外的具有教育价值的东西,如生成性课程、其他有价值的而事先没有想到的结果等;第三,目标本身的合法性难以保证,因为目标是由人制订的,存在错误的可能;目标具有时代的局限性,存在落伍的可能;目标还需要与具体的教育情境结合,需要被改变或转变,等等。

(四) 课程即活动

将活动视为课程,亦起源于杜威。它与经验课程具有内在的一致性。经验课程中的"经验",多指学生获得的经验。那如何获得经验呢?显然,活动是获得经验的基本手段。当然,活动课程中的"活动",不再局限于作为获得经验之手段的"活动",而是指具有教育意义的活动过程本身。杜威认为,"使儿童认识到他的社会遗产的唯一方法是使他去实践,使他从事那些使文明成其为文明的典型的活动。"④他同时还指出:"我认为学校科目相互联系的真正中心不是科学、不是文学、不是历史、不是地理,而是儿童本身的社会活动。"⑤因此,在杜威的实验学校中,儿童主要不是学习科学、文学、历史等科目,而是从事木工、金工、纺织、缝纫、烹调等活动。杜威对活动课程的理解是彻底的,即认为学科课程存在缺陷,因此必须以活动课程来取代学科课程。当前,人们对活动课程的理解多是出于课程体系全面性的需要,即认为学科课程存在一些难以克服的缺陷,应增加活动课程以弥补。前文所提及的《中国大百科全书·教育》中"课程"的概念就是出于这一考虑。

---

① John I. Goodlad(1963). Planning and Organizing for Teaching. National Association, p. 25.
② W. James Popham, Eva L. Baker(1970). Systematic Instruction, Englewood Cliffs, N. J.: Prentice-Hall, Inc., p. 48.
③ Maurits Johnson, Jr. Definitions and Models in Curriculum Theory. Educational Theory, No. 2, April, 1967, p. 130.
④ [美]约翰·杜威著.学校与社会·明日之学校[M].赵祥麟等译.北京:人民教育出版社,1994:9.
⑤ [美]约翰·杜威著.学校与社会·明日之学校[M].赵祥麟等译.北京:人民教育出版社,1994:9.

将课程理解为活动,其优点在于:第一,它使课程更符合儿童的需要,更有利于儿童的发展,因为儿童最喜欢活动,且年龄越小的儿童,越依赖于活动来获得发展;第二,它敏锐地洞察到了课程的发展趋势,因为自19世纪末20世纪初以来,活动确实成为课程的一部分;第三,它丰富了课程的体系,将学科、活动都视作课程,促进了课程体系的完善;第四,它看到了活动在儿童发展中的巨大作用,因为不论儿童学习什么,其发展都是在活动中、通过活动来实现的。

这一观点的不足在于:第一,存在忽视学科课程的嫌疑,这在杜威的教育实践中体现得最为明显;第二,存在将活动泛化的可能,可以说,所有的学习,包括学科课程的学习,都要通过活动来实现,比如思考活动、记忆活动、观察活动,但这些都是课程吗?第三,它忽视了作为课程的活动与实现课程的活动之间的区别。

(五)课程即计划

为超越课程的单一本质观,有不少学者将课程定义为一种计划。塔巴(H. Taba)认为:"课程是一种学习计划。"[1]塞勒和亚历山大(J. G. Saylor, W. M. Alexander)说:"明确地讲,我们把课程定义为(学校为学生)提供的达到广泛目的和相关的特殊目标的一系列学习机会的计划。"[2]奥利瓦也认为,课程是"学习者在学校的指导下所获得的全部经验的计划和方案。"[3]将课程理解为教学计划,其实就是将课程理解为对教学进程的规划。中国学者同样有类似的观点。比如,课程的"本质内涵是指在学校教育环境中,旨在使学生获得的、促进其全面发展的可迁移的教育性经验的计划"[4]。又如,有研究者认为,"课程是教学内容和进程的总和。"[5]这时所讲的"进程",指的就是教学内容的时间安排,就是计划。

这一定义的优点是:第一,它超越了课程的单一规定性,因为计划包括目标,也包括知识、活动、评价等;第二,它看到了计划之于课程的重要性,课程如果没有计划,其作用会大打折扣。

其缺陷是:第一,它容易将课程变成监控的手段,让师生为落实课程服务而不是让课程为学生发展、师生的教学活动服务;第二,它导致对计划外的东西的忽视,因为课程不仅有计划性,也有生成性与意外性。

---

[1] Hilda Taba(1962). Curriculum development: Theory and Practice, New York: Harcourt, Brace, Jovanovich, p. 11.
[2] J. Galen Saylor, William M. Alexander(1954). Curriculum Planning for Better Teaching and Learning. New York: Holt, Rinehart and Winston, p. 4.
[3] Peter F. Oliva(1982). Developing the Curriculum. Little Brown & Company (Canada) Limited, p. 10.
[4] 郝德永.课程研制方法论[M].北京:教育科学出版社,2000:67.
[5] 王策三.教学论稿[M].北京:人民教育出版社,1985:202.

除以上五类课程定义外,还有两种流传较广的定义①:"课程即社会文化的再生产""课程即社会改造"。由于这两种定义是从社会功能角度而不是从教育的视角来讨论课程的,因此本书略去不谈。

(六)综合的观点

在各种课程定义争论不休之时,有人提出了一种综合性的课程定义,比如古德(C. V. Good)在其主编的《教育辞典》中给课程下了一个"完美"的定义:"有计划的学科或其他活动、有意图的学习机会或经验,或指学校提供给学生之教育措施或所有经验。"② 国内亦有类似的认识,如有学者认为,"课程是由一定的育人目标,特定的知识经验和预期的学习活动方式构成的一种动态的教育存在。"③完美的课程定义表面上看虽然严密,但它不是从内涵的角度来定义课程的,而是从外延的角度来规定课程的。它试图证明什么都是课程,其实似乎也在说课程什么都不是,而且它没有告诉我们任何新东西。

三、课程的内涵

尽管不可能有一个完美的课程定义,但这并不意味着不需要定义。这是因为,如果没有课程的定义,我们就无法讨论课程,更不用说开发、实施与评价课程了。那到底如何定义课程呢?本书认为,课程是经过选择了的系列化的、结构化的教学内容。关于这个定义,有以下几点需要说明。

第一,课程就是教学内容。不少学者认为,将课程理解为教学内容,是"大教学论"的观点,是中国传统的观点,它极大地窄化了课程。而在西方,人们多采用"大课程论"的观点,认为课程包括教学。然而,事实并非如此。帕凯(Forrest W. Parkay)在《成为教师的课程与教学论》一书中指出,教导(teaching)有两个关键因素④:一是课程(curriculum),即教什么(What is taught);二是教学(instruction),即如何教(How it is taught)。在此,课程被当作教学内容。美国的课程论专家阿姆斯特朗(D. G. Armstrong)指出,"课程"一词通常是与"教学"(instruction)同步使用的。⑤ 从这个意义上看,将课程理解为教学内容是合适的,这不仅符合研究传统,而且与西方学者的观点也是一致的。当然,亦有研究者将课程定义为教育内容而不是教学内容,但这种观

---

① 施良方.课程理论——课程的基础、原理和问题[M].北京:教育科学出版社,1996:6—7.
② 转引自:欧用生.课程研究方法论[M].台湾:复文图书出版社,1984:5.
③ 王道俊,郭文安主编.教育学[M].北京:人民教育出版社,2009:131.
④ Forrest W. Parkay(2005). Curriculum and Instruction for Becoming a Teacher. Addison-Wesley, (Preface) p. xi.
⑤ [美] David G. Armstrong 著.当代课程论[M].陈晓端主译.北京:中国轻工业出版社,2007:4.

点泛化了课程,将会导致教学与教育边界的模糊。有些属于教育内容的东西,人们一般不将其理解为课程,比如说运动会、少先队的活动、共青团的活动等。因此,将课程理解为教学内容是合理的。中国著名教学论专家王策三教授也认为,"课程是教学内容和进程的总和。"①

学科、教材是课程的表现形式,但它本身不是课程。换句话讲,课程是学科、教材里面的内容,是其中蕴含的知识、技能、思想、观念、情感等。同样,活动(社会活动、实践活动、操作活动、交往活动等)是课程的表现形式或者是课程实施的手段,但它不是课程本身。教育者组织某种活动让学生参加,乃是因为活动中蕴含着技能、思想、观念等,而不是没有内涵、纯粹的行动序列本身。活动本身不是课程,活动中蕴含的技能、思想、观念等才是课程。

第二,课程是经过选择的。课程一定要经过选择,未经选择的材料不构成课程。课程选择的主体可以是国家,亦可以是团体,如出版商、教育协会等,或个人,如课程专家、教师等。课程选择的标准依不同的社会、不同的时代、不同的个人而有所变化。但在今天,课程选择的标准应该是看它是否最有利于促进学生发展,尤其是学生个性与创造性的发展。

第三,课程是系列化的。"系列化"说明,课程不是单一、孤立的内容。正因为如此,人们很少将专家讲座的内容当作课程,但是系列化的相关讲座可以看作是课程。"系列化"也表明,课程是有计划性的,先学什么,后学什么,是有时序上的安排的。

第四,课程是结构化的。不论课程涉及的是知识、技能还是思想,也不论其表现形式是教材还是活动,它都是有一定体系的。不同的知识之间具有一定逻辑关系,不同的思想之间,不同的技能之间,甚至是知识、技能、思想彼此之间,亦如此。这种逻辑关系,就是课程的结构。

四、课程的表现形式

课程的表现形式就是指课程以什么样的状态表现出来。任何事物,都是形式与实质的统一。课程的内涵表达的就是课程的实质。就形式而言,课程主要有课程方案、课程标准、教科书和活动方案四种形式。

(一)课程方案

课程方案是由教育机构或学校为了实现培养目标而制订的有关课程设置的指导性文件,有时被称为"教学计划"。课程方案通常是就某一级教育(如小学教育、初中教育或高中教育等)或某一类教育(如普通高中教育或职业高中教育等)而言的。通常,

---

① 王策三.教学论稿[M].北京:人民教育出版社,1985:202.

它由培养目标和课程设置两个主体部分构成。其中,课程设置为核心部分,包括课程门类、开课顺序、课时比例等。在我国,由于小学和初中都属于义务教育,因此2001年以后没有专门为小学设计的课程方案,小学的课程方案包含在义务教育课程方案之中。2022年,教育部印发了《义务教育课程方案(2022年版)》,根据此方案,义务教育课程设置情况如表1-2。

表1-2 义务教育课程类别与科目设置

类别	科目	年级
国家课程	道德与法制	一至九年级
	语文	一至九年级
	数学	一至九年级
	外语	三至九年级
	历史、地理	七至九年级
	科学	一至六年级
	物理、化学、生物(或科学)	七至九年级
	信息科技	三至八年级
	体育与健康	一至九年级
	艺术	一至九年级
	劳动	一至九年级
	综合实践活动	一至九年级
地方课程	由省级教育行政部门规划设置	
校本课程	由学校按规定设置	

说明:本表按"六三"学制安排,"五四"学制可参考确定。

(二)课程标准

课程标准是依据课程方案编制的关于学科内容的纲要、教学实施建议、课程资源开发等方面的文件,有时也被称为"教学大纲"。课程标准通常是按学科、学段来编制的,即每个学段的每个学科都有一个课程标准。课程标准通常要规定学科的性质、理念、特点、目标、内容、教材编写建议、教学实施办法以及评价等。课程标准是教材开发以及教师进行教学的重要依据。2001年,为适应新课程改革的需要,中华人民共和国教育部颁布了义务教育各科课程标准。2011年又颁布了各科课程标准的修订版。2022年3月,教育部又印发了义务教育各科课程标准(2022年版)。

(三)教科书

教科书是指根据课程标准编写的教学规范用书,有时又被称为"课本"或"教材"。

不过在今天,教材的外延已经远远超过了教科书,它泛指一切教学材料。教科书以准确、规范的语言,鲜明的图表,明确而系统地阐述教学内容。教科书一般由说明、目录、课文、习题、图表、学习建议、注释、附录等组成。其中,课文是教科书的主体部分。通常而言,一本教科书由若干篇课文组成,不同的课文之间具有一定的逻辑关系,某些具有类似性质的课文组成一个单元。学生通过学习一篇一篇的课文,就可以实现课程目标的要求。

(四) 活动方案

活动方案是指根据课程方案或课程标准而设计的系列活动计划,有时也被称为"活动计划"。形式是由内容决定的,学习内容不一样,与其对应的课程表现形式就不一样。如果是知识性的学习内容,对应的课程表现形式就是教科书;但如果是技能性的学习内容,尤其是动作技能,或者说是情感性的学习内容,对应的课程表现形式就是活动方案,此时的课程就是活动课程。比如,早先(20世纪80年代至90年代),小学体育课是没有教科书的(至少学生没有),但体育课照上,那教师在上课前,就应该编写体育活动方案。《义务教育课程方案(2022年版)》规定,从小学一年级起开设综合实践活动课程,但到目前为止,国家并没有颁布综合实践活动课程标准,也没有统一出版相关教材。因此,在实施综合实践活动课程之前,教师或者学校应该根据课程方案编写综合实践活动方案。否则,综合实践活动课程就会由于太过随意而走向虚无。

五、课程的层次

(一) 课程的实施层次

美国课程论专家古德莱德在1979年根据课程在实施中的变化,将课程分为五个层次。

1. 理想的课程

理想的课程是由研究机构、学术团体和课程专家设想和设计的课程。这种课程多停留在观念层次,是抽象的课程。理想的课程是否会产生实际影响,要看它是否被官方采用。

2. 正式的课程

正式的课程是指由教育行政机构认可或规定的课程。该课程通常出现在课程方案和课表中,但这并不意味着它会产生实际影响。它能否产生影响,关键看它是否受到学校和教师的重视,是否得到真正的落实。在中国,正式的课程是否会产生实际影响,还要看它在教育评价体系中的地位。

3. 领悟的课程

领悟的课程是指教师所理解的课程。课程要产生实际影响,必须通过老师的教导行为来实现。一般而言,教师在教学过程中并不是简单地将正式的课程直接告诉学生,而是将他所理解的正式课程传授给学生。教师所理解的课程,就是领悟的课程。

4. 运作的课程

运作的课程是指教师在课堂中实际讲出来的课程。著名哲学家波兰尼(K. Polanyi)指出,人们知道的比他们说出来的要多。也就是说,很多东西我们都知道,但未必说得出来。对于教师而言,亦如此。教师所知道的课程和他所讲出来的课程未必一样。某门课程,教师只有理解了,才能讲出来,但教师讲出来的未必刚好是他所理解的。运作的课程是指教师实际讲出来的课程。

5. 经验的课程

经验的课程是指学生实际体验到的课程。由于不同学生具有不同的经验背景、知识基础、加工方式、个体倾向等,对于同一个教师所讲的课程,他们的理解亦不同。经验的课程指的就是学生所理解的课程。

此外,美国课程论专家格拉索恩(A. A. Glatthorn)根据课程的实施程度将课程分为六个层次:"建议的课程",即学者构想和推荐的课程;"书面的课程",即政府公布的课程;"支持的课程",即受到学校和教师支持的课程;"被教的课程",即教师所教导的课程;"施测的课程",即通过考试、测验等来评价的课程;"习得的课程",即学生学习和经验到的课程。仔细分析可以发现,这与古德莱德的认识具有一致性。

(二)课程的行政层次

根据课程的开发与管理权限,可将其分为国家课程、地方课程、校本课程和师本课程四个层次。

1. 国家课程

国家课程是指由国家设计、开发并保证实施的课程。通常而言,国家课程对全国范围内的同一性质的学校而言是统一的,其目的是为全体国民提供一个共同的文化基础和素质基础。

2. 地方课程

地方课程是指由地方政府或教育行政部门负责设计、开发并保证实施的课程。地方课程的目的是保证课程符合地方历史以及社会、文化、经济发展之需要。地方课程通常具有地方特色,不同地方的地方课程是不一样的。

3. 校本课程

校本课程是由学校设计、开发并保证实施的课程。校本课程通常是基于学校的办学理念、办学特色而设计、开发和实施的课程,其目的是维护和加强学校的办学特色和办学个性,同时满足学生个性发展的需要。

4．师本课程

师本课程是指由教师个人设计、开发与实施的课程。师本课程通常是教师基于自己的教育理念、个性特长而开发、开设的课程。它能在最大程度上体现教师个人的教育思想与教育理念，同时也能满足学生个性发展的需要。

练习与思考

1．简述中国古代课程及课程研究的特征。
2．简述西方古代课程及课程研究的特征。
3．简述夸美纽斯的课程思想。
4．简述赫尔巴特的课程思想。
5．简述福禄贝尔的课程思想。
6．简述斯宾塞的课程思想。
7．简述杜威的课程思想。
8．简述泰勒的课程理论。
9．简述学术中心的课程理论。
10．简述实践性课程开发理论。
11．简述课程开发的过程模式。
12．简述后现代课程理论。
13．中国现代的课程及其研究存在什么问题？如何克服？
14．课程的定义为什么具有多样性？
15．课程是什么？如何理解课程？
16．简述课程的表现形式。
17．简述课程的层次。

第二章 课程目标的确定

> **学习目标**
>
> 1. 掌握课程目标的含义与意义。
> 2. 了解与课程目标相关的概念。
> 3. 掌握课程目标的不同取向。
> 4. 了解课程目标的来源。
> 5. 掌握不同课程目标的不同表达方式。

课程目标是课程所要实现的学生预期发展的结果。确定课程目标,是课程开发的起点。虽然泰勒的"目标模式"广受批评,许多专家与研究者认为课程不一定需要目标,或者说课程开发未必一定要从目标开始,但在教育实践中,课程目标依然具有重要的指导意义。本章主要讨论课程目标的含义、基本取向以及表达方法。

第一节 课程目标的内涵

不论是什么样的课程,目标都是必需的,因为如果没有目标或者目标不明确,课程的发展效应将是十分有限的,不同的课程需要的目标不同。

一、课程目标的含义及意义

(一)课程目标的含义

在课程理论研究中,"课程目标"是一个重要的研究点。在课程实践中,任何教师,在教学和撰写教案前,都要研读课程目标。因此,课程目标对课程的理论与实践具有重要意义。

什么是课程目标,不同的学者有不同的回答。作为课程论研究的鼻祖,博比特在《课程》一书中,首次明确地解释了课程目标:"无论人类生活怎样的不同,均包含着特定活动的表现,为生活做准备的教育,就是明确且适当地为这些特定活动做准备的。这些活动无论因社会阶层的不同,量有多大、差异有多大,都是可以发掘出来。这只需要我们置身于事务的世界,并发掘出这些事务所包含的特别成分,它们就将显示出人们需要的能力、态度、习惯、鉴赏和知识的形式。这些就是课程的目标。"①博比特认为，课程目标是未来生活所需要的，通过活动而表现出来的能力、态度、习惯、鉴赏和知识的形式等。拉尔夫·泰勒认为，课程目标"是有意识地想要达到的目的""是学校教职员期望实现的结果"②。

近年来，中国学者对课程目标的研究亦颇为丰富。顾明远主编的《教育大辞典》认为，课程目标实质是课程本身要实现的具体目标，是期望一定教育阶段的学生在发展品德、智力、体质等方面达到的程度。③廖哲勋认为，"课程目标是一定教育阶段的学校课程力图促进这一阶段学生的基本素质在其主动发展中最终可能达到国家期望的水准。"④施良方认为，"课程目标是指导整个课程编制过程最为关键的准则"，"是教育目的、培养目标在课程中的体现。⑤"钟启泉等人认为，"课程目标是指在课程设计与开发过程中，课程本身要实现的具体要求；它期望一定阶段的学生在品德发展、智力、体质、素养等方面所达到的程度。⑥"王本陆认为，"课程目标是根据教育宗旨和教育规律而提出的课程的具体价值和任务指标。"⑦黄政杰认为："课程目标是课程设计的方向或指导原则，是预见的教育结果，是学生经历教育方案的各种教育活动后必须达成的表现。"⑧

上述关于课程目标的定义，尽管表达方式上彼此各异，但其含义是比较一致的。概括而言，课程目标就是对学生通过课程学习后在身心素质发展上获得结果的预期。它既要指出通过课程学习后学生身心素质发展的维度或内容，又要指出相应维度素质发展的水平或标准。或者说，它要指出学生通过课程学习后在哪些方面获得发展，还要指出各方面的发展水平。

(二) 课程目标的意义

课程目标对课程与教学活动而言，具有举足轻重的作用。具体而言，其作用体现为以下几个方面。

1. 课程目标是落实教育目标的手段

教育目标（即培养目标）具有高度的抽象性，无法在教育实践中直接予以落实。它必须转化为课程目标，才具有具体性和操作性，才能被一线的教育工作者理解与接受，进而在课程与教学的实践中落实。因此，课程目标是将教育目标转化为教育实践的中

---

① J. F. Bobbit(1918). The Curriculum. Boston: HoughtonMifflin Company, p. 4.
② [美]拉尔夫·泰勒著.课程与教学论[M].施良方译.北京：人民教育出版社，1994：1.
③ 顾明远.教育大辞典[M].上海：上海教育出版社，1998：173.
④ 廖哲勋.课程学[M].武汉：华中师范大学出版社，1991：84.
⑤ 施良方.课程理论——课程的基础、原理与问题[M].北京：教育科学出版社，1996：92—93.
⑥ 钟启泉.课程与教学概论[M].上海：华东师范大学出版社，2004：59.
⑦ 王本陆主编.课程与教学论[M].北京：高等教育出版社，2004：6.
⑧ 黄政杰.课程设计[M].台北：台湾东华书局，1991：186.

间环节。

   2. **课程目标是课程编制的重要依据**

   课程编制就是搜集课程资源、选择课程资源、组织课程资源、形成课程方案(如教材、活动方案等)的过程。在整个课程编制过程中,始终要遵循课程目标的要求。否则,所形成的课程方案就会背离课程目标,最终导致它失去教育意义。

   3. **课程目标是教学活动的重要依据**

   整个教学活动,包括教学目标的制订、教学材料的加工、教学过程的组织、教学方法的运用、教学效果的评价等,都要以课程目标的规定为导向。只有如此,才能保证教学活动的教育性,才能保证教学具有基本的质量,才能促进学生获得基本的发展。

二、与课程目标相关的概念

与课程目标相关的概念有教育目的、教育目标和教学目标,它们共同构成了教育目标体系。概括而言,教育目的、教育目标、课程目标、教学目标这四个概念依次是抽象与具体、指导与被指导的关系。

(一) 教育目的

教育目的是教育活动的总目标,是社会对教育所培养的人的总要求。它规定了教育所培养的人的质量规格,体现的是"普遍的、总体的、终极的教育价值"[①]。它主要是回答"为谁培养人"和"培养什么样的人"两个方面的问题。教育目的受社会政治制度、经济发展、文化传统和教育思想等因素的影响。2015年12月27日修正的《中华人民共和国教育法》规定:"教育必须为社会主义现代化建设服务、为人民服务,必须与生产劳动和社会实践相结合,培养德、智、体、美等方面全面发展的社会主义建设者和接班人。"其中,"培养德、智、体、美等方面全面发展的社会主义建设者和接班人"被认为是我国当前的教育目的。它指导着我国各级各类的教育。教育学者认为,我国教育目的的基本精神在于[②]:培养德、智、体、美全面发展的,具有创新精神、实践能力和独立个性的社会主义现代化需要的各级各类人才。比较而言,学者的观点比教育法的规定更为具体、明确,也更符合人才培养与成长的规律。

(二) 教育目标

教育目标也称为"培养目标",是教育目的的下位概念。它是根据国家教育目的要求,对不同学校、学段、专业的教育提出的人才培养要求。教育目标一定是就某种类别

---

① 施良方. 课程理论:课程的基础、原理和问题[M]. 北京:教育科学出版社,2013:83.
② 王道俊,郭文安. 教育学[M]. 北京:人民教育出版社,2009:105.

的教育、某个阶段的教育而言的。如幼儿园、小学、初中、中专、高中和大学,都有着各自不同的教育目标。大学里的不同专业,亦有各自的教育目标(或培养目标)。在2001年以前,我们国家将小学的培养目标与初中的培养目标分开表述。如国家教育委员会1992年颁布的《九年义务教育全日制小学、初级中学课程计划(试行)》,就对小学阶段的培养目标作了单独表述。但2001年以后,我国实行义务教育九年一贯制教育,将小学阶段的培养目标与初中阶段的培养目标合在一起。

在2022年教育部颁布的《义务教育课程方案(2022年版)》中,将小学的培养目标和初中的培养目标合并在一起,统称义务教育培养目标,具体内容如下:

义务教育要在坚定理想信念、厚植爱国主义情怀、加强品德修养、增长知识见识、培养奋斗精神、增强综合素质上下功夫,使学生有理想、有本领、有担当,培养德智体美劳全面发展的社会主义建设者和接班人。

1. 有理想

热爱祖国,热爱人民,热爱中国共产党,学习伟大建党精神。努力学习和弘扬社会主义先进文化、革命文化和中华优秀传统文化,理解和践行社会主义核心价值观,逐步领会改革创新的时代精神。懂得坚持走中国特色社会主义道路的道理,初步树立共产主义远大理想和中国特色社会主义共同理想。明确人生发展方向,追求美好生活,能够将个人追求融入国家富强、民族复兴、人民幸福的伟大梦想之中。

2. 有本领

乐学善学,勤于思考,保持好奇心与求知欲,形成良好的学习习惯,初步掌握适应现代化社会所需要的知识与技能,具有学会学习的能力。乐于提问,敢于质疑,学会在真实情境中发现问题、解决问题,具有探究能力和创新精神。自理自立,热爱劳动,掌握基本的生活技能,具有良好的生活习惯。强身健体,健全人格,养成体育运动的习惯,掌握基本的健康知识和适合自身的运动技能,树立生命安全与健康意识,形成积极的心理品质,具有抗挫折能力与自我保护能力。向善尚美,富于想象,具有健康的审美情趣和初步的艺术鉴赏、表现能力。学会交往,善于沟通,具有基本的合作能力、团队精神。

3. 有担当

坚毅勇敢,自信自强,勤劳节俭,保持奋斗进取的精神状态。诚实守信,明辨是非,遵纪守法,具有社会主义民主观念与法治意识。孝亲敬长,团结友爱,热心公益,具有集体主义精神,积极为社会作力所能及的贡献。热爱自然,保护环境,爱护动物,珍爱生命,树立公共卫生意识与生态文明观念。具有维护民族团结、捍卫国家主权、尊严和利益的意识。关心时事,热爱和平,尊重和理解文化的多样性,初步具有国际视野和人类命运共同体意识。

(三)课程目标

课程目标是培养目标在课程上的具体体现。它通常是就某一门课程而言的。因此,每门课程都有自己的目标。课程目标通常又分为总目标和学段目标两个层次。

《义务教育语文课程标准(2022年版)》规定的义务教育阶段语文课程的总目标为:

1. 在语文学习过程中,培养爱国主义、集体主义、社会主义思想道德,逐步形成正确的世界观、人生观、价值观。

2. 热爱国家通用语言文字,感受语言文字及作品的独特价值,认识中华文化的丰厚博大,汲取智慧,弘扬社会主义先进文化、革命文化、中华优秀传统文化,建立文化自信。

3. 关心社会文化生活,积极参与和组织校园、社区等文化活动,发展交流、合作、探究等实践能力,增强社会责任意识。感受多样文化,吸收人类优秀文化的精华。

4. 认识和书写常用汉字,学会汉语拼音,能说普通话。主动积累、梳理基本的语言材料和语言经验,逐步形成良好的语感,初步领悟语言文字运用规律。学会使用常用的语文工具书,运用多种媒介学习语文,初步掌握基本的语文学习方法,养成良好的学习习惯。

5. 学会运用多种阅读方法,具有独立阅读能力。能阅读日常的书报杂志,初步鉴赏文学作品,能借助工具书阅读浅易文言文。学会倾听与表达,初步学会用口头语言文明地进行人际沟通和社会交往。能根据需要,用书面语言具体明确、文从字顺地表达自己的见闻、体验和想法。

6. 积极观察、感知生活,发展联想和想象,激发创造潜能,丰富语言经验,培养语言直觉,提高语言表现力和创造力,提高形象思维能力。

7. 乐于探索,勤于思考,初步掌握比较、分析、概括、推理等思维方法,辩证地思考问题,有理有据、负责任地表达自己的观点,养成实事求是、崇尚真知的态度。

8. 感受语言文字的美,感悟作品的思想内涵和艺术价值,能结合自己的经验,理解、欣赏和初步评价语言文字作品,丰富自己的情感体验和精神世界。

9. 能借助不同媒介表达自己的见闻和感受,学习发现美、表现美和创造美,形成健康的审美情趣。

在总目标之后,又从识字与写字、阅读与鉴赏、表达与交流、梳理与探究四个方面分别规定了第一学段(1～2年级)、第二学段(3～4年级)、第三学段(5～6年级)、第四学段(7～9年级)的具体目标。

《义务教育数学课程标准(2022年版)》规定的义务教育阶段数学课程的总目标为:

通过义务教育阶段的数学学习,学生逐步会用数学的眼光观察现实世界,会用数学的思维思考现实世界,会用数学的语言表达现实世界(简称"三会")。学生能:

1. 获得适应未来生活和进一步发展所必需的数学基础知识、基本技能、基本思想、基本活动经验。

2. 体会数学知识之间、数学与其他学科之间、数学与生活之间的联系,在探索真实情境所蕴含的关系中,发现问题和提出问题,运用数学和其他学科的知识与方法分析问题和解决问题。

3. 对数学具有好奇心和求知欲,了解数学的价值,欣赏数学美,提高学习数学的兴趣,建立学好数学的信心,养成良好的学习习惯,形成质疑问难、自我反思和勇于探索的科学精神。

在总目标之后,又分别规定了第一学段(1~2年级)、第二学段(3~4年级)、第三学段(5~6年级)、第四学段(7~9年级)的具体目标。

在2022年版义务教育课程方案和课程标准中,特别强调义务教育课程要遵循"聚焦核心素养,面向未来"的原则。核心素养是学生通过课程学习逐步形成的正确价值观、必备品格和关键能力。新版义务教育各科课程标准都提出了本学科的学科核心素养。《义务教育课程方案(2022年版)》指出:"落实党的教育方针,依据义务教育培养目标,凝练课程所要培养的核心素养,体现课程独特育人价值和共通性育人要求,形成清晰、有序、可评的课程目标。"学科核心素养是课程育人价值的集中体现,它是"培养目标"的下位概念,是"课程目标"的上位概念。

(四)教学目标

教学目标是对课堂教学应实现的学生发展结果的预期。它是课程目标进一步的具体化,是教育目标体系的最后一级。教学目标通常是就某一课(可以是一课时的教学,也可能是一篇课文的教学)而言的,直接指导着教师的教学实践。由于本书第七章会专门讨论教学目标,故此处暂不详述。

第二节 课程目标的基本取向

课程目标是一定的教育价值取向在课程领域的具体化。因此,任何课程目标,都体现了一定的教育价值取向。根据美国课程论专家舒伯特(W. H. Schubert)的观点,课程目标有普遍性目标、行为性目标、生成性目标和表现性目标四种基本取向。① 此外,我国有研究者还提出了体验性目标取向。②

一、普遍性目标

(一) 普遍性目标的含义

普遍性目标是指在一定意识形态引导下,根据社会政治的需要,并基于某种经验、哲学或伦理观所提出的一般性的教育宗旨。它指导着所有的教育行为和教育活动,当然也指导着课程与教学活动。在普遍性目标的视野中,根本就没有教育目的、教育目标、课程目标、教学目标的区分;或者说,教育目的、教育目标、课程目标、教学目标是一个东西。正是由于这个缘故,才将其称为"普遍性目标"。

其实,无论是古代的中国还是古代的西方,普遍性目标早就存在并且指导着教育教学。从周朝开始,统治者就对人才的培养提出了要求。西周提出了"明人伦"的教育宗旨,以培养统治阶段的治术之才,其课程以礼、乐、射、御、书、数为主。孔子以培养"圣人""君子"为教育宗旨,以诗、书、礼、易、乐、春秋为课程。宋代以后,统治者将《大学》里的"格物、致知、诚意、正心、修身、齐家、治国、平天下"作为教育宗旨。到了清朝末年,由于西学的涌入,统治者又确立了"中学为体,西学为用"的教育宗旨。辛亥革命后,又确立了"注重道德教育,以实利教育、军国民教育辅之,更以美感教育完成其道德"的教育宗旨,以满足资产阶级革命和资本主义发展的需要。1929年,南京国民政府发布了"三民主义"教育宗旨。

在古代西方,古希腊的雅典教育以培养"智慧之人"为宗旨,其对应的课程则是"自由七艺"。斯巴达则以培养"勇士"为教育宗旨,其课程以"五项竞技"(赛跑、跳跃、摔跤、掷铁饼、投标枪)为主。古罗马以培养演说家为教育宗旨,其课程以文法、修辞、辩证法为主。到了中世纪,教育以"虔诚"为宗旨,其课程以宗教教义为主。从文艺复兴开始,教育则以培养理性为宗旨,自然科学类课程越来越受到重视。

在普遍性目标取向中,不同类别、不同阶段的课程拥有同样的目标。不仅如此,不同阶段的教育,不同性质的教育活动,都要遵循同样的目标。

(二) 普遍性目标的优缺点

普遍性目标将教育宗旨、教育目的与课程目标、教学目标等同起来,因此它具有普遍性、模糊性、规范性等特征。普遍性是指,它指导着教育系统中各种层次的活动和各

---

① Schubert, W. H. (1986). Curriculum: Perspective, Paradigm, and Possibility. New York: Macmillan Publishing Company, pp.190—195.
② 王道俊,郭文安.教育学[M].北京:人民教育出版社,2009:146.

种类型的活动;模糊性是指,它的表达比较抽象、概括,含义不太确定;规范性是指,它对教育中的活动具有规范作用,有着较强的道德性。

普遍性目标的优点有:第一,它体现了普遍主义价值观,即认为不同的教育活动、不同的课程,具有某些共同的价值与原则。第二,它的层次性比较高,通常站在整个国家或社会的层面上来看待和理解课程、教学。第三,它有利于教育工作者充分发挥创造性,因为它表达模糊、含义不确定,因此教育工作者可以对其进行创造性解释,以适应不同情境的需要。

普遍性目标的缺点有以下几点:第一,缺乏科学的依据。由于普遍性目标往往根据前人或自身经验制订,很少结合教育学、心理学、课程论和教学论等专业知识来制订目标,其依据往往不够充分、科学。第二,缺乏严谨性。普遍目标往往以言论、教条等形式出现,随意性较大,没有经过充分的论证,其严谨性不够。比如,《大学》开篇所规定的普遍性目标为"大学之道,在明明德,在亲民,在止于至善"。"明明德""在亲民""止于至善"这三点之间是什么关系,各是从什么角度提出的,除此之外,还有没有其他目标,这些问题都没有经过论证。第三,容易引起歧义。普遍性目标的含义模糊,缺乏科学性、清晰性,因此不同的人可以有不同的理解与解释,甚至不同的解释之间相互矛盾,可能会导致目标的落实成为空谈。

二、行为性目标

(一) 行为性目标的含义

行为性目标是指能够以具体的、可操作的行为来陈述的课程目标。它是从行为表现和行为变化的角度来阐述课程目标的。

行为性目标的思想来源于行为主义心理学。心理学原本是研究意识的,但在19世纪末和20世纪初,科学思想取得了优势地位,于是心理学的研究发生了行为主义的转向。心理学家提出了行为主义心理学或行为科学,力图将心理学变成科学。其实,在那段时间里,不仅是心理学向科学靠近,所有的学科几乎都在向科学靠近,比如"科学管理学""实证社会学"等。在这种背景下,课程研究自然会向科学靠近。

对行为性目标进行系统研究,与博比特密不可分。1918年,博比特出版了《课程》一书。在该书中,博比特极力主张"科学的时代要求精确性和具体性",强调课程目标具体化、标准化。1924年,他又出版了《怎样编制课程》一书,在书中列举了10个领域中的800多个目标。泰勒继承了博比特的思想。在《课程与教学的基本原理》一书中,他指出,"最为有效的陈述目标的形式,以是这样的措辞来表述:既指出要使学生养成的那种行为;又言明这种行为能在其中运用的生活领域或内容。"①此后,布卢姆等人继续研究行为目标,教育目标分类学就是其研究成果。

(二)行为性目标的优缺点

与普遍性目标相比,行为性目标具有精确性、具体性和可操作性等特点。精确性是指,行为性目标的表达非常准确,不同的目标有明显的界线;具体性是指,行为性目标总是指向特定的活动、特定的对象,是可观察的;可操作性是指,行为性目标可以通过操作性的行为来表现。

行为性目标的优点有以下几个方面:第一,它使人们开始关注教育行为。以往,虽然人们知道课程目标包括"内容"和"行为"两个方面,但许多课程工作者往往只注重"内容",忽视了"行为"。泰勒使人们开始关注"行为"在课程中的作用。第二,具有较强的可操作性。行为性目标非常具体、明确,操作性强,某种程度上体现了"科学主义"的要求,克服了"普遍性目标"带来的课程实施、评价的模糊性和不确定性。

然而,行为目标也有其不足:第一,忽视了行为以外的目标。由于行为性目标过度关注课程实施中学习者行为的变化,因此容易忽视性向、情感、智慧等方面的变化。第二,肢解了学生的发展。行为性目标追求具体的、精确的行为。为了显示其精确性,它往往将人的行为分解成独立的几部分,然后再进一步分解。它肢解了学生的学习过程与结果,片面看待学生的发展,最终抑制了师生在教学中的积极性与创造性。第三,忽视了课程中的隐性因素。有些因素,如价值观、理解能力、情感和审美情趣等,是难以观测和衡量的。如果只注重课程中外在的、显性的行为变化,可能导致课程中一些隐性的因素被忽略。第四,忽略了教育过程的价值。教育是一个过程,教育过程本身具有内在价值。如果过于强调行为,就会将教学演化为训练,从而降低了教学过程的教育性。

三、生成性目标

(一)生成性目标的含义

生成性目标也称"形成性目标""展开性目标""生长性目标"等,是指在课程实施过程中根据教育情境的变化而临时生成的目标。与行为性目标关注预先设定的结果不同,生成性目标更加关注教育过程、教育情境以及实际上获得的结果。

生成性目标的思想可以追溯到杜威。杜威认为,教育本身以外无目的,它就是它自己的目的;或者说,教育的目的就是为了获得更多的教育。在杜威看来,教育不应该

---

① [美]拉尔夫·泰勒著.课程与教学论[M].施良方译.北京:人民教育出版社,1994:36.

事先设定好目的,"目的必须是现有情况的产物"①。英国著名课程论专家斯滕豪斯从另一角度诠释了"生成性目标"。斯滕豪斯是课程开发的"过程模式"提出者。在他看来,学校教育由四个不同的过程构成②:(1)技能的掌握;(2)知识的获得;(3)社会价值和规范的确立;(4)思想体系的形成。这四个过程中,前两个过程的目标可以用行为性目标来表述,但后两个过程却不行。斯滕豪斯对训练(training)、教学(instruction)和引导(induction,亦有人翻译为"归纳")作了区分③:通过训练学到的是技能,通过教学获得的是信息,而引导支持的是创造性思维。引导将人引入知识,"作为将人类引进知识的教育,它在使学生的行为后果不可预测的程度上成功的。"④也就是说,真正的教育应该采用引导的方式,此种教育成功的标准不在于学生是否达到了预期目标的要求,而在于学生非预期行为的增加程度。斯滕豪斯认为,在教育中,教师不是既定目标与课程的顺从者,而是课程的研究者与开发者。"也就是说,课程不应以事先规定的目标(或结果)为中心,而要以过程为中心,即要根据学生在课堂上的表现而展开。"⑤斯滕豪斯认为,真正的教育是激发人们的思想与自由,因此其结果是不可预期的,其目标是生成性的。在斯滕豪斯看来,只要教学过程科学、合理,即使实际的教育结果与预期的目标不一致,那也是好的教学。问题的关键在于实际的教育结果是否真的促进了学生发展,而不在于它与预期的目标是否一致。那些促进了学生发展的,与预期目标不一致的教育结果,就是生成性目标。

(二)生成性目标的优缺点

通常认为,课程目标就是在课程编制和实施之前,对于课程促进学生发展的结果的一种设想。然而,在生成性目标的视野中,如果事先规定了目标,然后设法去实现目标,那只能是浅层次的教育。真正的教育,就是激发学生向着更好的方向前进,就是让学生更富有创造性,因此其结果无法事先预测。或者说,结果只能根据具体的情境而定,即目标是随着教育过程的展开而生成的。没有过程,就没有目标。因此,生成性目标的显著特点就是过程性。

生成性目标的优点有以下几点:第一,它能实现深层次的教育。确实,生成性目标可以使教育不再受预定目标的限制,有利于教育者以更符合学生的需要和个性的方式进行教育。第二,它消解了教育过程与教育结果的对立。由于行为目标只关注结

---

① [美]约翰·杜威著.民主主义与教育[M].王承绪译.北京:人民教育出版社,1990:110.
② 施良方.课程理论:课程的基础、原理和问题[M].北京:教育科学出版社,2013:86.
③ [英]劳伦斯·斯滕豪斯·宾特雷伊著.课程研究与课程编制入门[M].诸平等译.北京:春秋出版社,1989:101.
④ [英]劳伦斯·斯滕豪斯·宾特雷伊著.课程研究与课程编制入门[M].诸平等译.北京:春秋出版社,1989:101.
⑤ 施良方.课程理论:课程的基础、原理和问题[M].北京:教育科学出版社,2013:86.

果,因此可能存在这样的情况:用不恰当的手段去取得一个良好的结果,如通过体罚来增强学习的效果等。然而,在生成性目标中,这种情况将不复存在,因为它注重的是教育过程本身的价值。如果教育过程本身不恰当,那它就不可能生成正义的目标。第三,它最大限度地解放了师生。生成性目标能够让教师充分发挥自己的创造性而不用去思考是不是可以实现事先确定的目标,可以让学生潜能得到最大化的发展,让教师的创造性得到最大的发挥。

生成性目标也存在着诸多弊端:

第一,它对教师的要求较高。一是它要求教师应该具备较强的课程开发能力。由于课程没有预先设定目的,这就需要教师具备根据实际教学情境开发并实施课程的能力,而现实中很少有教师具备这些能力。二是它要求教师具备较强的课程实施能力,特别是在班级授课制的条件下,不同学生的学习情况、性格特征、家庭背景等都不尽相同,教师在教学中很难顾及每一个学生的需求。

第二,它可能导致教育基本目标的落空。如果按照事先确定好的课程目标进行教学,虽然无法让教育达到卓越水平,但却可以让学生获得基本素质。如果过于信奉生成性目标,再假设教师素质又不够,则学生很有可能连基本的素质都无法获得。

四、表现性目标

(一)表现性目标的含义

表现性目标是指学生与具体的教育情境相互作用时产生的个性化表现。其实,行为目标在本质上也是一种表现,但行为目标是确定的、封闭的,而表现性目标是不确定的、开放的。表现性目标是由美国学者艾斯纳(E. W. Eisner)针对普遍性目标与行为性目标的不足而提出的。它追求的不是学生同质性的反应,而是个性化的表现。艾斯纳认为,课堂教学中应该有三种目标[①]:(1)"行为目标",与其对应的课程活动是"行为活动";(2)"问题解决目标",与其对应的活动是"问题解决活动";(3)"表现性结果",与其对应的是"表现性活动"。与行为目标相比,在问题解决目标的框架里,问题解决的方案是不确定的。不论是行为目标还是问题解决目标,其目标在活动之前就已经存在。表现性目标则不一样,它是先有表现性活动,然后才有表现性目标。在表现性目标的框架里,目标是活动的结果。正因为如此,艾斯纳甚至不愿意使用"表现性目标"这个词,更愿意使用"表现性结果"(expressive outcomes)一词。

根据自身从事艺术教育的经验,艾斯纳认为,课程中存在着"表现性目标"和"教学

---

① [美]埃利奥特·W.艾斯纳著.教育想象——学校课程设计与评价[M].李雁冰译.北京:教育科学出版社,2011:122.

性目标"两种不同的目标。两者对教学都有一定的作用。其中,"教学性目标"是在教学前对学生通过活动应该掌握的知识、技能等的预先设定,重点考察的是学生对已有知识的掌握情况。"表现性目标"并没有规定教学中学生应获得哪些行为表现,而是重在描述教师与知识、学生间的"相遇",以及在实际的教育情境中学生的表现。表现性目标是开放的,它只规定要参加的活动,只强调在活动中应该有所表现,但对应该有什么样的表现,有何种水平的表现,却没有做明确的规定。"一个表现性目标既向教师,也向学生发出了一份请帖,邀请他们探索、追随或集中讨论他们特别感兴趣或对他们特别重要的问题。一种表现性目标是唤起性的,而非规定性的。"[1]艾斯纳提出,并非只有高雅的艺术才具有表现性,"任何活动,只要是能够引发惊奇、培养能力和寻求新的经验形式,其特征就是表现性的。"[2] 这表明,"表现性目标"重在关注学生的创造性和个性化表现。

(二)表现性目标的优缺点

表现性目标只规定学生要参加的活动,对学生在活动中的表现类型、表现水平等不做规定,给学生各种可能的表现留下了巨大空间。因此,表现性目标的最大特点是开放性和个性化。

表现性目标的优点有以下两点:第一,它具有较强的人文主义倾向,关注教学中学生的个性化表现,尊重每个学生的独特性。第二,它重视教学中学生个性和创造性的发展,注重发挥学生的自主性。换句话讲,表现性目标适合于那些培养学生创造性的教学活动。

表现性目标的不足在于:第一,它对教师的要求比较高。由于表现性目标是先有活动,后有行为表现。在没有目标的情况下设计与组织活动,对教师而言,难度较高。第二,表现性目标由于事先没有类型与标准的规定,因此评价起来比较困难。表现性目标的评价高度依赖教师的专业水平和专业判断。

五、体验性目标

(一)体验性目标的含义

体验性目标,就是描述学生的心理感受、情绪体验的目标。它类似于布卢姆的"情感领域"的目标,但布卢姆在其目标分类学中,将情感领域的目标当作行为目标来处理。其实,行为目标只适合认知领域和动作技能领域,而且也只适用于这两领域浅层

---

[1] Eisner, E. W. (1985). The Art of Educational Evaluation——A Personal View. The Falmer Press, pp. 54—55.
[2] [美]埃利奥特·W.艾斯纳著.教育想象——学校课程设计与评价[M].李雁冰译.北京:教育科学出版社,2011:126.

次的目标。对于认知领域和动作技能领域深层次的目标,只能用表现性目标来表达。体验性目标,某种意义上也来源于杜威的思想。在杜威看来,教育的目的就是获得直接经验,而且所获得的直接经验的水平是不能事先确定的。直接经验就是经历本身,通常是认知和情感的综合体。

(二)体验性目标的优缺点

体验性目标的最大特点就是过程性,即它所描述的主要不是要获得某种结果,而是要经历某种过程,经历某种事件。

体验性目标的优点表现为以下两个方面:第一,它从比较、综合的角度来看待目标,更符合教育的内在需求。教育活动,往往不是单一的活动,如单纯的发展认知能力的活动,或单纯地发展情感的活动,而是多种性质活动的综合体。体验性目标从经验、经历的角度来界定课程目标,符合教育的这一特性。第二,它改变了将情感目标纯粹地当作行为目标来处理的倾向。它让人们意识到,情感领域的目标有其特殊性,不能简单地用行为目标来代替。

体验性目标的缺点是不便于评价。在某种意义上,制订目标的目的就是为了评价,由于体验性目标只强调过程,而不强调结果及其标准,因此很难利用该目标准确评价学生的发展情况。不过,这同情感领域的发展状况是一致的,情感领域的发展本身就是难以评价的。

第三节 课程目标的确定

研究课程目标,目的在于确定目标。如何确定课程目标,是课程编制者首要思考的问题。

一、课程目标的来源

20世纪初,西方学者对于课程目标的来源问题,经历了长时间的争论,最终达成了一致意见,认为课程目标的制订应考虑学生、社会和学科三种因素。如,1902年,杜威在《儿童与课程》一书中认为:学生、社会和教材是教育过程的三个基本要素。教育的主要任务就是处理这三者之间的关系。1927年,拉格(H. Rugg)在美国教育研究会上明确指出:课程编制必须考虑学生、教材和社会三个因素。最系统、最具有代表性的是泰勒的研究。在《课程与教学的基本原理》一书中,泰勒明确提出:"任何单一的信息来源,都不足以为明智而又全面地选择学校目标提供基础。"[1]因此,选择课程目

---

[1] [美]拉尔夫·泰勒著.课程与教学的基本原理[M].施良方译.北京:人民教育出版社,1994:3.

标,必须综合考虑三个来源:对学习者本身的研究、对校外当代生活的研究以及学科专家对目标的建议。

(一) 对学习者的研究

一是要研究学生的需要。教育的目的是促进学生发展,但首要的前提是,要研究学生,以确定学生需要获得哪些发展。研究学生,要从两方面进行[①]:第一,了解学生的现状;第二,把学生的现状与公认的常模作比较,以确定差距或需要。学校教育的种种努力,就在于弥补学生发展的差距。

二是要研究学生的兴趣。教育是一个主动的过程,这个过程涉及学生自身的积极主动的努力。如果我们提供的课程是学生感兴趣的,那他们就会主动投入学习。因此,作为教育者应该研究学生的兴趣,尽量选择那些学生感兴趣的目标。

三是要研究学生的年龄特征。学生的年龄特征就是相应年龄的学生身心发展的特点。它决定了何种类型、何种水平的目标学生可以达成。有些目标,不论是从社会和学生的角度讲,或许都具有价值,但如果它们超越了学生身心发展水平,就不能作为课程目标。

(二) 对社会生活的研究

儿童生活在一定的社会中,儿童的发展与社会是密切联系的。儿童的发展,既受社会发展水平的限制,又要适应社会生活的需要。因此,研究课程目标,还应考虑社会生活的需求。

研究社会生活,应该从空间和时间两个维度进行。空间维度,是指要考虑儿童生活的家庭、社区、地区、国家乃至整个社会的发展需求。比如,今天的儿童,不仅要学习能适合本地生活的知识与技能,而且要有全球的视野与关怀。不少国家都提出要培养世界公民,其原因就在于此。时间维度,指要考虑社会的过去、现在和未来的需求:考虑过去,主要指要考虑社会的文化传统;考虑现在,主要是考虑当前的社会生活需要学生掌握哪些知识技能,具备哪些品质等;考虑将来,就是要考虑社会未来发展的需要。有些课程目标,比如温顺、听话的品质,适合当前的社会需要,有利于当前社会的稳定,但不利于社会未来发展的需要。

(三) 对学科的研究

有些经验可以通过社会获得,而有些经验却只能通过学科课程获得。学校课程是儿童从自然人过渡到文化人的主要途径。由于社会经验体系庞杂、较为零散,而个体学习精力有限,因此,有必要按照一定的规律把社会经验组织起来。而学科课程是最佳的组织方式,因为它有利于学习者在较短的时间内学习较多知识,尽快达到"类水

---

① [美]拉尔夫·泰勒著.课程与教学的基本原理[M].施良方译.北京:人民教育出版社,1994:5.

平"。当前的课程,不论是综合课程还是分科课程,也不论是学科课程还是活动课程,通常都归属于某个学科领域或者某些学科领域。研究学科,就是要弄清楚该学科领域中哪些知识适合于学生学习,哪些不适合;哪些适合社会发展的需要,哪些不适合。

研究学科,一定要全面。学科知识包括学科的基本概念、基本原理和探究方式等。目前,一般将学科知识分为自然科学(物理学、化学、生物科学等)、人文科学(哲学、艺术、文学等)和社会科学(政治学、经济学、法学、历史学等)三类。作为一个完整的目标体系而言,这三类学科都非常必要。

受斯宾塞的启发,有学者认为,研究学科知识时,需要考虑三个问题:第一,知识的价值是什么?即学习知识,是为了控制世界还是为了更好地去理解这个世界,是为了对付世界还是为了发展自己。第二,什么知识最有价值?以前,斯宾塞认为,科学知识最有价值,由此导致科学至上主义思潮盛行。其实,各类知识都有其价值,不同知识的价值具有不可比拟性。第三,谁的知识最有价值?即要学会识别知识所代表的社会意识形态,以及阶级利益。

总之,在确定课程目标时,需要综合考虑学生、社会和学科三个因素,但不能机械地处理这三个因素。确定任何一门课的课程目标,都应该综合考虑学生、社会和学科这三个因素,但在制订不同课程的目标时,对这三个因素的偏好会有所不同。比如,在制订自然科学类目标时,可能会更多地考虑学科;而在制订社会类课程的目标时,可能会更多地考虑社会,而在制订人文学科的课程目标时,可能会更多地考虑学生。

二、对目标进行筛选

(一)教育哲学

如果简单地根据学生、社会和学科发展这三个因素来选择课程目标,那选择出来的目标体系庞杂,内容繁多,甚至彼此相互冲突。因此,需要对众多目标进行筛选。教育哲学可以作为目标筛选的第一道筛子。

教育哲学,就是指课程需求者所持的教育理念。不同的哲学陈述,表明课程需求者有不同的价值观和办学立场。概述出理想的生活和学生应该具备的素质与品质,是教育哲学的重要任务之一。对物质利益和自我实现的态度,是教育哲学关注的两个重要焦点,也是教育哲学需处理的问题之一。学校哲学需要考虑和处理的另外一个问题是:"受过教育的人应该去适应社会,抑或接受现存的社会秩序,还是应该试图去改造他所生存的社会。"[①]也就是说,学校的主要任务是将学生培养成适应这个社会的人,还是将学生培养成改造这个社会的人。不同的回答,表明了不同的人才培养政策和办学

---

① [美]拉尔夫·泰勒著.课程与教学的基本原理[M].罗康,张阅译.北京:中国轻工业出版社,2014:36.

理念。办学理念直接影响学校的课程设置类型、结构。如果课程目标制订者所持的是理性主义哲学观,那他在制订课程目标时,会更加强调知识性目标;如果持经验主义哲学观,那他就会更强调过程性目标。

(二)学习心理学

学习心理学是对目标进行筛选的第二道筛子。课程目标能否顺利实施,很大程度上取决于它的宗旨与学习的内在条件是否一致。运用学习心理学来对目标进行筛选,就在于保证这种一致。具体说来,对于课程目标的选择来说,学习心理学具有以下作用。

第一,从最低层面上来说,学习心理学可以帮助人们辨析学习能对人的哪些素质产生影响。如,学生可以通过学习养成良好的生活习惯,但却无法通过学习增强自己的体质;当人获得某种愉悦的刺激时,人体会本能地做出某种反应,这种反应是无需学习的;当有人从窗户旁边经过时,学生会不自觉地往窗户边看,从心理学上讲,这是一种无条件刺激-反应,极力阻止学生向窗外看这一做法就违背了心理学的规律。

第二,从较高层面上来说,学习心理学能够帮助我们分辨哪些目标比较容易获得,哪些目标需要花费一定时间和精力才能获得,哪些目标即使努力了也不能获得。如,让一岁婴儿学习汉字,无论家长如何引导,婴儿还是难以学会。再如,学习心理学告诉我们,儿童性格、气质具有相对稳定性,但通过悉心引导,还是可以向人们所期望的方向改变。

第三,从更高层面上来说,学习心理学能够帮助人们根据儿童心理发展规律,将课程目标安排到各个年级中。"学习心理学可以告诉我们达到一个目标需要花多长时间,在哪个年龄段做这样的努力最有效率。"① 如,根据儿童语言发展规律,我们知道儿童是先学会句子再学会写文章的。《义务语文课程标准(2022年版)》对写作模块的要求是:第一学段(1~2年级)要学会"写话",第二学段(3~4年级)要学会"习作",第三学段(5~6年级)要学会"写作文"。

第四,根据心理学中的遗忘曲线,我们知道遗忘规律是"先快后慢",72小时内遗忘的容量最多。据此,学生应在学习完三天之内,及时复习知识。又如,为了降低遗忘率,应不断"强化"知识,尽量在日常生活中运用所学知识。再如,根据"迁移"规律,新旧知识相似性越多,学生学习新知识的速度就越快。

泰勒认为,利用学习心理学来选择目标时,最好是先对某种学习理论的要素进行剖析,然后将每个要素与课程目标结合起来,研究每一要素对课程目标的意义和作用。

---

① [美]拉尔夫·泰勒著.课程与教学的基本原理[M].罗康,张阅译.北京:中国轻工业出版社,2014:39.

第四节 课程目标的表达

课程目标的表达,如果说有统一的模式,那就是泰勒行为—内容二维表达法。但是,不同的目标,所采用的行为和内容不一样。本章第二节所讲的五种取向的课程目标,在某种意义上也可以理解为五类课程目标。因此,本节主要谈谈这五类课程目标的表达问题。

一、普遍性目标的表达

在今天,很少会用普遍性目标来陈述或代替课程目标。这是因为人们对教育目标系统的研究已经相当深入,已明确地区分了教育目的、教育目标、课程目标和教学目标。但是,如果我们对普遍性目标的表达有所了解,能够帮助我们更好地掌握其他目标的表达方式。

长期以来,人们对课程目标一直有一个普遍式的理解,那就是认为课程目标就是"双基",即基础知识与基本技能。

从目前可查阅的文献来看,"双基"最早出现在1952年3月18日教育部颁发的《中学暂行规程(草案)》中。该规程提出,中学教育的目标之一是使学生"得到现代化科学的基础知识和技能"。接着,教育部又颁发了《小学暂行规程(草案)》[1],将小学教育概括为"全面的基础教育",提出小学"智育方面"的目标是"使儿童具有读、写、算的基本能力和社会、自然的基本知识",强调课程的基础性和基本性。1963年7月,《教育部关于实行全日制中小学新教学计划(草案)的通知》明确指出:"中小学在文化教育方面的重要任务,是使学生掌握基本的文化工具和基本的科学知识,小学阶段必须重视语文和算术的教学,中学阶段必须重视语文、数学和外国语的教学,这些课程是学习和从事工作的基本工具,使学生学好这些课程,对于提高中小学的教学质量有决定性的意义。"[2]此后,"双基"的内涵和外延不断发展;或者说,课程目标在"双基"的基础上不断拓展。

1986,《中华人民共和国义务教育法》颁布,规定小学教育应使学生"具有阅读、表达、计算的基本能力,学到一些自然常识和社会常识,培养学生的学习兴趣,养成良好的学习习惯,培养观察、思考和动手的能力"。[3]此后,一直到2001年启动新课程改革,

---

[1] 李涛. 新中国历次课程改革中的"双基"理论与实践探索[J]. 课程·教材·教法,2009(12):77—86.
[2] 陆亚松,李一平. 教育学文集:课程与教材(上册)[M]. 北京:人民教育出版社,1988:646.
[3] 陆亚松,李一平. 教育学文集:课程与教材(上册)[M]. 北京:人民教育出版社,1988:652.

"双基"都是课程的重要目标。

2001年6月18日,教育部颁布了《基础教育课程改革纲要(试行)》,提出"新课程的培养目标应体现时代要求。要使学生具有爱国主义、集体主义精神,热爱社会主义,继承和发扬中华民族的优秀传统和革命传统;具有社会主义民主法制意识,遵守国家法律和社会公德;逐步形成正确的世界观、人生观、价值观;具有社会责任感,努力为人民服务;具有初步的创新精神、实践能力、科学和人文素养以及环境意识;具有适应终身学习的基础知识、基本技能和方法;具有健壮的体魄和良好的心理素质,养成健康的审美情趣和生活方式,成为有理想、有道德、有文化、有纪律的一代新人。"文件的用词,即"新课程的培养目标",比较模糊,如果将这一段话理解为课程目标,那只能理解为普遍性目标。

从上文可以看出,在表达普遍性目标时,其行为和内容都必须具有高度的概括性,能够覆盖各个学科。比如,就"具有适应终身学习的基础知识、基本技能和方法"这一表达而言,"具有"是行为,它是比较抽象的;"基础知识、基本技能和方法"是内容,也较为抽象。

二、行为性目标的表达

关于行为性目标的表达,著名的有泰勒的二维表达法和梅杰(R. F. Mager)的三维表达法。但实际上,梅杰的三维表达法更适合教学目标的表达;之所以有研究者说梅杰的三维表达法适合于课程目标的表述,是建立在课程目标与教学目标不做区分的基础上的。

泰勒建议,应该从行为与内容这两个维度来表述课程目标。其中,行为表达的是对相应内容的掌握标准;内容是课程内容,是行为的对象。行为的主体必须是学生,而不能是教师。由于内容通常就是学科内容,是比较确定的,因此课程目标的表述,关键在于找准行为动词。

在"八年研究"的基础上,泰勒将行为归结为十类[①]:习得信息,培养工作的习惯和学习的技能,养成有效的思维方式,形成社会态度,形成兴趣,培养鉴赏力,增进敏感性,发展个人的社会适应性,保持身体健康,形成人生哲学。虽然说是对行为的分类,其实也包含着内容,比如就"习得信息"而言,"习得"是行为,"信息"就是内容。

对行为目标中的"行为"研究影响最大的当数布卢姆(B. S. Bloom,1913—1999)等人的研究。如果说泰勒是"行为目标"的提出者,那么布卢姆则是将行为目标进行细化并推广的教育专家。作为泰勒的学生,布卢姆继承了泰勒的行为性目标的思想,并形

---

① [美]拉尔夫·泰勒著.课程与教学的基本原理[M].施良方译.北京:人民教育出版社,1994:45.

成了"教育目标分类学"思想体系。

　　以布卢姆为首的教育家一致认为,完整的"教育目标"应该包括"认知领域""情感领域"和"动作技能"。其中,"认知领域"的分类是由布卢姆等人研究完成的。1956年,《教育目标分类学,第一分册:认知领域》正式出版。书中将认知领域的教育目标按照简单到复杂的原则、由低级到高级的顺序分成六级:知识(knowledge)、领会(comprehension)、运用(application)、分析(analysis)、综合(synthesis)、评价(evaluation)。1964年,克拉斯沃尔(D. R. Krathwohl)与布卢姆等人出版了《教育目标分类学,第二分册:情感领域》。书中将情感领域的目标分为接受(receiving)、反应(responding)、价值判断(valuing)、组织(organization)、价值与价值体系的个性化(characterization)五级。1972年,哈罗(A. J. Harrow)和辛普森(E. J. Simpson)二人分别出版了《动作技能领域教育目标分类学》和《动作技能领域教育目标分类》。后人将此二书合并为《教育目标分类学,第三分册:动作技能领域》。哈罗和辛普森对动作技能领域的目标分类并不一致,而且各有千秋。前者着眼于学前教育,后者着眼于职业技术教育。哈罗将动作技能领域的目标分为反射动作、基本-基础动作、知觉能力、体能、技巧动作、有意沟通六级。辛普森将动作技能领域的目标分为知觉、定式、指导下的反应、机制(即机械动作)、复杂的外显反应、适应、创造七级。其中,辛普森的研究影响比较大。1973年,克拉斯沃尔和斯特瓦特(J. Stewart)对哈罗和辛普森的分类进行了综合,将动作技能领域的目标分为基本动作、准备、动作技能发展、动作模式发展、修改和创造动作模式五级。

　　2001年,安德森(L. W. Anderson)和克拉斯沃尔等完成了布卢姆教育目标分类学认知领域的修订工作。修订后目标分类是这样的:它将认知过程或行为动词分为记忆、理解、应用、分析、评价、创造六级,将内容分为事实性知识、概念性知识、程序性知识、元认知知识四类。

　　除布卢姆等人的研究外,美国学者霍恩斯坦(A. D. Hauenstein)对课程目标的分类研究亦具有重要价值。1998年,霍恩斯坦经过多年的研究,推出了一个全新的教育目标分类体系。这个分类体系是对布卢姆教育目标分类的进一步发展,将全部教育目标划分为四个领域:认知领域、情感领域、动作技能领域和行为领域;每个领域又包括五个类别目标(见表2-1)。

　　布卢姆等人的研究以及霍恩斯坦的研究,对行为目标的表达具有重要意义。他们提供给我们的,既有"行为",也有"内容"。

表 2-1　霍恩斯坦的教育目标分类框架

层次＼领域	认知领域	情感领域	动作技能领域	行为领域
1.0	概念化 认出 定义 概括	接受 觉察 愿意 注意	知觉 感觉 辨认 观察 意向	获取 接受 知觉 概念化
2.0	理解 翻译 解释 推断	反应 默认 遵从 估价	模仿 激活 模仿 协调	同化 反应 理解 模仿
3.0	应用 澄清 解答	价值评价 认可 更喜爱 确认	整合 统整 标准化	适应 价值评价 应用 整合
4.0	评价 分析 描述	信奉 相信 信奉	创作 保持 调适	施行 信奉 评价 创作
5.0	综合 假设 解决	举止 显示 改变	熟练 创始 完善化	达成 举止 综合 熟练

《义务教育数学课程标准(2022年版)》规定的第一学段(1～2年级)的部分课程目标为："经历简单的数的抽象过程,认识万以内的数,能进行简单的整数四则运算,形成初步的数感、符号意识和运算能力。能辨认简单的立体图形和平面图形,认识长方形和正方形的特征,体验物体长度的测量过程,认识常见的长度单位,形成初步的量感和空间观念。经历简单的分类过程,能根据给定的标准进行分类,形成初步的数据意识。在主题活动中认识货币单位、时间单位和基本方向,尝试用数学方法解决问题,积累数学活动经验,形成初步的量感和应用意识。"就"认识万以内的数"这一子目标而言,"认识"就是行为,"万以内的数"就是内容;就"能进行简单的整数四则运算"这一子目标而言,"能进行"是行为,"简单的整数四则运算"是内容。在表达行为性目标时,其"行为"必须是可操作性的,"内容"只能是某一学科中的某一类或某一个知识,如"立体图形和平面图形""长度单位"等。

三、生成性目标的表达

通常而言,目标是对活动结果的预先设计,而生成性目标只有在教学活动结束时才能清晰地认识它。或者说,在教学活动开始之前,我们只能预料可能有目标生成,但是否会生成,会生成什么样的目标,是无从知晓的。从这个意义上讲,生成性目标是无法表达的。如果非要表达的话,那也只能采用开放的方式来表达,即采用只强调要完成的任务,而不强调结果的表达方式。比如,《义务教育语文课程标准(2022年版)》在"总目标"中有这样一个子目标:"能结合自己的经验,理解、欣赏和初步评价语言文字作品",可将其理解为生成性目标,它只强调要结合自己的经验,理解、欣赏和初步评价语言文字作品,但对于如何结合经验,如何理解、欣赏、评价以及理解、欣赏、评价达到何种程度,均没有办法做出明确的、可测量的规定。又如,《义务教育数学课程标准(2022年版)》在表述第一学段(1~2年级)课程目标时,有这样一个表达:"尝试对他人的想法提出建议",这同样可以看成是生成性目标的表达,因为它无法具体规定对他人的想法提出什么建议。

四、表现性目标的表达

艾斯纳认为,表现性目标是唤起性的,而非规定性的。表现性目标描述的是一种教育"遭遇"[①]:它识别儿童将在其中工作的情境,儿童将要处理的问题,他们将完成的任务;但它不指定儿童将从这些遭遇、情境、问题或任务中学到什么。艾斯纳同时还列举了几个表现性目标的例子:解释《失乐园》的意义;审视与欣赏《老人与海》的重要意义;使用铁丝与木头构成三维形式;参观动物园并讨论那儿有趣的事。从艾斯纳的例子中可以看出,表现性目标只规定要做的事,而不规定做事的结果。从这个意义上讲,表现性目标同生成性目标的表达有类似之处。然而,生成性目标与表现性目标还是有区别的:生成性目标强调的是既定目标之外的目标,而表现性目标则更强调个性化表现;生成性目标更强调过程以及由过程而自然导致的结果,表现性目标更强调结果的独特性。对于二者的区别,可以做如下粗略的理解:如果学一首古诗,学生对该诗有一个与众不同的、合理的理解,那就属于表现性目标;如果学生受这首诗的启发,去学习其他的诗或者与这诗相关的其他文体的文章,从而产生了超出所学诗的收获,那就是生成性目标。

---

① 转引自:[英]劳伦斯·斯滕豪斯·宾特雷伊著.课程研究与课程编制入门[M].诸平等译.北京:春秋出版社,1989:97.

五、体验性目标的表达

体验性目标主要表达的是对过程的亲历以及在亲历过程中的情感体验，因此，它只能用历时性、过程性、情感性的动词来表达。

如《义务教育数学课程标准(2022年版)》在表述第一学段(1～2年级)课程目标时，有以下几个表达："经历简单的数的抽象过程"，"体验物体长度的测量过程"，"感受数学与生活有密切联系，感受数学美"等。这些子目标都可以看成是体验性目标。从中可以看出，体验性目标不一定是情感领域的，它可能是意志领域的，也可以是认知领域的。如果是认知领域的，必定是对某个过程的亲历。

练习与思考

1. 什么是课程目标？它具有什么意义？
2. 简述普遍性目标取向。
3. 简述行为性目标取向。
4. 简述生成性目标取向。
5. 简述表现性目标取向。
6. 简述体验性目标取向。
7. 影响课程目标选择的因素有哪些？
8. 简述教育哲学和学习心理学是如何影响课程目标选择的。
9. 简述普遍性目标、行为性目标、生成性目标、表现性目标和体验性目标的表达方法，并举例说明。
10. 比较普遍性目标、行为性目标、生成性目标、表现性目标和体验性目标在表达上的相同点与不同点？

第三章 课程内容的选择与改造

学习目标

1. 掌握课程内容的含义。
2. 掌握课程内容的不同取向。
3. 了解课程内容的构成要素。
4. 掌握课程内容选择的原则。
5. 了解课程内容选择的程序。
6. 掌握改造课程内容的几种基本方式。

课程编制的核心就是课程内容的搜集、选择、整理与改造;教学工作的主要任务就是落实课程内容,将其转化为学生素质。因而,课程内容在课程与教学活动中具有重要地位。本章主要讨论课程内容的选择与改造问题

第一节 课程内容的含义及取向

作为教师,几乎天天都要上课,但对于什么是"课程内容",却未必说得清楚。这主要是因为,不同的人对课程内容的理解不一样,不同价值取向下的课程内容也不一致。

一、课程内容的含义

(一)课程内容的定义

课程内容就是学生学习的对象,是渗透在各门课程中的经验的精华以及处理经验的方式、态度。关于这个概念,作以下几点说明。

1)经验的精华作为课程内容

此处的"经验",包括直接经验和间接经验。一般而言,教学中要求学生学习的内容都是人类长期积累下来经验的精华。学习它们的原因如下:(1)这些经验都是经过证实的,是正确或者有效的,值得人们学习;(2)学习人类已有的经验,是加速少年儿童成长的重要途径,可以使儿童的发展在较短的时间内从个体水平达到类水平;(3)这些经验是多样的、丰富的,包括科学知识、社会规范、道德观念、情感价值、信仰体系等,有利于个体的全面发展;(4)这些经验是经过选择了的,适合学生学习。人类积累下来的

正确的、有效的经验非常多,而学生的学习时间却是有限的,为了保证学生在有限时间内能掌握人类积累下来的基本经验,就只能选择那些适合学生学习的,在经验体系中具有重要性和基础性的经验。课程内容不仅仅是间接经验的精华,还包括直接经验的精华。直接经验的精华是指,儿童作为一个成长中的人应该经历的活动过程,以及应获得的活动经验与体会。课程不仅包括直接经验和间接经验本身,而且包括经验之间的逻辑关系,因为经验通常不是单一的,而是体系化、结构化的。只有弄清楚了经验的含义以及其间的逻辑关系,才能说真正理解了经验。

2) 处理经验的方式作为课程内容

在教学中,学生除了要学习相应内容外,还要学会如何学习,即学会在没有教师或其他人的指导和帮助下获得知识经验。它至少包括两方面的内容:一是如何对已经学过的经验进行加工、整合,以适合新情境、新工作的需要;二是如何获得全新的经验,比如学数学,学生不仅要学会书本上的知识,而且要学会遇到一个新内容时,如何学习它;遇到困难时,如何排解等。

3) 对待经验的态度作为课程内容

对待经验的态度是指学生对经验的一种倾向和信念,如是喜欢还是讨厌,是相信还是不相信,学习知识是有用还是无用等。对待经验的态度往往构成了知识观和学习的动力。其实,学习的关键不在于学生学到了多少知识经验,而在于学生是不是愿意学、是不是有信心学。正如古人言,知之者不如好知者,好知者不如乐知者。

4) 课程内容是学生学习的对象

课程内容是学生需要学习和掌握的东西。只有通过学习它,才能实现课程目标,才能促进学生发展。课程内容不是教师教的对象,教师教的对象是学生学习课程内容的行为、活动与过程。既然课程内容是学生学习的对象,那在选择、加工和编排课程内容时,就必须根据学生心理发展特点和学习需要来进行。也就是说,必须对人类的经验进行儿童化的、教育学的改造,使之适合学生的学习。

(二) 课程内容与相关概念之间的关系

要准确理解什么是课程内容,还必须明确课程内容与课程目标、课程的表现形式以及课程资源之间的关系。

课程内容不同于课程目标,它是课程目标具体化的结果,是实现课程目标的一种手段。相对于课程内容而言,课程目标具有统领作用,抽象程度更高,课程内容的选择与安排都要依据课程目标的要求来进行。但是,课程内容与课程目标之间并不是简单的线性关系。对于同样的课程目标,可以设计出不同的课程内容;对于同一个课程内容,可以实现多个课程目标。这也是自 2001 年启动新课程改革以来倡导"一标多本"(即一个课标,多本教材)的原因所在。需要说明的是,在实际的教学过程中,课程内容并不限于课程目标规定的内容。目标规定以外的、有价值的素材,照样可以成为课程内容,这就是"生成性课程"。

课程内容不同于课程方案、课程标准、教材以及活动方案等。课程方案、课程标准、教材以及活动方案等是课程内容的载体,是课程内容的表现形式;课程内容是课程方案、课程标准、教材以及活动方案中所蕴含的知识、思想、技能、态度、行为等。

课程内容也不同于课程资源。"课程资源是课程设计、编制、实施和评价等整个课程发展过程中可以利用的一切人力、物力以及自然资源的总和。"①也就是说,可以影响课程的一切因素,都是课程资源。有研究者根据课程资源的功能特点,把课程资源划分为素材性课程资源和条件性课程资源两大类。② 素材性课程资源的特点是作用于课程,并且能够成为课程的素材或来源。比如,知识、技能、经验、活动方式与方法、情感态度与价值观等方面的因素,就属于素材性课程资源。条件性课程资源的特点则是作用于课程却并不构成课程的直接来源,但它在很大程度上决定着课程的实施范围和水平,如决定课程实施范围和水平的人力、物力、财力、时间、场地、媒介、设备、设施和环境等,都属于条件性资源。可以看出,条件性课程资源只能影响课程,不能构成课程;而素材性课程资源则可以成为课程。但是,课程与课程的素材性资源之间还是有区别的:课程的素材性资源是可以成为课程内容的素材,它是原初的、潜在的,只有在经过选择和加工后,才能成为课程内容。

二、课程内容的取向

课程内容与课程目标有着直接的渊源关系。当课程目标分别来源于学科知识、社会生活经验和学习者经验时,课程就必然会将学科知识、社会生活经验和学习者的经验作为内容。因此,与课程目标一致,学科知识、社会生活经验和学习者经验构成了课程内容的三种基本取向。

(一)课程内容即学科知识

将课程内容理解为学科知识,是知识本位的课程观,它有着悠久的历史和传统。中国古代的"四书""五经"以及西方古代的"自由七艺",都将学科知识作为课程的内容。即使在今天,绝大多数课程内容依然以学科知识为主。在西方教育发展的历史上,理性主义、永恒主义、要素主义教育家多半都持这种观点。

将课程内容理解为学科知识,强调的是人类文化遗产和文明成果的继承,有利于社会的延续与发展。同时,此类课程通常是分门别类地组织和呈现的,既方便教师的

---

① 段兆兵.课程资源的内涵与有效开发[J].课程·教材·教法,2003(3):26—30.
② 吴刚平.课程资源的理论构想[J].教育研究,2001(9):59—63.

教,也方便学生的学。

这一课程取向的不足在于:第一,它通常以处理知识的方式来处理不同性质的文明成果。人类的文明成果,不仅有知识,也有技能、情感、价值、信仰、审美等,但学科知识取向的课程通常以对待知识的方式来对待不同的文明成果,这不仅导致文明成果的异化,而且还会导致学生发展的异化。比如,它容易将德育变成道德知识的教育,将体育变为身体锻炼知识的学习,将创业教育变成创业知识的学习,等等。第二,它对知识以外其他素质的发展的作用甚微。学科知识课程能够促进知识的获得,但不能很好地促进能力的发展,更不能很好地促进品德的提升、审美素养的形成等。

将学科知识当作课程内容,面临着不少的挑战:第一,各类知识如何平衡的问题。从不同角度看,知识可以分为不同的类别,如古代知识和现代知识,国外知识和国内知识,公共知识和个人知识,文科知识与理科知识等。不同的知识在课程体系中占据多大的比重,是学科课程面临的重要问题。第二,课程内容的呈现方式问题。比如,课程内容是以综合的方式呈现还是以分科的方式呈现,是以形象的方式呈现还是以抽象的方式呈现,是以文本的方式呈现还是以活动的方式呈现,是以纸质的方式呈现还是以数字化的方式呈现,等等。

(二)课程内容即社会生活经验

将课程内容理解为社会生活经验,是社会本位的课程观。这里所说的"社会生活经验",是指当代的社会生活经验。这一取向将社会需要置于首要地位。它打破了"课程即知识"的传统,将课程与社会生活联系起来,增加了课程的实用性。具体而言,这一取向又分为以下几种情况:

1) 被动适应论

被动适应论认为,教育的目的就是促进社会的稳定与延续,就是让儿童适应社会生活;学校课程是促进学生适应社会生活的工具。在教育史上,斯宾塞、博比特、查特斯等都持这样的观点。斯宾塞认为,教育就是为儿童的未来生活作准备,儿童现在需要学习什么,要依据当代社会生活的需要及将来的成人生活来确定。他运用实证的方法将社会生活分为五类,并分别开设相应的课程。博比特和查特斯根据社会生活的需要,分别采用"活动分析法"和"工作分析法"来开发课程,其目的就是让学生能将学到的东西运用于社会。被动适应论的基本假设是,社会生活本身是完美的;教育的目的是让儿童适应社会生活。在课程问题上,被动适应论强调学生对既定社会规范、社会价值的遵从与认同。

2) 主动适应论

主动适应论认为,教育的目的是促进社会发展与进步,要是让儿童学会改造社会,并创造一种理想的社会生活;学校课程是社会发展、进步的工具。在教育史上,持这一观点的当数杜威以及"社会改造主义"者了。许多研究者都认为,杜威是儿童中心论者,其实这是对杜威的误解。之所以有这样一种误解,是因为杜威说过这样一段话:"现在我们的教育中正在发生的一种变革是重心的转移。这是一种变革,一场革命,一场和哥白尼把天体的中心从地球转到太阳那样的革命。在这种情况下,儿童变成了太阳,教育的各种措施围绕这个中心旋转,儿童是中心,教育的各种措施围绕着他们而组织起来。"① 其实,杜威的根本目的不在于让各种教育措施围绕儿童旋转,而在于让教育及儿童适应社会,促进社会发展。因此,从本质上讲,杜威的教育是"社会中心"的,其目的在于实现个人和社会的统一。杜威说:"我认为受教育的个人是社会的个人,而社会便是由许多个人的有机结合。"② 只不过,杜威所说的社会是民主主义社会,是强调个人价值的社会。杜威强调"儿童中心",是就心理因素和方法而言的;说他是"社会中心"论者,是就教育的目的而言的。为了让儿童适应社会生活,杜威将各种社会生活的形式搬进了学校,将学校办成一个小型社会、一个雏形社会。与此对应,学校的课程就是活动课程,即让学生从事木工、钳工等主动作业,发展社会生活所需要的各种素质。社会改造主义兴起于 20 世纪 30 年代的美国,一直持续到 20 世纪 50、60 年代,以美国教育家康茨(G. S. Counts)、拉格、布拉梅尔德(T. Brameld)等为代表。社会改造主义者认为,学校的课程应该以社会生活经验为中心,并指向社会生活的改造。他们甚至提出要通过学校教育来建立一种新的社会秩序。在课程问题上,主动适应论强调儿童对既定社会价值和规范的反思与批判,并在此基础上建构新的社会价值和规范。

3) 互动超越论

与被动适应论相比,主动适应论看到了儿童的主动性,看到了通过教育促进社会发展与改造的重要性,但相对于社会而言,儿童和教育依然被当作社会发展的工具。进入 20 世纪 70 年代以来,受现象学、存在主义、哲学解释学、社会批判理论、后现代主义等哲学思潮的影响,教育和课程理论界开始重新审视教育与社会、课程与生活之间的关系。此时,人们认识到,教育不是社会政治、经济、文化等发展的工具,教育和社会之间不是工具和工具使用者之间的关系。相反,它们之间是平等、互动的关系,是主体间性的关系。它们之间只有保持主体之间的互动、对话关系,才能够实现各个领域以及整个社会的健康发展。在这样的一种关系中,课程不仅是传递政治、经济、文化等生活经验的工具,而且它还主动选择社会生活经验,甚至批判既有的、不合理的社会经验,同时还要建构新的社会生活规范。也就是说,课程在促进学生适应社会的同时,也促使学生去批判与改造社会。

---

① [美]约翰·杜威著.学校与社会·明日之学校[M].赵祥麟等译.北京:人民教育出版社,1994:44.
② [美]约翰·杜威著.学校与社会·明日之学校[M].赵祥麟等译.北京:人民教育出版社,1994:5.

(三)课程内容即学习者的经验

将课程内容理解为学习者的生活经验,是儿童本位的课程观。这一课程观强调课程内容不能根据既有的学科知识来确定,亦不能根据社会生活及其需要来确定,而应该根据儿童的发展来确定。具体而言,课程要根据儿童的身心发展水平、儿童的发展需要、儿童生活的需要来确定。这种课程观强调,要将儿童自身的生活经验当作课程。这在自然教育论、人本主义课程论、存在主义课程论以及后现代课程论中体现得最为明显。卢梭(J. J. Rousseau,1712—1778)认为,"在万物的秩序中,人类有它的地位;在人生的秩序中,童年有它的地位;应当把成人看作成人,把孩子看作孩子。"[①]也就是说,儿童有儿童的地位,儿童的生活有它自己独立的价值,它不是为成人生活作准备,亦不是为促进社会的延续和发展作准备。在卢梭看来,在儿童成长的过程中,该他经历的,就应该让他去亲身经历。人本主义课程论认为,教育的目的在于促进学生人格的完善而不只是知识的习得,在于帮助学生实现自我而非让他去实现其他的目标。因此,课程内容要与学生的生活与体验发生联系,使学生产生有意义的学习,并在学习过程中获得自我现实感。存在主义课程论认为,课程与教学的目的就是帮助每一个人成为他自己,进行自我认识、自由选择、自我负责,形成他自己独特的生活方式。因此,课程内容应该以人文学科为主,其目的就是帮助学习者更好地认识自己的存在。后现代主义课程论的一个根本思想,是认为课程是为学习者服务的,不同的学习者对课程有不同的理解,因此就有不同的课程。总之,儿童本位的课程观强调应该将儿童当下的生活经验作为课程,由于每个儿童的生活经验不一样,因此对应的课程亦不一样。在这里,儿童就是课程的开发者,是知识与文化的创造者,也是社会生活经验的创造者。

第二节 课程内容的构成要素

课程内容的构成要素是指构成课程的基本元素或基本单位。显然,不同的课程,其构成要素是不一样的。本节将从整体上(即不考虑学科的区别)来讨论课程内容的构成要素。

一、课程学的研究

从课程学的视角看,关于课程内容的构成要素,有以下两个代表性的观点。

(一)国外学者的研究

美国课程论专家麦克尼尔(J. D. McNeil)从共同组织要素的角度出发,认为课程内

[①] [法]卢梭著.爱弥儿[M].李平沤译.北京:商务印书馆,1978:74.

容由以下几个要素构成。①

1. 主题和概念

主题(themes)是一个相对完整的探究领域,如"越南战争""马戏团"等。它可以是事实,亦可以是事件。概念(concepts)是许多学术课程计划最基本的构成,如物理学中的"力"、化学中的"元素"、生物学中的"细胞"、文学中的"风格"和数学中的"三角形"等。

2. 原理

原理(generalization)是科学家通过观察、实验、证明而得出的结论,如"直角三角形斜边的平方等于两条直角边的平方和""在所有人类行为中,个人既是参与者(主观的)又是观察者(客观的)",等等。

3. 技能

技能(skills)是指做事的能力和技巧,如基础教育中的 3R(读、写、算)技能、实验技能、资料搜集与解释技能、各种专业技能(如烹调、缝纫、钳工、电工),等等。

4. 价值观

价值观(values)又称"哲学价值观",是支配行为的基本信念。如"不管种族、民族、职业、收入或阶级有怎样的差异,每一个人的价值和尊严都应该受到重视""尊重自我""人类应与自然和谐共存"等。哲学价值观是支配课程的核心要素。

(二)国内学者的研究

国内学者王斌华从校本课程开发的角度,认为课程内容包括如下几个要素②:

1. 事实

如度量单位(千米、米、厘米、毫米等)、时间单位(世纪、年、月、日、小时、分钟、秒等)、物质形态(固态、液态、气态等),等等。

2. 原理

如杠杆原理、进化论、相对论,等等。

3. 概念

如家庭、社会、经济、阶级,等等。

4. 技能

如写作技能、演算技能、测量技能、运动技能,等等。

5. 态度

如宽容、民主、参与,等等。

---

① McNeil, J. Curriculum: A comprehensive Introduction(Fifth Edition). Wiley, 1996, p.83.
② 王斌华. 校本课程论[M]. 上海:上海教育出版社,2000:137.

6．价值观念

如人生价值、公平竞争、自我实现，等等。

二、心理学的研究

加涅(R. M. Gagne,1916—2002)从心理学的角度将学习结果分为五类,由于一定的学习结果需要一定的学习内容作支撑,比如,如果学习结果是"会打篮球",那学习内容必须是打篮球的活动。因此,可以认为,加涅所提出的五类学习结果其实也是五类课程要素。

1．言语信息

言语信息作为一种学习结果,是指学习者通过学习以后,能记忆诸如事物的名称、符号、地点、时间、定义、对事物的描述等具体的事实,并且能够在需要时将这些事实陈述出来。言语信息这一学习内容包括两方面的内容：一是语言及其表达,即能够正确地理解语言,能够用语言进行流利地表达；二是相关的事实,相关的事物、事务、活动,如"中国的首都是北京""《静夜思》的作者是李白",相关的计量单位,如米、小时等,相关符号标志,如交通标志、医院的标志、警察的标志等。

2．智慧技能

智慧技能作为一类学习结果,是指学习者通过学习获得了使用符号与环境相互作用的能力。智慧技能与言语信息不同,言语信息与知道"是什么"有关,而智慧技能则与知道"怎样做"有关。例如：在计算时将分数化为小数；在英语表达时,对于第三人称单数主语能够正确使用动词单数形式；在语文学习中,能够用"如果…那么…"造句；等等。言语信息的学习是从不知到知,由知之甚少到知之甚多的过程；智力技能的发展则是从简单到复杂、从低级到高级的过程。

智慧技能还可以细分为若干小类,较简单的是辨别技能,进一步是形成概念,在形成概念的基础上学会使用规则。智慧技能的最高形式是高级规则的获得,这与解决问题的能力有关。下面简要说明这些技能的性质。

辨别是将刺激物的一个特征和另一个特征或将一个符号与另一个符号加以区别的一种能力,包括视觉、听觉、嗅觉、触觉、味觉等方面的辨别。如儿童能辨别三角形和正方形等几何图形,能够正确区分[si:]和[ʃi:]。学习辨别技能的重要性在于它是学习其他技能的必要前提。

概念是同类事物共同的本质特征的反映。概念的习得有两种形式,一种是在一系列事物中找出共同属性并给同类事物赋予同一名称,这类概念一般称为具体概念。如"像 0,1,2,3……这样的数叫整数"就是一个具体概念。在整个小学期间,概念的学习都以具体概念为主。由于只有区别事物的不同特征,才能发现事物的共同属性,所以辨别技能是形成概念的基础。另一种是以定义的方式习得,相应地这类概念叫作定义性概念,有时也把它叫作抽象概念,以便与具体概念相区别,例如"直角三角形是指有一个角为直角的三角形"即为定义性概念。到了小学高年级以后,定义性概念有所增加。

规则是揭示两个或两个以上概念之间关系的一种言语表述。规则表述的是两个或两个以上事物(或事务)之间的关系,以及事物发展的规律、做事的规则。因此,规则可以是一个定律、一条原理、一个公式或一套已确定的程序,例如,"句子的第一个词的首字母必须大写"是英语语法的一条规则;"长方形的面积等于长乘以宽"是一条数学定律。规则使学习者能对某一类事物做出类似的反应。运用规则与陈述规则是不同的,后者仅是言语信息的学习结果。会陈述规则并不意味着会运用规则,同样能运用规则并非一定能说出规则,例如儿童早在学习语法规则之前就会正确地运用语法进行口语表达;同样,会说"如何写记叙文"的学生,未必能写好记叙文。规则的学习以概念的学习为基础,在多数教学情境中,规则的学习往往不是逐条地、孤立地进行的。一门课程中,许多有关规则或原理有机地结合在一起,构成一个体系,形成高级规则。因此,有时学习者所学的是"一套有组织的智慧技能",其中某些简单规则的学习构成了其他较复杂的、高级规则学习的先决条件。

通过简单规则的重新组合而获得的高级规则应用更加广泛。高级规则作为一种学习结果,是学习者在解决问题过程中思维的产物,但它并不是先前习得规则的简单运用,而是一个在学习过程中产生的新结果。学习者在试图解决一个特定的问题时,可能把属于不同范围的两条或两条以上的规则结合在一起,组成一条能解决该问题的高级规则。高级规则虽然在复杂性上与作为其组成部分的简单规则有所不同,但本质上仍是规则。

3. 认知策略

随着学习者学习经验的不断积累和智慧技能的发展,其自我意识就逐步形成并逐渐提高。慢慢地,学习者获得了自我调控内部学习过程的能力,这便是认知策略的习得。所谓认知策略,是指学习者借以调节他们自己的注意、感知、记忆和思维等内部心理过程的技能。在信息加工心理学中,也将认知策略称作执行控制过程。上面所讲的智慧技能是运用符号处理问题的能力,即处理外部世界的能力,而认知策略是自我控制与调节的能力,即处理内部世界的能力。学习者通过认知策略指挥自己对环境中刺激物一定的特点予以注意,对学习的事物进行选择和编码,对学习所得进行检索。学习者的认知策略还影响他对已掌握的言语信息和智慧技能的综合思考,以提出解决问题的高级规则。认知策略不指向具体的外部内容,如言语或数字,而是普遍地适合于各种各样的知识内容。例如，如果学习者的注意策略得到改善，那么这种策略将会被应用于任何学科的学习，而不管其内容如何。认知策略的习得使学习者学会了如何学习。

从以上三种课程要素可以看出，在感知觉基础上通过记忆，学生获得大量的言语信息，是较简单的认知学习；在感知觉基础上，通过思维，获得有关外部事物的概念、规则乃至高级规则，并将这些概念、规则应用于实践，解决实际问题，这是比较复杂的认知学习。在上述学习的同时，学生还要学会如何控制自己的认知过程，即学会如何学习、如何思维，这是更高级的认知学习。

4．动作技能

虽然在有些课程的学习中，动作技能常常没有被放在中心位置，但学校的学习总是包含各种各样的动作技能，从儿童入学使用铅笔和纸学习写字，到学习绘画、唱歌、舞蹈、打球、竞走、跨栏，从学习语言的发音到学习实验操作等。对人毕生有用的各种基本的动作技能，在个体早期的生活中就被学会，成为个人全部技能中的一个"极少需要意识控制的部分"，然而它们却是个体日常生活和生存必不可少的。我们说个体获得某种动作技能时，不仅仅指他完成某种规定的动作，还指这些动作组织起来，构成连贯的、准确的、合规则的整体行为。动作技能操作的流畅与时间的精确性能够反映行为表现的内部组织程度。

动作技能的学习往往与认知学习交织在一起，因为动作技能通常由一套序列步骤或动作构成，学生在学习某个动作技能时，必须知道或掌握动作技能组成的程序及相应的规则，以便可以通过增加练习来提高动作水平。

5．态度

除了动作技能的习得和完善之外，学习还会产生影响个体行为选择的内部状态。这便是加涅所说的学习的第三大类结果——态度。态度是习得的、影响个体对特定对象做出行为选择的有组织的内部准备状态。影响个体行为选择的内部状态既有认知成分，又有情感成分。同智慧技能、动作技能相比，态度与个人行为的关系不那么直接，态度并不决定特定的行为，它以行为的倾向或准备状态对行为产生间接影响。态度的习得有多种形式，有些可能源于个别的事件，也可能源于个体对某种事物的成功与欢乐的体验，还有些则可能是通过模仿或观察他人的行为而获得对事物的态度。虽然个体的很多态度是在家庭、社会中获得的，但学校在个体的态度培养上仍有非常重要的作用。

第三节　课程内容选择的原则与程序

如果从学科、社会和学生三个角度进行综合考虑，就会搜集到很多适合于学生学习、需要学生学习的课程内容，但学生的学习时间毕竟是有限的，不可能学习所有要学的内容。况且,在信息化社会中,新的知识还会以加速度的方式递增。因而,这就要求教育工作者对课程内容进行选择。

一、课程内容的选择原则

(一)基础性

基础性是小学课程内容选择的首要原则。普通中小学属于基础教育,其课程内容本就应该具有基础性,而小学教育是基础教育的基础,因此其课程内容的选择更应该注重基础性。关于课程内容的基础性问题,布鲁纳在其结构课程论中给出了明确的回答:课程内容的基础性应该达到如下要求:"使它既能由普通的教师教给普通的学生,同时又能清楚地反映各学术领域的基本原理。"[1]之所以要选择基础性的内容,原因是这些内容能够产生"非特殊迁移"。就知识的学习而言,基础知识"可以用做认识原先所掌握的观念的一些特例的后继问题的基础"[2],因而具有广泛的迁移性,能够为后续的深入学习奠定基础。比如,在小学低年级学习整数的加、减、乘、除运算,就为后续小数、分数的各种计算奠定了基础。由于课程内容不只是知识,因此基础性也不仅仅指知识的基础性,动作技能、态度等也有基础性的问题。比如,在小学的体育课上,一般只教基本的跑、跳、投等动作,而不会教高难度的体操动作;态度也是一样,做事认真、待人诚恳是最基础的态度,以此为基础,才能培养奉献、敬业、诚实、守信等品质。

(二)现实性

小学生的学习,多半是建立在已有的生活经验和体验基础之上的,远离生活的内容他们往往难以理解、接受。因此,不论是哪门课的课程内容,都应该尽量贴近生活。这有两层含义:一是要贴近儿童的生活,二是要贴近社会生活。贴近儿童生活,儿童学起来才有兴趣,才能理解透彻。否则,就只会导致死记硬背。比如,在小学学习《少年闰土》,就体现了贴近生活的原则,因为小学生正处于少年阶段,和课文中闰土是同一个年龄阶段的人,于是课文中所描述的事,学生就容易理解。相反,如果在小学讲《中年闰土》,学生则很难理解。换句话讲,贴近儿童生活的原则,实际上就是要求小学的教学内容应该富有童趣。之所以要求课程内容要贴近社会生活,是因为教育原本是社会的一部分,不与社会接触就会导致教育与社会的隔离;同时,学生也要参与社会生活,课程如果不贴近社会生活,将会导致儿童无法适应社会。此外,越是基础的内容,在社会中的运用越是广泛。贴近社会生活,就要求课程内容尽量与当前的社会生活有关。就整个小学课程而言,反映当代社会生活的内容的比重是最大的,原因就在于此。

---

[1] 王承绪,赵祥麟编译.西方现代教育论著选[M].北京:人民教育出版社,2001:445.
[2] 同上,445.

(三) 直观性

小学的课程,必须选择那些能够被小学儿童理解的内容,所选择的内容应该与学生的知识、经验相关联。如果课程内容过于生疏或深奥,就不适合小学生学习。依据皮亚杰的认知发展理论,小学生多半处于"具体运算阶段"。该时期儿童的心理操作着眼于抽象概念,属于运算性(逻辑性)的,但思维活动需要具体内容的支持。因此,小学阶段的课程内容,都应该是直观性比较强的内容。越是低年级的内容,其直观性就应越强。从这个角度看,在小学低年级,不宜讲关于"理想""未来""诚信"等抽象的内容,因为他们无法理解。相反,对他们而言,更应该强调将当下的事做好。同样,对于社会类的课程,应该多实践,而不是讲规范、理论和原则等。

(四) 综合性

在某种意义上,基础性的课程内容都是综合性比较强的内容,因为基础性的内容本身具有广泛适用性,适用于很多学科。小学课程内容之所以强调综合性,根本原因在于,由于年龄阶段的限制,小学生不可能学习很多学科,同时各学科的基础知识又必须接触到,否则会影响后续的学习,因此要想在有限的学科中学习尽量多学科的基础知识,就只能采用综合性的方式来呈现。同时,社会生活、日常生活本身也是综合的。正是由于这些原因,新一轮基础教育课程改革要求"小学阶段以综合课程为主"。

二、课程内容的选择程序

课程内容的选择,大致要经历以下几个步骤:

(一) 研读课程目标

课程内容的选择,必须围绕课程目标进行。一是因为课程本身应该是体系化的,只有围绕课程目标进行选择,才能保证所选择出的材料拥有共同的特征或灵魂。否则,课程内容将是零散素材的堆积。二是因为如果课程内容的选择不围绕课程目标进行,那课程目标永远也无法实现。课程目标与课程内容具有特定的对应性,即一定的目标需要一定的内容去完成,不同的目标需要不同的内容。例如,如果课程目标要求学生学会四则混合运算,那课程内容就必须是有关四则混合运算的题目和法则;如果课程目标要求学生学会写记叙文,那课程内容就应该是学习记叙文的文体特征、记叙文的写作方法与技巧以及记叙文的写作实践。在进行课程内容的选择时,只有将课程目标内化为了指导思想,所选择的材料才不会偏离方向。

(二) 广泛收集素材

通常,与课程目标对应或能实现课程目标的课程素材非常多,选择课程内容时,先要将与课程目标直接相关的内容尽量多地收集起来,并进行适当的归类。在收集素材时,一定要保证素质的丰富性。只有素材丰富,才存在选择的问题。因此,为了选择出最恰当的材料,必须广泛收集材料。广泛,就意味着古、今、中、外的材料,不同体裁、题材的材料,正、反面的材料,形象、抽象的材料等都应该选入。

(三)确定选择标准

学生在学校学习的时间是有限的,而人类积累起来的经验是无限的。因此,只能从广泛收集起来的材料中选择最典型、最基础、最重要的材料让学生学。否则的话,学生将不堪重负。选择材料时除了应遵循上文所讲基础性、现实性、直观性等基本原则外,还有一些原则也需要考虑,比如趣味性、多样性等。

(四)进行比较取舍

确定好选择标准后,就应该对材料进行鉴定、取舍。对材料进行取舍时,除遵循选择标准外,还要注意学生学习时间的限制。比如,如果要选择一本小学语文教材的内容,就必须考虑课程纲要中所规定的课时限制,所选择的教材在规定的课时内要能够学完。在进行材料取舍时,必须建构一支多元化的、综合性的课程编写团队,其中应该有教育研究者、教育管理者、优秀教师,甚至还包括学生。

第四节 课程内容的改造

经过选择后的课程材料,依然是原始的课程素材。原始素材适合于人类学习,但未必适合学生的学习。这是因为,原始素材的创造者并不是从学生学习的角度或者教育学的角度来创造这些素材的,他们往往是基于学科的逻辑或自己的思想与观点创造这些素材的。因此,要将选择出来的课程素材编进教材,必须经过加工和处理。需要说明的是,此处所讲的课程内容的改造,是就一篇篇课文、一个个材料而言的。

一、精减

精减,就是对已有的课程素材根据需要进行删减。精减的原因 一是原素材太长,不适合学生在规定的时间内去学习;二是原素材整体上不错,但少数地方存在暴力、思想消极等不适宜学生学习的内容;三是原素材在个别地方所表达的政治倾向、哲学立场不对;四是原素材个别地方所表达的人生态度、价值观念有问题。精减的目的,就是让既定的素材更适合特定学生学习。

二、改编

精减的前提是,在不影响材料的整体性的前提下删除少量的内容。但有些材料,如果简单地删除某些内容,材料的完整性、逻辑性就被破坏了。此时,就不能简单地进行精减,而应对其进行改写。对已有的课程素材进行改写同时也是为了让其更适合特定地方、特定年龄阶段的学生学习。比如,宋代邵雍的诗《山村咏怀》原文的内容为:"一去二三里,烟村四五家。亭台六七座,八九十枝花。"但有的教材将其改为:"一去二三里,烟村四五家。门前六七树,八九十枝花。"显然,改写后的内容更适合农村孩子的学习。改写的另一个原因是,原文在知识、思想上是适合于学生学的,但在语言表达上却不适宜学生学习。于是,就要对原文的语言进行改造。在小学,几乎所有国外的或古代的文学作品被选进教材时,都要经过改编。如,将古代的"鸡兔同笼"的问题选进小学数学教材时,一般不宜将文言文原题呈现出来,而是对其改编后再写进。

三、浅化

浅化就是让原有的素材变得简单些,使其更符合小学生的年龄特征。对于某些重要而又比较难的知识,如果需要学生尽早学习它,就需要对这些知识进行浅化处理。比如,"三角形的内角和等于180°"这一原理,如果让小学生学,只能采用测量的方法而不能采用证明的方法,这就是一种浅化。

当然,课程内容的加工与改造可能还存在其他方法。但需要明确的是,即使是对同一内容的改造,往往也是各种方法混合使用的;单一的方法很难完成某一课程内容的改造。

练习与思考

1. 什么是课程内容?
2. 简述"课程内容即学科知识"这一取向。
3. 简述"课程内容即社会生活经验"这一取向。
4. 简述"课程内容即学习者的经验"这一取向。
5. 课程内容的构成要素有哪些?
6. 课程内容的选择原则有哪些?
7. 课程内容的选择程序是什么?
8. 课程内容改造的方式有哪些?

第四章　课程内容的组织

> **学习目标**
>
> 1. 掌握课程内容组织的概念。
> 2. 了解课程内容组织的意义。
> 3. 掌握课程内容组织的原则。
> 4. 掌握课程内容微观组织、中观组织和宏观组织的基本方式。

课程内容并不是经过选择的课程素材的简单堆积,它必须构成一个体系,形成一个结构。因此,课程内容经过选择与加工以后,需要按照一定的心理或逻辑顺序将它组织成一个体系。

第一节　课程内容的组织及其原则

课程教育功能的发挥,不仅取决于要素(素材)是什么,还取决于结构是什么,因为结构决定功能。本节主要讨论课程内容组织的含义及意义。

一、课程内容组织的概念

课程内容的组织是指不同的课程内容或课程内容的不同要事之间逻辑关系及结构体系。之所以要将精选出来的课程内容组织成一个体系,目的是让其能够充分发挥育人功能。结构决定功能,对于同样的课程要素,有无结构将会影响其功能的实现;不同的结构,也将导致不同的功能。课程不是自然的存在物,因此其结构不是课程要素经过彼此的相互作用而自然形成的,而是人为设计的结果。当然,在设计课程的结构时,必须考虑课程要素的内在规定性以及内在联系。

二、课程内容组织的意义

(一)让师生教学更加容易

在某种意义上,在没有现成的课程材料或者课程材料散乱的情况下,教师照样可以教学。这是因为,教师经过专业的训练,他知道学生需要学习什么内容以及以何种顺序去学习。但是,如果有课程材料,而且课程材料有着良好的结构,那就会让教学变得更加容易,因为课程编制者在组织课程内容时,通常会考虑教学的需要,会从方便教学的角度来组织。从这个角度讲,课程并不仅仅是一堆材料,而是一个计划;它告知了教师在教学中应该先教什么,后教什么。同理,如果课程内容是有结构的,学生按教材的顺序去自学,也能比较容易地实现课程目标。

(二) 产生学习的积累效应

学生的学习不是一次性完成的。所有内容的学习,都是通过螺旋式的学习而逐步完成的。学习的积累效应是指,后续的学习建立在先前学习的基础之上,高层次的目标建立在低层次目标的基础之上。如果课程内容是有结构的,那当学生很好地掌握了先前的内容后,后续内容的学习就变得相对容易;在学习后续内容时,先前的内容不但没有被忘记,反而被强化了。当所有低层次的目标实现后,与其对应的高层次目标也就自动实现了。也就是说,学习的积累效应让学生的收获越来越多,让学习的过程越来越容易。组织良好的课程内容,往往是依据学习过程的规律来组织的,因而有利于产生学习的积累效应。

(三) 实现课程的发展功能

课程的基本功能就是促进学生的发展。然而,从课程层面来讲,对学生发展起作用的不仅仅是课程的要素,即学生学了什么,还取决于课程的结构,即学生是以什么顺序学习的。哲学上讲,结构决定功能,就是这个意思。良好的结构,才能发挥良好的功能。如果没有结构,仅仅是一些课程素材堆积在一起,课程的发展功能就难以很好地实现。

比如,就知识的学习而言,其目的并不在于获得知识本身,而在于学生吸纳与加工知识能力的提升。学生习得的知识,通过一定的结构存在于头脑中。这些知识结构被称作认知结构。如果知识不是以认知结构的方式存在于头脑中,那就是僵死的信息,不仅难以转化为行为,而且还极容易被忘记。在某种意义上,学生的认知结构与课程中的知识结构之间具有一致性,如果课程内容是有体系的,那学生容易形成良好的认知结构。当学生形成良好的认知结构后,学生加工新知识的能力就会增强。

三、课程内容组织的原则

(一) 连续性原则

课程组织的连续性原则是指让课程要素在不同的学习阶段以不同的方式反复出现。连续性原则的目的在于为学习者提供多次学习相关课程内容的机会,形成学习的积累效应。对于学生,尤其是小学生而言,对某一内容的学习不是一次性完成的,往往需要多次重复。古人说,书读百遍,其义自见,讲的就是这个道理。比如,小学生对任何一个汉字的学习,都需要在不同的语境中多次接触,才能完整、完全地理解该字的含义。

(二)顺序性原则

课程组织的顺序性原则是指让后面学习的内容建立在先前学习内容的基础上,使前后的学习成为由浅入深、由简单到复杂的过程。这一原则,既符合学生学习的心理,也符合知识的内在逻辑。比如,在学习汉字时,先学习"木""子""雨""田"等独体字,然后再学习"李""雷"等合体字。数学内容的安排也一样,先学整数的四则运算,再学习小数与分数的四则运算等。英语词汇的学习,要先学习字母、再学习简单的单词,然后再学习复杂的单词。

(三)整合性原则

课程组织的整合性原则是指在组织课程内容时要注意加强不同要素之间的内在联系,使不同的课程要素构成一个整体,发挥整体的教育功能。通过整合,可以实现不同课程要素的融会贯通,增强学生思维的灵活性,同时还可以增强不同课程要素的教育效果。整合有三种方式:一是加强同一个学科不同内容之间的内在联系;二是在一个学科内部关照其他学科的相关内容;三是将不同的学科整合为一个学科。

四、课程内容组织的层次

从层次上看,课程内容的组织分为微观组织、中观组织和宏观组织三个层次:微观层次的组织是指一篇课文中不同知识点、不同性质的课程材料之间的组织;中观层次的组织是指同一册教材或同一套教材中不同知识点(尤其是不同课文)的组织;宏观层次的组织是指不同课程之间的组织。

第二节 课程内容的微观组织

课程内容的微观组织是指某一课中不同知识点、能力点以及价值观等的组织方式。这里所讲的"课",不是指一课时,而是指构成教材最小的自然单位,比如语文中的一篇课文,数学、科学中的一节内容等。作为课程内容的"课",通常是由正文、练习、课外拓展等内容构成。本书所讲的课程内容的微观组织是指某一课中正文的组织方式。

一、知识逻辑结构

如果某篇课文的结构是按该文所包含的不同知识点之间的内在逻辑来组织的,那就可以说该文是以"知识逻辑"来组织的。在课程内容的微观组织中,知识逻辑结构是指某篇课文的结构是以其所包含的不同知识点之间的内在逻辑而形成的。比如,对于语文课文而言,其组织结构就是作者的写作思路。显然,不同作者,不同体裁,不同题材的课文组织结构不一样。再比如,数学教材在讲"三角形"时,通常是先讲什么是三角形,然后再讲三角形的边、角,接着讲三角形的底、高,再接着就是三角形三边之间的关系,然后是三角形的分类等。

二、心理逻辑结构

心理逻辑结构是指某篇课文的结构是以学生学习的心理过程为线索而形成的。它通常是从方便学生学习的角度来组织某一课文不同的知识点。

(一)感性—理性的顺序

学生的认识同人类的认识一样,需要经历一个由感性到理性的过程。为了符合学生的认知过程,许多教材在呈现知识时,采用了从感性认识到理性认识的顺序,如通常所讲的例—规结构(即先呈现例子,后呈现规则)。当然,有时候教材在呈现知识时,也采用理性—感性的顺序,规—例结构,就属于此类顺序。

(二)思考—学习的顺序

学习过程并不是一个单纯的认识与记忆的过程,如果没有思考的参与,学习的质量就极低,学习总是伴随着思考。学习任何内容,如果先让学生思考、探究,然后再点拨、呈现、讲解知识,效果就好。这是因为经过思考以后,学生学习的需要和兴趣被调动了起来,接着再学习相应的知识,学生的记忆、理解和体会都会更深刻。因此,许多教材在呈现知识或原理时,先呈现一些问题或情境,让学生去探索、思考,然后再呈现知识结论。有时候,教材也可能先呈现知识,然后呈现问题让学生思考,甚至是一边呈现思考的问题,一边呈现知识结论。

(三)总—分式的顺序

有些课文的内容,在一个总知识点下,又分解出许多小的知识点。在呈现知识时,通常是先呈现总知识点,然后再呈现分知识点,从而使整个课文呈现出总—分式的顺序。当然,课文有时候也以分—总、总—分—总式的顺序呈现。

(四)理论—应用的顺序

有些课文在呈现材料时,先呈现理论,然后再呈现理论在生活、工作中的应用,从而使整个课文呈现出理论—应用的顺序。当然,有时候在呈现知识时,先呈现其在生活中的应用,然后再讲理论,使整个课文呈现出应用—理论的顺序。此时的应用,兼有让学生形成感性认识的作用。

需要说明的是,以上是四种常见的从心理顺序的角度来组织课程内容的方式。除此之外,还有许多其他的结构方式。

第三节　课程内容的中观组织

课程内容的中观组织主要是指一册教材或一门课的课程内容的组织。一门课程的内容,可能是一册教材,也可能是若干册教材,如"小学数学"就是由六册教材组成的。

一、逻辑顺序和心理顺序

逻辑顺序就是根据学科知识的内在逻辑来组织课程内容。一般而言,每个学科领域都有自己的逻辑。这种逻辑是该学科的固有特性。比如,语文学科的基本逻辑是音、字、词、句、段、篇、章等;仅就字而言,先独体字,后合体字,因为独体字往往构成了合体字的偏旁、部首、读音等。又比如,数学学科的基本逻辑是,整数、分数/小数、无理数、虚数、多维数等。在对课程内容进行组织时,整体上必须按该学科的内在逻辑来组织。

心理顺序是指根据学生心理发展的特点来组织课程内容。它强调要根据儿童的年龄特征,以及他们的兴趣、需要、经验来组织课程内容。比如,就学生发展的年龄特征而言,小学低年级的学生的形象思维占主导地位,而高年级学生的抽象思维能力有了较大的发展,因此低年级的课程应该是形象性的内容居多,而高年级则可以增加抽象性的课程内容。就学生的经验来说,其生活是以自我为中心逐步向外扩散的,因此,《义务教育道德与法制课程标准(2022年版)》有如下规定:"道德与法治课程以发展学生的核心素养为导向,以'成长中的我'为原点,由'自我认识'到'我与自然''我与家庭''我与他人''我与社会''我与国家和人类文明',不断扩展学生的认识和生活范围,以道德与法治教育为框架,有机融入国家安全教育、生命安全与健康教育、劳动教育,以及信息素养教育、金融素养教育等相关主题,强化中华民族传统美德、革命传统和法治教育。"其中,"以'成长中的我'为原点,由'自我认识'到'我与自然''我与家庭''我与他人''我与社会''我与国家和人类文明',不断扩展学生的认识和生活范围",就很好地体现了学生发展的心理顺序。

一般而言,良好的课程组织应该是逻辑顺序与心理顺序的统一。这种统一包括两种情况。

1) 在同一门课内部实现统一

比如,在小学一年级的数学中,如果按数的逻辑顺序来组织课程内容,就应该先学0,然后再学1、2、3、4、5、6、7、8、9、10、11等数,因为整数的逻辑就是每个数都比它前面那个数大1。但实际情况是,一年级学生最先学的数是1,等学完9以后,再学0,然后再学10、11等。将0放在9后面学,显然不符合知识逻辑,但它符合学生的心理逻辑。但总体上看,以1、2、3、4、5、6、7、8、9、0、10、11这样的顺序去学习整数,是符合知识逻辑的,只是细节上根据学生的心理逻辑进行了调整。

2) 在不同的学科间实现统一

这种组织属于课程内容的宏观组织范畴,在此略作说明。通常,不同的学科会按照不同的顺序组织,但整体上看,既有逻辑顺序,又有心理顺序。比如,学术性科目多按照逻辑顺序组织;活动性或实践性课程多按照心理顺序组织。

二、直线式组织与螺旋式组织

直线式组织是指将课程内容组织成在逻辑上前后相联系的"直线",前后内容基本上不重复。直线式组织的依据是知识本身的内容逻辑,即知识的发展过程是直线式前进的。由于直线式组织使课程内容前后基本上不重复,因此它一度被认为是一种高效的课程组织方式。

螺旋式组织是指同一课程内容在不同单元、不同阶段的教材中递进式地重复出现。递进式地重复出现意味着后面出现的课程内容不是前面课程内容的简单重复,而是在更高水平上重复,要么是范围进一步拓展,要么是内容进一步加深,或者是二者同时存在。螺旋式组织的依据是人的认识逻辑或认知发展过程的规律,即人的认知发展是一个循环上升、由浅入深、由简单到复杂的过程。以人教版教材为例,"三角形"这一课程内容在小学一年级下册数学"1.认识图形(二)"中第一次出现,在二年级上册"3.角的初步认识"中再次涉及。四年级上册"3.角的度量"中又一次学习三角形;四年级下册"5.三角形",专门学习三角形的概念、角、边、顶点、高、底、稳定性、三边之间的关系、分类、内角和等;五年级上册"6.多边形的面积"中,又涉及三角形,讲的是三角形的面积;五年级下册"5.图形的运动(三)"中仍涉及三角形,讲的是三角形的旋转问题。对于三角形这一特定的内容,在小学不同年级,从不同角度和深度去学习,就是螺旋式结构组织方式的体现。

直线式和螺旋式是课程内容组织的两种基本形式,它们各有利弊,因此在组织课程时,应该灵活地加以运用。到底是侧重于直线式还是螺旋式,往往因学科的性质、学生的年龄特征、教学效率与效果的要求等不同而有所区别。通常而言,对于学术性科目、年龄比较小的学生以及对教学效果要求比较高的情况下,宜采用螺旋式的组织方式。反之,则可以采用直线式的组织方式。

三、纵向组织与横向组织

纵向组织是指在某一学科内以由浅入深、从简到繁等顺序来组织课程内容。其实,前文所讲的逻辑组织与心理组织、直线式组织与螺旋式组织,在某种意义上都是纵向组织课程的方式。纵向组织着眼于知识本身以及学生掌握知识的过程,按照适合于学科知识和适合于学生学习的方式来组织课程内容。纵向组织的课程,通常是学术性课程,它们往往以分门别类的方式来组织。

横向组织以主题为线索将不同学科的课程内容组织在一起,其目的是加强不同课程内容之间的横向联系。这一组织打破传统的学科界限与知识体系,以相应阶段的学生需要探索的社会问题,或者以个人最关心的问题为依据。以这一方式组织起来的课程,通常不是分门别类的学科,而是一个个的专题。横向组织认为不同的知识具有内在的统一性;人的生活与社会生活也是统一的,不存在单一的语文生活、数学生活等;学生的经验是统一的,获得经验的方式也是统一的。

课程的横向组织可以分几个层次:一是取消具体的学科,完全以主题的方式来组织课程内容;二是保持各学科的独立性,但用共同的主题来关联不同学科;三是保持各学科的独立性,也不以主题来关联不同的学科,而是让不同学科彼此相互协调、相互支撑。比如,若要在社会课的调查中用到百分比,那在数学课程中就应该先学习这个内容。显然,后两层涉及课程内容的宏观组织。

纵向组织更关注学科知识,而横向组织则更关注儿童、经验和生活。这两种组织方式各有优缺点,在课程编制过程中应结合起来使用。一般而言,对于小学低年级的学生以及幼儿园的孩子,学习社会类课程,宜采用"横向组织"的方式;对于小学高年级以及以后的学生,学习自然类课程,则应该多采用"纵向组织"的方式。

第四节 课程内容的宏观组织

课程内容的宏观组织指不同课程门类之间的结构关系。由于学生主要是通过课程学习来实现自身发展的,因此学习哪些课程,各门课程的比重等对其发展会产生重要影响。本节主要讨论课程的门类及其结构关系问题。

一、学科课程与活动课程

(一)学科课程及其优缺点

学科课程是指从不同学科领域中选择出的适合于学校教育的知识组织成的课程。像语文、数学、外语、科学、社会等,都属于学科课程。学科课程是历史最悠久、使用最广泛、影响最深刻的课程。即使在今天,学校课程的主流依然是学科课程。学科课程以历史上积淀下来的学科知识作为课程的基本来源,强调知识的优先性;同时,它主要以知识的内在逻辑来组织课程。

学科课程具有如下几个优点：第一，有助于人类文化遗产的传承；第二，有利于学生获得系统的文化知识；第三，使教学变得相对简单与高效。

学科课程的不足表现为以下几个方面：第一，课程的内容以文化知识为主，容易忽视学生的需要、经验和生活。第二，作为课程内容的文化知识多是过去生活、生产经验的总结，容易忽视当代社会及其发展的需要。第三，它主要是以知识学习来促进学生发展的，因此只能促进学生与知识相关的素质得到提高，而不利于学生的全面发展，尤其是不利于那些需要通过实践或锻炼才能发展起来的素质的培养。

(二) 活动课程及其优缺点

活动课程也叫经验课程，是指以活动的形式存在并且只能以活动的方式来落实的课程。如小学的体育课、社会实践活动等，都属于活动课程。活动课程有两种类型：一种只能以活动的方式存在，如小学的体育课等；另一种是它本身是以知识的形式存在，但在实施时能够将其转化为活动。需要说明的是，这里的活动主要是指外显的活动。纯粹的心理活动并不是活动课程中的活动，因为任何课程的落实，都需要学生心理活动的参与。只有那些既需要心理活动，同时还需要身体活动的课程，才是活动课程。活动课程注重直接经验的获得。

活动课程有如下几个优点：第一，它是儿童感兴趣的课程，因为活动是儿童的天性，以活动来实施课程，儿童必然会积极参与其中。同时，活动课程是以儿童的心理逻辑为线索来进行的，符合儿童的需要。第二，它重在发展儿童的能力。活动课程的目的在于发展儿童的能力，参与活动课程的过程就是儿童能力发展的过程。第三，它让儿童获得"活性"的知识。在活动课程中，儿童也可以习得知识，但此时获得的知识不同于在学科课程中获得的知识，因为它是以儿童的经验和经历为基础而获得的知识，是与自己的素质紧密结合且能够灵活地运用的知识。第四，有利于儿童综合素质的发展，因为活动课程是综合的，从事任何一项活动，都需要多种感官、多种能力的参与。第五，活动课程注重儿童的当下生活。它不像学科课程那样将儿童当下的生活与发展当作未来生活的工具。

活动课程的缺陷有以下几点：第一，忽视系统的学科知识的学习，因为活动课程以活动的方式来进行学习，其根本目的不在于学习系统的知识，而在于发展综合素质，因此在活动课程中，学生难以学到系统的学科知识。第二，活动课程的组织与实施比较困难，因为活动课程的规范性、秩序性比较差，因此教师组织起来比较困难。如果班级人数太多，更加难以组织。第三，课程评价的主观性较强，因为活动课程的评价不能采用纸笔测验的方式，只能采用表现性评价的方式，评价过程便捷性与结果的客观性都难以保证。

(三) 学科课程与活动课程的关系

学科课程与活动课程之间的关系是课程理论中的基本问题，它们反映了不同的教育哲学:第一,学科课程重视的是间接经验,活动课程重视的是直接经验;第二,学科课程重视的是儿童的未来生活,活动课程重视的是儿童的现在生活;第三,学科课程重视的是课程的知识逻辑,活动课程重视的是课程的心理逻辑;第四,学科课程重在发展学生知识方面的素质,活动课程重在发展学生的能力;第五,学科课程关注的是学习的结果,活动课程关注的是学习的过程;第六,学科课程带有理想主义的色彩,活动课程带有实用主义色彩。

学科课程与活动课程的联系也是明显的:第一,功能上具有互补性。学科课程与活动课程的功能侧重点不一样,一个重知识素质,一个重能力素质。但是,对于人的发展而言,这两种素质都是必需的。只有当这两种素质都得到了良好的发展,人的发展才会比较全面。第二,发展过程的连续性。杜威在1902年出版的《儿童与课程》一书中认为,儿童的心理经验与学科中的逻辑经验是一个过程的起点与终点。这也就是说,学科中的逻辑经验是儿童发展的目标,儿童现在的心理经验是学习的基础和起点;儿童的发展过程就是由现在的心理经验发展到学科的逻辑经验的过程。第三,二者具有内在的统一性。其实,儿童的心理经验与学科的逻辑经验并不是冲突的,学科中的逻辑经验是由儿童的心理逻辑发展而来的。换句话讲,掌握学科课程中的逻辑经验是目标,但学生不能通过直接学习它而掌握它,而应该通过参加活动慢慢构建。

由于小学生处于由动作思维到形象思维,由形象思维到抽象思维的发展过程中,因此在小学低年级,活动课程应该多一些。随着年级的升高,学科课程的比重可以逐渐增加。但在整个小学阶段,活动课程都应占相当的比重。这是因为,小学阶段通过活动课程而获得的经验对于其生活以及后续的学习与发展具有非常重要的价值。

二、分科课程与综合课程

(一)分科课程及其优缺点

分科课程是指由单一的学科内容构成的课程。它强调不同学科知识之间的独立性,同一学科体系的完整性,以及学科知识的专门性、专业性。分科课程多以知识的内在逻辑来组织。分科课程的历史渊源流长,中国古代的"六艺""四书""五经",西方古代的"自由七艺""骑士七技"等都是分科课程。在今天,分科课程仍然是学校课程的主体,但其外延已经发生了较大变化:分科课程可以是学科课程,如语文、数学等;也可以是活动课程,如体操、篮球、游泳等。

分科课程的优点有以下几点:第一,能够使学生学到系统的知识或专门的技能,因为它是以分门别类的方式来组织学习的,便于学习。第二,有利于学生深入地学习,由于一门课只涉及一个学科,而且通常都是以由浅入深的方式来安排课程的,因此有利于学生由浅入深地学习。

分科课程的不足表现为以下几个方面:第一,容易导致知识的孤立性,因为它是分门别类的,不同学科往往缺乏横向联系。第二,不利于学生运用所学知识解决复杂的问题,因为现实生活、工作中的问题通常需要多学科的知识共同解决,当学生以分门别类的方式来学习知识时,面对复杂的现实情境,他们往往难以将不同学科的知识综合到一起。第三,不利于学生综合素质的发展,因为分科课程是将学生的不同素质分开进行培养的。

(二)综合课程及其优缺点

综合课程是指由两个及以上的单一学科内容组成的课程,通常是由两门或两门以上的知识或技能等组成的,或者是由未分化的知识或技能组成的。综合课程坚持知识统一的观点,认为不同学科的知识具有统一的原则。根据综合课程的中心或主题不同,可以分为学科本位的综合课程、社会本位的综合课程,以及儿童本位的综合课程。根据综合的程度不同,可以分为"科际课程""多学科课程""跨学科课程""综合课程""主题课程"五类,或者分为"相关课程""融合课程"和"广域课程"三类。[①] 其实,在课程的发展史上,早先的课程都是综合的,分科课程是学科领域分化的结果。

综合课程的优点有以下几个方面:第一,将学生的发展当作一个整体来对待。第二,课程的学习与生活保持着最大一致性,因为生活都是综合的。第三,有利于问题的解决,因为在日常工作和生活中每一个问题的解决,都要用到多学科的知识。

综合课程的不足表现为以下几个方面:第一,课程的编制比较困难。当学科领域分化为不同的学科以后,编制综合课程是比较困难的,通常编制出来的综合课程就是分科课程的拼盘。第二,课程的学习难以深入,因为综合课程是同一门课程包括多科内容,因此每一科的学习都不可能太深入。

(三)综合课程与分科课程的关系

综合课程与分科课程是两类有较大区别的课程,但二者仍有着非常紧密的联系。第一,综合课程与分科课程的划分是相对的。比如,"社会"课相对于政治课而言,是综合课程,而相对于"STS"(即科学-技术-社会)课程而言,则是分科课程。第二,从课程发展史的角度看,二者是辩证统一的关系。早先的课程多半都是综合的,随着学科领域的分化,课程逐步分化为分科课程。当课程分化到一定程度,又开始走向综合。不过需要说明的是,当今的课程不论如何综合,都不可能回归到分化前的综合状态。第

---

① 张华.课程与教学论[M].上海:上海教育出版社,2000:266—269.

三,二者的功能是互补的。综合课程重在发展人的综合素质,而分科课程重在发展人在某些学科领域中的纵深能力,这二者都是一个人必备的素质。

就小学的课程而言,年级越低,综合课程的比重就应该越高。随着年级的升高,分科课程的比重可以适当增加。

三、核心课程与边缘课程

(一)核心课程及其优缺点

核心课程与边缘课程的划分依据并不是课程本身的固有特征,而是其在课程体系中的重要性。核心课程通常指在课程体系中处于核心地位的课程。某门课程在某个课程体系中是否处于重要地位,通常是依据它对社会发展、学生发展以及学科发展的重要性来决定的。到底依据哪种标准,往往取决于一个社会的意识形态或教育哲学。与此对应,核心课程亦有社会取向的核心课程观、经验取向的核心课程观、学科取向的核心课程观以及综合取向的核心课程观之分。①

核心课程的出现与课程体系的膨胀有关。随着社会的不断发展,学生要学习的知识门类越来越多。然而,学生在校的学习时间是有限的,不可能将所有的知识门类都纳入学校的课程体系中,或者说不能把所有纳入课程体系的知识门类一视同仁。于是,就产生了这样的问题:哪些课程应该纳入课程体系中?哪些课程应该让学生重点学习?那些纳入课程体系中、需要学生重点学习的课程就是核心课程。

核心课程的优点在于,能保证一定年龄阶段或专业的学生获得共同的、基本的、核心的素养;能够保证在较短的时间内让学生对这些课程有深入的学习。核心课程也存在缺陷,例如不能关照学生的个性特长。因为对于核心课程的学习而言,所有学生学习的内容一样,而且都要尽力达到统一的标准;无法扩展学生的知识面,因为核心课程要占用较多的课时和精力,因此学生就不能深入学习更多的科目。

(二)边缘课程及其优缺点

边缘课程是指那些在课程体系中处于边缘地位的课程。处于边缘地位意味着课程决策者以及教师给予这类课程的关注度较低,师生在该门课程的教学上所花的时间与精力比较少。如果某门课程在课程体系中没有任何地位,那该课程就成了艾斯纳所说的"虚无课程"。"虚无课程"是指应该存在而没有存在的课程,或者是曾经存在而现在不存在的课程。由于"边缘课程"和"核心课程"这样的称谓带有浓厚的技术理性的色彩,故有研究者建议用"拓展性课程"和"基础性课程"来取而代之。

边缘课程的优点有以下几点:第一,能够扩充学生的知识面,由于每门边缘课程

---

① 张华.课程与教学论[M].上海:上海教育出版社,2000:291—293.

的学习时间比较短,因此在同样的学习时间里,学生可以学到更多的课程门类。第二,能够关照学生个性化发展的需要。与核心课程相比,在同样的教学时间里可以开设较多门类的边缘课程,那不同的学生就可以从中找到自己感兴趣的课程,这有利于学生的个性化发展需要的满足。从这个意义上讲,边缘课程比较适宜用选修课的方式来开设。第三,促进了人的素质的多样化。与核心课程保证每个人都具备共同的核心素养不一样,边缘课程可以使不同的学生具备不同的素质,因此有利于实现人的素质的多样化。素质的多样化既是个人发展的需要,也是社会发展的需要,因为人的先天禀赋与后天环境有区别,社会也需要具备不同素质的人才。

边缘课程的缺陷是,由于每门课的学习时间有限,因此只能让学生对相应的知识有初步的了解,无法进行深入学习。

(三)核心课程与边缘课程之间的关系

核心课程与边缘课程的关系表现为以下几个方面:第一,功能上的互补性。在某一个完整的课程体系中,核心课程与边缘课程都是必需的。核心课程可以保证学生的基本素养,边缘课程则有利于学生发展个性;核心课程可以让学生深入某些知识领域学习,边缘课程则能让学生接触更多的知识领域。第二,核心课程与边缘课程的区分是相对的。不同的历史时期,不同的社会传统,不同的年龄阶段,不同的专业领域,其规定的核心课程与边缘课程是不一样的。有时同一门课程,在一种情境中是核心课程,而在另一种情境中则是边缘课程。

在小学,低年级的学习应该以核心课程的学习为主,随着年级的增长,边缘课程可以适当增加。不过,在整个小学阶段,都应该以核心课程为主,因为小学阶段是基础教育的基础阶段,核心素养形成以后,后续的发展才有坚实的基础。

四、必修课程与选修课程

(一)必修课程及其优缺点

同核心课程与边缘课程类似,必修课程与选修课程也是依据其在课程体系中的地位来区分的。必修课程是指同一年级,或同一专业的所有学生都必须修习的课程,其目的是保证不同的学生获得共同的素养。通常认为,必修课程是学生进一步发展的基础,是学生发展个性的基础。

必修课程的优点是:能够保证不同学生具备共同的基础;能为进一步深入学习提供保障。必修课程的缺点是:它倾向于将不同个性的学生同质化,难以照顾学生的个性差异和发展倾向的差异。

(二)选修课程及其优缺点

选修课程是允许学生根据自己的兴趣、需要进行选择性学习的课程,其目的是促进学生获得个性化发展。选修课程最先是在大学发展起来的,后来才被引入基础教育之中。选修课程有指定选修、限定选修、自由选修等类型。指定选修课程是指那些必须选修的课程,限定选修是指在指定的范围内选修的课程,自由选修则是学生可以完全凭自己的兴趣和发展倾向选修的课程。在某种意义上,指定选修课程并不属于选修课程,仅仅是冠有"选修课程"这一名称而已。

选修课程的优点主要有以下两点:第一,能满足学生个性化发展的需要。众所周知,学生由于先天禀赋以及后天环境的不同,所需要的课程资源也是不同的。在他们具备了基本的素养之后,就需要有与学生个性相适应的课程资源去发展他们的个性。第二,能培养学生自我决断的能力。判断能力、选择能力和做决定的能力也是教育的重要目标,选修课机制有利于培养学生的这些能力。

选修课程的缺陷有以下几个方面:第一,学习质量难以保证。开设选修课就不可避免地存在学生为了容易过关而选择那些比较容易的课程进行学习,这很可能会导致肤浅的学习,最终影响学生的学习质量。第二,导致学科发展失衡。由于选修课是由学生自己选择的课程,因而可能存在这样的情况:学生都选那些比较简单,或者比较容易过关的课程,而那些难度较大的课程没有人选或选的人很少。这就可能导致相应学科的后续发展缺乏人才。

(三)必修课程与选修课程的关系

必修课程与选修课程的关系有以下几个方面。首先,必修课程和选修课程的着眼点不同,它们在课程体系中是互补关系。必修课程侧重于让学生获得基本的、共同的素质,选修课程侧重于让学生获得个性化的素质。这两种素质,是每个人必需的,因此必修课程与选修课程要相互配合才可能让学生获得更健全的发展。其次,二者具有彼此不可替代的价值。在课程体系中,必修课程的价值与选修课程的价值是不同的,而这些不同的价值都是一个人发展必需的,因此必修课与选修课不能相互取代。再次,二者可以相互转化。在某些特定的情况下,必修课程可能会转化为选修课程,选修课程可能会转化为必修课程。此外,同一门课程,在一种课程体系中可能是必修课程,在另一种课程体系中可能是选修课程。

在小学阶段,低年级不应该开设选修课程,只有到了中高年级,才可以开设选修课程。这是因为,小学低年级的学生,一方面应该以打基础为主,同时课程的门类不应太多;另一方面,其选择能力有限,难以进行合理选择。在当前,小学中高年级开设的选修课多半是校本课程。

五、显性课程与隐性课程

（一）显性课程及其优缺点

显性课程是学校有目的、有计划、有组织实施的课程。它有时也被称为"正式课程""官方课程"。前文所讲的所有课程分类，都是在显性课程框架内进行的。显性课程的特点是：有明确的界定和界限；对学生的影响是直接的、明确的。

显性课程的优点在于，教育影响的目的明确，往往与社会主流意识形态、社会观念一致；教育影响的效率高，因为其影响是明确的、直接的、有计划的。显性课程的不足在于，它对学生发展的效果较差，因为它往往难以深入学生的内心世界，而且持续的时间短。

（二）隐性课程及其优缺点

隐性课程是指渗透在学习环境中非预期的、非计划性的知识、价值、规范和态度等。它有时被称为"非正式课程""非官方课程"。"隐性课程"这一概念的提出，使课程超越了教学内容或学习内容，课程似乎变成了教育内容，甚至是教育环境。其实，隐性课程主要是学生的学习环境。隐性课程的特点是：没有独立的存在形态，必须依赖于其他的课程、环境，或行为方式而存在；它对学生教育的影响是无声的，发生作用的过程比较缓慢。

隐性课程的优点有：第一，其影响是弥散性的，无时无刻不在起作用；第二，其影响效果持续性较强，甚至能影响人的一生；第三，影响程度比较深，因为隐性课程是以无意识的方式影响人的，其影响深入信念、价值观层面。

隐性课程的不足在于：第一，教育影响具有不可预期性，隐性课程能否产生实际影响以及影响的大小、性质等，都是不可预期的；第二，隐性课程的管理比较困难，因为无法对它的教育效果进行精确的评定。

（三）显性课程与隐性课程的关系

显性课程与隐性课程的区别有以下几点：首先，二者的存在形态有别：显性课程可以独立存在，而隐性课程不能独立存在。其次，二者的教育影响有别：显性课程的教育影响是计划性的，预期性的，效率高；而隐性课程的影响则是非计划性的，不可预期的，效果好。再次，二者所形成的素质不一样：显性课程对学生知识、技能方面的素质发展具有特别重要的作用，而隐性课程虽然也可以促进知识、技能的发展，但它主要是对学生思想、情感、态度、价值观等方面产生影响。

显性课程与隐性课程的联系表现为以下几方面：首先，从影响方式和影响的侧重点来看，二者是互补的关系，因为这两种课程的影响方式都是学生发展所必需的。其次,二者发生影响作用时,绝大多数是同时发生的,在实施显性课程时,必然会伴随着隐性课程的影响。

在小学,不论是低年级还是中高年级,都应该重视隐性课程的影响,尤其是小学低年级,因为这种影响对学生价值观的形成非常重要,而且持续一生。因此,一方面要搞好校园文化建设,让其对学生产生潜移默化的积极影响;另一方面,要注意发挥显性课程中隐性课程的作用。教师在实施显性课程时,其作风、态度、行为方式、思维方式就构成了隐性课程,因此教师要非常注意自己的言行对学生的影响。

六、国家课程、地方课程与校本课程

如果从课程开发、实施与评价的权限来分,课程可以分为国家课程、地方课程与校本课程。其中,国家课程是由国家组织专家开发、由国家组织实施,而且通常是由国家统一进行评价的课程;地方课程是由地方政府(通常是省一级政府)组织专家开发、并由地方政府来组织实施和评价的课程;校本课程是由学校的教师开发、由学校组织实施和评价的课程。通常而言,国家课程在全国范围内是统一的,其目的是为了保证所有国民接受教育后能够具备最基本的素质;地方课程在某个局部地区范围内是统一的,往往是为了延续地方的文化传统、适应地方社会经济的需要而开设;而校本课程则是某所学校特有的,是为了满足本校学生个性化发展的需要,并充分发挥本校教师的创造性、特长而开设。

国家课程、地方课程和校本课程是互补的关系,它们对于国家稳定、社会发展和学生发展都具有重要作用。通常,在集权制国家,国家课程的比重较大;而在分权制国家,地方课程、校本课程的比重较大。

就小学教育而言,由于它是基础教育的基础,所以国家课程的比重比较大。但同时,为了促进学生的个性化发展,充分利用本地的课程资源以及促进当地社会的发展,学校也应开设一定的校本课程。

七、课程体系

课程体系是指根据某个阶段教育的需要而确定的课程门类及时序、比例关系。任何一个阶段的教育,不论是小学、初中、高中,还是大学,都有它自己的课程体系。通常而言,越是低年段的教育,活动课程、综合课程、核心课程、必修课程、国家课程就越多;越是高年段的教育,学科课程、分科课程、边缘课程、选修课程、地方课程和校本课程就越多。同时,根据不同标准划分出来的不同课程之间也存在相互渗透的关系,比如,学科课程可以是综合课程,也可以是分科课程;除校本课程、地方课程、隐性课程以外,其他的课程都可以是国家课程。严格来讲,课程体系可以是一课的体系,也可以是一门

课的体系,还可以某个阶段教育的课程体系,但此处所讲的课程体系,主要是指某个阶段教育的课程体系。

课程体系的结构在某种程度上决定着学生的素质结构。因此,各个阶段的教育,都非常注重课程体系的设计。2022年教育部颁布的《义务教育课程课程方案(2022年版)》,规定了新的义务教育课程体系,其中包括了小学的课程体系,详见表4-1。

表4-1 义务教育课程体系

	年级									九年总课时(比例)
	一	二	三	四	五	六	七	八	九	
国家课程	道德与法制									6%~8%
	语文									20%~22%
	数学									13%~15%
			外语							6%~8%
							历史、地理			3%~4%
	科学						物理、化学、生物学(或科学)			8%~10%
			信息科技							1%~3%
	体育与健康									10%~11%
	艺术									9%~11%
	劳动									
	综合实践活动									
地方课程	由省级教育行政部门规划设置									14%~18%
校本课程	由学校规划设置									
周课时	26	26	30	30	30	30	34	34	34	
新授课总课时	910	910	1050	1050	1050	1050	1190	1190	1122	9522

说明:本表按"六三"学制安排,"五四"学制可参考确定。

练习与思考

1. 什么是课程内容的组织?它有什么意义?

2. 课程内容组织的原则有哪些？
3. 简述课程内容的微观组织及其方式。
4. 简述课程内容组织的逻辑顺序和心理顺序。
5. 简述课程内容的直线式结构和螺旋式结构。
6. 简述课程内容的纵向组织和横向组织。
7. 简述学科课程与活动课程。
8. 简述分科课程与综合课程。
9. 简述显性课程与隐性课程。
10. 简述国家课程、地方课程和校本课程。

第五章 课程的实施

学习目标

1. 掌握课程实施的概念。
2. 了解课程实施的价值。
3. 掌握课程实施的三种基本取向。
4. 了解课程变革的基本策略与主要模式。
5. 掌握教学的意义。

课程实施是实现课程教育价值的关键环节。它是20世纪70年代以来兴起的一个研究领域。课程实施的研究源自于人们对20世纪50、60年代肇始于美国,影响波及全球的"学科结构运动"的反思。当时美国投入巨资用于课程开发工作,设计了许多课程改革方案,但未能获得预期的成效。在这场课程变革运动的后期,人们进行了很多反思,认为这次课程变革失败的重要原因不在于课程方案设计缺失,而在于所设计的变革计划没有真正落实下去。正如古德莱德所说:"改革很多时候被视为失败,其实不然,因为它们从未得到实施。"[①]由此,"只要课程变革计划完善就可以自然地在实施过程中达到预期结果"的假设受到普遍质疑。于是,有关课程实施的问题引起了研究者的注意。本章主要讨论课程实施的含义、取向以及宏观与微观的课程实施方式。

第一节 课程实施的概念及价值

课程实施就是将编制好的课程付诸实践的过程,是课程发挥教育作用的重要途径。任何国家、任何教育家,都非常重视课程实施工作。

一、课程实施的概念

任何课程计划或课程方案在完成设计后,如果不重视具体的实施过程,就无法让课程达到预期的效果,无法让学生获得发展。

---

① Philip W. Jackson(ed.). Handbook of Research on Curriculum. New York: Macmillan Publishing Company, 1992, p. 403.

1. 什么是"课程实施"

加拿大教育改革专家富兰(M. Fullan)认为,"课程实施是把某项改革付诸实践的过程"[①]。富兰的这一界定成为"课程实施"的一个经典定义。在他看来,课程实施是课程变革过程的一个重要阶段或关键环节。美国学者奥恩斯坦等人也指出"课程实施是一个'做'(doing)的过程,它致力于改变学习者个体的知识、行为和态度。它是创造课程方案者和传递课程方案者之间的一个互动的过程"[②]。在此,课程实施是作为连接课程变革中各方参与者的途径,最终指向学习者的发展。国内学者也对"课程实施"进行了阐释。张华认为,"课程实施是将某项课程计划付诸实践的具体过程"[③]。钟启泉指出,"课程实施既不同于课程采用,也不是新课程计划的照搬,课程实施是一个过程,而不是一项事务,是一个动态的过程,而不是一种境式反映,实施过程中必然涉及实施者的课程理念和个性化的工作,甚至涉及对课程方案的主要调整、修改和补充"[④]。总之,可以这样认为,课程实施是将课程计划付诸实践的过程,是实现课程的教育价值的过程。其中的"课程计划",可以是宏观的课程计划,如课程方案;可以是中观的课程计划,如一套教材;还可以是微观的课程计划,如一课或一课时的内容。课程计划可能是一个全新的计划,也可能是一个早已存在的计划。

2. 为了更明确地理解课程实施的概念,需要区分的两对概念

第一,课程实施与课程计划。"课程计划"是指课程的理想及实现这种理想的具体方案。课程实施是将某项课程计划付诸实践的具体过程。课程实施和课程计划之间是行为和行为对象之间的关系。如果没有课程实施,课程计划永远都只是个计划,无法变成现实;如果没有课程计划,课程实施就没有内容,没有方向。尽管课程实施并不一定忠实执行的了课程计划,但完全不要课程计划的课程实施几乎是没有的。

第二,课程实施与课程采用。从课程计划到课程实施还有一个过渡环节,这个环节通常称为"课程采用"。课程采用是指做出采用某项课程计划决定的过程,它所关注的焦点在于是否决定采用某项课程计划。课程实施关注的焦点是如何实现课程计划。课程采用与课程实施之间是做出决定与执行决定之间的关系。

二、课程实施的价值

课程实施是达成课程目标的手段,是影响课程变革和课程实践的关键因素。具体

---

① 江山野.简明国际教育百科全书·课程[M].北京:教育科学出版社,1991:156.
② Allan C. Ornstein. & Francis P. Hunkins(2004). Curriculum: Foundations, Principles, and Issue(Third ed.). Boston: Allyn and Bacon, 2004, p.292.
③ 张华.课程与教学论[M].上海:上海教育出版社,2000:323.
④ 钟启泉.课程与教学概论[M].上海:华东师范大学出版社,2004:144.

而言,其价值主要表现为以下几个方面。

(一) 是落实课程计划的唯一途径

课程实施是课程计划与实际效果之间的桥梁,是课程计划付诸实践的唯一途径。通过课程实施,课程计划从"应然状态"转化为"实然状态",从而实现学生的发展、学校的提升。任何课程方案,都必然要通过课程实施来落实,此外别无选择。

(二) 是检验课程方案的重要方式

检验课程方案是否科学合理,除了对方案本身进行直接审查以外,另一个重要的方式就是将课程方案付诸实践,看其满足实践的程度,看其对实践的改进程度。课程方案一旦付诸实施,其中隐藏的问题必然会暴露出来。课程方案的制订者就可以根据暴露出来的问题进一步修正课程方案,从而使课程方案更加完美。

(三) 是实现课程价值的基本手段

不论是什么样的课程,其基本价值都在于促进学生发展,其衍生价值是促进学校的发展、教师的发展。但是,如果课程方案没有得到落实或者没有得到很好的落实,学生就无法与课程进行充分的交互,课程的发展价值就无法实现。从这个角度讲,课程实施是促进学生发展,实现课程价值的基本手段。

(四) 是提升课程智慧的重要渠道

课程实施并不是简单地落实课程计划,而是一个使课程计划与具体教育情境相适应的过程。在实施过程中,许多教育情境都会超出课程设计者的设想,它需要教师对教育情境选择、改进,甚至是创造,以满足课程实施的需要;同时,它也需要教师来调整、改进、甚至是创造课程,以契合教育情境的需要。在这个过程中,教师的课程智慧能得到提升。课程智慧是教师在课程实施中表现出来的实践智慧,是教师专业素养的重要内容。如果没有课程实施,课程智慧就成了无源之水。

第二节 课程实施的取向

课程实施的取向是指在一定课程价值观支配下的对课程实施过程应然状态的认识。通俗地说,在课程实施过程中,每个人都有不同的教育价值观,相应地就会对课程实施有不同的认识,并会以不同的态度和方式来参与课程实施。课程实施的不同取向集中表现在对课程计划与课程实施过程关系的不同认识上。迄今为止,研究者普遍认同的课程实施取向有三种:忠实取向、相互适应取向和创生取向。[1]

---

[1] 张华.课程与教学论[M].上海:上海教育出版社,2000:336—344.

一、忠实取向

课程实施的"忠实取向"认为,课程实施过程就是忠实地执行课程计划的过程。预定课程计划的执行程度和预定课程目标的实现程度是衡量课程实施成功与否的标准。所实施的课程愈接近预定的课程计划,课程实施效果就越好;若与预定的课程计划差距愈大,则课程实施效果就愈差。忠实取向在课程实施的初期是主流取向,也是最为保守的取向。

(一)课程实施的"忠实取向"的基本观点

第一,课程是事先设计好了,体现在教材、课程方案中有计划的内容。这些东西是具体的、能够被评价的。第二,课程内容是由专家在课堂之外为方便教师实施课程而创造的。教师不能创造,亦不能选择或改变课程内容。第三,课程变革过程是一个线性过程。课程专家在课堂之外创造课程,教师则在课堂中忠实地实施专家设计的课程。它认为,良好的课程计划,必然有良好的课程效果。第四,教师是课程计划的忠实执行者。他们是课程的消费者,按照课程计划以及专家的要求进行教学。课程实施的关键在于教师,因此在课程实施前应该对教师进行新课程的培训,以使其彻底理解课程以及领悟课程的意图。第五,量化评价是最好的评价方法。课程评价就是评价预定目标的实现程度,即看事先设定的目标是否被实现以及实现的程度。具体评价过程为,将课程实施的结果与事先设定的目标进行对照,二者吻合程度越大,则表明课程实施效果越好。

(二)课程实施的忠实取向的优点

第一,能使教师取得基本的教学效果。任何教师,包括新教师,只要按课程设计者的要求去执行课程,就能取得基本的教学效果。虽然教学效果不一定是最好的,但至少不会太差。尤其是,如果教师课程实施的经验不足,对课程的理解不深,让其按照专家的意见行动比按其自己的意志行动更有可能取得较好的教学效果。第二,适用于复杂的课程。对于那些内容极为复杂、困难,而且师生不容易准确理解、全面把握的课程,采用忠实取向更有利于学生的发展。第三,它可以保证国家意志得到很好的贯彻。在一些国家,统治者往往将自己认为比较好的知识、思想、价值观、行为方式等渗透在课程中,希望教师在教学中将其传递给学生;甚至希望教师以规定的方式来传递相应的内容。忠实取向能在最大程度上实现国家意志的传递。这正是忠实取向的课程实施在集权制国家比较流行的根本原因。

(三)忠实取向的不足

第一,它有一个不恰当的假设。忠实取向的基本假设是,课程设计本身是完美的,因此只要忠实地执行了课程,就会取得完美的效果,但事实并非如此。课程设计是由人来完成的,它可能存在错误和缺陷。况且,在知识爆炸的时代,所设计的课程通常会落后于时代的需要,需要在实施过程中更新。第二,它忽视了教育情境的特殊性。课程只有在适应了特定教育情境的需要时,才能取得良好的效果。然而,忠实取向的课程实施,完全不考虑特定情境的需要。它认为,课程只要忠实地实施了,就能取得良好效果。第三,它忽视了教师的创造性。在忠实取向的课程实施中,教师成了专家意见的忠实执行者,其创造性得不到发挥。第四,它忽略了学生的特定需要。不同情境中的学生,有不同的发展基础和需要。忠实取向只考虑目标的实现程度,而不考虑学生的特定需要。以上几点,多少都存在霸权和扼杀人性的味道。在课程实践中,严格意义上的忠实取向其实是不大可能的。不管对课程实施做出怎样具体而明确的规定,教师在实施课程时都会根据具体情况对课程内容以及课程实施过程作有意或无意、或大或小、或明或暗的调整和改编。

二、相互适应取向

课程实施的"相互适应取向"认为,课程实施过程是预定的课程计划与特定的教育实践相互调整、改变和适应的过程。由于教育实践是教师、学生、情境等相互作用构成的,因此相互适应取向也可以理解为课程计划与教师、学生、特定的教育情境相互调整的过程。相互适应包括两个方面的变化:一是改变预定的课程计划,以适应特定实践情境的需要;二是改进既定的实践情境,以满足落实课程计划的需要。

(一) 课程实施中"相互适应取向"的基本观点

第一,课程不仅包括教材、课程方案中的内容,也包括特定教育实践情境中的因素。比如,学生的兴趣和需要、教师的特长与爱好、地方的风俗与习惯、当地的课程资源等,这些都可以成为课程。第二,课程内容不仅包括专家设计的内容,也包括教师发现和创造的内容。教师根据特定的教育情境发现和创造的课程内容,同样能够很好地促进学生发展。第三,课程变革的过程是一个复杂的、非线性的过程。课程变革可以有目标,但变革过程绝不是预定目标的演绎过程。课程变革是朝着预定目标所指的方向前进的过程,其结果可能实现了预定的目标,也可能只实现了部分预定的目标。更重要的是,它有可能超越预定目标。它认为,良好的课程计划,未必能带来良好的课程效果。课程效果如何,关键取决于课程实施的过程。第四,教师不仅是既定课程计划的执行者,而且也是课程的创造者。在教学过程中,教师不仅消费着专家创造的课程,同时还会修改专家的课程,甚至创造着自己的课程。第五,课程评价多采用情境性评价的方法。它不是简单地根据预定的目标来评价课程实施的结果,而是根据特定的情境来评价课程实施的过程和结果。课程实施只要促进了特定情境中学生发展的最大化,就是最好的。

(二)相互适应取向的优点

第一,它看到了预定的课程计划可能存在缺陷。正是由于这样,预定的课程计划、方案要根据特定教育情境的需要做出调整和改变。第二,它认为最好的课程是能在特定情况中实施的课程。在"适应取向"的观点里,能促进特定情境中的学生发展最大化的课程,就是最好的课程。第三,它重视教师创造性的发挥。这是因为,不论是课程的适应性调整,还是情境的适应性改造,都需要教师来完成。相互适应取向的不足在于,它对教师的要求比较高。教师不仅要有敏锐的情境感知力与改造力,而且还要有较强的课程创造力。

三、创生取向

课程实施的"创生取向"是课程实施中的新兴取向。这种取向认为,"课程实施本质上是在具体教育情境中创生新的教育经验的过程。"[①]课程不是事先设计好的内容,而是教师与学生联合创造的教育经验,既定的课程计划、课程内容只是教育经验的创生可资利用的资源。

(一)创生取向的基本观点

第一,课程就是经验课程。课程是学生实际体验到的经验,是高度情境化的、个人化的。第二,课程内容是一个获得教育经验的过程。在创生取向看来,课程内容不是静态的知识、产品,也不是一个事件,而是一个不断前进的过程,是获得相应经验的过程。既定的课程只是师生创生教育经验的可选资源。第三,课程变革是一个促进学生个性化发展的过程,是教师充分发挥自己的创造性和展现自己个性的过程。课程变革的关键不在于是否实现了预定的目标,而在于是否促进了学生的个性化发展,是否充分发挥了教师的创造性。其目的不在于让学生接受既定的知识与价值,而在于将学生从既定知识和价值的约束中解放出来。第四,教师是课程的创造者。课程是教师根据特定的情境创造的。第五,个性化的评价是最好的评价方法。评价课程不是看课程目标的落实情况,而是看学生个性、创造性等的发展情况,因此课程评价必须结合具体的教师、特定的情境和学生来进行。

(二)创生取向的优点

第一,它非常重视教师的创造性。创生取向认为,课程就是教师创造的经验,只有教师创造了,才有课程。它使教师彻底摆脱了既定知识、既定课程方案的约束。第二,它最大限度地发展了学生的个性。第三,它正确地处理了既定课程在教育中的作用。既定

---

① Philip W. Jackson(ed.)(1992). Handbook of Research on Curriculum. New York: Macmillan Publishing Company,1992,pp. 418—427.

课程是促进学生发展的资源,不是学生学习的目的。创生取向的不足有以下几点。第一,它对教师的要求相当高,需要教师有高度的教育自觉、创新意识和创造能力。第二,课程评价比较困难,因为它必须采用深度调查、深入课堂的方式才能评价。第三,它容易导致课程的虚无。尽管这一取向极大地解放了教师,但它对教师的要求相当高。如果教师素质跟不上,创生取向可能导致既没有落实既定课程,又没有创造新课程的局面。

三种取向的课程实施在课程含义、课程内容、课程变革、教师角色、课程评价等方面都存在着很大差异,它们各有其适用的条件和优缺点。由于教育和社会情境极其复杂,教育变革的需要多种多样,因此三种取向都是有存在合理性的。甚至在同一个教育情境中,三种取向都有存在的必要。实际上,这三种取向只是为了方便研究而进行的一种理论上的升华,在课程实施中很难将其清晰地区分开。虽然我们只讨论了三种取向,但这只是三种典型的取向。在这三种取向之间,还存在着无数的取向。教师在课程实施中可以根据实际需要来选择相应的取向。

从忠实取向到适应取向,再到创生取向,反映了课程实施研究的发展方向。尽管三种取向各有其存在价值和局限性,但三种取向间的层次性是不容否认的。三种取向彼此之间不是绝对排斥和对立的关系,而是包容与超越的关系:适应取向是对忠实取向的超越,创生取向又是对适应取向的超越。这两重超越,反映了人们对课程实施本质的认识不断深化。课程实施不是课程计划制订者对计划实施者的控制过程,而是相关参与者之间平等对话、互动参与的过程。在这个过程中,每一个参与者的主体性都应该得到尊重与提升。衡量课程实施成败的基本标准是看教师与学生的主体性是否得到尊重和发挥。这是未来课程研究的发展方向,也是未来教育的发展方向。

第三节 课程实施的宏观样式:课程变革

一般而言,课程实施是指把课程计划付诸实践的过程。然而,课程计划有宏观计划与微观计划之分。宏观课程计划实际上就是课程方案,包括要开设的课程门类及其体系、顺序、课时比例等。微观课程计划是指某一门课程的方案。与两种课程计划相对应,课程实施也可以分为宏观状态与微观状态两种。宏观状态的课程实施其实就是课程变革,即采用并落实一套新的课程方案。本节主要讨论课程变革的策略、基本模式以及课程变革的过程。

一、课程变革的策略

麦克尼尔从课程变革的不同发起层面总结出三种课程实施的策略:自上而下的策略、自下而上的策略和自中而上的策略。

(一) 自上而下的策略

自上而下的策略是指,课程变革由国家或地方教育行政机构发起,改革的要求由上级向下级传播。这一策略强调,依靠行政力量设计的课程才是质量高的课程,因为行政力量可以聚焦众多的专家学者。此策略强调学校必须与上级的要求保持一致,否则变革难以进行或维持。改革的动力往往来自行政的力量。该策略通常为国家或地区性的课程变革普遍采用。在下文中提到的"研究、开发与传播模式",就是与这一策略相对应的课程变革模式。

(二) 自下而上的策略

自下而上的策略是指,课程变革是由教师发起的,最终获得了地方甚至国家层面的认可。在这一策略中,教师是变革的动力,是变革的发起人。这种策略强调教师的能动性与创造性,认为教师是最熟悉教育情境的人,知道什么样的课程方案适合学生发展的需要;认为课程编制首先始于教师对教学单元的设计,这为以后进行全面的课程编制奠定基础。这一变革策略在分权制国家采用得比较多,通常依靠教师的专业力量来推动。下文将讨论的课程变革的"情境模式",就是与这一策略相对应的课程变革模式。

(三) 自中而上的策略

与前两种策略相比,这一策略选择了一条中间路线。它认为自上而下的策略过多地依赖外部力量,而自下而上策略又基于学校内部的力量,但事实上学校文化在很多时候是相对保守的,不愿主动变革。自中而上的策略主张,学校是发起变革的机构,是课程实施的主体。但在这一过程中,学校一方面要联合校外力量推广革新;另一方面要创造有利条件,促进教师变革。同样,这一变革策略在分权制国家使用比较多,通常依赖学校的力量来推动。下文将要讨论的"兰德课程变革动因模式"(The Rand Change Agent Study),就是与这一策略相对应的课程变革模式。

二、课程变革的基本模式

课程变革模式是指相对稳定的课程变革程序。显然,选择不同的变革策略,就有不同的变革模式。本书根据上文的三种课程变革策略,选择了三种最有代表性的课程变革模式进行讨论;同时还介绍了两种旨在克服教师抵制的课程变革模式。

(一) "研究、开发与传播"模式

通常而言,"研究、开发与传播"模式的基本过程为:国家组织学科专家与课程专家对课程问题进行研究,根据研究结果设计出新的课程方案,然后再将课程方案推广到学校中。该模式包括四个步骤:(1)研究:通过研究建立某种教育或课程理论,为课程改革提供价值引导和指导原则;(2)开发:根据理论设计新的课程方案,并开发出新

的课程;(3)传播:将新的方案系统地传递至学校与教师,供其使用;(4)采用:学校与教师在教育实践中按照新课程方案的要求进行教学。与该模式对应的是自上而下的课程实施策略以及忠实取向的课程实施。

始于20世纪50年代美国的"学科结构运动"采用的就是"研究、开发与传播"模式。在这次课程改革中,课程专家和学科专家是课程开发的主体,大学是教育改革的温床。20世纪60年代,美国联邦政府资助了"全美课程传播网络"(National Diffusion Network,NDN)项目,旨在传播可得到的最好的课程——不论这些课程是谁开发出来的。"全美课程传播网络"主要的工作是:第一,评选一些地区开发的优秀课程;第二,使人们意识到这些课程计划的价值;第三,提供必要的培训,使这些课程在其他地区传播开来。"全美课程传播网络"所采用的亦是"研究、开发与传播"模式。然而,在这个案例中,教师或其他教育实践者成了课程开发的主体。由此看来,"全美课程传播网络"项目充分挖掘了实践者的知识,弥补了理论研究与实践之间的鸿沟,并提供了一种以最小代价推进课程变革的方略。目前在中国,国家课程的变革多半采用的是也是该模式。不过在中国,运用该模式时,课程改革的动力来自于国家的要求,是一种行政力量。而在美国,课程改革的动力来自教师对新课程认同后的自觉,国家只是建议,并不能强制教师采纳和实践新课程。

"研究、开发与传播"模式的优点在于:第一,开发的课程质量比较高,因为它可以集中全国的力量来开发课程;第二,课程影响范围比较广,如果由国家来强制推行,新课程可以在全国范围内产生影响。

该模式的不足在于:第一,它所设计的课程是去情境的,因为课程设计针对较大范围的学生,难以考虑不同地区具体情境的需要;第二,它忽略了教师的创造性和主动性,将教师视为专家课程的消费者,而不是课程创造者;第三,它往往会遭受教师的抵制,因为课程的开发过程并没有汲取教师的意见,专家设计的课程往往与教师的想法相左。在认识到这一模式的缺陷以后,很多学者在此基础上提出了变式,例如哈夫洛克(E. Havelock)提出了课程变革的联动过程模式(the Linkage Process Model),该模式强调了课程使用者与设计者之间的反馈。

(二) 情境模式

课程变革的情境模式认为,课程是教师针对特定教育情境创造的结果;只有适应特定教育情境的课程,才是最好的课程,才能被真正落实。这一模式是由美国学者帕里斯(C. Paris)提出的。在课程变革的情境模式中,课程开发的过程就是课程实施的过程,课程是教师在上课的过程中开发的。与该模式对应的是自下而上的课程实施策略以及创生取向的课程实施。

帕里斯认为,有必要把课程作为教师在复杂的情境中所创生的东西来考察,用对教师有意义的观点来解释课程的过程、结果与情境。帕里斯的研究是基于"人种学"的假设和程序之上。她对五位小学教师的"文字处理课程"进行了为期两年的人种学研究。通过研究发现,对教师而言,课程所需要的技能、才能和知识是情境性的、具体化的,个体需要通过探究实践而不断地重新获取;课程开发的最佳途径是课堂探究、与同事的讨论及共同观察、反思教学,通过这些途径获得课程与教学的理念。这些理念"隶属于教师在自己的课堂中所从事的不断前进的评价与修改实践。不要期望某一特定教师的知识能够强加于其他人,但其知识可以成为其他人寻求自己的途径的一个来源。"[①]

若用对教师有意义的观点来探讨课程变革,则必然强调课程变革的过程而非课程中的技术;强调课程变革过程的实际结果而不是预先设定的目标。因为在这些结果中,教师是课程知识的创造者而非接受者;强调教师获得这些结果的过程的性质;强调影响课程变革过程和结果的各种因素。帕里斯在研究中把课程变革过程置于多元化的且通常是冲突的情境之中,这些情境包含组织及个人"不断前进的"实践、历史和主流意识形态。而且,她还以对参与者有意义的观点对这些情境的影响做出解释。

帕里斯的研究证明:教师作为课程知识和课程变革的创造者而非接受者,是可能的。帕里斯写道:"没有变革的指令,没有同质化的培训和标准化的课程资料或课程实施的实践表,研究项目中所涉及的五位教师及其众多同事学会了运用文字处理,创造了把文字处理教给其学生的课程,发展了利用文字处理支持和拓展自己、不断前进的课程的方法。"[②]

课程变革情境模式的优点是:(1)课程变革和课程实施的程度比较高,因为所实施的就是所开发的;(2)课程在最大限度上满足了特定学生和情境的需要;(3)充分发挥了教师的创造性和主动性;(4)解决了课程开发与课程实施两张皮的现象,因为在该模式中,课程开发与课程实施是合一的,课程实施者就是课程开发者。

该模式的缺陷是:(1)对教师的要求比较高,要求教师根据具体的课堂情境来开发课程,这不是一般教师能胜任的;(2)不同学校、不同班级的课程质量差异较大。

(三)兰德课程变革动因模式

兰德课程变革动因模式认为,课程变革的过程是预设的课程计划与具体的课程实践相互调整、相互适应的过程,是课程设计者与课程实施者相互合作的过程。兰德社团于1973—1977年对美国联邦政府资助的教育变革展开研究,该研究被称为"兰德变革动因研究"。"兰德课程变革动因模式"即产生于该研究。该研究"可能是对所从事

[①] Philip W. Jackson(ed.)(1992). Handbook of Research on Curriculum. New York:Macmillan Publishing Company,p.426.

[②] Philip W. Jackson(ed.)(1992). Handbook of Research on Curriculum. New York:Macmillan Publishing Company,426—427.

的大量教育革新的最具综合性的一项研究"。研究报告共分八卷,主要作者为伯曼和麦克劳林(P. Berman & M. W. Mclaughlin)。研究者考察了四项美国联邦资助的旨在促进学校结构或实践变革的项目以及大量的、多种多样的教育革新实践(包括班级组织、阅读项目、双语发展项目、生计发展项目等)。通过研究,他们最后得出结论:在学校决定采纳新的课程计划后,课程变革的主要障碍存在于学校组织的动因之中。与该模式对应的是自中而上的课程实施策略与相互适应取向的课程实施。

兰德社团通过研究发现,课程变革过程包括三个阶段:(1)启动阶段。在本阶段,课程变革的发起人致力于使他人支持课程变革计划。这需要对课程变革计划的目标做出解释,以使教育实践者理解与接受。(2)实施阶段。兰德模式认为,成功的课程实施取决于课程变革的特征、教学和行政管理人员的能力、社区环境以及学校组织结构等因素。因此,课程实施的关键是对既定课程变革计划做出适当调整,以适应具体教育实践情境的需要。(3)合作阶段。在本阶段,所实施的课程计划已成为现行课程制度的一部分,这需要课程专家、教育行政管理人员、教师、社区代表等密切合作、相互适应,以使变革计划不断进行下去。在该模式中,课程实施决定着课程变革的过程和结果;成功的课程实施以相互适应、相互调整为特征;课程变革的动因是课程专家、校长、教师等的相互适应。自伯曼与麦克劳林之后,"相互适应"成为研究课程实施问题的关键术语。"兰德变革动因研究"对理解课程实施的本质和课程实施的影响因素作出了巨大贡献。

兰德课程变革动因模式的优点在于:(1)既保证课程方案本身的质量,又能让高质量的课程方案得到较好的实施;(2)加强了课程开发者与课程实施者的合作以及课程理论与课程实践之间的联系。

该模式的不足在于:课程实施的难度比较大,对于全国性的课程变革而言,很难有那么多的专家与教师合作。

除了上述三种课程变革模式外,还存在其他的课程变革模式。如前所述,实施新的课程计划,是对原有课程的一种变革。变革会得到一部分人的支持,也会受到一部分人的抵制,由此产生了为了克服阻力的课程变革模式。

(四) 消除抵制的模式

消除抵制的课程变革模式认为,通过让教师参与课程方案的制订与审议,可有效减少教师对课程变革的抵制,进而有利于课程变革的实现。其基本假设是,"有计划的课程变革的成败,取决于课程领导者是否有能力克服教师对新课程计划的抵制。"[①]该

---

① Robert E. Herriott & Neal Gross(1979). The Dynamics of Planned Educational Changes. Contemporary Sociology, p. 507.

模式将课程变革分为两个阶段：发动阶段和运作阶段。运作阶段主要是由教师完成的，但在发动阶段，亦让教师充分参与。

一些研究者注意到，在各种社会组织中，某种行为方式一旦确立，就会对新的变革形成阻力。大多数人会担心新的变革会使他们付出更多的努力或带来不利。克服这种阻力的一个策略是，课程领导者和组织者要让课程实施者（主要是指教师）参与课程决策。课程改革的领导者需要认识到，实际工作者一般都会对改革持否定或怀疑态度，因为他们更习惯于已有的做法；如果让他们有机会参与审议课程改革方案，参与课程计划的制订，就会促使教师把新课程改革视为自己的事情，从而减少对新课程计划的抵制。这就是为什么有人认为课程理论的焦点是探讨课程决策者与实施者之间的关系。

当然，教师的参与程度是有限的，他们不可能像专业课程工作者那样参与课程编制的全过程，而且从人数上来说，也只能由一些教师代表参加。但是，只要课程领导者广开渠道，让教师有机会以某种方式发表自己的见解，就可以使教师感到这项课程改革不是他人强加给他们的。事实上，课程编制是一项协作性的工作，没有教师的参与，任何课程改革都不会有好的结果。

（五）领导-障碍过程的模式

该模式可以被看作是"消除抵制模式"的进一步延伸。此模式认为，课程实施的主要问题在于教师对新课程计划的抵制，故一定要搜集各种材料以确定教师抵制的程度和性质，然后再采取有针对性的措施。对于课程领导和组织者来说，如何使这些障碍变得无效是关键。这只要通过满足以下五个条件就可以做到[①]：(1)所有成员都清楚地了解课程变革的方案；(2)每个成员都具有实施新课程计划所必备的技能；(3)提供实施新课程所必需的材料和设备；(4)调整学校组织方式，以便与新课程计划的要求相一致；(5)所有成员都有参与的动机，愿意花费必要的时间与精力，以促使新课程计划的成功。

我们可以把这五个条件看作是课程实施过程的五个阶段。这意味着，领导者不仅要消除在课程实施时出现的抵制现象，而且还要满足完成课程实施的各种条件。所以，如果说"消除抵制模式"主要关注发动和动员工作，那么"领导-障碍过程模式"更注重整个过程中为教师提供必要的条件。但课程专家们一致认为，倘若教师有机会参与课程设计起始阶段的工作，这两个模式就会更有效。

上述几种课程变革的模式是为了方便研究而作出的区分，在实际的变革中，人们

---

① Neal Gross(1971). Implementing Organizational Innovation: A Sociological Analysis of Planned Educational Changes. Rural Sociology, p. 274.

很少采用某一单一的模式,通常是以某种模式为主,综合运用其他模式的有益因素。比如,如果采用"研究、开发、传播"模式,在研究与开发阶段,也会充分吸收教师的意见;在传播的过程中,也会进行广泛的宣传,同时对教师进行培养;在实施阶段,为教师提供新课程方案需要的条件。

第四节　课程实施的微观样式:教学

当学校采纳了新的课程方案后,课程实施就由宏观样式(即课程变革)转化为微观样式(即教学)。任何课程变革,如果不落实到课堂教学中,就不会真正发生变革。本节主要讨论教学的定位和教学的意义。关于教学的其他问题,将在本书的后半部分详细讨论。

一、教学的定位

教学的定位是指教学在整个教育活动中的地位。弄清楚教学的定位,其实就是要弄清楚两个基本的问题,一是教学在教育活动中的地位;二是教学与其他相关活动的区别。

(一) 教学是教育的基本途径

教育可以通过许多途径来完成,如生产劳动、课外实践等,但教学是教育的基本途径。之所以这么说,是因为教学对学生素质发展的影响最大。从这个意义上讲,教学是学校最主要的工作,其他工作都应该围绕着教学来安排与组织。学校教育的质量在某种意义上就是由教学质量决定的。

(二) 弄清楚教学与课程的关系

就某一门具体的课程而言,教学就是课程的实施。如果没有教学,课程将永远作为文本或设想被束之高阁,其教育价值无法实现。钟启泉教授指出,"课程实施最终要落实到具体的教学活动中,教学是课程实施的核心环节和基本途径。"[①]徐继存教授认为,"课程是学生在教学过程中需要体验、领会和掌握的教育内容(包括知识、活动和经验等),教学是教师和学生在教学过程中以课程为中介所进行的活动和行为(如讲授、演示、模仿、观察、记忆、想象、思维、创造等),两者通过课程实施发生实质性的关联。当课堂教学用来实现课程计划时,课程计划成了教学的内容;当课程计划通过课堂教学付诸实践时,教学成了课程实施的途径。没有课程计划,教学在很大程度上便成了无目的、无内容的空洞盲目的行为;没有教学,课程计划便失去了实现的主要途径和最

---

① 钟启泉.课程与教学概论[M].上海:华东师范大学出版社,2004:153.

好机会。因此,我们倾向于教学是课程实施的主要途径这一观点。尽管课程计划可以通过学生自学、在日常生活中体验和积累、在社会观察中领悟总结等途径实施,但是教学在课程实施中占有核心和主导地位,是课程实施的主要途径。"[①]总之,对于制度课程而言,教学是课程实施的主要途径,教学的过程就是课程实施的过程。

然而,对于经验课程而言,教学是课程开发的主要方式,教学过程是课程开发与实施的统一。教师在实施课程时,也创生课程,如对既定的课程进行调整与修改,增加一些新的课程材料,会根据具体情境的需要提出一些新的思想和观点,组织与设计一些新的活动等。在实施国家课程和地方课程时,需要教师创生课程;在实施校本课程时,更需要教师创生课程;对于生成性课程而言,完全依赖于教师的创生。

二、教学的意义

教学是学校最主要的活动与工作。它在促进学生发展、教师提升以及文化传承方面具有重要作用。

(一)是促进学生发展的有效形式

教学是一种专门组织起来的以文化传承为主要目的来促进学生发展的教育性活动。在教学中,尽管也要组织学生学习以获得直接经验,但间接经验的学习仍是主要的、基本的。通过对人类文化精华的系统学习,学生可以在较短时间内达到人类的一般发展水平,从而保证社会的延续和发展。在知识大爆炸的今天,这种作用尤其重要。

教学是一种系统组织起来的活动,由经过专业训练的教师,按照教育目的的要求,对学生进行有计划、有组织、循序渐进的教育活动。因此,通过教学,学生能得到符合其自身身心发展需要的发展。教学能够有目的有计划地将教育的各个组成部分,包括智育、德育、美育、体育和综合素质的基本知识、基本技能与基本规范传授给学生,为他们各方面的深入发展奠定坚实的基础。

在教学中,教师能够为每位学生提供多样化发展的可能,为每一位学生提供一个展示自己、接受锻炼、自主成长的平台,同时为学生个性化发展提供空间与指导,进而促进学生个性、创造性的充分发展。

总之,教学是学生社会化与个性化、成人与成才最有效的活动,是进行全面发展教育的基本途径。

(二)是促进教师专业发展的有效途径

教学是教师最主要的工作,因此教师要将自己主要的时间与精力都花在教学上。在教学工作过程中,教师要设法去解决面对的问题,迎接各种挑战。在此过程中,教师

[①] 徐继存.课程与教学论[M].北京:高等教育出版社,2009:91.

的能力不断得到提升,素质不断得到提高。因此,教学是教师专业发展的主要途径。凡是优秀的教师,一定都是通过课堂教学成长起来的。当然,这并不是说只要从事教学工作,教师就能获得专业发展。如果没有反思,没有不断地探索、持续的思考,想通过教学获得专业发展是不可能的。许多教师从事了一辈子的教学工作,依然水平不高,就是因为他始终将教学当作任务去完成。但是,教师要想获得专业发展,就必须通过教学。

(三)是学校教育工作的主体性内容

学校是一个专门性、专业性的教育机构。其教育学性的任务是通过各种各样的教育工作来完成的。学校的教育工作非常复杂,其中有教学、后勤、行政、人事、党队团等。在所有这些工作中,教学最重要。这是因为,教学对学生发展的影响最大,对学校教育质量的影响最大。在某种意义上,学校教育质量主要是由教学质量决定的。"它任务繁重、内容复杂、工作浩繁、制度严格、运行有序,是学校教育一项最基本、最经常、最主要的工作。"[①]一所学校的变革,如果没有引发教学变革,那就没有意义。因此,学校的各项工作,都应该以教学为中心组织起来;学校的变革,都应该以教学变革为中心。当然,在强调教学是学校教育工作的主本性的同时,不可将教学唯一化,否则学校的教育功能就会出现偏误。

(四)是实现文化传承发展的主要工具

教学是通过课程来实现学生发展的,而课程往往集中了人类文化的精华。因此,通过教学,在促进学生发展的同时,也传播与传递了文化。同时,教学不仅仅是让学生掌握已有的文化,还培养了学生创造文化的能力,况且教师本身就在创造文化。从这个意义上讲,教学能够促进文化的传承与发展。当然,能够实现文化传承与发展的途径有许多,比如科研、考古等,但教学对文化的传承与发展而言,作用最大。

练习与思考

1. 什么是课程的实施?它有什么价值?
2. 简述课程实施的忠实取向。
3. 简述课程实施的相互适应取向。
4. 简述课程实施的创生取向。
5. 简述课程变革的策略。
6. 简述课程变革的主要模式。
7. 简述教学的意义。

---

① 王道俊,郭文安主编.教育学[M].北京:人民教育出版社,2009:163.

第六章 教学及教学研究的历史

> **学习目标**
>
> 1. 了解孔子、《学记》、朱熹的教学思想。
> 2. 了解苏格拉底、昆体良等人的教学思想。
> 3. 掌握拉特克、夸美纽斯、赫尔巴特、凯洛夫、卢梭、第斯多惠、裴斯泰洛齐、杜威、布鲁纳、布卢姆、赞科夫、巴班斯基、瓦根舍因、洛扎诺夫、弗莱雷等人的教学思想以及建构主义、后现代主义教学思想。
> 4. 了解中国现代的教学论发展的基本线索。
> 5. 掌握陶行知的教学思想。
> 6. 了解有关教学的不同定义。
> 7. 了解有关教学本质的不同观点。
> 8. 掌握教学的含义。

了解教学及教学研究的历史,有利于我们充分吸收前人的教学智慧与思想,有利于我们找到研究教学的角度与方法。本章先介绍中外教学研究的历史发展过程,其中包括教学的历史发展过程,然后再讨论教学的含义。

第一节 教学研究的历史

要想真正地理解教学,就必须搞清楚教学的来龙去脉,理清教学的历史演进轨迹。

一、前启蒙时期的教学思想

(一)中国古代的教学思想

教学活动与人类同时产生。自从有了人类,就需要传递生活与生产经验,而传递生活和生产经验的过程,就是教学。然而,此时的教学与生产、生活结合在一起,没有独立的形态,其随意性非常强,属于广义的教学。在原始社会,成人经常会带着小孩从事采集、狩猎、捕鱼、祭祀、交往等活动。在活动过程中,成人通过自身示范与口耳相传等方式,帮助年轻一代掌握从事这些活动的技巧与规则。这种广义的教学至今都还是人们获得生活、生产经验的重要手段。

专门的教学以及教学研究产生于学校诞生以后,因为只有在学校产生以后,才会有专门的教师。他们专职从事教学工作,并思考、探索着如何教学才会更有效。通常认为,学校产生于奴隶社会,因为只有到了奴隶社会才有剩余产品。据记载,中国在夏朝就已经有了学校,但有记载的教学活动出现在春秋战国时期。那时,诸子百家竞相讲学,私学兴起,教学实践与教学思想的发展都达到了前所未有的高潮。可以说,诸子百家中的每一家,都有自己的教学活动,亦有自己的教学思想。

1. 春秋战国时期的教学思想

1）孔子的教学思想

孔子(公元前551—前479)生于春秋末期的鲁国,是中国古代著名的思想家与教育家。他于而立之年创办私学,讲学四十余年。他创办了中国最早的私学,并创立了儒家学派。《论语》一书由其弟子及再传弟子编撰而成,其中绝大部分内容记录的是孔子的教育活动与教育思想。关于孔子的教学思想,可以从以下几个方面得到说明。

第一,关于教学目的。孔子认为,教学(或教育)的目的就是培养仁义之士。在《论语》中,孔子说:"学而优则仕。(《论语·子张》)"意思是说,学习之余还有余力或者闲暇,就去做官(以进一步推行仁义)。这说明,教学的目的就是培养仁义之士。

第二,关于教学内容。孔子的教学内容,就是经过他自己编辑整理出的"六经"。这在本书"课程研究的历史"这一节中已提及,此处不再赘述。在《论语·述而》篇中,孔子又说:"志于道、据于德、依于仁、游于艺。"这里的"艺",指的是奴隶社会教育中的"六艺",即礼、乐、射、御、书、数六种技艺。因此,"六艺"也可能是孔子所倡导的教学内容;

第三,关于教学过程。孔子认为,教学的过程是学、思、行相结合的过程。孔子说:"学而不思则罔,思而不学则殆。"(《论语·为政》)"始吾于人也,听其言而信其行;今吾于人也,听其言而观其行。"(《论语·公冶长》)"诵诗三百,授之以政,不达;使于四方,不能专对。虽多,亦奚以为?《论语·子路》)"孔子的学、思、行相结合的教学过程观,奠定了中国古代教学过程观的基础。

第四,关于教学原则。孔子的教学原则概括起来有以下几点:(1)因材施教。《论语·先进》篇有这样的记载:子路问:"闻斯行诸?"子曰:"有父兄在,如之何其闻斯行之?"冉有问:"闻斯行诸?"子曰:"闻斯行之。"公西华曰:"由也问:'闻斯行诸?'子曰:'有父兄在。'求也问:'闻斯行诸?'子曰:'闻斯行之。'赤也惑,敢问。"子曰:"求也退,故进之;由也兼人,故退之。"。对于同样的一个问题,孔子针对不同的学生,给出不同的回答,这就是因材施教。朱熹在总结孔子的这一做法时说:"夫子教人,各因其材","因材施教"由此得名。此外,孔子所培养的学生,亦各有特长:"德行:颜渊、闵子骞、冉伯牛、仲弓;言语:宰我、子贡;政事:冉有、季路;文学:子游、子贡"(《论语·先进》)。(2)启发诱导。孔子说:"不愤不启,不悱不发。举一隅不以三隅反,则不复也。(《论语·述而》)"(3)学思行结合。学思行结合,不仅是孔子的教学过程观,而且也是他所提倡的教学原则。(4)温故知新。孔子说:"学而时习之,不亦说乎。(《论语·学而》)",又说:"温故而知新,可以为师矣。(《论语·为政》)。"

2)《学记》的教学思想

《学记》是《礼记》中的一篇,是儒家教学思想的集大成者。据郭沫若考证,它可能是公元前4至前3世纪战国后期思孟学派的乐正克所作。《学记》是世界上最早的专门阐述教学问题的著作。关于《学记》的教学思想,可归纳为以下几个方面。

第一,教学目的。《学记》第一段就说:"君子如欲化民成俗,其必由学乎";接着在第二段又说:"建国君民,教学为先。"因此,化民成俗,建国君民,就是《学记》的教学目的。

第二,教学原则。《学记》主要论述了以下几个教学原则:(1)启发诱导的原则。《学记》说:"故君子之教喻也,道而弗牵,强而弗抑,开而弗达。道而弗牵则和,强而弗抑则易,开而弗达则思。和易以思,可谓善喻矣!"(2)长善救失的原则。《学记》说:"教也者,长善而救其失者也。"(3)豫时逊摩的原则。《学记》说:"大学之法,禁于未发之谓豫,当其可之谓时,不陵节而施之谓孙,相观而善之谓摩。"(4)藏息相辅的原则。《学记》说:"大学之教也,时教必有正业,退息必有居学。不学操缦,不能安弦;不学博依,不能安诗;不学杂服,不能安礼;不兴其艺,不能乐学。故君子之于学也,藏焉修焉,息焉游焉。"(5)以学定教的原则。《学记》说:"学者有四失,教者必知之。人之学也,或失则多,或失则寡,或失则易,或失则止。此四者,心之莫同也。知其心,然后能救其失也。"

第三,教学方法。关于教学方法,《学记》论述了以下几种:(1)讲解法。"其言也,约而达,微而臧,罕譬而喻。"(2)问答法。"善问者如攻坚木,先其易者,后其节目,及其久也,相说以解。不善问者反此。善待问者如撞钟,叩之以小者则小鸣,叩之以大者则大鸣,待其从容,然后尽其声。不善答问者反此。"(3)练习法。"不学操缦,不能安弦;不学博依,不能安诗;不学杂服,不能安礼;不兴其艺,不能乐学。"(4)类比法。"古之学者,比物丑类。"

第四,师生关系。《学记》中所倡导的师生关系,是"师道尊严"的关系。《学记》说:"凡学之道:严师为难。师严然后道尊,道尊然后民知敬学。"又说:"大学始教,皮弁祭菜,示敬道也。《宵雅》肄三,官其始也。入学鼓箧,孙其业也。夏楚,收其威也。"这种师生关系,成了中国古代师生关系的典范。清代教育家张謇在《通州师范学堂建始记》中说"师之道备于《学记》"[①],意思是说做教师的道理在《学记》里已经阐述得很完备

---

① 陈学恂.中国近代教育史教学参考资料(上册)[M].北京:人民教育出版社,1987:636.

了。此话虽有言过其实之嫌,但回顾《学记》之后的教学思想,能超越者,确实不多。即使偶有超越《学记》的观点,也未能成为主流与正统。从这个意义上讲,要了解中国古代的教学思想,不得不学习《学记》。基于这个原因,后文在论及中国古代其他人的教学思想时,如无特别之处,一般都一笔带过。《学记》也是目前所能见到的最早出现"教学"一词的中国古典文献:"建国君民,教学为先""故曰:教学相长也。"但是,此处的"教学"与今天所说的"教学"在含义上相去甚远,大体上与"教育"同义。

3) 其他各家的教学思想

墨子(生卒年不详,大约生活在公元前490—前403之间)是墨家学派的创始人。墨子曾"学儒者之业,受孔子之术"①,而后背儒立墨,成为儒家的批判者,最终使墨家与儒家并称"显学"。儒墨的对立驳难,揭开了先秦时代"百家争鸣"的序幕。墨子的教学思想,可归纳为以下几点:(1)关于教学目的。墨子认为,教学的目的就是培养"贤士"(亦称"兼士")。贤士是"必兴天下之利,除天下之害"的人,不仅要"厚乎道行",还要"辩乎言谈""博乎道术"。(2)关于教学内容。墨子出身微贱,精于技工,所以它非常重视自然科学知识、生产技能、军事知识和论辩才能的培养,其教学内容大大突破了"六艺"的范畴。(3)关于教学原则。其关于教学原则的思想主要有不叩亦鸣、述而又作、强力而行、察类明故、因可时言、学必量力、务本约末、志功合观等。墨子的教学思想以其鲜明的特色,与孔子的教学思想构成互补相济的关系。

孟子(约公元前372—前289年)是战国时期著名教育家,曾"受业子思之门人"②,后世将他与子思合称"思孟学派"。他在认识论方面是主观唯心主义的,但他许多的教学思想是有借鉴价值的。孟子的教学思想可归纳于以下几点:(1)教学目的。孟子认为,教学的目的就是"明人伦",即让人明白"父子有亲、君臣有义、夫妇有别、长幼有序、朋友有信"这样的道德观念。(2)教学内容。与"明人伦"的教学目的相一致,孟子主张的教学内容是以"孝悌"为主体的道德教育。同时,孟子还认为,仁义礼智的基础就是"孝悌",因此整个教学内容均应以"孝悌"为中心。(3)教学的方法与原则。孟子所主张的教学方法与原则有自求自得、专心有恒、启发引导、循序渐进。总体而言,孟子的教学思想侧重于内向,注意发挥人的主观能动性,所谓"心之官则思,思则得之,不思则不得也"。③ 他以"得天下英才而教育之"④为人生的乐事,又告诫人们"人之患在好为人师"。⑤ 忽视闻见之知,是其教学思想之不足。

---

① 《淮南子·要略》。
② 《史记·孟子荀卿列传》。
③ 《孟子·告子上》。
④ 《孟子·尽心上》。
⑤ 《孟子·离娄上》。

与孟子齐名的荀子(约公元前314—前217年)则发展了孔子思想中的唯物主义因素,其观念以儒家思想为主体又具有法家思想的倾向,是儒家思想之集大成者。今人李泽厚称:"荀子可以说上承孔孟,下接易庸,旁收诸子,开启汉儒,是中国思想史上从先秦到汉代的一个关键。"①其教学思想表现为以下几方面:(1)教学目的。荀子认为,人性本恶,因此教学的目的在于"化性起伪"。(2)教学内容。荀子说:"故《书》者,政事之纪也;《诗》者,中声之所止也;《礼》者,法之大分,类之纲纪也。故学至乎《礼》而已矣。夫是之谓道德之极。《礼》之敬文也,《乐》之中和也,《诗》《书》之博也,《春秋》之微也,在天地之间者比矣。"所以,诗、书、礼、乐、春秋是荀子所重视的教学内容。(3)教学过程。荀子将教学过程(或学习过程)分为闻、见、知、行四个环节。他说:"不闻不若闻之,闻之不若见之,见之不若知之,知之不若行之,学至于行之而止矣。行之,明也。明之为对人。"(4)教学方法与原则。荀子所倡导的教学原则与教学方法主要有:积微见著(积善成德)、虚壹而静、解蔽救偏。荀子的教学思想注重"善假于物",具有外向性的特点。

4)《中庸》的教学思想

《中庸》是从《礼记》中分立出来的,成为"四书"之一。对于教学,《中庸》的最大贡献是提出了一个完整的教学过程:"博学之,审问之,慎思之,明辨之,笃行之。"它进一步完善了孔子所提出的学、思、行的教学过程思想。此外,《中庸》还提出了"遵德性而道问学"的主张,涉及品德形成与知识学习之间的关系。

2. 秦至隋唐五代时期的教学思想

秦"以法为教,以吏为师",禁止私学,又没办官学,"颁挟书令",直至"焚书坑儒",使儒学传统几近中断,文化教育一度成为"潜流",教学思想的发展跌入谷底。出于对秦朝极端主义的反动,西汉实行"罢黜百家,独尊儒术"的文教政策。儒学被推向前台,儒家思想在我国开始占据主导地位,并绵延二千余年。

西汉正统经学教育思想家董仲舒(公元前179—前104年),自幼勤读儒经,精于《春秋公羊》学和《易经》阴阳学,中年以后"下帷讲诵""弟子传以久次相授业"②,被称为"汉代孔子"。他曾给汉武帝建议罢黜百家、独尊儒术、开创太学、改革选士制度等,影响很大。其教学思想主要有师功圣化、强勉学问、精思要旨、兼得所长、虚静专一、见博知明等。

东汉"异端"思想家王充(27—约100年)博览群书而不拘泥章句之学,不受师法家法和太学教学内容的限制,批判地吸取了先秦诸子的学说,自成体系。其教学思想主

---

① 《荀易庸纪要》。
② 《汉书·董仲舒传》。

要有知源于学、"距师""问难"、博达疏通、明效贵用、实践练习、日为成巧、积渐琢磨、专志不二等,所表现出来的朴素唯物主义倾向的教学认识论和方法论,是对我国古代教学论的重要贡献。

魏晋南北朝时期儒学式微、玄学兴起、佛教盛行,诸学纷杂论争。魏晋之际著名思想家嵇康(223—262年)以其反传统的批判精神,提出"越名教而任自然"①的教学思想,在批判经学教学弊端的基础上,主张教学顺应儿童天性,让儿童自由地发展。这是自然教育思想在中国的萌芽。他提倡"独观"(独立思考)、"广求"(博览明理)、"易简"(简约扼要)、"虚心"(淡泊虚静)、"得意"(掌握意旨),反对迷信盲从、主观臆断、烦琐主义、耽于私欲、拘泥章句,反映了魏晋思想解放的时代精神,对于突破儒学独尊对教学思想的禁锢,实现教学思想的超越和发展有积极作用。

南北朝时期教育家颜之推(531—约595年)作为当时"最通博最有思想的学者",为了用儒学教育子孙,针对"南方浮华北方粗野的气氛",以平实的作风著成《颜氏家训》二十卷,"被看作处世的良轨"②,世代相传。其教学思想主要有立志向学、切磋起明、惜时早教、严慈相济、勤勉博识、眼学求实、涉务致用、谨慎交游等。颜之推的教学思想反映了经过儒、玄、道、佛各派相互争鸣后教学思想融合的特征,表露出魏晋南北朝向隋唐过渡的趋势。

隋唐时期重振儒术,兼重佛、道,经学教学占主导地位,儒、佛、道进一步交融,并向宋明理学发展。隋代经学大师王通(584—617年)15岁即为人师,其教学内容以"六经"为主,遵循"知之—行之—安之"的教学过程理念,重视因材施教、启发问对的教学艺术,提倡广问共议、灵活变通,所谓"通其变,天下无弊法;执其方,天下无善教"③。虽然王通的教学思想有对孔子刻意模仿的局限,但他身体力行、言传身教,培养了许多有成就的弟子。

唐代的韩愈(768—824年)推崇孔孟、强调道统,其教学思想既吸收了前人的观点,又有自己的创新,主张业精丁勤、文以载道、提要钩玄、含英咀华、闳中肆外、博精结合、学贵独创、师友相长、寓庄于谐、诙笑啸歌等。在著名的《师说》中提出的"师者,所以传道、授业、解惑也""弟子不必不如师,师不必贤于弟子"的论断,已成为我国教学文化中的精髓,广为流传。

柳宗元(773—819年)是唐中期著名的思想家、文学家和教育家,其教学思想主要有:顺天致性、奋志厉义、批判问难、兼采众长、博览群书、务达其旨、化师为友、交以为

---

① 《释私论》。
② 范文澜.中国通史简编(修订本第二编)[M].北京:商务印书馆,2010:528.
③ 《文中子·周公》。

师等,其中不乏精辟的见解。

3. 宋元明清时期的教学思想

宋代的教学思想极大地丰富了中国古代教学思想理论宝库,成为古人留给我们的不可多得的珍贵遗产。胡瑗、周敦颐、张载、二程、朱熹、陆九渊、陈亮、叶适等,都对教学思想发展有重要贡献。其中北宋教育家胡瑗(993—1059年)"教人有法,科条纤悉备具"提倡并实践了像明体达用,分斋教学;绘制图表,直观教学;劳逸结合,娱乐教学;配合讲授,辅导教学;广其闻见,游历教学等教学方法。胡瑗所主张并实施的教育,被史学家称之为"活的教育"①。

南宋著名教育家朱熹(1130—1200年),以孔孟思想为主干,兼取佛道,构成一个集大成的理学体系。他认为"教有成法",所谓"事必有法,然后可成,师舍是则无以教,弟子舍是则无以学"。②他深入研究"教人之妙",主张启发诱导、适时而教、教人有序、师功指引、因材施教、身体力行;注重探讨"读书之法",后人将其概括为"循序渐进,熟读精思,虚心涵泳,切己体察,着紧用力,居敬持志"六条。我国古代长期积累起来的教学经验和思想,经过朱熹的归纳、整理、总结和改进,呈现出更加系统化、理论化的特征。我国教学理论的发展因此而达到一个新的高度。

明清之际的教学思想有了新的发展。明代著名教育家王守仁(1472—1528年)(别号阳明)在教学思想方面,主张立志为先、责善问难、静处体悟、事上磨炼、整体明了、自家解化,顺性鼓舞,激励乐学,随人分限、因材施教等。郭沫若曾说:"王阳明对教育方面有独创的主张,而他的主张与近代进步的教育学说每多一致。"③其教学思想亦影响到近现代教学思想的发展。

清代教育家王夫之(1619—1692年)主张行知并进、学思相资、因人而进、施之有序、正志为本、乐学自悟、积渐不息、去骄去惰、因机设教、师友讨论等。其实,明清之际教学思想和近现代教学思想有着割不断的历史联系。

中国古代的教学,具有如下几个特点:(1)在教学组织形式上,一直以个别教学为主。书院产生以后,出现了一种独特的教学组织形式,名曰"讲会",逢月之九、十、十一日三天为会期。届时,主讲人先标出其讲学之宗旨,然后再开讲。这种"讲会"的形式,很类似我们今天的学术报告会。但是,它不构成中国古代教学组织形式的主流。(2)在教学内容上,一直以四书五经为主。(3)在教学方法上,一直以授受式教学为主。书院产生以后,教学方式有所变化。书院制度形成于宋代,但书院之名始见于唐代。

---

① 陈青之.中国教育史[M].北京:商务印书馆,1936:240.
② 朱熹《孟子集注·告子》.
③ 郭沫若.沫若文集(第十卷)[M].北京:人民文学出版社,1957—1963:49.

书院在教学上的一个特点是以生徒自学为主,大师讲授只是阐发精义,而不是逐章串讲。其传道授业的方式不再是官学的那种满堂灌,而是采取质疑问难的方式,即自学有疑难问题时请求大师指点,互相切磋琢磨,探求新知。

我国古代教学思想的发展具有如下特点:(1)起源早且有着辉煌灿烂的成就。中国教学思想的发源较早于西方,并出现过世界上最早的专门论述教学理论的专著,在很长的历史时期内,中国的教学理论处于世界领先水平。(2)教学思想来源于经学教学实践。中国古代的教学思想直接来源于教育家长期而丰富的教学实践。这些教学实践主要表现为讲经、读经、背经。这在一定程度上符合学生的身心发展特点和教学的客观规律,是经过实践检验和时间检验并富有成效的。(3)研究内容比较丰富。中国古代的教育家,对于教学中的基本范畴及关系,如教与学、学与思、知与行、习与性、文与道、理与情、博与约等,都有所论述。(4)教学研究的历史传承性较强。我国教学思想的发展源流分明,都是教育家们在继承前人的基础上不断发展完善的,并由此形成以儒家教学思想为主干的教学思想传统及体系。与历史传承性相对应的是,中国古代教学思想的创新性不足,主要表现为历代教学思想家都注重对前人的教学思想进行阐发,并陈述自己的看法与认识,但很难提出一个新的教学思想体系。(5)以经验研究为主。中国古代的教学研究,多为经验的积累和现象的描述,理论探索和科学论证欠缺。

(二)国外古代的教学思想

1. 古希腊时期的教学思想

同课程思想一样,国外教学思想的源头可追溯至古希腊。当时的智者派云游各地,以传授雄辩术为职业,很重视讲述、解释、演说、对话、争论、辩难等技巧。智者是古希腊的第一批职业教师。① 其中的代表人物普罗塔哥拉(Protagoras,公元前481—前411年)就曾对教学发表过许多有意义的见解,如"对于学习,天禀和练习是同样的需要;我们应从少年学起。没有实践的理论和没有理论的实践都没有意义。学习如果没有达到相当的深度,便不能在灵魂中生根。"②在教学方法上,智者派非常注重练习法,因为演说不经过练习是学不会的。

雅典著名思想家苏格拉底在其教学中广泛使用对话、提问、暗示、诘难、归纳等方法,激发学生思维,以使之主动寻求答案,史称"产婆术"。这是西方最早的启发式教学。它对西方教学的影响颇深。除中世纪这个特殊的时期以外,"产婆术"一直是西方主要的教学方法。即便是今天,也不例外。苏格拉底在教学中总是力求寻找具有普遍

---

① 戴本博.外国教育史(上)[M].北京:人民教育出版社,1989:80.
② [苏]麦丁斯基著.世界教育史(上册)[M].天枢,子诚译.北京:五十年代出版社,1953:21.

意义的原理与观念,并将其视为教学的最终目的。其教学过程的基本特征是:"由普遍经验概括开始,进而达到构成特殊事实的基本概念的更适合的定义。"①

柏拉图作为苏格拉底的学生,进一步丰富了"产婆术"的教学思想。柏拉图认为,人原本是一个神,因此他是有知识的;只是出生时,知识被遮蔽了。因此,从本质上讲,"学习就是回忆"②,就是回忆自己已有知识的过程。显然,教学则是促进学生回忆的过程。他非常重视理性、思维在学习过程中的作用。

亚里士多德非常注重对儿童发展的研究。亚里士多德说:"有三种东西能使人善良而有德行,那就是天性、习惯和理性。"③他认为,儿童的发展分为身体的发展和心灵的发展,身体的发展先于心灵的发展。心灵的发展又分为非理性的部分和理性的部分,而非理性部分的发展先于理性部分的发展。教育教学应该依照儿童发展的这种顺序来进行,即先进行身体方面的教育,然后再进行非理性方面的教育,最后是理性方面的教育。其实,这就是教育教学要效法自然的原理。

2. 古罗马时期的教学思想

古罗马著名教育家昆体良系统地总结了当时的教学成就和自己从教二十余年的经验(特别是教学法方面的经验),写成十二卷的《雄辩术原理》。该书被誉为古代西方的第一部教学法专著。在教学上,昆体良的贡献主要表现为三个方面:第一,教学要依照儿童的自然倾向来进行。他认为,"教学要能培植各人的天赋特长,要沿着学生的自然倾向最有效地发展他的能力。"④第二,提出教学要与休息相结合。教学时要注意智力劳动和休息互相调剂,最好的休息是游戏。第三,提出了教学过程阶段理论。他详尽地研究了教学法,提出教学的三个顺序递进的阶段:模仿—理论—练习,而尤重练习的作用。他的这些思想都是很有价值的。

3. 文艺复兴时期的教学思想

中世纪是宗教占统治地位的时代,科学成为神学的"婢女",受经院主义哲学的影响,教学领域内盛行抽象烦琐的推论、玩弄概念和咬文嚼字,呆读死记成为主要的学习方法,学生的独立思考被视作"邪恶"。因此,教学理论发展缓慢,长期处于停滞状态。欧洲文艺复兴时期,人文主义教育家们在批判中世纪经院主义教学思想的基础上,对教学理论作出了突出的贡献,极大地推动了西方教学论的发展。

意大利人文主义教育家维多利诺(Vittorino da Feltre,1378—1446)创办了"快乐之家"学校,旨在让学生个性得到愉快活泼的发展。他十分赞赏柏拉图的教育名言:

---

① [英]博伊德·金著.西方教育史[M].任室祥,吴元训译.北京:人民教育出版社,1985:27.
② 戴本博.外国教育史(上)[M].北京:人民教育出版社,1989:80.
③ 华东师范大学教育系、浙江大学教育系选编.西方古代教育论著选[M].北京:人民教育出版社,2001:99.
④ [古罗马]昆体良著.昆体良教育论著选[M].任钟印译.北京:人民教育出版社,1989:89.

"自由人不能用强迫的或苛酷的方法施教。"他重视教学中师生之间和睦融洽的气氛。他实施了新的教学方法,如应用活动字母教授读写,应用游戏的方法等。他十分注意培养学生的独立性和创造性。

尼德兰人文主义教育家伊拉斯谟(Desiderius Erasmus,1467—1536)认为学习既需要付出艰辛的努力,又需要学习兴趣的伴随;而教师则应讲求教学的技巧和方法。法国人文主义教育家拉伯雷在其著名的教育小说《巨人传》里,为人们"提供了一幅直观教学的艺术图画",从而使教学"变得如此愉快、轻松、富有吸引力,以致觉得与其说它像学生的学习,毋宁说它像国王的消磨时光"①。总之,人文主义教学思想高度尊重人的个性和自由,强调教学要顺应儿童的天性,力求让学生愉快地学习,并采用直观教学法。这是文艺复兴的时代精神在教学领域的反映。

西方古代的教学思想具有以下几个特征:

(1) 在教学方法上,启发式教学占据主流地位。自从苏格拉底提出"产婆术"以后,启发式教学被西方历代教育家所强调和实践。除中世纪以外,启发式教学一直都是主流的教学方法。

(2) 强调教学应该建立在儿童发展规律的基础之上。西方古代的教育家非常重视儿童发展规律的研究,并强调教学应该建立在儿童发展规律的基础之上。尽管这种研究带有猜测性,但这种意识和意向非常重要,它有力地推动了西方的教学研究向科学化的方向迈进。

(3) 教学的内容非常全面。与中国古代的教学只注重道德教化不一样,西方古代的教学一开始就非常强调身体、道德、智力等方面的全面发展。

(三) 古代教学思想的特点

在整个古代,不论是中国还是西方,教学思想的发展呈现出以下几个特点:

(1) 教学论没有形成独立的学科。在古代,虽然有对教学的研究,但是没有对教学的专门研究。绝大多数的教学思想,都渗透在相关的哲学、社会学思想中。

(2) 教学研究的方式多半是经验研究和思辨研究。相关的教学思想都是基于哲学家对人的哲学化的认识而提出来的,或者是相关教育家的教学实践经验的总结与概括。因此,对教学的认识和表述也多是直观的、感性的经验描述,缺乏学理的论证和理论的提升。

(3) 教学理论的体系性较差。虽然就整体而言,古代的教学研究对教学的相关问题都有所论述,但就某个教育家而言,其教学思想还是零散的、不够系统的,更没有形成完整的理论体系。尽管如此,萌芽期的教学思想仍然是教学理论进一步形成与发展

---

① 曹孚.外国教育史[M].北京:人民教育出版社,1979:66—67.

的历史基础。因为,"萌芽虽然还不是树本身,但在它自身中已有着树,并且包含着树的全部力量。"①

二、传统教学论的形成与发展

(一)拉特克的教学论

拉特克(W. Ratke,1571—1635)是德国著名教育家。在教育史上,他是第一个倡导"教学论"的人。1612年,在向法兰克福诸侯呈交的学校改革奏书中,拉特克自称是"教学论者"(Didacticus),称自己新的教学技术为"教学论"(Didactica)。拉特克认为,教育是人与生俱来的权利,为此要保障每一个人享有这一权利,要使所有国民共享语言、学术和文化,以实现国家和民族的统一、和平与独立。为此,他致力于探求"教授之术",开拓教学论。

拉特克教学论的主要观点如下:第一,以教学的方法技术问题为教学研究的中心。他认为,教学研究的重点在于探讨如何使所有的人最容易、最有效地获得知识和教养这一方法问题。"教什么"的问题并非全然不顾,只是研究的重心是"如何教"的问题。第二,教学方法和技术既依赖于儿童的心理,又依赖于学科知识的性质。拉特克指出,一方面应从人类的悟性、记忆和判断的本性中引申出教学技术的依据或原则;另一方面,离开了儿童应当掌握的知识技能的内容,教学方法便无从考虑。第三,确立了"自然教学法"。"自然教学法"就是由易到难的方法。它要求用国语作为教学工具;要求先学习事物的整体,再学习事物的细节;要求学习应采用归纳的方法,从经验入手,然后再到事物的一般原理;要求学习应以学生的能力、兴趣为依据,不应强迫,更不应把体罚作为教学的手段。第四,如何教授语言和科学是教学论的重要课题。拉特克认为,为了国民的统一与国家的自主独立,无论如何必须使所有的国民掌握同样的语言和科学。因此,"教师不仅要精通语言与科学,还要懂得怎样教才能使学生最容易、最牢固地掌握。"②

现在看来,拉特克关于教学方法技术既要考虑儿童的本性,从儿童的心理引申出教学论;又要尊重学科知识的性质,从课程中引出的教学论观点,是有独创性的。他的"自然教学法"直接启发了夸美纽斯,并对整个近代教学论的发展产生了积极影响。

(二)夸美纽斯的教学论

就教学论而言,夸美纽斯提出了如下思想:第一,提出并论证了班级授课制。班级授课制是一种教学组织形式,在它出现以前,采用的是个别教学。夸美纽斯受工业

---

① [德]黑格尔著.法哲学原理(序言)[M],张企泰,范扬译.北京:商务印书馆,1961:1.
② 转引自:[日]佐藤正夫著,钟启泉译.教学论原理[M].北京:人民教育出版社,1996:3.

生产的启发,认为既然面包师和一次生面可以烤出许多形状一样的面包,那老师一次教许多学生是可行的,"一个教师可以教一百个学生,所费的精力和教几个学生一样小。"①第二,提出了教学过程理论。夸美纽斯认为,教学的过程就是一个感知、记忆、理解、判断的过程。在《大教学论》中,他讲到:"先去动用他们的感觉(因为这一点最容易),然后去运用记忆,再后去运用理解,最后才去运用判断。"②第三,系统地论述了教学原则。夸美纽斯是系统论述教学原则的第一人。在《大教学论》中,他直接点名并论证了教学的便易性、彻底性、简明性与迅捷性原则。此外,他还论述了直观性、兴趣性、巩固性、量力性与系统性原则等。第四,论证了一系列教学原理。夸美纽斯以与自然界或自然事物相类比的方法,论证了教学以自然为鉴的原理、兴趣原理、自发原理、活动原理、直观原理等。第五,提出了学科教学法。在《大教学论》中,夸美纽斯分章论述了科学教学法、艺术教学法、语文教学法、道德教育的方法以及灌输虔信的方法。第六,提出并进行直观教学。在匈牙利工作期间,夸美纽斯致力教学改革,编写了著名的儿童启蒙读物《世界图解》(1658年出版发行)。该书是西方教育史上第一本附有插图的儿童百科全书。它构思新颖、内容广泛、图文并茂,在欧洲引起了巨大的轰动,曾流行近二百年之久,堪称教材一绝。此外,他还运用了"活的字母"教学法。

在教学研究的历史进程中,夸美纽斯及其《大教学论》处于不寻常的地位。他第一次确立起理论化、系统化的教学论,《大教学论》也因此成为现代教学研究的奠基之作。他在三百多年前就对教学规律有了如此深刻的认识,这是令人惊叹的。他基于对教学规律的认识而确立起的一系列教学论原理,对现代教学理论与实践的发展产生了深刻影响。夸美纽斯的许多教学论主张即使在今天依然具有旺盛的生命力。

(三)赫尔巴特的教学论

赫尔巴特在瑞士民主主义教育思想家裴斯泰洛齐教学"心理学化"思想影响下,将心理学引入了教学并对其进行了长期的研究。在教育史上,他第一次建立了以心理学为基础的教学理论。

首先,提出了"教育性教学"的概念,认为"教学如果没有进行道德教育,只是一种没有目的的手段;道德教育如果没有教学,就是一种失去了手段的目的",因此二者必须结合。

其次,创建了教学形式阶段论。赫尔巴特认为,人的观念(或心理)活动有专心与审思两种,而这两种活动又分别有"静止"与"活动"两种状态。这样,心理活动就有这样的四种情况:静止的专心、活动的专心、静止的审思、活动的审思。这四种心理活动

---

① [捷]夸美纽斯著.大教学论[M].傅任敢译.北京:教育科学出版社,1999:123.
② [捷]夸美纽斯著.大教学论[M].傅任敢译.北京:教育科学出版社,1999:97.

可以分别称为注意、期望、要求、行动,它反映的是人的认识过程;与其对应的教学过程为清楚、联合、系统、方法。① 赫尔巴特所提出的清楚(给学生明确地讲授新知识)、联合(新知识要和旧知识联系起来)、系统(作概括和结论)、方法(把所学知识用于实际)四阶段论,使杂乱无章、混淆不清的教学过程走上了有章可循的轨道。

这一理论后来被他的学生席勒(T. Ziller,1817—1881)加以发展,成为分析、综合、联合、系统和方法五个阶段。席勒的学生赖因(W. Rein,1847—1929)则将赫尔巴特的四阶段论演化为预备、提示、联系、总结、应用五个阶段,成为传统教学的一个重要模式,被称为"五段教学法"。赫尔巴特及门徒建立起了以掌握书本知识为主旨的传统教学论的完整理论体系,提高了教学论的理论水平。这一理论曾统治欧美教育界达半个世纪之久,甚至影响到东方的日本和中国。

(四) 凯洛夫的教学论

20世纪40年代,马克思主义教学论诞生,这是教学论发展史上一次革命性的飞跃。苏联教育家凯洛夫(И. А. Kaiipob,1893—1978)主编《教育学》中的教学论部分即是马克思主义教学论代表。

凯洛夫的教学论建立在马克思主义哲学基础上,以列宁的认识论为指导,既是对夸美纽斯到乌申斯基(Константин Дмитриевич Ушинский,1824—1871)教学论思想的批判继承,又是对苏联20世纪20—30年代教学经验的总结。该书将教学理论概括为苏维埃教育学的教学论,其后以此为雏形逐步发展出独立体系的教学论。其主要观点有:教学过程是一种特殊的认识过程,可分为六个基本阶段:在感知具体事物的基础上形成表象,分清事物的异同、主次并认清它们之间的关系,形成概念、认识规律,巩固知识,形成技能技巧,运用、检验知识;课堂教学是教学工作的基本组织形式;教师在教学中起主导作用;教科书是学生知识的主要来源;学习是学生自觉与积极地掌握知识的过程;教学要考虑学生的年龄特点和个别差异等。此外,还提出了教学原则体系和教学方法体系,详细研究了课的类型和结构。凯洛夫的教学理论有助于纠正苏联20年代的教学偏差,推动了以注重系统化基础知识的传授为特点的教学体系的形成。如果说杜威的实用主义教学论对赫尔巴特传统教学论是一次否定的话,那么,凯洛夫的教学论则在很大程度上又是对杜威实用主义教学论的一次否定,成为新传统教学论的代表。可以说,凯洛夫的教学理论代表了他所处的时代教学论所能达到的高度,在教学论史上第一次把马克思主义的认识论引进了教学过程。

在教学研究中,"传统教学论"与"现代教学论"不是一个时间概念,而是教学论性质上的区别。传统教学论是以理性主义哲学为基础的,其目的是让学生获得知识,其

---

① [德]赫尔巴特著. 普通教育学・教育学讲授纲要[M]. 李其龙译. 杭州:浙江教育出版社,2002:58.

特征表现为"三中心":教师中心、书本中心和课堂中心。

三、现代教学论的形成与发展

(一)卢梭的教学思想

卢梭,启蒙时期法国著名思想家、哲学家、教育理论家。他的旷世教育名著《爱弥儿》被认为是继柏拉图《理想国》之后西方最完整、最系统的教育论著,影响深远。卢梭倡导"自然教育",其教育思想因而被称为"自然教育论"。卢梭在《爱弥儿》中开宗明义:"出自造物主之手的东西,都是好的,而一到人的手里,就全变坏了。"[①]他认为,人性本善,人之所以堕落是由于社会的污染。他因而主张自然教育:使儿童从社会因袭的束缚与压抑下解放出来,回归人的自然状态,遵循人的自然倾向,使儿童自由成长。教育不应该将儿童当作"小大人",而应该将儿童当作儿童。在《爱弥儿》中,他精辟地写道:"在万物的秩序中,人类有它的地位;在人生的秩序中,童年有它的地位;应当把成人看作成人,把孩子看作孩子。"[②]

对于教学,卢梭的贡献是提出了发现教学论:第一,发现是人的基本冲动。教育如果要做到尊重人的天性,就应该基于这一冲动来进行。卢梭指出:"在儿童时期学习的东西中,还需要抛弃那些不适合于我们天然的兴趣的东西,而且要把学习的范围限制于我们的本能促使我们去寻求的知识。"[③]第二,发现教学的目的是培养自主的、理性的人。自主、理性是卢梭所说的自然人应该具备的人格特质。第三,活动教学和实物教学是发现教学的基本形式。卢梭指出:"在任何事情上,你们的教育都应该是行动多于口训,因为孩子们是容易忘记他们自己说的和别人对他们说的话的,但是对他们所做的和别人替他们做的事情,就不容易忘记了。"[④]同时,卢梭还指出:"用实际的事物!用实际的事物!我要不厌其烦地再三指出,我们过多地把力量用在说话上了,我们这种唠唠叨叨、废话连篇的教育,必然会培养出一些唠唠叨叨、废话连篇的人。"[⑤]卢梭的这种思想后来被裴斯泰洛齐系统地发展为以数、形、语为基本构成要素的"直观教学论",成为指导现代教学改革的一个重要理论基础。

尽管卢梭并非教育实践家,但他凭借其才智所确立的教学论在现代教学论发展史上具有里程碑式的意义。他主张教育要尊重儿童的自然天性和主体地位;主张教学要基于儿童发展的年龄特征;将发现视为人的天性,把兴趣与方法视为发现教学的基本

---

① [法]卢梭著.爱弥儿[M].李平沤译.北京:商务印书馆,1996:5.
② [法]卢梭著.爱弥儿[M].李平沤译.北京:商务印书馆,1996:74.
③ [法]卢梭著.爱弥儿[M].李平沤译.北京:商务印书馆,1996:216.
④ [法]卢梭著.爱弥儿[M].李平沤译.北京:商务印书馆,1996:107.
⑤ [法]卢梭著.爱弥儿[M].李平沤译.北京:商务印书馆,1996:237.

因素;把自主的、理性的人格视为发现教学的目的;确立了活动教学、实物教学等教学形式。可以说,卢梭的教学论提出了现代教学研究的基本课题。他的教学见解洞悉了教学的真谛,指导了两个多世纪的教学改革。

(二)第斯多惠的教学理论

第斯多惠(F. A. Wilhelm Diesterweg,1790—1866)是19世纪德国著名的教育家。他的教育思想非常丰富而且具有革命性。就教学而言,其主要贡献是提出了一系列教学原则:第一,遵循自然的原则,即尊重儿童的天性。显然,第斯多惠在提出自己的教学思想时,充分借鉴与吸收了卢梭的教学思想。第二,遵循文化的原则,即教师在教学时必须考虑时代的精神文明以及民族的民族性,必须考虑全部的现代文化,特别是当地特有的文化。第三,连续性与彻底性原则。第四,直观教学原则。此外还有循序渐进原则、启发性原则等。

(三)裴斯泰洛齐的教学论

裴斯泰洛齐(J. H. Pestalozzi,1746—1827),瑞士民主主义教育思想家、教育改革家。裴斯泰洛齐深受卢梭的影响,在长期的教育改革实践中,创造性地发展了卢梭的教育思想,形成了自己的教育思想体系。

1. 适应自然的教育

裴斯泰洛齐继承了卢梭的自然教育论,认为教育的目的是全面和谐地发展人的一切天赋力量和才能,而儿童的天赋力量和才能有其自然发展的规律,教育必须遵循这些规律。他认为"适应自然的原则"是教育最基本的原则。裴斯泰洛齐希望通过两条途径实现他所希望的教育:在儿童发展的前期,通过"居室教育学"的方法;在儿童发展的后期,通过"基础教养论"的方法。"居室教育学"是指儿童最初的教育是以家庭生活圈为核心展开的。"基础教养论"的方法是指儿童后期的教育主要是借助教学全面发展儿童的各种基础能力。他认为,应当发展的基础能力有思维力(又称"心智力")、情操力(又称"道德力")和技术力(又称"体力")。教育应以情操力为基础和中心,和谐地发展思维力、技术力。其中每一种能力又分为若干要素,如思维力的基本要素是数(事物的数量)、形(事物的形状)、语(事物的名称);情操力的基本要素是爱;技术力的基本要素是敲、戳、拉一类的身体运动。这些基本要素都是人天赋的能力。

2. 教学原理

第一,自然发展的原理。裴斯泰洛齐继承并发展了卢梭关于儿童凭借其天生的自发冲动而自由活动、自由发展的思想,提出了教学的自然发展原理。他写道:"人拥有天赋的人类本性的力量,这就是思维力、情操力、技术力的素质与萌芽。人的这些本性的力量唯有通过使用它,才能顺应自然得到发展;人也正是依凭这些能力的本性去驱使自己运用这些能力的。"①教育者像园丁一样,"他只是照料人,只是小心翼翼地留意不使外来的暴力妨碍或搅乱人的各种能力的自然发展过程。他不是去妨碍本性的所有各种力量,而只是遵循各自的法则使之得到发展。"②

第二,直观性原理。裴斯泰洛齐继承并发展了夸美纽斯、卢梭等人的观点,并进一步指出:"直观是一切认识的绝对基础。"③这就是说,必须从直观出发去形成概念,掌握知识。不过,裴斯泰洛齐所说的直观并不是夸美纽斯纯粹被动地接受外界的感性印象的直观。裴斯泰洛齐区分了两种直观:其一,"被动的直观",指接受外界的感性印象;其二,"能动的直观",指人在认识过程中能动地反映外界事物的能力。这两种直观相互依存。

3. 教学的心理学化

在西方教育史上,虽然从亚里士多德起就提出了教育的心理化问题,但首次明确提出把心理发展的研究作为教学总原则的基础的是裴斯泰洛齐。裴斯泰洛齐因此而成为欧洲19世纪上半叶出现的"教育的心理学化运动"的重要代表。裴斯泰洛齐认为,教学原则必须根据心理规律得出,只有将教育和教学"心理学化",教育和教学才能依循人发展的自然法则进行。

由此可见,裴斯泰洛齐的教学论是夸美纽斯、卢梭教学论的总结与深化,裴斯泰洛齐因而成为近代教学论的集大成者,对后世影响很大。裴斯泰洛齐第一次提出了"教育教学的心理学化"的思想,推动了教学论科学化的进程。裴斯泰洛齐本人躬行实践,他的教学论在某种意义上是其终生矢志不渝进行的教育教学改革实践的总结。他被瑞士人民誉为"人类的教育家""人民的导师""孤儿之父"。裴斯泰洛齐对近代教育实践的发展产生了深远的影响。

(四) 杜威的经验主义教学论

杜威的教学论是建立在其实用主义或经验自然主义哲学的基础之上的。杜威以其卓越的智慧和非凡的气魄总结了西方自古希腊、古罗马以来的教育遗产,创造性地确立了三个教育哲学命题:"教育即经验的不断改造""教育即生活""教育即生长"。就教学而言,其贡献主要表现为以下几方面。

1. 经验主义教学观

杜威对传统教育中的"外烁论"和"内展论"进行了批判,认为外烁论忽视了儿童,内展论忽视了教育。此二论虽然在具体观点上针锋相对,但却拥有一致的思维方式,

---

① 转引自:[日]佐藤正夫著.教学论原理[M].钟启泉译.北京:人民教育出版社,1996:15.
② 转引自:[日]佐藤正夫著.教学论原理[M].钟启泉译.北京:人民教育出版社,1996:16.
③ 转引自:[日]佐藤正夫著.教学论原理[M].钟启泉译.北京:人民教育出版社,1996:16.

那就是"二元论"。为了化解二元论的对立,杜威提出了"经验"一词。其整个思想都是建立在"经验"基础之上的。在他看来,"经验"是人与环境之间的相互作用。杜威的"经验"既包括人(经验的主体),又包括环境(经验的客体),是主体与客体之间的相互作用。这样就消解了二者之间的僵硬对立。杜威将其"经验观"运用于教育,得出了"教育是经验的不断改造和改组"的教育本质观。在杜威看来,教学的本质不是知识的获得,而是学生经验持续不断的改造与改组。

2. 做中学的学习方式

既然教育是经验的改造与改组,那怎么做才能实现经验的改造与改组呢?显然,通过听讲的方式是无法实现的。经验只能通过活动获得。据此,杜威认为做中学是最好的学习方式。这要求教育要着眼于儿童经验的发展,要对社会生活中的典型职业进行分析、归纳和提炼而总结出一些具体活动,如商业、烹饪、缝纫、纺织、木工等,让学生通过参加这些活动来实现经验的改造与改组。

3. 问题解决教学

杜威认为,经验与思维密切相关,"没有某种思维的因素便不可能产生有意义的经验。"[①]思维就是有意识地去发现所做的事和所造成的结果之间的特定连接。有了思维的参与,经验的质量就会发生变化,它就由直接经验变成了"反省经验";经验中的智慧因素因此而生。他同时指出,"思维乃是一个探究的过程,一个观察事物的过程和一个调查研究的过程。"[②]因此,着眼于经验改造的教学必须重视思维能力的培养。如何培养思维能力呢?杜威认为,"教学法的要素和思维的要素是相同的";这些要素是:"第一,学生要有一个真实的经验的情境——要有一个对活动本身感兴趣的连续的活动;第二,在这个情境内部产生一个真实的问题,作为思维的刺激物;第三,他要占有知识资料,从事必要的观察,对付这个问题;第四,他必须负责有条不紊地展开他所想出的解决问题的方法;第五,他要有机会和需要通过应用检验他的观念,使这个观念意义明确,并让他自己发现它们是否有效。"[③]这就是人们通常所说的"问题解决教学"。这一方法被概括为情境、问题、假设、推理、验证五步。

杜威的教学论深刻总结了西方自古希腊、古罗马以来的教育智慧,并创造性地提出了自己的见解,可谓博大精深。杜威提出了一系列教学论课题:怎样真正在教学过程中发挥儿童的主体性,使教学成为教师与学生合作进行的问题解决的过程?怎样在教学过程中实现知行统一?怎样在教学中统一儿童与学科?怎样看待教学认识过程

---

① [美]约翰·杜威著.民主主义与教育[M].王承绪译.北京:人民教育出版社,1990:153.
② [美]约翰·杜威著.民主主义与教育[M].王承绪译.北京:人民教育出版社,1990:157.
③ [美]约翰·杜威著.民主主义与教育[M].王承绪译.北京:人民教育出版社,1990:174.

与人类其他认识过程的关系？怎样在教学中统一儿童与社会？等等。杜威对这些问题进行了创造性的研究，给出了自己的回答。历史已经证明并将继续证明：这些课题是现代教学论的核心问题。不管人们是否同意杜威的观点，但这些问题本身是现代教学理论与实践回避不了的。

现代教学论并非是指处于现代的教学论。判定一种教学论是不是现代教学论，不是看其所处的时代，而是看其内涵与性质。现代教学论是以现代教育为基础的教学论，其哲学基础是经验主义哲学，其目的是发展学生的知识，其特征表现为新三中心：儿童中心、经验中心和活动中心。

四、教学论的多元化发展

20世纪50年代以来，国力的竞争日趋激烈。国力的竞争实际上就是人才的竞争。现在教育上，世界各国都非常重视智力的开发，迫切要求提高教学质量。传统教学论愈来愈受到严重的挑战，现代教学论似乎也不能满足提高人才培养质量的迫切需要，这为教学理论的进一步发展提出了新的研究课题。同时，与教学论有关的许多科学理论和技术手段，如脑生理学、现代心理学、系统科学以及现代化技术手段等，都有了新的发展与突破。在这种背景下，出现了研究教学论的新高潮，各种教学理论流派应运而生。教学论领域出现了空前繁荣的景象，各种理论流派如雨后春笋般涌现。[①]

（一）美国的教学论流派

在美国，教学论流派纷呈、思潮迭起，许多教育心理学家在教学论领域颇有建树，形成了各树一帜而又交互争鸣的局面。其中，具有代表性的教学论流派有：斯金纳（B. F. Skinner）的程序教学理论、布鲁纳的认知结构教学论、布卢姆的掌握学习教学论、加涅的学习层级理论、奥苏贝尔（D. P. Ausubel，1918—2008）的有意义学习理论、罗杰斯（C. R. Rogers）的非指导性教学论、凯勒（F. S. Keller）的个人化教学系统理论、阿特金森（R. C. Atkison）的最佳教学策略、托兰斯（E. P. Torarnce）的创造性教学理论、格拉泽（R. Glaser）的个别化教学设计模式、班杜拉（A. Bandura）的社会学习理论等。其中以布鲁纳的认知结构教学理论的影响最大。

与学科结构课程对应，布鲁纳提出自己的教学论。第一，教学的内容就是学科的基本结构。与结构性课程论相对应，布鲁纳认为，教学的关键在于教给学生学科的基本结构，因为学科的基本结构具有广泛的迁移性。第二，教学的目的是发展学生的认知能力。虽然教学的内容是学科的基本结构，但教学的终极目的并不是让学生掌握学

---

① 参阅：田慧生，李如密著.教学论[M].石家庄：河北教育出版社，1999：43—50.

科的基本结构,而是发展学生的认知能力。为此,学科的基本结构必须与学生的认知结构相对应,以便不断地扩展认知结构。第三,发现教学法。布鲁纳认为,要发展学生的认知能力,就不能将学科结构直接给予学生,而应该以发现的方式让学生自己获得。他对发现做了新解释,认为发现就是让学生用自己的头脑去获得知识。尽管学生的发现多半属于再发现,但在心理上,学生的发现与科学家的发现没有本质的区别。布鲁纳认为,任何知识,如果学生没有付出智力上的努力,教师就不要将结论告诉他。第四,注重早期学习。布鲁纳认为,任何学科都能够用某种正确的方法,教给任何年龄阶段的任何儿童。因此,即使是年龄很小的儿童,也能够掌握学科的基本结构,关键在于教学方法是否正确。基于此,布鲁纳认为,学习应该尽早进行。在布鲁纳看来,发现教学有四个优点:提高知识技能,培养内在动机,学会发现的试探法,有助于记忆的保持和提取。布鲁纳的教学论,兼有传统教学论和现代教学的特点。

布卢姆的掌握学习理论亦具有重要价值。布卢姆是教育目标分类学的提出者,是当代美国著名教育心理学家。20世纪初期,美国教育深受杜威的影响,导致教育质量严重下滑。20世纪50年代末期兴起的学科结构运动,又忽视了多数学生学习上的差异、实际学习能力和可接受性,因此没有取得成功。在总结卡罗尔(I. Carroll)、布鲁纳、格拉泽、古德莱德与安德森、莫里森(G. S. Morrison)、斯金纳(B. F. Skinner)等人思想的基础上,同时以对美国学校进行的长达四十年的研究为实践基础,布卢姆于20世纪60年代末期提出了"掌握学习理论"。其主要观点是,只要提供合适的条件,差不多所有的人都能学习,就学校而言,大约95%的学生能够学习。这一理论的假设是,学习是时间的函数,只要给予学生充足的学习时间,提供合适的帮助,所有学生都可以达到掌握的水平。首先,要"改变传统的教学思想,树立相信绝大多数学生有学习好专业课的需要和积极性的观点,教师要为学生掌握学习内容而教,学生要为掌握学习内容而学"①。其次,在教学过程中,教师要调动学生的学习积极性,使所有的学生对掌握学习内容充满信心,并以极大的热忱投身于学习之中。再次,在教学中要把教学同学生的需要和特征,即把学生的个别差异同教学过程联系起来,统筹教学内容与教学方法的安排。最后,在教学中恰当地运用诊断性评价、形成性评价和终结性评价,并提供相应的帮助,以全面地、最大限度地开拓和促进每个学生的潜力发展,使所有学生竭尽全力学习,最终达到掌握学习内容的目的。教学中学生得到的帮助,可以来自教师,亦可以来自同学,还可以来自家长与社会。随着学习的推进,帮助慢慢减少,最终使学生自己掌握全部学习内容。

以布卢姆等人的思想为基础,美国教育心理学家凯勒提出了"个人化教学系统"。

---

① 张桃梅.布卢姆"掌握学习"理论述评[J].西北师大学报(社会科学版).1990(2):73—76.

该教学系统大致可分为三个过程：教学前教师的准备过程、教学中学生的学习过程、教学后的评价过程。① 在教学前的准备阶段，教师要做的事有：编写单元教材、编写指导教材、研制测验题及答案。接着教师介绍学习材料，激发学生的学习动机。凯勒教学模式与其他教学模式重要区别之一就是教师上课，不是讲述教学内容，而是引发学生的兴趣，激励学生的学习动机。在学生学习阶段，学生到教师那里领取材料和指导教材，然后依据自订的学习计划进行学习，如果遇到问题可以请教老师。在评价阶段，如果学生的学习计划完成了，就到教室参加单元测验，如果通过测验，就领取下一个学习任务；如果没有通过测验，则继续学习原来的学习材料，直至通过测验。该教学系统有五个特征②：以掌握为指导；学生自定学习速度；教师用少量几次讲课来激励学生；使用指导性教材；安排学生助理。

（二）苏联的教学论流派

在苏联，冷战需要迫切提升教育质量，因此凯洛夫传统教学理论体系受到挑战，随着教学改革实践的深入发展，涌现出众多的教学论流派。其中，具有代表性的有 М. А. 达尼洛夫、Б. П. 叶希波夫、М. Н. 斯卡特金的教学过程积极化学说，Л. В. 赞科夫的发展性教学理论，Ю. К. 巴班斯基的教学过程最优化理论；Л. Н. 兰达的教学控制理论；В. В. 达维多夫、Д. Б. 艾里康宁的发展理论思维学说；Л. Я. 加里培林、Н. Ф. 塔雷津纳的按阶段形成智力操作学说；Ю. В. 沙罗夫和 Г. И. 休金娜的形成精神需要和认识兴趣学说；М. И. 马赫穆托夫、А. М. 马丘什金的问题教学理论；Н. А. 敏钦斯卡娅、Г. С. 科斯丘克的分化教学学说；В·Ф. 沙塔洛夫的纲要信号教学；Ш. А. 阿莫纳什维利等的合作教学理论；С. Н. 雷先科娃的远景-超前教学等。其中，以赞科夫的发展性教学理论和巴班斯基的教学过程最优化理论影响最大。

赞科夫（Л. В. Занков，1901—1977）是 1956 年凯洛夫主编的《教育学》的主编之一，他曾以"教学与发展的关系"为课题进行了长达二十多年的教学实验研究，并从中概括出新的教学论体系，著有《教学与发展》一书。赞科夫认为，教学应该尽可能地促进学生的"一般发展"。一般发展是整体个性的发展，是所有方面的发展，它不仅限于智力的发展，而且还包括情感、意志品质、性格、集体主义思想和体系的发展。与此对应，智力的发展又被称为"特殊的发展"。为了实现学生的一般发展，赞科夫提出了如下几个教学原则：(1)高难度的原则；(2)高速度的原则；(3)理论知识起主导作用的原则；(4)使学生理解学习过程的原则；(5)使所有学生(包括后进生)都得到发展的原则。

巴班斯基（Ю. К. Бабанский，1927—1987）1979 年起任苏联教育科学院副院长，他

---

① 黄志成. 凯勒的个人化教学系统[J]. 国外教育资料. 1991(1)：44—48.
② 黄志成. 凯勒的个人化教学系统[J]. 国外教育资料. 1991(1)：44—48.

将现代控制论、系统论观点用于教学论研究,提出教学过程最优化的理论。其主要著作有《教学过程最优化(一般教学论观点)》《教学教育过程最优化(方法原理)》等。教学过程最优化是指选择一种教学方法,它能使教师和学生在花最少的时间与精力的条件下获得最好的教学效果。这非常类似于今天的"有效教学"。要实现教学过程最优化,关键在于在正确认识教学过程的前提下,合理地组织教学过程。巴班斯基从系统论的角度出发,认为教学过程是一个系统,这一系统包括社会因素、心理因素与控制因素。其中,社会因素有目的与内容等;心理因素有动机、意志、情感等;控制因素有计划、组织、调整等。"教学过程最优化就是社会、心理与控制统一的最佳方案。"[①]最优化,不等于"最理想",它是指一定学校、一定班级的具体条件下达到的最大可能的结果。那如何实施教学过程呢?巴班斯基对教学过程的考虑比传统的将教学过程视为感知、理解、巩固、应用四环节要更为完整、系统。具体而言,其教学过程如下[②]:第一步,教师掌握教学、教育任务,并在全面研究学生在这一时期实际可能性的基础上,使任务具体化;第二步,选择在该条件下组成教学最优过程的标准——对这一班级可以指望达到何种最大限度的教学、教育效果,可容许花费多少时间;第三步,为解决规定的教学、教育任务,研究制订对该条件来说是最好的综合手段;第四步,尽最大可能改善条件以实施所选定的教学方案;第五步,实施所拟定的教学工作计划;第六步,根据所选择的最优化标准分析教学过程的结果。为确保教学过程最优化,巴班斯基还提出了他自己的教学规律体系、教学原则体系、教学方法体系、最优化的评价标准等。[③]

(三)其他国家的教学论流派

在其他国家,教学亦形成了不少流派。具有代表性的有:德国瓦根舍因(Martin Wagenschein)、克拉夫基(Wolfgang Klafki)的范例教学论;韦尼格(E. Weniger)的教学计划理论;海曼(Paul Heimann)、舒尔茨(Wolfgang Schulz)和奥托(Gunter Otto)的柏林教学论学派;弗兰克(H. G. Frank)和库贝(F. V. Cube)的控制论意义上的教学论;温克尔(R. Winkel)等的交往教学论;保加利亚洛扎诺夫(G. Lozanov)的暗示教学理论;波兰奥根(W. Okon)的教学过程理论;英国劳顿(D. Lawton)的文化分析主义课程思想;日本广冈亮藏的教学最优化理论等。其中,德国的范例教学论和保加利亚的暗示教学论的影响最大。范例教学与布鲁纳的认知结构教学论、赞科夫的发展性教学论并列,被誉为20世纪最有影响力的三大教学论流派。

范例教学是由德国教学论专家瓦根舍因、克拉夫基提出的。所谓范例教学,就是

---

① 田本娜.外国教学思想史[M].北京:人民教育出版社,2001:533.
② 张定璋.巴班斯基的《教学过程最优化》[J].课程·教材·教法,1981(1):79—85.
③ 参见:田本娜.外国教学思想史[M].北京:人民教育出版社,2001,532—550.

指通过一些关键性的问题与典型的例子,使学生理解理具有普遍性的知识,并借此进行独立学习。要进行范例教学,应坚持三个特性,达到三个统一,并遵循四个阶段:(1)三个特性,指基本性、基础性和范例性。基本性强调要教给学生基本知识,要少而精;基础性强调教学要从学生的基本经验出发,促进他们智力的发展;范例性是指教给学生应该能起到示范作用的内容,使学生能够举一反三进行迁移和运用。(2)三个统一,是指范例教学要达到问题解决学习与系统学习的统一,掌握知识与发展能力的统一,主体与客体的统一。(3)四个阶段,是指:第一阶段,范例地学习"个",即通过范例的、典型的、具体的、单个实例来说明事物的特征;第二阶段,范例地学习"类",在第一步学习的基础上进行归纳、推断,认识这一类事物的特征;第三阶段,范例地掌握规律和范畴,要求在前面学习的基础上,进一步归纳事物发展的规律性;第四阶段,范例地获得关于世界关系和切身经验的知识,使学生不仅了解客观世界,也认识自己,提高行为的自觉性。范例教学同布鲁纳的认知结构教学论的出发点一致,是为了解决知识量的急剧膨胀与人有限的学习时间、能力之间的矛盾,同时也是为了减轻学生的学习负担。

暗示教学法由保加利亚精神病疗法心理学家格奥尔基·洛扎诺夫于20世纪60年代末70年代创立。暗示教学法的原理是整体性原理。洛扎诺夫认为,参与学习过程的不仅有大脑,还有身体;不仅有大脑左半球,还有大脑右半球;不仅有意识活动,还有无意识活动;不仅有理智活动,还有情感活动。暗示教学法就是把这几部分有机地整合起来,发挥整体的功能,而整体的功能大于部分的组合。在教学中,洛扎诺夫运用六种暗示技术来促进学生无意识心理活动,从而实现高效学习[1]:确立教师和教材的权威,实现学生的稚化,双重交流(充分利用来自环境的无意识刺激和来自教师教学特色的无意识刺激),语调变换,节奏契合,假消极。暗示教学法要遵循三个原则[2]:愉快而不紧张的原则,有意识和无意识统一的原则,暗示相互作用的原则。

在20世纪末期的教学论发展中有一个人不得不提及,那就是保罗·弗莱雷(P. Freire,1921—1997)。弗莱雷是巴西教育家,被誉为"拉丁美洲的杜威"。他在拉美和非洲开展了长期的教育实践探索,其贡献是建立了被压迫者教育学,提出了以培养批判意识为目的的解放教育理论。弗莱雷将传统的讲授式教育称为"储蓄式教育"。弗莱雷在《被压迫者的教育学》一书中指出,"这种教育是一种'储蓄'行为,学生就像是银行里开的'户头',教师则是'储户'。教师进行讲授,进行存款,而学生则被动地听讲、接受、记忆和重述,进行储存。师生之间以这种'你储我存'取代了相互的'交流'——

---

[1] 廖坤.洛扎诺夫暗示教学法的技术特点分析[J].比较教育研究,2003(6):65—69.
[2] 霜凫.暗示教学法的实践和结果(上)[J].全球教育展望,1981(4),34—38.

学生'户头'里的'存款'越多,他们发展批判意识就越少,而这种批判意识可以使他们作为世界的改革者介入于这个世界。"[1]弗莱雷认为,这种教育剥夺或压制了学生的创造权。与"储蓄式教育"相对立,弗莱雷提出了解放式教育,而解放式教育必须以对话式教学为手段。弗莱雷认为,对话使思维和行动相互关联、相互作用。如果在行动和思维之间没有固定的联系,就不是真正对话,也就不会去实践。因此,真正的对话是一种对世界的改造。弗莱雷指出,"只有建立在平等、爱、谦恭、相信他人的基础上,对话才是一种双方平行的关系。"[2]对话是平行的交流,对话需要合作和恰当的提问。为了激发对话,弗莱雷对教师的提问提出了以下要求:要提出能够激起思考的问题;要能激励学生自己提出问题;通过提问,学生不仅仅会回答问题,更重要的是要学会对答案提出疑问。

(四) 世纪之交的教学论发展

20世纪末和21世纪初,教学理论发展进一步趋向激进和多元,除了先前的教学论继续存在外,又出现了建构主义教学论和后现代主义教学论。

建构主义是相对于行为主义和认识主义而提出的,它认为行为主义具有客观性主义和环境主义的特征,认知主义同样具有客观主义的特征。建构主义主张,世界是客观存在的,但对世界的理解和赋予意义是由每个人自己决定的。我们是以自己的经验为基础来建构现实,或者至少说是在解释现实。由于每个人的经验及对经验的信念不同,所以我们对世界的理解也不同。建构主义强调教学的主动性、社会性和情境性。在建构主义看来,学习的目的不是要抛弃已有的经验和理解,而是要拓展已有的经验与理解。建构主义倡导随机通达教学、情境教学、支架式教学、交互式教学等。

后现代主义是20世纪西方世界颇具影响力的文化、哲学思潮。它以反表象主义、反基础主义和反本质主义为基本特征,主张以多元代替统一、以差异代替同一、以模糊代替确定。后现代主义教育思想主要表现为强调教育的差异性、开放性、过程性和创造性等。就教学来说,后现代主义不再追求教学的整齐性与划一性,而是强调教学过程的多样性、个体性和差异性;就学生的发展来说,后现代主义十分强调学生发展的多样性与多元化。总体而言,后现代主义非常强调教学的开放性、过程性和创造性。后现代主义所强调的教学的开放性,主要是指教学过程的非线性作用以及教学系统与其外在系统的相互作用。教学的过程不是保持平衡的过程,而是平衡不断地被打破和被转变的过程。教师的作用不在于使不平衡转换为平衡,"而在于促使不平衡的产生的同时限制这种不平衡——不让它变成不可控制的破坏。"后现代主义教学的过程性主

---

[1] Freire,Paulo(1970). Pedagogy of the Oppressed. New York: Seabury Press, p.58.
[2] 黄志成,王俊.弗莱雷的"对话式教学"述评[J].全球教育展望,2001(6):57—60.

要是指它强调教学过程甚于教学结果,认为过程对于学生及其发展是极其重要的。"后现代主义者将"课程"视为动词,即"跑的过程",而不是名词"跑道",认为学生是在跑的过程中发生转变的。后现代教学的创造性主要源自于其对权威的反叛和对多样性的倡导。没有了权威,人便呈现出自由的状态,而这种状态是最有利于创造力成长和发挥的状态。后现代教学的创造性不仅指教师教学的创造性,而且还指学生理解的创造性。后现代主义对知识的认识、对教学本质和特征的看法虽然有点极端,但不乏启发意义。

在教学论多元化时代,各种观点异彩纷呈,没有一种观点可以占据绝对的主导地位。与此同时,不同的观点彼此相互批判、相互借鉴,但同时又保持着各自的独立性,且各有市场。

五、中国现代的教学论发展

中国现代的教学论发展和引进西方教学论是分不开的,也与教学实践中以新学校取代旧学校、书院,以班级授课制取代个别教学相联系。当然,也与中国学者独立自主的探索相联系。

(一)从日本引进赫尔巴特的教学论

从1901年到1919年这段时间,我国教学论的发展主要表现为从日本引进以赫尔巴特为代表的传统教学论。

1901年6月,我国最早的教育专业刊物《教育世界》在上海创立。创刊以后,陆续刊载了从日文转译过来的夸美纽斯、裴斯泰洛齐、第斯多惠、赫尔巴特等人的教育教学思想,同时还刊载了日本学者的教育教学著作。当时日本教学受赫尔巴特派的影响非常大,即使是日本学者自己编的教育教学著作,亦渗透了统觉、兴趣、五段教学法等。因此,此时的中国引进教学论,可以说主要是以日本为中介引进赫尔巴特的教学论。

在引进的同时,国人亦开始自编教学论,其中主要的有:朱孔文编的《教授法通论》(时中学社,1903),商务印书馆编译所编《教授法原则》(商务印书馆,1913),蒋维乔编《教授法讲义》(商务印书馆,1916),余奇编《教授法要览》(商务印书馆,1917),钱体纯编《教授法》(商务印书馆,1917),等等。此时国人自编的教学论统称为"教授法"。

在这个时期,已经出现了教学改革的实验。1909年,杨保恒、周维城、俞子夷从日本移植单级教学(复式教学),在上海进行实验并取得成功。这是我国最早的教学实验。

(二)从美国引进杜威的教学论

从1919年到中华人民共和国成立之前,主要是从美国引进以杜威为代表的进步主义教学论和桑代克(E. L. Thorndike,1874—1949)的学习律。1919年5月,杜威应北京大学校长蔡元培之邀来华宣讲实用主义哲学和教育学,时间长达两年两个月之久,其多种著作先后由国人翻译出版。杜威的教育教学思想对当时的中国影响非常大。杜威的学生克伯屈(W. H. Kilpatrick,1871—1965)著 *Foundation of method*,由孟宪成、俞以棠以"教育方法原论"为名于克伯屈来华讲学的1927年出版。此外,还引进了美国其他教育家的教学论著作。桑代克于1913—1914年发表的《教育心理学》,也由国人以《教育心理学概论》为名翻译出版。需要指出的是,在引进进步教育教学论的同时,传统教育派的教学论著作仍在翻译出版,如赫尔巴特的《普通教育学》于1939年由尚仲衣翻译,由商务印书馆出版,等等。

与前一阶段一样,在引进国外教学论的同时,国人依然在编著自己的教学论。1917年,南京高等师范学校教育科教授陶行知提出要将"教授法"改为"教学法",在当时的校务会议上未获得通过,但这一做法影响甚大。五四运动开始,南京高师将全部课程中的教授法改为教学法,后传遍全国。受此影响,此时国人编的教学论多以"教学法"为名,其中主要的有朱鼎元《现代小学教学法纲要》(商务印书馆,1929),罗廷光《普通教学法》(商务印书馆,1930),赵廷为《小学教学法通论》(商务印书馆,1933),吴研因、吴增芥《(新中华)小学教学法》(中华书局,1932),张瑞策《小学教学法》(文化书社,1932),程其保《教学法概要》(商务印书馆,1933),余子夷、朱晟旸《新小学教学法》(儿童书局,1934),李清悚《小学教材及教学法》(正中书局,1936),等等。

此时,教学实验进一步发展。俞子夷于1919年进行了设计教学法的实验,舒新城、廖世承分别于1922、1923—1924年进行了道尔顿制的实验,等等。不过,这些实验都是移植性的。此外,还涌现出了许多原创性的实验,如俞子夷的"珠算笔算混合教学"实验,陈鹤琴的"活教育"实验、陶行知的"生活教育"实验等。

(三)中国本土的教学论探索

伴随着引进教学论的积累以及中国教育自身发展的需要,本土教学论不可避免地产生了,其中以陶行知的教学论最具代表性。

陶行知(1891—1946)是中国伟大的人民教育家。1915年入哥伦比亚大学,师从杜威,并于1917年毕业回国工作。陶行知结合自己普及教育的良好愿望、杜威的教育思想以及当时中国教育与社会的实际,创造性地提出了"生活教育"理论,其中有"生活即教育""社会即学校""教学做合一"等命题。

在教学上,陶行知的贡献主要表现为以下几方面。(1)提出教学的过程是"教学做合一"的过程:他说,事情怎么做就怎么学,怎么学就怎么教。(2)以学定教的思想:他认为,教学不是教师教什么学生就学什么,不是教师怎么教学生就怎么学,相反,教学是学生如何学,教师就如何教。(3)教学是真善美的统一:陶行知在《育才学校校歌》中写到:"……真即美善,真即美,真善美合一。让我们歌唱幸福的中国,真善美的世界,真善美的人生,真善美的创造。"教学的"真善美合一"是指知识教学,品德培养和美育三者相结合。(4)教学是知情意的统一:知识的教育不只是灌输死的知识,而是要同时引起儿童的社会兴趣和行动的意志。(5)教会学生学会学习与创造:教学不仅是要教学会学习知识,更要教学会学会创造。(6)小先生制:在教学过程中,陶行知创造了小先生制,即让年纪稍大的学生、成绩稍好的学生担任教师。这有效地解决了当时教师紧缺的问题。(7)正确处理了教与学的关系:陶行知认为,在传统学校里,先生只管教、学生只管学,教与学是分离的。在《教学合一》一文中,陶行知指出,先生的责任在"教学生学"。

在老解放区的教育实践中,一批教育家提出了自己的教学理论。郭化若(1904—1995,又名郭俊英)在1942年5月16—18日的《解放日报》发表了《教学法》。这是为解决部队教员中的思想问题和方法问题而写的。郭化若认为,教学的目的就是要学习有关驱逐日寇,建设新民主主义中国所需要的知识、技能与品质。他指出,上课尽量多用"启发式"。同时,他还倡导,学习应该将读书、听课、讨论质疑等结合起来的学习方法。徐特立(1877—1968)强调在教学中要综合运用古今中外法,要坚持理论与实际相结合的原则。同时,他强调要改革考试制度:(1)从平常参加学校活动和社会活动中见成绩;(2)知识考试只需考必要的基本知识;(3)通过讨论会来考试;(4)废止以分数排名的做法,重视发扬学生的特长。程今吾(1909—1970)于1941—1943年写成了《新教育体系》一书。他的教学思想主要有以下几点:第一,充分发挥教师的主导作用和启发学生学习的积极性,是教学的基本动力;第二,教学要坚持理论和实际相统一的原则;第三,班级教学要与因材施教相结合。

(四)引进苏联的教学论

建国初期,由于政治、经济、社会建设等各方面都向苏联学习,因此教学论也避免不了要向苏联学习。1950年,翻译出版了凯洛夫主编的《教育学》。该书曾作为高等师范学校的教材及教师进修用书。其中有一编是教学理论,在国内流传非常广,影响非常大。1952年翻译出版杜贺夫内伊的《教学法原则》,是从他的《教育概论》中节译的。1962年翻译出版的达尼洛夫、叶希波夫的《教学论》,这是一本教学论专著。在引进苏联教学论的同时,也伴随着对非苏联教学论的批判,主要批判对象有赫尔巴特的教学理论和方法、杜威派的教学理论和方法、陶行知的教学理论和实践、陈鹤琴的教学理论与实践等。显然,这种批判"是为了一时的政治需要而采取的'短期行为',而不是科学的批判"[①]。如当时有人在批判陶行知的教学思想时指出,"生活教育理论是杜威学说的翻版""陷在经验主义的泥坑里,只能培养鼠目寸光的人",等等。

---

① 董远骞.中国教学论史[M].北京:人民教育出版社,1998:65.

在学习苏联教学论的同时,国人亦开始研究自己的教学论,并出版了一系列著作。这些著作分两种情况:一种是单纯的教学论,如傅统先的《教学方法讲话》(山东人民出版社,1956)、陈元晖的《教学法原理》(湖北人民出版社,1957)、车文博的《教学原则浅说》(湖北人民出版社,1958)等;另一种情况是"教育学"教材中包括的教学论,如曹孚的《小学教育讲座》(人民教育出版社,1953)、刘佛年主编的《教育学(讨论稿)(1961—1963)》。这些教学论著作都不同程度上体现了苏联教学论的成果,同时也在一定程度上体现了"中国化"原则。

到了20世纪60年代,中苏关系恶化。中国不仅停止了对苏联教学论的学习,而且苏联的教学论还受到无情的批判。1966—1976年十年动乱期间,开始了对教育、教学理论的大批判。此时的批判不仅全盘否定了中华人民共和国成立以来的教学改革成就,而且全盘否定了苏联的教学论、我国古代教学论中的丰富遗产以及我国学者中华人民共和国成立以来教学论研究的成果。"批凯"(批判凯洛夫)、"批孔"的目的就是"刨刘××、林彪推行的修正主义教育路线的'祖坟'"。显然,这种批判出于政治斗争的需要,而非学术批判,最终使学术研究,包括教学论研究化为虚无。

中华人民共和国成立后到20世纪70年代,教学研究以总结优秀老师的经验为主,同时也有少量的教学实验,其中主要有辽宁黑山关北小学的"集中识字"教学实验,江苏启东和浙江杭州的小学"三结合"实验等。

(五)改革开放后的教学论

"四人帮"粉碎后,尤其是党的十一届三中全会以后,中国迎来了教学及教学论发展的新时代,其主要表现就是教育实验的蓬勃开展、对外国教学论研究空前繁荣、学术研究和讨论空气的活跃、专题论文的大量发表、教学论学科建设的丰硕成果、研究课课题的开拓,等等。①

1949年到1977年,中国大学教育系教学计划中没有教学论学科。1977年教育系恢复招生后,教学论学科逐步发展起来。与此对应,教学论专著及教材也陆续出版。1980年,董远骞、张定璋、裴文敏发出了"要有一本新的教学论"的号召。此后,不少教学论著作出版,如:董远骞、张定璋、裴文敏的《教学论》(浙江教育出版社,1984),王策三的《教学论稿》(人民教育出版社,1985),吴杰主编的《教学论——教学理论的历史发展》(吉林教育出版社,1986),关甦霞的《教学论教程》(陕西师大出版社,1987),胡克英的《教学论研究》(教育科学出版社,1982)。

改革开放后,群众性的教学实验呈现出蓬勃发展之势,如雨后春笋般不断涌现。其中,比较著名的有李吉林的小学语文情境教学实验、卢仲衡的初中数学自学辅导实

---

① 董远骞.中国教学论史[M].北京:人民教育出版社,1998:75.

验、黎世法的六课型单元教学实验、景山学校的知识结构单元教学实验、邱学华的小学数学尝试教学法实验、魏书生的六步教学法实验、顾泠沅的"尝试指导,效果回授"数学教改实验等。通过实验改革,涌现出了中国自己的教学论流派。到20世纪90年代中期以后,教学实验有所减少,主要有洋思中学的"先学后教,当堂训练"的课堂教学模式改革、东庐中学的"以人为本,教学合一"的改革、杜郎口中学的"三三六"自主学习模式实验。

此时,中国亦在加强学习与引进国外的教学论,但与中华人民共和国成立前或与成立初一边倒的政策不一样,此时的引进体现出了更为开放的特点,即不论是哪个国家的教学论,只要是有价值的都会被引进来,供国内学者学习与研究。

第二节 教学的含义

据考证,在中国,"教学"一词起源于《尚书·兑命篇》:"教学半。"《学记》引用它来论证"教学相长"。《学记》亦多次使用"教学"一词,如"教学相长""是故古之王者建国君民,教学为先"等,但此处的"教学"与今天的"教育"几乎同义。真正的"教学"出现在宋代,来自欧阳修为胡瑗所作的墓表:"先生之徒最盛,其在湖州学,弟子去来常数百人,各以其经传相传授。其教学之法最备,行之数年,东南之士莫不以仁义礼乐为学。"但在漫长的封建社会中,"教学"一词很少被使用,人们多使用"教"或者"学"。1917年,担任教务主任的陶行知在南京高等师范学校的一次教务会议上建议将当时的"教授法"课改为"教学法"课,但没有获得同意。1919年五四运动以后,南京高师遂将"教授法"改为了"教学法"。这一做法受到全国其他高校的效仿,于是"教学"一词在全国范围内流传开来。尽管现代意义的"教学"一词的使用已有近百年的历史,但当人们说到"教学"时,其意指并不完全相同。

一、对教学的已有理解

(一)指称教师"教"的"教学"

有的研究者在使用"教学"一词时,指的是教师的"教"。如"教学是传授知识技能""教学就是经验的传递"[1]"教学(教)就是教师引起、维持与促进学生学习的所有行为"[2]等。在日常生活中,当教师被说及是从事什么工作的时候,他们通常也会说:"我是从事教学工作的。"此时的"教学"也指的是教师的"教"。其实,指称"教"的"教学"有

---

[1] 转引自:李定仁,徐继存.教学论研究二十年(1979—1999)[M].北京:人民教育出版社,2001:51.
[2] 施良方,崔允漷主编.教学理论:课堂教学的原理、策略与研究[M].上海:华东师范大学出版社,1999:12.

着深厚的历史与现实基础。研究者也指出,"教、教学经常是通用的。"①

(二)指称学生"学"的"教学"

可能是因为指称"教"的"教学"太过于强调教师,由此导致教学实践只重教而不重学,于是有研究者反其道而行之,提出了侧重于"学"的教学。如有研究者认为,"教学,是一种以教材为中介,学生在教师指导下掌握知识的认识活动",教学是"学生在教师的指导下在掌握知识过程中发展能力的活动;在此基础上,增强体质并形成一定的思想品德"②。

(三)指称"教""学"协同活动的"教学"

持这一观点的学者认为,教学是教师教、学生学的共同的、统一的、双边的活动。如有研究者认为,"所谓教学,乃是教师教、学生学的统一活动;在这个活动中,学生掌握一定的知识和技能,同时身心获得一定的发展,形成一定的思想品德。"③"教学是以课程内容为中介的师生双方教和学的共同活动。"④"教学是教师与学生以课堂为主渠道的交往过程,是教师的教与学生的学的统一活动。"⑤"教学是在一定教育目的的规范下的,教师的教与学生的学共同组成的一种教育活动。"⑥等。

(四)指称"教学生学"的"教学"

持这一观点的学者认为,教学并不是并列的教与学,而是教师教导学生如何学习的活动。如"教学就是教的人指导学的人进行学习的活动"⑦"教学就是指教的人指导学的人以一定文化为对象进行学习的活动"⑧"教学就是引导学习"⑨等。

在英语中,与"教"对应的词为"teaching",与"学"对应的词是"learning"。在20世纪,由于人们强调"教学"是"教"与"学"的统一,一般用"instruction"来指称教学活动。在当今,也有用"teaching and leaning""teaching-leaning"来表述"教学"的。美国教育学家史密斯(B.O.Smith)曾将英语国家对教学(teaching)(其实应该翻译为"教")的理解分为五类⑩:描述式定义,即认为教学就是传授知识或技能;成功式定义,即认为教学不仅意味着发生某种相互关系,它还要求学习者掌握所教的内容;意向式定义,即认

---

① 施良方,崔允漷主编.教学理论:课堂教学的原理、策略与研究[M].上海:华东师范大学出版社,1999:12.
② 转引自:李定仁,徐继存.教学论研究二十年(1979—1999)[M].北京:人民教育出版社,2001:52.
③ 王策三.教学论稿[M].北京:人民教育出版社,1985:88—89.
④ 顾明远.教育大辞典[M].上海:上海教育出版社,1990:178.
⑤ 张华.课程与教学论[M].上海:上海教育出版社,2000:73.
⑥ 王道俊,郭文安.教育学[M].北京:人民教育出版社,1999:161.
⑦ 李秉德.教学论[M].北京:人民教育出版社,1991:2.
⑧ 黄甫全,王本陆主编.现代教学论学程[M].北京:教育科学出版社,1998:4.
⑨ 瞿葆奎主编;徐勋,施良方选编.教育学文集·教学(上册)[C].北京:人民教育出版社,1988:10.
⑩ 转引自:施良方,崔允漷主编.教学理论:课堂教学的原理、策略与研究[M].上海:华东师范大学出版社,1999:8—10.

为教学是一种有意向的行为,其目的是诱导学生进行学习;规范式定义,即认为教学是符合一定道德规范的所有活动;科学式定义,即以"$a=df(b,c,\cdots)$"来表示教学,其中,a 表示教学是有效的,$(b,c,\cdots)$ 表示的是教师的一系列行为,df 表示随着教师行为的变化,教学的有效性(即 a)将发生变化。

二、关于教学本质的争论

定义是本质的表达,给教学下定义,其实就是寻找教学的本质,并将其表达出来。换句话讲,如果找到了教学的本质,给教学下定义就是非常简单的事了。中华人民共和国成立以来,关于教学本质形成了如下几种观点。

(一) 认识说

教学本质的"认识说"认为,教学过程本质上是一种特殊的认识过程。它也被称为"特殊认识说"。这一观点起源最早,影响最广。它起源于凯洛夫主编的《教育学》,中华人民共和国成立初期在引进苏联教育学时自然地就将这一观点引进。当然,这其中也渗透着我国教育学者的研究。在国内,这一观点的代表人物为王策三教授。王策三指出,"教学过程是一种特殊的认识过程",作为认识过程,"认识过程的普遍规律是支配教学过程的根本规律";作为特殊的认识过程,教学是"学生这个个体认识,不仅不同于人类历史的认识,而且又不同于其他个体的认识",因为这种认识具有三个特点,即间接性、领导性、教育性。[①] 研究者指出,教学过程作为一种特殊的认识过程是马克思主义哲学认识论在教学这一特殊领域中的反映。然而,特殊认识说提出后就遭受到不少批判。下文的各种教学本质观在某种意义上都是基于对特殊认识说的批判而提出的。

(二) 实践说

教学本质的"实践说"认为,教学是一种特殊的实践活动。研究者认为,马克思主义哲学不仅包括认识论,也包括实践论。如果从认识论出发,可以得出教学是特殊的认识过程的观点;但如果从实践论出发,可以得出教学是特殊的实践的观点。这一本质说持两种观点:其一,教学是教师作为实践主体对学生这一客体进行改变、塑造的活动或行动过程,如有研究者认为,教学过程是教师以教育目的为指针,以教科书为学习的对象和手段,组织、启发、引导、支持、促进学生主动地掌握文化工具,认识客观世界、全面发展身心的一种社会实践[②];其二,教学是师生共同的实践活动或行动过程,如教学本质是教与学相统一的社会实践活动。[③]

---

① 王策三.教学论稿[M].北京:人民教育出版社,1985:111—118.
② 花永泰.教学本质再议[J].教育研究,1986(5):28—33.
③ 孙国友.也谈教学的本质[J].中国教育学刊,1998(1):45—47.

教学本质的"认识说"和"实践说"都存在走极端的嫌疑,因为它们都只抓住了教学的某种属性。有研究者认为,既然马克思主义哲学是认识论与实践论的统一,那教学的本质同样应该是"认识说"与"实践说"的统一,进而提出了教学本质的"认识-实践说"。"认识-实践说"认为,教学过程是认识与实践过程的统一。这一本质观同样有两种观点:第一,教师的教是一种特殊的社会实践活动,学生的学是一种特殊的认识活动,教学是这二者的统一;第二,教学是教师与学生共同参与的认识和实践活动。

(三) 发展说

教学本质的"发展说"认为,教学过程是促进学生发展的过程。这一观点认为,教学的本质不在于认识,而在于发展。如有研究者指出,"教学过程是一个发展过程,是在老师的培养教育下,学生心理活动的发展过程,这个活动与发展又是多方面的。"[1] "教学过程的本质就是受教育者在教师的引导下,有计划有目的地积极主动发展自己,使自身的发展水平逐步达到培养目标要求的过程"[2] 此外,有研究者综合"认识说"和"发展说",提出了教学本质观的"认识-发展说",认为教学是一个通过认识来实现发展的过程。在这一本质观中,"认识"是手段,"发展"是目的。

(四) 传递说

教学本质的"传递说"认为,教学在本质上是知识、经验的传递过程。该观点的典型表述有:"教学是传授知识技能""教学就是经验的传递""教学是教师有目的地传授和指导学生学习科学文化知识与技能的教育活动"[3]等等。显然,这一教学本质观强调了教师在教学过程中的主导作用却忽视了学生在教学过程中的主体地位,强调了知识、经验的重要性却忽视了思想、情感、精神的发展,因为思想、情感和精神是不能传递的。

(五) 学习说

与传递说相对,教学本质的"学习说"认为,教学是学生(在教师指导下)的学习过程。如:"教学过程的本质是学生在特殊条件下的学习过程。"[4]"所谓教学的本质是学生在教师指导下,批判继承和探索创新的学习过程。"[5] "学习说"尽管没有忽视教师的指导,但它更强调学生的学习。

由于"传递说"强调教师的教、"学习说"强调学生的学,但教学毕竟是教师教与学生学的统一,二者都不可忽视,不可偏废。基于此,有研究提出了"统一说",即认为教

---

[1] 贾韫武.有关教学过程的理论研究[J].河北师范大学学报,1984(4):97—102.
[2] 洪宝书.教学过程本质若干问题之我见[J].教育研究,1984(11):34—40.
[3] 转引自:李定仁,徐继存.教学论研究二十年(1979—1999)[M].北京:人民教育出版社,2001:66.
[4] 刘学浩.教师主导作用的实质是辅佐作用——与冯向东同志商榷[J].高等教育研究,1988(1):70—73.
[5] 严成志.教学本质的对比研究[J].四川师范大学学报,1995(4):38—45.

学是教师教与学生学相统一的活动。如："教学是师生双方的协同活动。"①"教学是教师的教和学生的学所组成的共同活动。"②

(六) 交往说

教学本质的"交往说"认为，教学是一种特殊的交往活动。这一观点的代表人物为华东师范大学的叶澜教授。叶澜认为，教学是"一种有目的、有组织和有计划的师生交往活动""教学活动中没有师生共享的教学经验及成果，就没有交往，就称不上是教学活动。"③教学需要交往，交往是教学的重要特征。德国还出现了交往教学论派。"交往说"虽然突破了教学认识论的局限，认为教学过程是师生间知、情、行、意相互作用的过程，是师生之间的交往过程，但能不能将交往视为教学的本质，还有待进一步思考。

(七) 价值增值说

教学本质的价值增值说认为，教学过程是价值主体为追求与实现价值目标而展开的活动。研究者认为，哲学不仅包括认识论和实践论，还包括价值论，因此研究教学，不仅需要马克思主义认识论和实践论，而且还需要价值论。而且，在哲学中，认识论、实践论是从属于价值论的，价值追求才是最终目标。如果从价值论的视角考察教学，教学过程就是一个价值增值过程。如有研究者认为，教学过程的本质是教师接受社会的委托，在学科教学中为了取得学生在德、智、体全面的教育价值增值，运用学生素质形成的各种规律，和学生共同展开的价值构想、价值调节、价值实现的活动过程。④

(八) 层次类型说

教学本质的"层次类型说"认为，教学是一个多层次、多类型的复杂过程，因此其本质亦是一个多层次、多类型的结构；当我们从不同视角、从不同学科（如认识论、心理学、生理学、经济学、伦理学等）来看时，教学过程就会显现出不同的本质。而且，教学的本质还会随我们认识的深化而不断增多。这一观点的代表人物为蒲心文。蒲心文在批判"教学认识论"时指出，"因为它仅仅是从哲学认识论的角度去揭示教学过程的本质，忽视了教学过程中其他成分，特别是心理成分方面的研究。从教学理论上讲，如果仅仅用哲学认识论这根绳子把教学过程紧紧捆住……造成今天教育理论的贫乏，与实际严重脱节"⑤。针对其他研究者的批评，蒲心文再次发文强调："教学过程的本质应该是一个多层次多类型的结构。"⑥层次类型说虽然打开了人们研究教学的视野，但

---

① 朱作仁主编.教育辞典[M].南昌：江西教育出版社,1987：632.
② 转引自：李定仁,徐继存主编.教学论研究二十年(1979—1999)[M].北京：人民教育出版社,2001：68.
③ 叶澜主编.新编教育学教程[M].上海：华东师范大学出版社,1993,264—285.
④ 马兆掌.也论教学过程的本质[J].社会科学战线.1991(4)：152—159.
⑤ 蒲心文.教学过程本质新探[J].教育研究,1981(1)：40—44.
⑥ 蒲心文.教学过程本质再探[J].教育研究,1982(6)：19—24.

它在某种意义上否定了教学的本质。如果教学具有多个本质的话,那就不构成教学的本质,因为按照马克思主义哲学,事物的本质只有一个。

三、教学的概念

关于教学的概念,目前比较一致的观点是,教学是教师的教、学生的学共同组成的双边的、统一的活动。本书将这一观点称为"双边论"。"双边论"既没有像"现代教育"那样否定和忽视教师的教,亦没有像"传统教育"那样否定和忽视学生的学,而是将教与学放在同等重要的位置上来讨论教学。然而,在涉及教与学如何统一时,这一观点大多以"有机统一""辩证统一"来概括之。它并没有让人们明白教、学是如何统一的,因而它对教学实践的改进与指导作用甚微。

教学确实由教与学组成,但教与学不是简单的并列关系。关于教学中教与学之间的关系,不少学者都有过清晰的论述。陶行知认为:"先生的责任不在教,而在教学","好的先生不是教书,不是教学生,而是教学生学。"[1]胡克英认为:"教学就是引导学习。"[2]李秉德认为:"'教学'就是指教的人指导学的人进行学习的活动。"[3]华中师范大学的陈佑清教授认为:"可以将教学理解为,教学是老师教导学生学习的活动(从教师的角度);或者说,教学是学生在教师教导之下学习的活动(从学生角度看)。"[4]这些观点不仅说清楚了教学是教与学的统一,而且还讲清楚了二者如何统一。

基于上述四位学者以及其他众多学者的研究成果,本书认为,教学是教师教导学生进行学习,以促进学生全面发展的教育活动。关于这个定义,作以下几点说明。

(一)教学是由"教导"与"学习"两种活动组成的活动

教学是活动性、过程性的存在,因此其构成要素亦是活动,不过是更小的活动而已。在教学中,学生的活动通常被称为"学习",教师的活动通常被称为"教"。为了表述的方便,本书将教学中教师的行为称为"教导"。从宏观上看,教学就是由"教导"与"学习"组成的活动。首先,"教导"与"学习"是两种不同的活动:其一,活动的主体不同,教导的主体是教师,学习的主体是学生。其二,活动的对象不同,学习的对象是课程,教导的对象是学生的学习活动。其三,活动的目的不同,学习的直接目的是获得发展,教导的直接目的是促进学生的学习。其四,活动的方式不同,教导是一种"外化"活动,即教师将自己所知的一切以恰当的方式展现出来;学习是一种"内化"活动,即学生将教师所讲的内容、教材中所呈现的内容、活动中所蕴涵的内容内化为自己的素质。

---

[1] 中央教育科学研究所编.陶行知教育文选[M].北京:教育科学出版社,1981:4—5.
[2] 瞿葆奎主编,徐勋,施良方选.教育学文集·教学》(上册)[M].北京:人民教育出版社,1988:10.
[3] 李秉德主编.教学论[M].北京:人民教育出版社,1991:2.
[4] 陈佑清.教学论新编[M].北京:人民教育出版社,2011:12.

承认教导与学习是两种不同的活动,是实现教与学相统一的前提。这是因为,如果说教学是教与学相统一的活动,那教导与学习肯定是有区别的,是两种不同的活动。如果说教导与学习没有区别,那它们就是同一种活动,对于同一种活动,就不存在统一的问题。"双边论"的缺陷就在于,没有看到教导与学习是不同的活动,或者不承认教导与学习是两种不同的活动。其次,"教导"与"学习"不是并列关系,而是行为与对象的关系。如前所述,学习的对象是课程,而教导的对象不是课程,也不是学生,而是学生学习课程的过程。换句话讲,教师不是教书的,也不是教学生的,而是教学生学习,即学生的学习构成了教师教导的对象。

(二)教学的目的是促进学生全面发展

教学是一种人为建构的存在,不具有自然物那样的客观性。凡是人为建构的存在,都反映着人的某种价值追求。教学的追求就是学生的全面发展。通过教学,不仅要让学生获得知识,而且要发展学生的智慧、人格等。概言之,教学应该以促进学生全面发展为追求。但必须明确的是,尽管教学要促进学生全面发展,但仅凭教学不能保证教学全面发展。这是因为,全面发展是整个教育的目标,而教学只是教育最基本的途径。除教学外,教育还可以通过社会实践、生产劳动等促进学生发展。换句话讲,如果抛开了教育的其他途径,仅凭教学是不能保证学生获得全面发展的。

(三)教学属于教育活动

"种"加"属差"是通行的下定义的方式,给教学下定义,先要找到"教学"的"种"概念(即与"教学"最近的上位概念),然后再找到"教学"与这一"种"概念下的其他概念的区别(即"属差")。因此,找到教学的"种"概念是给教学下定义的关键,因为"属差"也是建立在"种"概念的基础上的。找教学的"种"概念,其实就是寻找教学的归属。在教学的归属问题上,有研究者总结出了四种观点:其一,将教学归属于"教育活动",如"教学是教师引导学生按照明确的目的、循序渐进地以掌握教材为主的一种教育活动"①;其二,将教学归属于"认识活动",如"教学是一种以教材为中介,学生在教师的指导下掌握知识的认识活动"②;其三,将教学归属于"实践活动",如"教学是人类的一种有意识、有计划的行为实践""教学实践也是一种实践,具有实践的一般性质,但又不能等同于实践(社会实践)"③;其四,将教学归属于"交往活动",如"教学是有知识和经验的人与获得这些知识经验的人之间的交往。"④本书认为,讨论教学,只能在"教育"的范畴下进行;否则,就会导致教学"泛化"与"虚无",最终否定了教学自身。

---

① 南京师范大学教育系编.教育学[M].北京:人民教育出版社,1984:372.
② 转引自:李定仁,二秉德.教学论研究二十年(1979—1999)[M].北京:人民教育出版社,2001:57.
③ 钟启泉.教学实践辩[J].上海教育科研,1996(2):1—6.
④ 朱佩荣编译.季亚琴科论教学的本质(上)[J].外国教育资料,1993(5):38—45.

> **练习与思考**

1. 简述孔子的教学思想。
2. 简述《学记》的教学思想。
3. 中国古代的教学及教学研究有什么特点？
4. 简述昆体良的教学思想。
5. 简述西方古代教学思想的特点。
6. 简述夸美纽斯的教学思想。
7. 简述赫尔巴特的教学思想。
8. 简述卢梭的教学思想。
9. 简述杜威的教学思想。
10. 简述建构主义教学思想。
11. 简述后现代主义教学思想。
12. 从中国现代的教学论发展过程中，应该汲取什么教训？
13. 请选择一种教学定义，并对其进行分析。
14. 什么是教学？如何理解教学？

第七章 教学目标的确定

学习目标

1. 掌握教学目标的概念及特征。
2. 了解教学目标的功能。
3. 了解制订教学目标时要考虑的基本因素。
4. 掌握不同教学目标的陈述方法。

教学目标是课程目标的下位概念。确定教学目标,是教师教学工作的第一个环节,它对教学工作起着导向作用。只有在教学目标的凝聚下,教学工作的各个环节才能形成强大的教育合力。本章主要讨论教学目标的含义、功能,确定教学目标要做的几项工作以及教学目标的表达方法。

第一节 教学目标及其功能

教学目标是教学活动要实现的学生发展结果的预期,它比课程目标更为具体。对于整个教学活动而言,教学目标起着重要的指导作用。

一、教学目标的概念

教学目标是指通过教学要实现的学生身心素质发展的指标与标准,是对教学要获得的学生发展结果的预期。教学目标是针对"课"或"单元"而言的。其中,"课"是指某一篇课文,或某一课时的内容;"单元"是指某一自然的教学单元,如语文中的几篇性质类似的课文组成的单元,数学中的一个相对独立的教学内容单元(分数、三角形等),等等。单元通常是由若干课组成的。如果目标超越了"课"和"单元"的范围,那就应该是"课程目标"而非"教学目标"。教学目标是教育目标系统的最后一级,是课程目标的具体体现。

二、教学目标的特征

(一)预期性与现实性的统一

预期性是所有目标的共同特征,教学目标亦不例外。教学目标的预期性,是指它是指向未来的还没有实现但希望实现的一种结果。正是由于它具有预期性,所以能够凝聚教师和学生的努力。现实性,是指教学目标是在现有的条件下经过努力可以实现的。尽管教学目标是对未来的一种设想,但这一设想必须立足于现有的教学条件和学生的基础与能力。如果不立足于现实,教学目标便无法实现,那再好的预期也没有意义。预期性与现实性的统一,说明教学目标必须是没有实现的、但可以实现的预期结果。

(二)计划性与生成性的统一

教学目标的计划性是指,教学目标是在正式教学之前就设计好了的。教学目标的生成性是指,事先规划好的教学目标并不是一成不变的,它可以在教学过程中被更改或被重新设计。教学是具体的、鲜活的,受多种因素的影响,因此总会出现意外的情况。意外情况的影响有两种可能:一是会对学生的发展产生消极影响,这是教师在教学过程中应该极力避免与消除的;另一则是会对学生发展产生积极影响,这种影响是教师要充分利用的。如果教学过程中出现了对学生发展有积极影响的意外因素,教师就应充分利用这些因素,发挥其应有的教育功能。此时,事先设计好的教学流程就会发生改变,事先设计好的目标也不可能被完全实现,同时还会出现一些事先没有考虑到的发展目标。教学目标的计划性与生成性的统一,说明教师在设计教学目标时,一定要保持目标的开放性,为生成性目标留下可能与空间;同时,还要保持教学过程的开放性,给生成以机会。

(三)特定性与整体性的统一

教学目标是通过对特定课程材料的教学或通过参加特定的活动来实现的。通常而言,特定的材料和活动只会对学生的某些特定素质产生影响。也就是说,这些材料与活动,都是有特定意图的,都指向学生的某种特定素质的发展。然而,课程材料或活动往往又具备多种教育价值,能够对学生多方面的发展产生影响,因此它对学生发展的影响是整体的。因此,在拟定教学目标时,既要注意课程材料对学生特定素质的影响,又要关注它对学生整体素质的影响。

(四)具体性与模糊性的统一

教学目标既然是教育目标系统的最后一级,那它就应该是最具体的。这种具体性表现为可观察性、可操作性和可测量性。然而,并不是所有的教学目标都具有这些特性。对于行为目标而言,可以做到具体性;但对于情感、态度、价值观、过程、体验等方面的目标,只能用比较模糊的词语来表达。教学目标的具体性与模糊性的统一,说明有些目标可以具体化,有些目标则不能具体化,不可一律化。

三、教学目标的功能

（一）导向功能

教学目标的导向功能是指，它对整个教学活动具有引导、定向的功能。人与动物的重要区别之一就是人在做事之前就能够对事情结果进行预期，并在做事过程中为实现这一预期而努力。教学目标的导向功能表现为，当目标确定以后，教学材料的选择、教学过程的组织、教学方法的运用等都要指向目标的实现。同时，当教学过程出现意外情况时，教师能够根据目标的要求进行判断，以决定是要排除这种意外还是要利用这种意外；当教学过程走偏了方向时，教师能够根据目标的要求进行纠偏。从这个意义上看，教学目标并不仅仅是教学要达到的终点，而且也是教学努力前进的方向。

（二）评价功能

教学目标通常是教学效果的评价指标与标准。通常而言，教学活动是以制订教学目标为起点，以落实教学目标为终点的活动。当教学活动完成以后，如何评价它的效果呢？教学目标是评价教学效果的主要标准。其实，教学目标最初就是作为判断教学效果的标准而成为一个研究领域的。从这个意义上看，好的教学一定是实现了教学目标的教学。但是，如果从生成性目标的角度看，仅仅实现了预期目标的教学未必是最好的教学；最好的教学要基于预期的目标又要超越预期的目标。但可以肯定的是，完全没有实现预期目标的教学肯定不会是好的教学。总之，教学目标是评判教学效果的重要标准。

（三）激励功能

当教师提出的教学目标被学生认可后，就会内化为学生自己的奋斗目标，此时目标就成了激励学生努力学习的动因。它起着激发学生学习兴趣，维持学生努力的作用。它使学生不断地向目标前进。当然，教学目标要想发挥激励功能，还要看目标本身是否合理。合理的教学目标，应该处在学生"最近发展区"上，学生经过努力便可以达到。如果目标太难或太易，就不能起到激励作用。

第二节　教学目标的确定

对于教师而言，如何确定教学目标呢？通常，教学目标是根据课程标准（教学大纲）、教学内容以及学生的实际情况制订的。因此，确定教学目标要研究课标、教材和学生。

一、研究课程标准

课程标准从宏观上规定了各科教学应该达到的标准。研究课程标准,有助于我们从整体上把握教学目标的方向及要求。一方面,如果教师对课程标准的把握非常透彻,在制订教学目标时就能恰当地把握目标的度。另一方面,教师在制订教学目标时,必须以课程标准的规定为准,不能超越课程标准的要求。课程标准通常表达的是学习者在经过某一阶段学习后所要达成的预期学习结果,它并不涉及具体细节性的知识点,因此它依然是比较宏观的,可操作性不强。要想落实课程标准,就必须将其转化为教学目标。然而,只有吃透了课程标准,才能很好地实现这种转化。正如研究者所言,"教师要创造性地开展教学,最先需要的就是研究课程标准,深刻理解课程标准所阐释的课程理念,依据对内容标准的理解、教材本身特点和学生心智发展建构科学的教学目标。"[①]研究课程标准,有利于确定教学目标的范围,确定教学目标的掌握程度。

二、研究教材内容

相对于教学目标而言,教材内容是比较具体的。教材内容就是为实现特定教学目标而设计的;在某种意义上,教学目标其实就是对特定教材内容的掌握程度的描述。对于教师而言,他直接面对的是教材,而不是教学目标。因此,为了准确地确定教学目标,需要教师研读教材内容。通常而言,某一特定的教材内容,可实现多个方面的教学目标;同一个教学目标的达成,也需要多种不同的内容。但是,某一特定的教材内容往往只对某个方面的发展特别有效。通过研究教材内容,就能够识别该内容最有利于实现哪些教学目标。研究教学内容,并不是说只研究即将要教的内容,而且还要研究与本节课有关的内容,甚至是整套教材。

三、研究学生特征

教学目标不是固定不变的,它是相对于学生的发展状况而言的。学生的基础不同,所确立的教学目标就应该不同。既然教学目标是指向学生的,那制订教学目标时,必须研究学生的特征,包括学生的知识基础、加工能力、学习态度等。只有充分了解了学生,所制订的教学目标才具有针对性、可行性,以及适当的挑战性。如果学生的基础较好,教师就应该适当增加教学目标的难度;反之,则应降低目标的难度。比如,如果某节课的目标是"会写'人''口''手'这三个字",而实际上学生由于某种原因早已经会

[①] 钟启泉.怎样理解"历史课程标准"[J].历史教学,2005:(8).

写这三个字了,那再将此节课的教学目标定为"会写'人''口''手'这三个字"就不恰当了,而应该提高目标的难度,如会用这三个字组词等。可见,如果不研究学生,就不能准确确定教学目标。

第三节 教学目标的陈述

当确定好教学目标后,还必须以恰当的方式将其陈述出来。这既是为了在教学过程中能始终抓住目标,也是为了讨论与交流的方便。

一、教学目标表达的误区

(一)将教学目标表述为教师要做的事

许多教师在表达教学目标时,将目标集中在教师的活动上,将教师要做的事情作为教学目标来表述,缺少对经过教学后学生应该获得什么样的学习结果的陈述,如"讲解四则混合运算的规则"等。教师要做的事情是教学的任务,它与教学目标有相当大的区别。教学目标是学生通过学习后要达到的预期学习结果。尽管教师要做的事与教学目标的实现息息相关,是实现教学目标的有效途径,但教学的目的不在于教师是否完成教学任务,而在于学生是否获得发展。教学目标一定要体现出经过教学活动后学生在认识、理解、技能、方法、态度、情感价值观等方面的变化以及应达到的水平,而且要尽量用具体的、可测量的术语来表述。

(二)将教学目标表述为学生的学习过程

有的教师在表述教学目标时,将学生的学习过程作为教学目标来表述,却没有陈述学生在学习之后发生了什么变化,如有教师将《少年闰土》的一个目标表达为:"学习扭、胯、厨、套、猬、畜、窜等生字。"学生要获得一定的发展,必须从事学习活动。学习活动是学生获得发展的途径,但学习过程不等于学生获得的发展,不能够成教学目标。教学目标应该体现学生经过学习后应该获得的发展或变化,而不是学习过程本身。当然,有一类目标是可以通过陈述学生的学习过程来表述的,那就是过程性目标,或者表现性目标。

(三)将教学目标表述为教材中的内容

有的教师在表述教学目标时,误将教材内容作为教学目标。如,有教师这样表述教学目标:"本节课的教学目标是长方形的面积的计算公式。"这样的表述,只说明了教材中的知识点或某节课的主题,而没有说明学生学习这一知识点或主题后要发生什么变化。教学目标是教学活动的出发点和归宿,应描述学生在学习特定内容后应该获得哪些发展;教学内容是实现教学目标的媒介,它只有通过学生的学习活动,才能转化为学生的发展。学习内容本身并不构成教学目标,对学习内容的掌握程度才是教学目标。

(四)用过于模糊的词表述教学目标

有的教师在表述教学目标时,用词不够规范、科学,所表达出的教学目标过于模糊。这又分两种情况:第一,用于表述教学目标的词过于概括,如"学会写记叙文"、"培养爱国主义情感"等。这样的教学目标过于抽象,仅仅通过一两次课是无法实现的;而且它没有特定性,没有体现它与特定教学内容之间的关系。第二,用于表述教学目标的词不够规范。有些教师在陈述教学目标时,喜欢用一些日常生活中熟悉的词来表达,如"懂得尊重他人的重要性""体会课文表达的多样性与准确性"等。什么是"懂得"?它是指了解、理解,还是运用?什么是"体会"?它是指了解、理解,还是其他?

二、教学目标的表达方法

教学目标的表达同课程目标的表达具有一致性。因此,第三章所讲的课程目标的表达方法,同样适用于教学目标的表达。只是与课程目标相比,教学目标的表达更为具体、明确。

(一)行为目标及其表达

行为目标就是可以用具体的、可操作的行为的形式来陈述的目标。它能够指出教学结束后学生身上发生的变化,而且这种变化可以被测量。对于行为目标的表达,有两种主要的方式:一是泰勒的二维表达法,二是梅杰的三维表达法。

1. 泰勒的二维表达法

泰勒认为,"陈述教育目标最有效的形式,是既指出应培养学生的哪种行为,又指出该行为可运用于哪些生活领域或内容中……其中每一种陈述确实同时包括有关目标的行为和内容两个方面。"[①]此处的"内容"可以理解为教学内容,或者知识点;"行为"则是对该教学内容或知识点的掌握程度。泰勒同时还认为,"既然一项阐述清楚的目标包括行为方面和内容方面这两个维度,有时可借助于二维表格简明清晰地表述目标。"[②] 表 7-1 是根据泰勒的二维表达法制订出来的"一元一次方程"这一内容的教学目标。

---

① [美]拉尔夫·泰勒著.课程与教学的基本原理[M].施良方译.北京:人民教育出版社,1994:47—48.
② [美]拉尔夫·泰勒著.课程与教学的基本原理[M].施良方译.北京:人民教育出版社,1994:48.

表 7-1 "一元一次方程"的教学目标的二维表达

内容	行为		
	了解	理解	应用
一元一次方程的概念	能够说出一元一次方程的概念	能够用自己的话解释一元一次方程的概念	给出一些代数式,能够判断其是否是方程
一元一次方程的解法	能够说出解一元一次方程的一般步骤	能正确求得一元一次方程的解	会应用代入法进行检验
一元一次方程的应用	会正确地设未知数	能根据题意列出方程	能够用方程解答应用题

表中的"内容"是指课程内容或是知识点。"一元一次方程"包括三个方面的具体内容,或者说是三个知识点,即概念、解法与应用。其中的"行为"是指对具体内容或知识点的掌握程度,"了解"是最低程度的,"理解"的程度较高,"应用"的程度最高。需要注意的是,表达同一个掌握程度的行为动词,比如"理解",针对不同的教学内容,用词可能有变化,并非任何内容都用"理解"这一词。例如,对"一元一次方程的概念"这一内容而言,"理解"就是"解释",对"一元一次方程的解法"而言,"理解"就是"求解",对于"一元一次方程的应用"而言,理解就是"列出"。

2. 梅杰的三维表达法

尽管泰勒的目标表达理论已经相当准确与清晰,但它仍面临着许多问题。比如,"能正确求得一元一次方程的解"这一目标,是 10 道题做对了 6 道就叫正确,还是 8 道,抑或是 10 道。或者,假设我们规定"能正确求得一元一次方程的解"的标准是 8 道,其中一个学生花 10 分钟做对了 8 道,另一个学生花 20 分钟做对了 8 道,那他们的掌握水平一样吗?

面对这样的困境,梅杰提出了更为精确的行为目标的表达方法。梅杰系统地研究了行为目标的理论与技术,认为行为目标的表达应该包括三方面的内容:第一,要说明通过教学后学生能做什么,即行为;第二,要规定学生行为的产生条件,即条件;第三,要规定行为的标准,即标准。用梅杰的理论来表述"能正确求得一元一次方程的解"这一目标,就应该这样表述:"给学生 10 道一元一次方程,在 15 分钟内能正确求得 8 道以上方程的解。"其中,"行为"是"求解","条件"是"15 分钟","标准"是 10 道做对 8 道。如果用梅杰的理论来表述教学目标,是否达到某种掌握程度就非常好判断。

凡涉及知识、技能领域的目标,都可以用行为目标的方式来表达。与行为目标不同的掌握水平对应的动词列于表 7-2。

表 7-2　行为目标及其表达动词

内容	目标水平	行为动词
知识	了解水平：再认或回忆知识；识别、辨认事实或证据；举出例子；描述对象的基本特征。	说出、背诵、辨认、回忆、选出、举例、复述、描述、识别、再认等。
	理解水平：把握内在逻辑联系；与已有知识建立联系；进行解释、推断、区分、扩展；提供证据；收集、整理信息等。	解释、说明、阐明、比较、分类、归纳、概述、概括、判断、区别、提供、把……转换、猜测、预测、估计、推断、检索、收集、整理等。
	应用水平：在新的情境中使用抽象的概念、原则；进行总结、推广；建立不同情境下的合理联系等。	应用、使用、质疑、辩护、设计、解决、撰写、拟定、检验、计划、总结、推广、证明、评价等。
	创新水平：能根据所学的内容提出新的思想、观点；能对已经学过的内容进行新的分类、组合；能对熟悉的知识提出新的理解等。	批判、反思、提出、创造、创作、论证等。
技能	模仿水平：在原型示范和具体指导下完成操作；对所提供的对象进行模拟、修改等。	模拟、重复、再现、模仿、例证、临摹、扩展、缩写等。
	独立操作水平：独立完成操作；进行调整与改进；尝试与已有技能建立联系等。	完成、表现、制订、解决、拟定、安装、绘制、测量、尝试、试验等。
	迁移水平：在新的情境下运用已有技能；理解同一技能在不同情境中的适用性等。	联系、转换、灵活运用、举一反三、触类旁通等。
	创新水平：能够根据实际修改已有技能创造全新技能。	创造、创作、修改、完善、补充等。

（二）体验性目标及其表达

体验性目标是指有关学生经历、心理感受、情绪体验应达成的目标。这类目标往往是过程性的，没有明确的结果或其结果难以用行为目标的方式陈述。体验性目标只能用过程性的动词来表达，如："经历研究性学习中'提出问题''分析问题''解决问题''进行验证'的过程""拒绝毒品，远离毒品"等。为了让目标的表述不至于太空泛，在表达体验性目标时，应结合具体的教学内容来说明，如："通过对……的学习，达到拒绝毒品、远离毒品的目的。"

此外，对于体验性目标，还可以采用"内外结合法"进行表述。这一方法由美国学者格伦兰德（N. E. Grounlund）提出。学习不仅要促进学生行为的变化，而且还要促进学生内在能力与情感、倾向的变化。然而，这些变化难以直接观测。为了化解这一矛盾，格伦兰德提出，为了使教学目标的陈述更为具体，在描述了内在能力与情感、倾向的变化后，同时要给出能够表征变化已经出现的行为样例。如：

培养学生关心班集体的态度:
(1) 能说出哪些行为是关心集体的行为;
(2) 对关心集体的行为和事件表现出认可与赞赏;
(3) 能够主动地批评、抵制损害集体的行为;
(3) 能够自觉地做一些关心集体的事情。

其实,内外结合表达法,对于情感领域内的目标、技能领域的目标和认知领域内的目标都适用(见表7-3)。

表 7-3 体验性目标及其表述动词

目标水平	行为动词
经历(感受)水平: 独立从事或合作参与相关活动;建立感性认识等。	经历、感受、参加、参与、尝试、寻找、讨论、交流、合作、分享、参观、访问、考察、接触、体验等。
反应(认同)水平: 在经历基础上表达感受、态度和价值判断; 做出相应的反应等。	遵守、拒绝、认可、认同、承认、接受、同意、反对、愿意、欣赏、称赞、喜欢、讨厌、感兴趣、关心、关注、重视、采用、采纳、支持、尊重、爱护、珍惜、蔑视、怀疑、摒弃、抵制、克服、拥护、帮助等。
领悟(内化)水平: 具有相对稳定的态度; 表现出持续的行为; 具有个性化的价值观念等。	形成、养成、具有、热爱、树立、建立、坚持、保持、确立、追求等。

(三) 表现性目标及其表达

表现性目标是指学生在特定教育情境中的个性化表现状态。当学生的主体性、个性得到充分发挥的时候,他们在具体教育情境中的表现就是独特的,不可预测的。表现性目标就是对学生这种不可预测的独特表现给予关注的目标。这一目标是由美国学者艾斯纳(E. W. Eisner)提出的。艾斯纳是艺术学与教育学教授,他创造性地将艺术与教育整合起来,提出了表现性目标理论。

表现性目标只规定特定的教育情境以及学生在这种情境中要有所表现,但不规定表现的具体内容与标准。"一个表现性目标既向教师,也向学生发出了一份请帖,邀请他们探索、追随或集中争论他们特别感兴趣或对他们特别重要的问题。一种表现性目标是唤起性的,而非规定性的。"[①]

表现性目标与行为目标不一样。行为目标追求的是行为表现与既定标准的一致

---

① Eisner, E. W. (1985). The Art of Educational Evaluation——A Personal View. The Falmer Press, pp. 54—55.

性,追求的是行为表现的同质性;而表现性目标则追求的是行为表现的个性化、创造性,追求的是行为表现的异质性。正因为如此,表现性目标没有事先存在的具体标准,标准只能视学生的具体表现情况而定。但这并不意味着对表现性目标不能做任何规定,比如它要规定表现的原则和表现的大致内容。凡是需要表现创造性的领域,不论是艺术领域还是非艺术领域,都只能用表现性目标。比如,"学会写有关母爱的作文"就是一个表现性目标。这一目标是有条件的,如"写作文""有关母爱"等,但它没有具体标准,如写到什么程度才算是好作文等。正是由于表现性目标没有规定具体的标准,它才为学生个性化表现留下了广阔的空间。

表现性目标的表达,只能采用规定学生要做什么事但又不能规定做事结果的方式来表达。"考察与欣赏《老人与海》的意义""画一幅青年女性站着打电话的画""唱一首能够展现自己个性的歌曲"等等,都是表现性目标的例子。表现性目标并非只能用于艺术领域,即使是在知识与技能领域,只要涉及创造性的内容,都适宜于用表现性目标来表达。表现性目标的表述,常用表7-4中的动词。

表 7-4　表现性目标及其表达动词

目标水平	行为动词
复制水平: 按照教师的提示重复某项活动; 利用可得到的资源,复制某项作品、产品或某种操作活动; 按教师指令或提示,利用多种简单技能从事某项任务等。	从事、做、说、画、写、表演、模仿、表达、展示、复述等。
创作水平: 按照提示,从事某种较复杂的创作; 按照自己的思想和可得到的资源,完成某种任务; 利用多种技能创作某种产品。	设计、制作、描绘、涂染、折叠、编织、雕塑、拓印、收藏、表演、编导、编写、谱曲、扮演、创作等。

三、教学目标的综合性表达

对于教学目标,能正确运用梅杰的三维表达法,或许已经足够。但对于一线的教学工作者而言,方法还是略显烦琐。在实际工作中,教师在表达教学目标时,除了采用"行为""内容"这两个因素外,通常还会加上"途径"。比如,有教师在表达《泊船瓜洲》一文的目标时,有一个目标是这样表达的:"通过以自学为主的方式,能正确朗读'泊、间、重、还'等多音字。"其中,"以自学为主的方式"就是途径。又比如,有一位教师在表达"用圆柱的体积解决问题"一课的教学目标时,有一个目标是这样表达的:"经历探究不规则物体体积的转化、测量和计算过程,让学生在动手操作中初步建立'转化'的数学思想,体验'等积变形'的转化过程。"其中,"经历探究不规则物体体积的转化、测量和计算过程"就是途径。"途径"的作用在于,说明要采用什么样的方式、方法、手段来让学生达到目标。途径、行为与内容三要素表达法,是我国中小学教师表达教学目标时普遍采用的方法。

练习与思考

1. 什么是教学目标?它有什么特点?
2. 简述教学目标的功能。
3. 确定教学目标时要考虑哪些因素?
4. 以实例的方式说明行为性教学目标的表达方法。
5. 以实例的方式说明体验性教学目标的表达方法。
6. 以实例的方式说明表现性教学目标的表达方法。

第八章　教学内容的分析与加工

> **学习目标**

1. 了解研读教学内容的意义与基本要求。
2. 掌握分析教学内容要做的基本工作。
3. 掌握教学内容加工的几种基本方式。

教学内容的分析与处理，是教学的基础性工作。许多教师上课时感觉没有话说，没有内容讲，根本原因是没有对教学内容做深入的分析与加工。如果对教学内容的处理不到位，就直接影响教学过程和教学效果。本章主要讨论教学内容分析与加工的方式。

第一节　教学内容的分析

分析教学内容，就是在弄懂教学内容含义的基础上，分析其意图、性质、结构、价值等。由于不同的教学内容需要不同的教学方法、手段，因此，分析教学内容对于实现教学内容的教育价值具有重要意义，但前提是要正确理解教学内容。

一、研读教学内容

（一）研读教学内容的必要性

1. 是教师理解教学内容的重要方式

在信息化社会，知识更新速度不断加快。与其对应，教学内容的更新也呈现出加速之势。由此导致的问题是，教材中的许多教学内容可能是教师没有学过的。既然教师要教这些内容，那就得研读这些内容，弄懂这些内容，此为其一。其二，教学内容的含义也在发生变化。教学内容多半都是过去的文本，由于作者不在场，其含义是无法确定的。在教学时，教师多半是依照教材编写者的意图来理解文本的，然后将其理解传递给学生。然而，不同时代的人有不同的需要，有不同的理解方式，因此编者对文本的理解未必符合教师所处时代的需要。这就需要教师在教学时结合时代的需要和发展趋势，对教材的意义与价值进行重新解读。

2．是进行教材分析与处理的前提

教学的过程并不是教师将教材内容原封不动地呈现或传递给学生的过程,而是教师根据学生的知识基础、认知水平和认知能力等对教学内容进行恰当的加工,使其转化为学生容易理解和接受的状态,然后再将其呈现给学生。然而,在对教学内容进行加工处理之前,需要深入研读。否则,就找不到正确加工、处理教材的方法。这正如同庖丁解牛,如果对牛不熟悉,就无法解牛,更不用说游刃有余了。

3．是教师选择教学方法的基础

教学的重要功能就是将教学内容转化为学生的素质,但这一转化不是自动实现的,必须借助于一定的方法和手段。理论和实践都告诉我们,对于不同性质的教学内容,应该采用不同的教学方法;而且对教学内容不同的理解程度,也影响着教学方法的选择与运用。因此,在进行转化之前,教师必须充分理解教学内容,并能恰当地判定其性质,这是建立在教师深入研读教学内容的基础之上的。

(二) 研读教学内容的基本要求

研读教学内容,应该达到以下三个层次的要求:

1．读懂教材

"读懂教材",就是要弄懂教材中所有的字、词、句、段等,弄懂教材中的每一个陈述、概念、原理、思想、方法等,弄懂教材的基本意图、相关背景,弄清楚教材所涉及的相关知识、材料。"读懂教材",还包括发现教材中存在的问题。尽管小学教材都经过精心的编辑与认真的审查,但错误也在所难免。作为教师,一定要对教材中存在的错误有清醒的认识。教师只有弄懂了教材,才能将教材中的知识转化为自己的知识,进而对其进行恰当的加工和处理。

2．吃透教材

"吃透教材",就是要弄清楚教材的基本结构、重点难点以及知识背后的逻辑,要弄清楚教材的前后联系。通常而言,小学教材中的内容都是最基本的内容,往往是遵照"螺旋式"的方式来组织的,前面学过的某些内容,后面还要在更高的层次与水平上继续学习。因此,教师一定要弄清楚教材的前后联系。只有如此,他才知道此次课应该讲到何种程度,讲得太浅或太深都不合适。如果讲浅了,学生没有兴趣;讲得太深了,又不适合学生的年龄特征,而且还会严重影响到后续的学习。

3．贯通教材

"贯通教材",就是要建立教学内容与相关学科、日常生活、工作的联系。或者说,贯通教材就是教师能融会贯通地用其他相关学科的知识、思想,结合学生日常生活的经验、见闻,以及社会中熟悉的事物和现象等来解释要学习的内容。贯通教材还指教师对教材有自己的深入思考和独特的认识与评价。只有研读教材达到了"贯通"的程度,教师讲出来的课才会深入浅出、生动形象、富于魅力。

二、分析教学内容

分析教学内容,就是对教学内容进行分解、综合、比较等,让教学内容所蕴含的逻辑、意义等显示出来。具体而言,它包括如下几个方面的工作。

(一)识别教学内容的意图

任何一个教学内容,都有特定的教育意图,它总是期望通过对它的学习,让学习者形成某些素质,发生某些变化,获得某些教育。如果教师能明确地意识到教学内容的教育意图,那么教学过程就能很自然地取得良好的教育效果。否则,不论师生如何努力,教学效果都难尽如人意。因此,在对教学内容进行分析时,教师首先必须识别出教育意图。概括而言,教学内容的意图主要包括传递某种价值观念,进行某种思想教育,让学生学会一定的知识或掌握某种技能,等等。识别出了教学内容的意图,就相当于抓住了教学内容的主旨,后续的加工与处理就不会走偏方向。

(二)辨别教学内容的性质

教学内容的性质,就是指教学内容的属性、特征等。之所以要识别教学内容的性质,是因为不同性质的教学内容,需要不同的加工方法与教学方法。从不同的角度看,教学内容具有不同的性质。从教学内容的类别上看,教学内容可以分为知识性内容、技能性内容、方法性内容、思想性内容、价值性内容等。从重要性程度上看,教学内容有主体性内容和辅助性内容。主体性内容是指教学内容所体现出来的知识、技能、思想等,这些内容多半都是以概括性或内隐式的方式存在,是学生在学习过程中必须掌握的内容,也是考核评价的重点。辅助性内容是说明、论证主体性内容的材料,这些内容多半都以辅助材料的形式存在于教材中,其目的是帮助学生更好地理解、掌握主体性内容。同时,它增加了教材的可读性、可学性与趣味性。主体性内容相当于教材的骨骼,而支持性内容相当于教材的血肉。如果从学生学习的角度看,有重点内容与非重点内容、难点内容与非难点内容之分等。

(三)分析教学内容的结构

此处所讲的"教学内容的结构",是指教学内容的微观结构,即某篇课文的结构或某节课所涉及知识点的结构。分析教学内容的结构,就是要弄清楚本课教材中知识、技能、思想等内容内在的结构及其之间的关系;弄清楚主体性内容与支持性内容之间的关系,如是先呈现支持性内容,然后呈现主体内容,抑或是反之,抑或是核心内容和支持性内容混杂着呈现。分析教学内容的结构,还包括分析此次教学内容与以前学过的类似内容、后续将要学习的内容之间的关系。只有弄清楚了教学内容的结构,教师上课的条理和逻辑才会清晰。这既方便了学生的理解与掌握,也有利于学生形成良好的认知结构与素质结构。例如,在分析《皇帝的新装》一课时,可以围绕"新装"这一核心内容,将课程分解为"爱新装""做新装""试新装"和"展新装"几个部分,线索一下子就清晰了。

第二节　教学内容的加工

对既定的教学内容进行分析,通常会出现两种情况:一是完全接受既定的教学内容;二是对既定的教学内容进行适应性的改造。前者通常非常少见,在绝大多数情况下,教师都会对既定的教学内容进行加工改造。研究者指出,"无论出版社所提供的教材和教辅资料如何'完美'和'精致',教师仍然需要对这些教材进行加工和改造。"[①]之所以要对既定的教学内容进行加工,是因为有些内容本身有错误;有些内容过时了;有些内容本身不够完美;有些内容不符合学生学习经验与需要,或不符合教师的教学需要等。具体而言,加工与改造教学内容的方式有以下几种。

一、使内涵发生变化

知识的含义并非完全是知识本身固有的,而是人赋予的。因此,同样的知识,在不同的时代和境遇中,其含义不一样。就教材而言,由计划到编写,再到出版,一般都要经历几年的时间,教材一旦出版,就存在着过时的问题。教材中某些知识的含义,在编写完后可能会发生变化;而教师在教学时,应该将知识的最新含义呈现给学生。改变教学内容的内涵,有以下几种情况:

(1) 对既定的含义进行补充,使其更加完善。

(2) 使既定的含义深化,即挖掘知识的深层含义。这又分为两种情况:一是既定知识的含义本身已经深化了,教学时应该将深化后的含义呈现给学生;二是已有的含义相对于学生的理解而言,太过于简单了,为了使教学具有挑战性或增强学生学习的趣味性,教师应增加某些知识的难度。

(3) 使既定的含义浅化,即既定的教学内容对学生而言过于艰深,学生一时难以理解和掌握,那么教师在教学时,应该使其浅化,先让学生对其有初步了解,然后再加深教学内容的难度。

(4) 使既定的内涵"异化",即让既定的涵义发生某些变化,这些变化称不上深化

---

① 高慎英,刘良华.有效教学论[M].广州:广东教育出版社,2004:153.

或浅化,但变化后的含义与原有含义不同但又具有一定的合理性。对知识的含义作出这种处理往往是为了增加教学的吸引力,拓展学生的视野,让学生学会从不同的角度进行思考。比如,有的教师在讲孔子的"己所不欲,勿施于人"时,补充了"己所欲,亦勿施于人"这一观点,就属于"异化"的情况。以上讲的这些情况,对技能、思想、方法等内容同样适用。

二、使结构发生变化

一般而言,教材中的内容,都有一定的结构。但是,教学并不是教师照本宣科就可以完成的事,它需要教师采取一定的策略对教学内容进行处理,使其更适合于学生的学习。但到底应对教学内容做何种处理,往往取决于教师的个人风格及其对教学内容和学生的判断。其中,使教学内容的结构发生变化就是教师常用的策略之一。使结构发生变化的通常做法是让没有结构的材料变得有结构,让有结构的材料结构更加突出与明显,让既定的结构变得更加适合学生的学习。当然,也存在相反的情况。有时,为了激发学生的兴趣,或者为了让材料适合学生进行探究性学习,教师也会让有结构的材料变得没有结构,让结构清晰的材料变得结构模糊。让教材结构发生变化的另一种做法是,改变教材的呈现顺序,比如将原本是顺序的内容变为倒序,让原本是"规-例"结构的内容变成"例-规"结构。

改革教材的结构还包括对教材进行整合,即将一些有一定关联的教学内容整合到一起进行教学。例如[①],一位教师在教学"认识100以内的数"一课前,对班上的学生进行了一番调查,结果发现很多学生已经会读并会写100以内的数了,但他们在读到几十九之后读整十数时,存在着一些困难。根据这一情况,他把"认识几十几""整理100以内的数"和"比较100以内的数的大小"这三节课的教学内容组合成一节课。这样重组教材,有两个方面的好处:一是可以节省教学时间,这样就可以把多出的两课时的教学时间用在突破教学难点上;二是在学生们认识了几十几后,"顺水推舟"地进入比较数的大小的学习环节,这种"跨越式"的整体性教学思路,既省时又高效。

三、改变教学内容的形态

改变教学内容的形态是指在不改变教学内容结构与含义的前提下改变教学内容的呈现方式。常见的方式有:

(1)使教学内容形象化或抽象化。如果教材中给定的教学内容相对于学生的理

[①] 汤和银.让教材充满活力——浅谈小学数学学习素材的有效加工[J].小学教学研究(教学版),2010(10):48—49.

解能力而言显得太抽象,此时教师就要对其进行形象化处理,比如增加例子、引入经验等。使教学内容抽象化是指,如果教材中所给定的教学内容对学生理解能力而言,显得过于简单,那就应该让其变得抽象一点,其主要方法是对给定的内容进行概括。

(2) 降低或增加教学内容的掌握难度。降低或增加教学内容的掌握难度是指,改变学生对既定教学内容的掌握水平。如果教学内容对学生而言过于容易,那教师在备课时就应该提高学生掌握该内容的水平。例如,如果教学内容是教学生认识"人""口""手"这三个字,但考虑到学生在幼儿园都学过这些字,如果按教材和课标的要求继续上课,那教学就会因缺乏挑战性而失去乐趣,此时教师可以改变教学方案,比如让学生说说这三个字是什么意思,或者让学生用这三个字来组词。同理,如果要求学生掌握的内容相对于学生已有的经验、知识水平和能力而言显得太难,教师就应该降低学生掌握该内容的要求。例如,人教版小学二年级数学"有余数的除法"一课,课的开篇要求学生用 11 根小棒分别摆出四边形、三角形和五边形,有一位教师在分析教材后,将原题目改为:"六一儿童节到了,小明的同学要来小明家玩,小明准备了 11 支铅笔,想平均分给来玩的小朋友。要是来了 3 个小朋友,该怎么分?要是来了 4 个小朋友呢?要是来了 5 个小朋友呢?"改编后,虽然没有改变意思,但情境性增加了,更加方便学生学习。

(3) 改变重难点。一般而言,教学重难点在教材或教参中有所规定,但一个内容是不是重难点,不仅取决于内容本身,而且还取决于学生的水平。因此,在教学时,往往需要根据学生的水平和教学的需要,重新确定教学的重难点。

四、增删教学内容

增删教学内容是指,根据教学的需要对既定的教学内容进行增加或删减,包括增删例子、作业、实验、主体性材料以及辅助性材料等。此外,还包括丰富对教学内容的理解。比如,有教师在分析"圆的认识"时,就补充了中国古代墨子对圆的描述:"圆,一中同长也";同时还补充了《周髀算经》中的记载"圆出于方"以及太极图的构造等。这种补充,既能丰富与加深学生对圆的理解,又能扩充学生的视野,增加学生学习的兴趣。

五、替换既定的教学内容

替换教学内容是指,通过对既定的教学内容进行分析、研究后,发现它不适合教学的需要,或者说有更好的材料来替代它。此时,就应该用新的内容来替代它。替换已有的教学内容有两种情况:一是用其他现成的内容来代替既定内容;二是用自创内容代替既定的内容。例如①,"认识分数"一课是苏教版三年级下学期的教学内容,在这堂课中学生第二次认识分数,"掌握将多个物体看做整体'1'并平均分后用几分之一表示其中的一份"是本节课的教学目标。教材上出示的是把 4 个苹果平均分给 4 个猴子的情境图。对于这样一个例题,很多老师在教学过程中,都遇到了这样的困惑:将"4 个苹果平均分成 4 份,每只小猴分得 1 份",在这里,由于苹果的个数与分得的份数正好相等,容易使学生将注意力转移到对苹果个数的关注上,从而忽略了对"平均分的份数"和"表示的份数"这一教学实质的深刻把握。

如何防止学生在认识分数时形成"份数即个数"这一思维定式呢?特级教师许卫兵是这样处理教材的:在教完"分 1 个苹果"后,就直接进入分"8 个苹果"的情境,紧紧抓住"4 份""1 份"来展开,这样就避免了数目上的巧合,从而突出了分数的本质。在此,教师用"把 8 个苹果平均分给 4 个猴子"这一内容替换了"把 4 个苹果平均分给 4 个猴子"这一内容。这样处理,更有利于学生掌握分数的本质。

练习与思考

1. 简述研读教学内容的基本要求。
2. 分析教学内容要做哪些工作?
3. 加工教学内容有哪些方法?

---

① 汤和银. 让教材充满活力——浅谈小学数学学习素材的有效加工[J]. 小学教学研究(教学版),2010(10):48—49.

第九章　教学过程的设计

> **学习目标**
>
> 1. 理解教学过程的本质。
> 2. 了解著名教育家的教学过程模式。
> 3. 掌握常用的几种教学的基本结构。
> 4. 掌握教学模式的概念及其结构。
> 5. 了解20世纪80年代以来以及20世纪90年代以来在中国出现的几种有关教学模式的探索。
> 6. 了解教学模式的分类。
> 7. 掌握教学模式选择与创造的原则。
> 8. 了解教学模式选择与创造的基本方法。

教学是一种过程性存在。然而,教学过程不是一个纯自然的过程,而是一个有计划、有安排的过程。因此,在教学之前,必须对教学过程进行精心的设计,以做到有备无患。本章主要讨论教学过程的本质、教学过程的基本结构以及教学模式。

第一节　教学过程的本质

教学过程的本质是教学过程最一般、最普遍和最稳定的属性,是教学过程区别于其他事物的依据。探讨教学过程的本质,目的是加深对教学的认识与理解,增强教学实践的合理性与自觉性。关于教学过程的本质,一直以来都没达成一致。将各种关于教学本质的观点归纳起来,大概有十类[①]其中主要的观点在本书"教学的含义"一节有所涉及。对于教学过程的本质,本书倾向于作如下的理解:教学过程是一个促进学生学习的过程,也是一个促进学生发展的过程。

一、教学过程是一个促进学生学习的过程

教学过程在本质上是一个学习过程,这一过程是在教师的规范、组织和引导下进

---

① 李定仁,徐继存主编.教学论研究二十年(1979—1999)[M].北京:人民教育出版社,2001:59—76.

行的,学生则通过这一过程获得全面发展。

教学过程不是教师使用教材教学生的过程,而是教师促进学生学习的过程。著名的英国教育哲学家赫斯特(P. H. Hirst)和彼特斯(R. S. Peters)认为:"教育过程即学习过程,这种学习过程可能因教学而得到促进,理想的心智状态(包括知识和理解力)由于学习而得到发展。"①教学过程是一个促进学生学习的过程,包括两个方面的含义:首先,教学过程主要是学生学习的过程;其次,学生的学习过程因教师的教导而得到促进。

说教学过程主要是一个学习过程,有以下三方面的理由。

第一,"学"是"教"与"学"这对矛盾的主要方面。"教"与"学"之间的矛盾是教学过程中的基本矛盾。根据辩证唯物主义的观点,事物的性质由矛盾的主要方面决定,因此就"教"与"学"二者而言,谁是矛盾的主要方面,谁就决定着教学过程的性质。早些时候,研究者认为教学过程主要是教师教的过程。此观点虽然强调了教师在教学过程中的地位和作用,但它容易导致学生在教学中处于被动地位,抹杀学生的主体性,不利于学生的学习与发展。再者,它歪曲了教学中教与学的关系,因为在教学中,教是为了学而存在的。其实,在教学中,"学"比"教"更基本。美国当代著名学者莱夫(J. Lave)和温格(E. Wenger)通过研究认为,学习的结构性资源的来源多种多样,并非只是来自一些教育性活动。通过案例研究,他们甚至发现,"几乎没有可以观察到的教;更为基本的现象是学。"②在讨论教学的内涵时,我们也提到,如果教离开了学,就不是教;而如果学离开了教,它依然是学,甚至是最高境界的学。因此在教学中,学是矛盾主要方面。

第二,就发展的机制而言,是学生的学,而不是教师的教直接导致了学生的发展。我国著名的教学论专家陈佑清教授经过多年的研究后指出:"人的素质不是直接从他人那里获得的,而是靠自身努力慢慢发展起来的。人通过自身能动的活动而发展着自身的素质。或者说,人自身的能动活动是促进人的素质发展的机制。"③不仅如此,他进一步指出:"不同类型的活动与人的不同方面的发展之间存在着明显的相关对应性。特定内容的需要、价值取向、智能发展、情感体验、审美感受等,需要以特定形态的活动去培养。"④这也就是说,教师的教只是学生发展的外因,发展的内因是学生自己的活动,即学习活动。

第三,教、学统一说没有阐明教与学到底是什么关系。当前,多数研究者都认可教

---

① 瞿葆奎主编,徐勋,施良方选编.教育学文集·教学(上册)[M].北京:人民教育出版社,1988:200.
② [美]J.莱夫,E.温格著.情境学习:合法的边缘性参与[M].王文静译.上海:华东师范大学出版社,2004:41.
③ 陈佑清.论学生素质发展的机制[J].教育研究与实验,2008(3):30—34.
④ 陈佑清.论活动与发展之间的相关对应性[J].教育研究,2005(2):77—82.

学是教师教与学生学相统一的活动。这一认识虽然比较全面、辩证,但它并没有说明教与学是如何统一的,因此无法起到指导与改进教学实践的作用。"教学过程主要是一个学习过程"这一观点,将学生的学习置于教学的中心地位,突出了学生之于学习的主体性和责任心,有利于学生的学习和发展,同时也有利于教师正确定位自己,正确地进行教导。

在教学中,学生学习的内容和对象是丰富多样的,而不仅仅是知识。美国当代著名心理学家加涅曾将学习的结果分为五类[①]:言语信息、智慧技能、认知策略、动作技能和态度。传统的学习观认为学习的对象是知识,即类似于加涅所讲的"言语信息"。其实,借用加涅的研究来讲,学习的对象除了言语信息外,还有智慧技能、认知策略、动作技能和态度。教学认识论之所以受到批判,主要原因就是它仅仅将学习的对象理解为知识。当然,我们也可以将学习的对象理解为知识,但必须进一步将知识理解为广义的知识。信息加工心理学将广义的知识分为两类:一类是陈述性知识,即回答"是什么"的知识;另一类是程序性知识,即回答"怎么办"的知识。其中,程序性知识还可以进一步分为动作技能和智慧技能。人们通常所说的知识主要指的是狭义的知识,即信息加工心理学中的"陈述性知识"或加涅的"言语信息"。如果我们将知识理解为广义的知识,那么学习的概念也就丰富多了。

此外,还要正确理解"学习"。在狭义知识观的视野下,学习被窄化为知识结论的记忆。如果从广义知识的角度来审视,传统的学习主要是指陈述性知识的学习或言语信息的学习,即使是涉及其他知识的学习,也大体以言语信息知识的学习过程来对待。其实,言语信息的学习过程同其他知识的学习过程是不一样的,结果也有所区别。加涅曾给"学习"下过这样一个定义:"学习是人的倾向(disposition)或能力(capability)的变化,这种变化能够保持且不能单纯归因于生长过程。"[②]这一界定是有意义的。根据当代心理学的研究成果,学习这一概念有三个要点:第一,主体身上必须产生某种变化,这种变化可以是内部的,也可以是外部的;第二,这种变化是相对持久的,不是转瞬即逝的;第三,主体的变化是由他与环境相互作用而产生的,即后天习得的。故在教学中,学习不仅是知识的记忆,而是要将相应的知识(广义的知识)内化为素质,使学生发生某种积极的、相对持久的变化。

在教学中,学生的学习需要并渴望教师的指导。第一,学生需要教师指导:学生作为年幼者,整体而言,在知识、经验、思想、方法等方面要逊色于教师,需要教师的指导。而且从心理上讲,学生崇拜教师,向往教师,同时也渴望教师的指导。越是年幼的

---

① [美]R. M. 加涅著.学习的条件和教学论[M].皮连生等译.上海:华东师范大学出版社,1999:47—48.
② [美]R. M. 加涅著.学习的条件和教学论[M].皮连生等译.上海:华东师范大学出版社,1999:2.

学生,越是需要教师的指导。就此而言,小学生是最需要教师指导的。第二,教师能够,而且应该指导学生的学习:就知识、经验、阅历等而言,教师占据着优势地位,因此他应该指导;就方法而言,教师是受过专业训练的,知道应该如何去指导学生,因此他能够指导;就教师的职业而言,如果他不指导学生,那他就不称其为教师,指导学生是教师的天职。

在教学中,学生的学习因教师的指导而得到促进。学生学习与人类学习的另一区别就在于,它需要教师的指导,是在教师的组织、指导下发生的。将教学过程理解为学习过程,并不是对教师及其教导的否定。在此,教师及其教导活动被转化了。教师不再是教学活动的支配者与控制者,不再是教学过程的中心,而是教学过程的组织者和规范者,是学生学习的促进者与帮助者;教师的教不再是凌驾于学生学习之上的监督系统,而是学生学习的帮扶机制。在教学中,学生的知识学习因教师的引导、帮助、协调、组织、建议等而得到改进和提高。

二、教学过程是一个促进学生发展的过程

教学过程是一个促进学生发展的过程,意思是说,教学应以学生的发展为根本目的。在教学中,并不是所有的活动都有利于学生的全面发展,如灌输式教学、机械式教学等。将教学过程定位为促进学生全面发展的过程,是就教学的目的或价值取向而言的。尽管通过教学,教师自身也可以获得发展,但这不是主要的,也不是教学的根本目的。

学生的发展有不同的层次,有全面发展与个性发展之分。通常认为,教学应该促进学生的全面发展,其实这是不准确的。比如,大学生、博士生的发展还是全面的吗?如果说是全面的,那又是从哪个意义上讲的?其实,对年龄越小的学生,就越应该强调全面发展;对年龄越长的学生,就越应该强调个性发展。如果对任何年龄阶段的学生,都不加区别地强调全面发展,那只会导致我们培养的人才不精不专,什么都会一点、什么都不精。因此,就小学而言,教学应该促进学生全面发展。在教学应促进学生的哪些方面的发展上,苏联著名教育家、心理学家赞科夫的研究具有重要的启发意义。赞科夫的中心思想是"以尽可能大的教学效果来促进学生的一般发展"[①]。他将学生的发展分为两个方面:一是特殊的发展,主要指知识、技能的发展;二是一般的发展,主要指儿童整个身心品质的变化,即个性的发展。他指出,苏联几十年所通行的教学论有一个中心思想,即偏重于知识和技能的教学或训练,发展效果很差。一般的发展与知识技能的掌握不是一回事,二者并不一致,有时可能会出现"剪刀差"。赞科夫认为,要

---

① [苏]赞科夫著.教学与发展[M].杜殿坤译.北京:文化教育出版社,1980:21.

使教学能够促进学生发展的重大进步,单单从掌握知识和技巧的层面出发来进行教学是不够的,还必须对教学中所遵循的教学论原理和教学法加以特殊的考虑,以求同时完成两种任务(即特殊发展和一般发展这两项任务)。

教学要促进小学生全面发展,就必须让学生从事多种学习活动,而不只是让学生静静地坐在教室里听教师讲课。教师必须有促进学生全面发展的意识,让学生全身心地投入学习活动,并参加多种多样的活动,而不是让学生仅仅掌握知识和技能。促进学生在全面发展,就是要促进学生在知识与技能、过程与方法、情感态度与价值观等方面的发展。需要特别说明的是,教学要促进学生的全面发展,主要是指教学要有促进学生全面发展的意向和行动,为学生的全面发展奠定基础,但它并不能完全保证每个学生都获得全面发展,因为学生的全面发展受多方面因素的影响和制约,教学只不过是其中的一种而已,且教学并不能完全控制其他因素。

第二节　教学过程的基本结构

教学作为一种过程性存在,它是有顺序、有步骤的,并且由于教学是一种人为建构的存在,因此不同人的教学,不同时代的教学,其过程、阶段不一样。加上不同研究者所持的教育观不一样,因此他所看到的教学过程也不同。正因为如此,关于教学过程阶段的观点并不止一种。

一、著名教育家的教学过程模式

1. 赫尔巴特的教学过程模式

赫尔巴特以其"观念心理学"为基础,提出了"四段教学法",如下:

(1) 清楚。给学生明确地讲授新知识。

(2) 联想。使学生建立新知识与旧知识的联系。

(3) 系统。引导学生在新、旧知识相互联系的基础上作出概括和总结。

(4) 方法。引导学生将所学的知识应用于实际(书面作业等)。

赫尔巴特的"四段教学法"后经其门徒的改造,成了"五段教学法":预备、提示、联合、总结、应用。

赫尔巴特对教学过程的理解非常强调心理学理论的运用,他重点研究的是知识教学的过程,重视发挥教师的主导作用。但这一理论的缺陷非常明显:忽视了学生经验;没有充分发挥并培养学生的主体性;忽视了知识以外素质的形成等。

2. 凯洛夫的教学过程模式

凯洛夫以马克思主义认识论为指导思想来解释教学过程,并提出了六环节教学过程理论。①

(1) 授予学生并使他们知觉具体的东西(物体、现象、过程的展示与观察,叙述事实,引证实例等)。要在这个基础上造成学生的表象。在这里,知识的源泉乃是:具体的事实本身,物体、现象、过程、事件等的描绘、印刷品(首先是教科书)以及教师的语言等。

(2) 认清(理解)所学习的客体中的相同点与相异点,本质的、主要的和次要的地方,认清原因与结果、相互作用关系及其他各种联系。

(3) 建构学生的概念,使他们认识定律、定理、规则、主导思想、规范及其他概括。

(4) 使学生牢固地掌握事实与概括的工作(记忆、背诵和一般的巩固知识的工作)。

(5) 技能、熟练技巧的养成和加强。

(6) 用实践来检验知识,把知识应用于包括创造性作业在内的各种课业中。

上述环节亦可简要地概括为诱导学习动机、感知新教材、理解新教材、巩固知识、运用知识、检查。②

凯洛夫的教学过程理论突出以马克思主义认识论为指导,对教学过程的阶段进行了细致的划分,使教学更具有操作性;强调知识的学习和教师的主导作用。但是,这种理论严重忽视了学生的主体性;忽视了创造力的培养,忽视了非智力因素的发展等。

3. 加涅的教学过程模式

加涅认为,认识加工过程由八个有序的阶段构成:注意、选择性知识、复述、语义编码、检索、提取、反应和反馈。与这八个内部认知过程相对应,有九大教学事件。这九个教学事件依次出现,构成了教学过程。③

(1) 引起注意,确保刺激被接受。

(2) 告知学习目标,建立适当的预期。

(3) 提示学习者从长时记忆中提取先前的学习内容。

(4) 以清晰和富有特色的方式组织材料,确保选择性知觉。

(5) 以适当的语义编码指导学习。

(6) 引出反应,包括反应生成。

---

① [苏]凯洛夫著.教育学[M].沈颖,南致善译.北京:人民教育出版社,1952:61.
② [苏]凯洛夫著.教育学[M].陈侠等译.北京:人民教育出版社,1957:145.
③ [美]R.M.加涅著.教学设计原则[M].皮连生等译.上海:华东师范大学出版社,1999:12—13.

（7）提供学习结果的反馈。

（8）评估作业，包括提供学习结果反馈机会。

（9）安排多种练习以帮助将来的提取与迁移。

该理论的优势在于，基于每一个阶段的认知加工行为，加涅都提出能促进该种学习行为发生的教导行为，使教学的每一阶段都有心理学依据。这一理论的缺陷是，它主要适用于认识领域的学习。

4．杜威的教学过程模式

杜威以其进步主义教育思想为基础，提出了五步教学阶段理论：

（1）情境。教师要给学生创设一个隐含有问题的情境，该情境必须与实际经验相联系，使学生产生要了解它的兴趣。

（2）问题。给学生提供足够的资料，使学生进一步观察、分析，确定该情境中问题所在以及问题的性质。

（3）假设。学生自己提出解决问题的设想，或提出一些尝试性的不同的解答方案。

（4）推理。学生自己根据设想，进行推理，以求得解决问题的方案。

（5）验证。进行实验验证，学生要根据明确的假设方案亲自动手去做，以检查全过程所达到的结果是否符合预期的目的。在做的过程中，去验证这些假设的真实性和有效性。

杜威的教学理论，在培养学生的社会适应能力、创造能力以及提升学生智慧方面具有无可比拟的优势，而且对于学生主体性的培养也非常有益。但其缺陷是，学生难以学到系统的知识，组织教学的难度大。

二、常用的几种教学结构

教学过程的基本结构主要是指教学过程的基本组成部分及各部分之间的时间顺序。这里主要介绍传授-接受式教学、问题-探究式教学以及情境-体验式教学的基本结构。

1．传授—接受式教学的基本结构

"传授-接受教学"通常是以教师的呈现（包括讲授、演示、示范等），学生的接受为主要特征的教学模式，其主要目的是学习知识与技能。这种教学实际上就是通常所说的"课堂教学"。传授-接受式教学通常由以下几个环节组成。

1）组织教学

组织教学是保证课内师生活动正常进行的重要条件。组织教学的目的是让学生做好上课所需的物质上和心理上的准备，将学生的注意力吸引到课堂上来，创设并维持一种积极的课堂情境与氛围,以激发学生的学习兴趣。组织教学不仅应在教学过程的最初进行,而应贯穿于教学过程的始终。

2) 检查复习

检查复习的目的在于检查学生已经学过的内容,了解学生对已学知识的学习及复习情况。同时,还要唤醒学生知识结构中与本节课相关的内容,为新知识的学习寻找固着点(结合点)并引出新课题。另外,检查复习还可以使学生养成课后及时复习的良好学习习惯。

3) 感知新内容

感知新内容的目的是对新内容形成感性认识,获得初步印象,为进一步的学习做好铺垫。学生掌握新知识、新技能,并不是直接地、一次性地完成的,而是在感性认识的基础上逐步达成的,所以形成感性认识是教学过程的重要阶段。

4) 理解新内容

这是传授-接受式教学过程最主要的组成部分。它主要是让学生理解、掌握新教材、新技能等,以完成教学任务。理解新内容就是让学生较为概括地了解事物和现象之间的联系,了解它们的结构、成分和意义等。在理解新内容时,教师要注意调动学生学习的主动性、积极性与创造性,打开学生的思路,使学生的精神处于活跃状态。

5) 巩固新知

一般而言,新课学完以后,要引导学生对新学的内容进行回顾,使之条理化、系统化,进一步加深理解,这就是巩固新知。巩固新知的目的在于使学生对本节课所学的内容当堂理解、当堂消化,并为完成作业做好准备。巩固新知识主要是指对新学的知识进行整理,以加深理解和记忆,它有利于提高学习效果。

6) 布置作业

其目的是进一步巩固所学的知识,培养学生运用所学知识、技能分析问题、解决问题的能力,并初步检查学生本节课的学习和掌握状况。作业可以是书面的,也可以是口头的;可以是文字的,也可以是活动的。

上述几个成分是一个典型而完整的教学过程的基本结构,而在实际的教学中,并不是每节课都包含这五个部分。

2. 问题-探究式教学的基本结构

问题-探究式教学是指以探究、发现为主要活动方式的教学,其目的是培养学生分析问题、解决问题、研究问题的能力。问题-探究式教学就是通常所说的研究性教学,是指"在教师指导下,学生主动地从学习生活和社会生活中选取与教学目的和教学内容有关联的问题或项目,用类似于科学研究的方式去获取知识、应用知识、解决问题的教学活动"[①]。近年来,研究性学习在我国受到了广泛的重视,但它并没有在教学实践中扎下根来。一般而言,问题-探究式教学要经历以下几个基本阶段。

1）明确研究问题

此阶段的主要任务是帮助学生形成研究课题。"研究课题可以由教师提出,也可以由学生提出。较多的是通过师生合作最后确定题目。"[②]一般而言,宜选择与学生学习、生活密切相关且切入口较小的主题作为课题。通常的做法是,教师提供一种问题情境,让学生在问题情境中感受到疑惑或困难,然后自己提出要研究的问题,或者在教师的指导下确定研究问题。

2）制订研究方案

当研究问题确立以后,就要制订研究方案,确定研究的自变量、因变量,设计要实现这一研究需要做的工作,包括成立课题组,对研究任务进行分解,进行课题研究的分工等。

3）实际进行探究

此阶段是问题-探究性教学的中心环节。其主要任务是系统地实施研究方案。它以培养学生整合知识、收集信息、研讨求索、问题解决的能力为目的,以学生自主参与、自主思考、自主探索、自主设计、自主实施为特征。在这一阶段,教师要引导学生在以下几个方面下功夫：一是多渠道、多方式地获取所需要的研究资料；二是整理、分析研究材料,把握信息之间的关联性；三是对信息进行综合判断,形成概括性的认识。在整个探究过程中,教师要对学生进行研究方法和学习态度的指导,使学生了解和初步掌握收集资料的方法,学会判断信息资料的真伪、优劣,淘汰边缘资料,学习从信息资料中归纳解决问题的思路和观点,学会在小组中与人合作共事。

4）得出研究结论

在实际进行研究的基础上,教师要引导学生反复权衡与思考；如果是小组式的探究,则要在小组内进行充分的研讨,形成研究的结论。得出研究结论并不仅仅在于结论的获得,更重要的是反思所得结论的可靠性和科学性。

5）进行展示交流

此阶段的主要任务是组织学生将研究成果以恰当的形式表达出来,并与他人进行交流。其目的是让学生学会整理资料、加工信息、同他人分享成果,学会辩证地思考。在这一阶段,要通过组织学生交流成果,进行思维碰撞,互相学习,共同提高,增强自信心和效能感,达到提高认识、陶冶性情的目的。它由四个环节构成：一是表达成果,形

[①] 郝志军.探究性教学的实质：一种复杂性思维视角[J].教育研究,2005(11)：66—70.
[②] 钟启泉等主编.为了中华民族的复兴 为了每位学生的发展——〈基础教育课程改革纲要（试行）〉解读[M].上海：华东师范大学出版社,2001：143.

成书面报告或口头报告材料；二是交流成果，用报告、研讨、辩论等各种形式进行；三是组织评价，既要评价成果质量，也要评价研究态度、研究过程与方法等；四是引导反思，使学生对研究性学习获得理性的认识，并总结经验教训。无论表达、交流、评价或反思，都要强调实效性。

以上是问题-探究式教学的基本结构，实际教学时，也不一定是五个步骤齐全，而是要根据实际情况灵活运用。

3．情境-体验式教学的基本结构

情境-体验式教学是指通过让学生全身心地投入教师创设的情境中并从中受到教育的教学。其主要目的是对学生进情感、态度、价值观的教育，以及对要学的知识形成感性认识。情境-体验式教学的基本结构如下。

1）创设情境

教师要根据教学的需要，通过语言描绘、实物演示、音乐渲染、组织活动等手段，为学生创设一个生动的场景，形成安全和谐的氛围，以激起学习的兴趣。

2）进行体验

学生通过倾听、欣赏，以及参与游戏、唱歌、听音乐、表演、谈话、操作等活动，融入情境之中，并获得相应的感受。

3）总结转化

通过教师点拨、启发与总结，使学生领悟所学内容主题的情感基调，做到情与理的统一，并使这些认识、经验转化为指导他们思想行为的准则。

第三节　教学模式的选择与创造

一、教学模式的含义

（一）教学模式的概念

教学模式是稳定而有效的教学流程。明确提出"教学模式"这一概念并对其进行系统研究始于20世纪70年代初。美国哥伦比亚大学乔伊斯（B. Joyce）和威尔（M. Weil）两位学者开创了教学模式研究的先河，他们对教学模式研究最大的贡献是把模式研究思想引进了教学论研究领域，因此人们都将其1972年出版的《教学模式》一书作为教学模式研究诞生的标志。

由于教学是一种活动性存在，而活动的步骤及其关系是这一存在的根本性问题。教学模式就是教学过程的模式，它是基于一定的教学理念建构起来的，为实现特定的教学目标而形成的相对稳定的教学活动程序。

（二）教学模式的结构

教学模式包括基本观念、功能目标、静态结构、教学程序、操作策略等要素。下面分别以"传递-接受"式教学模式和"引导-发现"式教学模式为例来说明教学模式的基本要素。

基本观念是指蕴涵在教学模式中的教学理念。每一种教学模式都是基于建构者的某种教学理念而提出的。教学理念就是对教学的理解。教学理念不同，所建构的教学模式就会不同。例如，"传递-接受"式教学模式的基本观点是，教学是让学生掌握人类已有的知识；而"引导-发现"式教学模式的观点是，教学就是让学生自己去发现知识。

功能目标是指教学模式所具有的功能或者通过它所能实现的目标。每一种教学模式都是为特定的教学目标服务的，没有一种教学模式可以实现所有的教学目标。例如，"传递-接受"式教学模式的基本功能就是让学生掌握知识；而"引导-发现"式教学模式的基本功能是发展学生的问题意识和探究能力。

静态结构是指在教学模式中，教师、学生、课程等要素之间的结构关系。在不同的教学模式中，教学基本要素之间的关系不一样。在"传递-接受"式教学模式中，教学基本要素之间的结构为：教师将课程知识直接传递给学生；而在"引导-发现"式教学模式中教学基本要素之间的结构为：教师鼓励学生自己去发现隐藏在情境中的知识。

动态结构是指运用模式进行教学时的基本程序。这是一种教学模式区别于其他教学模式最直接的标志，是教学模式结构中最核心的部分。"传递-接受"式教学模式的基本结构为：复习旧知识、讲授新知识、使新旧知识系统化、复习巩固、作业练习；而"引导-发现"式教学模式的基本结构为：创设情境、发现问题、提出假设、进行探索、验证反思。

操作策略是指运用教学模式时应采取的技巧，或者说是为了充分发挥该教学模式的效果，教师在操作时应注意的问题。例如，"传递-接受"式教学模式的教学基本策略有：教师的讲授应该明确、具体、生动；知识应该以能接受的方式由浅入深地呈现；教学过程中应注意调动学生的积极性等。而"引导-发现"式教学模式的基本策略有：要将问题隐藏在情境中；要充分放手让学生自己去探索；要结合具体例子加强探究方法的指导等。

二、教学模式的多样化

（一）20世纪80年代以来的教学模式的改革探索

20世纪80年代是中国教学改革最活跃的时期，也是教学模式探索最活跃的时期。在20世纪80年代，主要出现了以下几种典型的教学模式。

1）李吉林的情境教学模式

李吉林是江苏省南通师范第二附属小学的教师。自1978年起，她开始了情境教学探索的旅程。情境教学原本是在小学低年级语文教学过程中探索出来的教学模式,但随着研究的深入,"情境教学由单科向多科,从课堂教学向课外活动延伸,及至向整个小学教育的拓展。"①

针对语文的不同内容,情境教学的操作流程略有区别。② 在识字教学中,情境教学的操作步骤为:(1)利用汉字造字原理创设情境,使独体字形象化;(2)利用汉字结构创设情境,认识形声字的构字特点;(3)凭借情境丰富词汇,在整体中认读运用;(4)利用汉字的同音、形近,高年级进行阅读前的归类识字。

在作文教学中,情境教学的操作程序为:(1)观察情境,提供源泉;(2)进入情境,激发动机;(3)拓宽情境,打开思路;(4)范文引路,教给方法;(5)提早起步,螺旋上升。

2) 邱学华的尝试教学模式

邱学华为常州市教科所的研究人员,他自 20 世纪 80 年代开始研究尝试教学的探索。尝试教学是一种"让学生在尝试中学习,在尝试中成功"③的教学模式。尝试教学模式原是在小学数学教学中提出来的,但据邱学华本人讲,各类学校的各门学科都可以按照尝试教学的通用模式来设计各自的教学操作程序。④

尝试教学模式的基本操作要领为⑤:准备练习→出示尝试题→自学课本→尝试练习→学生讨论→教师讲解→第二次尝试练习。这七步是一个有机整体,反映了学生完整的尝试过程;它也是一个有序的可控的教学系统。这七步中,第一步是准备阶段,第七步是引申阶段,中间五步是主要环节。除此之外,尝试教学模式还有若干变式。⑥

3) 魏书生的六步教学模式

魏书生为辽宁省盘山三中语文教师。魏书生老师非常注重学生自学能力的培养,改革开放伊始,魏书生就开始了学生语文自学能力培养的实验与探索。经过多年探索,提出了著名的"六步教学法"⑦,具体如下:

(1) 定向。确定教学内容的重点、难点,并告诉学生,使之心中有数,方向明确。

(2) 自学。学生根据学习的重点和难点自学教材,独立思考,自己作答。不懂的地方,留待下一步解决。

(3) 讨论。学生前后左右每四人为一组共同讨论和研究在自学中没有解决的问题,寻求答案。不能解决的问题,留待答疑阶段解决。

---

① 李吉林.为全面提高儿童素质探索一条有效途径(下)[J].教育研究,1997(4):55—63.
② 李吉林.为全面提高儿童素质探索一条有效途径(上)[J].教育研究,1997(3):33—41.
③ 邱学华.尝试教学研究50年.课程·教材·教法[J],2013(4):3—13.
④ 邱学华.尝试教学理论的实质与教学模式[J].中国教育学刊,1997(6):54—56.
⑤ 邱学华.尝试教学理论的实质与教学模式[J].中国教育学刊,1997(6):54—56.
⑥ 邱学华.尝试教学理论的实质与教学模式[J].中国教育学刊,1997(6):54—56.
⑦ 参阅:陈佑清.教学过程的本土化探索[J].当代教育与文化,2011(1):60—67.

(4) 答疑。立足于由学生自己解答疑难问题。由每个学习小组承担回答一部分，然后由教师回答解决剩下的疑难问题。

(5) 自测。学生根据定向指出的重点和难点，以及学习后的自我理解，自拟一组约需十分钟完成的自测题，由全班学生回答，自己评分，自己检查学习效果。

(6) 自结。每个学生总结自己学习的主要收获。教师在成绩优秀、中等、较差的学生中，选择有代表性的学生，讲述自己的学习过程和收获，使所获得的知识信息得到及时强化。

4) 卢仲衡的自学辅导教学模式

卢仲衡为中国科学院心理学研究所的研究员。从1965年开始，他根据我国学校教育实际，吸收了"程序教学"思想，进行了中学数学自学辅导实验。这一实验进行了20多年，其间由于"文化大革命"中断两次，从1980年开始实验扩大到全国25个省市170个班进行实验，取得了较好的成绩。自学辅导教学就是在教师的指导和辅导下，以学生自学为主的教学过程，其基本程序为启、读、练、知、结。①

(1) 启。就是指教师从旧知识引出新问题，激发学生的求知欲。

(2) 读。是指学生自己阅读教材，其主要方式有粗读、细读、精读等。

(3) 练。是指学生做课本、练习册中的练习题。

(4) 知。就是让学生自己获得答案，知道自己自学的效果。

(5) 结。是指教师向全班学生做小结，概括本节课的内容，并就自学中的问题引导学生进行讨论。

5) 黎世法的异步教学模式

黎世法为湖北大学的教授。自从1979年10月起，黎世法开始探求一种在一定条件下，能保证教学活动处于最佳状态的中学教学方式，为中学生的学习和中学各科教学提供一般的理论和方法依据，以达到高效率地培养中学生的自学能力、大面积地提高中学教学质量、减轻中学生的学习负担、促进青少年的全面发展的目的。

异步教学指的是在教学中将教师的三种指导形式(个别指导、分类指导和全体指导)与学生的五种学习形式(独学、对学、群学、请教老师和全体同学)有机地统一在一个教学过程中，使教师的五步指导(提出问题→指示方法→明了学情→研讨学习→强化效应)与学生的六步学习(自学→启发→复习→作业→改错→小结)紧密结合的教学方式。②

6) 段力佩的八字教学模式

20世纪60年代初，在校长段力佩的推动下，上海育才中学以数学组、语文组为学

---

① 卢仲衡.三十三年自学辅导教学研究的回顾与展望[J].教育研究,1998(10):15—21.
② 黎世法.异步教学的理论和方法[J].中学语文,1996(3):10—12.

科试点,改革教学方法,总结出"紧扣教材,边讲边练,新旧联系,因材施教"的十六字经验。80年代,育才中学进一步开展教学改革,认为课堂应该是学生学习的场所,要变"授"为"学"。具体来说,就是采用"读读、议议、练练、讲讲"[①]这种教学模式。

（1）"读读"。是指在课堂教学中,让学生读教科书,自学教材,以培养他们的自学能力。

（2）"议议"。是指在学生自学教材后,让学生讨论阅读教材的收获以及遇到的问题。

（3）"练练"。在教法上称之为应用,就是让学生做练习,达到巩固与检测的目的。

（4）"讲讲"。是指教师要根据学生读、议、练中产生的问题有的放矢,进行画龙点睛的讲解。"讲"是贯穿整个教学过程始终的。

以上简述的是20世纪80年代出现的几种典型的教学模式。综观整个20世纪80年代的教学模式,有这样几个特征[②]：第一,最为突出的是,这些教学模式基本上放弃了传统教学中单一的教师传递、学生接受的教学活动结构,尤其是教师一讲到底的教学活动结构。在很多模式中,教师面对全班学生的讲授是最后出场的。第二,普遍重视学生自学活动,突出强调了学生的学习主体性。第三,在学生自学的基础上,将个体学习与交往性学习(如讨论、研讨)结合起来。第四,在教学程序设计上,普遍注意了学习的反馈和强化的环节,如自我评价、总结或教师、同学评价。

2003年,国际文化出版社公司组织出版了一套名为"中国当代著名教学流派"的丛书,其中所列举的教学流派有15个。每一个教学流派都有自己的一个教学模式(其中有部分教学模式我们已经涉及)。

"丁有宽与读写结合法""于漪与语文教育""马承与英语三位一体教学法""王敏勤与和谐教学""包天仁与四位一体教学法""刘京海与成功教育""刘显国与反馈教学法""李吉林与情境教育""邱学华与尝试教育""张思中与十六字教学法""倪谷音与愉快教育""顾泠沅与青浦实验""钱梦龙与语文导读法""靳家彦与语文导读法""魏书生与六步教学法"。

（二）20世纪90年代以来的教学模式改革的经验

20世纪90年代以来,国内在课堂教学改革方面出现了新的进展,主要表现为以学校为单位进行整体性的课堂教学改革,并形成了相应的教学模式。其中,最具代表性的教学模式有：洋思中学的"先学后教,当堂训练"模式,东庐中学的"教学合一"教学

---

① 编者：育才中学."读读、议议、练练、讲讲"八字教学法[J].上海教育,2011 (7)：1.
② 陈佑清.教学过程的本土化探索[J].当代教育与文化,2011 (1)：60—67.

模式和杜郎口中学的"三三六"教学模式。

1) 洋思中学的"先学后教,当堂训练"模式

洋思中学位于江苏省泰兴市偏僻的农村,20 世纪 80 年代中期在校长蔡林森的带领下,勇于改革,不断创新,创设了"先学后教,当堂训练"的课堂教学模式,稳步提高了课堂教学效率和质量。自 1991 年以来,该校学生入学率、巩固率、合格率和优秀率连续 10 年居泰兴市首位,其在实践中摸索出来的"先学后教,当堂训练"的课堂教学模式被喻为"洋思模式"而传遍全国。

洋思中学"先学后教,当堂训练"的课堂教学模式的基本环节是①:

(1) 揭示教学目标(辅助环节 1,占 1 分钟左右)。

(2) 指导学生自学(辅助环节 2,占 2 分钟左右)。

(3) 学生自学,教师巡视(约 5~8 分钟)。

(4) 检查学生自学效果(约 5~8 分钟)。

(5) 学生讨论、更正,教师点拨(约 8~10 分钟)。

(6) 当堂训练(不少于 25 分钟)。

2) 东庐中学的"教学合一"教学模式

东庐中学原是江苏省南京市溧水县的一所基础较弱的农村中学,曾面临师资力量差、生源质量差、办学条件差、教师观念落后等问题。为了有效解决这些问题,在校长陈康金的带领下,1999 年起学校开始尝试进行"教学合一"的教学改革。最终探索出一条教育观念新、教学方法活、学生负担轻、教学质最高的教改新路。2003 年,东庐中学被评为江苏省示范初中。2004 年 10 月,江苏南京市教育局下发文件,在全市初中推广东庐的教改经验。随后,各媒体大量报道了东庐经验。东庐中学走的是一条以"讲学稿"为载体的"教学合一"的教改之路。②

"教学合一"教学模式的核心体现在"讲学稿"的运用上。其中,对教师使用"讲学稿"的要求如下:第一,认真指导学生使用好"讲学稿",并抽扎部分"讲学稿"(多少视情况而定,一般抽好、中、差三类学生各一份),以了解学情,据此进行课前备课。第二,在课堂教学中使用"讲学稿",要努力做到:新知识,放手让学生主动探索;课本,放手让学生阅读;重点、难点和疑点,放手让学生讨论;问题,放手让学生思考解答;结论或中心思想等,放手让学生概括;规律,放手让学生寻找;知识结构体系,放手让学生构建。第三,使用"讲学稿"进行教学时,一方面要引导学生通过思考获得知识,暴露思考

---

① 周德藩.一个朴素的教育奇迹[M].南京:南京大学出版社,2003:73—80.

② 参阅:陈康金.教学合一 演绎朴素的教育奇迹[J].江苏教育研究,2006(3):56—58;郑向荣.构建"教学合一"模式 探索"改薄创优"之路——东庐中学教学改革经验述评[J].教育导刊,2008(8):19—21.

过程中的困难、障碍和错误;另一方面要发现学生创造性思维的火花,及时给予鼓励和拓展。第四,用"讲学稿"教学时要做到"四精四必":精选、精讲、精练、精批;有发必收、有收必批、有批必评、有评必补。

3) 杜郎口中学的"三三六"教学模式

杜郎口中学位于山东省茌平县杜郎口镇,是一所典型的农村中学。杜郎口中学自1998年以来在校长崔其升的领导下,不断尝试推行新课改、践行学生主体地位而摸索出了"三三六"教学模式,其核心是突出学生的自主学习。

"六三三"教学模式的具体内容为[①]:

(1) 课堂自主学习的三特点:立体式、大容量、快节奏。

(2) 自主学习的三大模块:预习、展示、反馈。

(3) 课堂展示六环节:预习交流、明确目标、分组合作、展现提升、穿插巩固、达标测评。

其中,为切实落实学生自学,该校规定教师面对全班学生讲授的时间应控制在10分钟以内,学生活动时间则要求在35分钟以上,故该模式也被称为"10+35"模式。

综观20世纪90年代以来出现的三种教学模式,具有如下几个特征:第一,都产生于薄弱学校。这三所学校办学条件、师资队伍、生源都比较薄弱,但通过教学改革均发生了翻天覆地的变化。第二,都是在校长的带领下产生的。这三种教学模式领衔人物都是校长。第三,这三种教学模式都是以学校的整体改革为基础而产生的。"它们不仅仅是改革课堂教学模式(教学流程),为使新的模式能产生实效,它们还改变了教学管理制度(如洋思中学的'日日清、周周清、月月清'制度,杜郎口中学的学科组集体备课制度和早上及午后的全体教师的'碰头会'),教学组织形式(如杜郎口中学的小组合作学习)等。"[②]第四,都体现了"教学的核心是学生的学习"这一思想。这三种教学模式尽管做法各异,但都体现了将课堂的主阵地交给学生,"课堂的一切活动围绕学生的学习进行"[③]这一教学精髓。

三、教学模式的类型

(一) 按教学模式的理论来源分

乔伊斯和威尔等人按照教学模式的理论来源,将教学模式分为四大"家族",每一

[①] 李炳亭.杜郎口"旋风"(修订版)[M].济南:山东文艺出版社,2008:152—154.
[②] 陈佑清.教学过程的本土化探索[J].当代教育与文化,2011(1):60—67.
[③] 时晓玲,于维涛.中小学课堂教学模式改革的省思与多元创新——基于洋思、杜郎口、东庐等校课堂教学实践的思考[J].教育研究,2013(5):129—133.

教学模式"家族"又包含多种具体的教学模式。①

1. 信息加工教学模式

该类模式以认知心理学有关信息的加工理论为基础，着眼于知识的获得与智力的建构，将教学看作是一种创造性的信息加工的过程，按照电子计算机人工智能的运行规律来确定教学的程序，如皮亚杰的认知发展教学模式，奥苏贝尔的有意义言语接受学习教学模式，加涅的累积学习教学模式和布鲁纳的"结构-发现"教学模式等。

2. 个别化教学模式

这类教学模式依据的是个别化教学理论和人本主义心理学，注重教学中的非理性因素，体现了人本主义心理学注重人的潜力挖掘和全人格发展的观念。其重要代表人物罗杰斯(C. Rogrs)的非指导性教学模式是这类教学模式的典型。此外，还有弗瑞兹·坡尔斯(F. Penls)的意识训练教学模式。

3. 社会互动教学模式

该类模式以社会心理学的互动理论为基础，强调教学中教师与学生、学生与学生之间的相互影响和社会联系，着眼于学生的社会性和品德发展。如西伦(H. Thelen)的小组研究教学模式，苏联戈盖巴维利等一批学者创立的合作教学模式。

4. 行为控制教学模式

这类教学模式是以行为主义心理学为依据，认为学习过程是作用于学习者的刺激和学习者对刺激作出的反应连接形成的过程，侧重于学生行为习惯的控制和培养。斯金纳的程序教学模式是这类教学模式的典型代表。此外，还有美国布卢姆的掌握学习教学模式，苏联心理学家加里培林的"智力行为分阶段训练"教学模式。

此外，我国学者杨小微根据教学模式的理论来源，将其分为六类②：认知模式、非理性模式、社会学模式、程控模式、导学模式和整体优化模式。

(二) 按教学模式的目的分

我国著名的教学论专家王策三教授将教学模式分为三类③：

1. "师生系统地传授和学习书本知识"的教学模式

这种教学模式以知识的学习为主要目的，以教师的讲解为主要手段，其典型程序为：诱导学习动机→领会新教材(感知、理解)→巩固知识→运用知识→检查。为简便起见，这种教学模式可以称为"传递—接受式教学模式"。

---

① [美]Bruce Joyce, Marsha Weil, Emily Calhoun 著，荆建华等译. 教学模式[M]. 北京：中国轻工业出版社，2002：15—29.
② 杨小微. 中小学教学模式[M]. 武汉：湖北教育出版社，1990：23.
③ 王策三. 教学论稿[M]. 北京：人民教育出版社，1985，135—138.

2."教师辅导学生从活动中自己学习"的教学模式

这种教学模式是对系统传授和学习书本知识的教学模式的否定,其指导思想为杜威的"做中学"思想。这种教学模式以培养学生的探究能力为重点,以学生自己的探究为手段,其典型的程序为:设置问题的情境→确定问题或课题→拟定解决课题的方案→执行计划→总结与评价。这种教学模式可以称为"引导-探究式教学模式"或"引导-发现式教学模式"。

3."折中于两者之间的教学模式"

这种教学模式试图对以上两种教学模式进行取长补短。它既强调基础知识的学习,又注意培养学生的探究能力。其典型代表就是美国布鲁纳的"发现学习"。其一般进程为:明确结构、掌握课题、提供资料→建立假说,推测答案→验证(一次或几次)→做出结论。

(三)综合性分类

有研究者结合我国中小学的实际,把常用的基本教学模式大致分为以下五种类型[①]。

1. 传递-接受式教学模式

这种模式由教师直接控制着教学过程,按照学生认识活动的规律来规划。通过教师的传授使学生感知、理解并领会所学习的内容,然后再组织学生练习、巩固所学的内容,最后检查或组织学生自我检查学习的效果。该教学模式的基本程序为:激发学习动机—复习旧课—讲授新课—巩固运用—检查。

2. 自学-辅导式教学模式

该模式是对上述传递-接受式的一种改造。主要是把原来由教师系统讲授的部分改为在教师指导下由学生自学。这种模式由于充分发挥视觉分析器的作用又较重视学生之间的相互帮助,它比单靠"讲-听"单一通道输入信息的效果要好。该模式的基本程序为:自学—讨论—启发—练习—总结。

3. 引导-发现式教学模式

这是一种以问题解决为中心,注重学生独立活动,着眼于创造性思维能力和意志力培养的教学模式。该模式的基本程序是:问题—假设—验证—总结。

4. 情境-陶冶式教学模式

这一模式依据人的认识是有意识心理活动和无意识心理活动的统一、理智活动和情感活动统一的观念,强调个性发展不仅要重视理智活动而且要通过情感的陶冶,充分调

---

① 吴也显.我国中小学教学模式试探[J].课程·教材·教法,1989(21):50—53.

动学生无意识心理活动的潜能,使学生在思想高度集中、精神完全放松的情况下进行学习。该模式的基本结构包括以下几个基本步骤:创设情境—参与各类活动—总结转化。

5. 示范-模仿式教学模式

这种模式多用于以训练行为技能为目的的教学。一般说一个复杂的行为技能的获得,需要经历认知阶段(即明白要学会的行为技能的要求)、联系阶段(通过学习使部分技能由不够精确、不太定时而逐步走向精确、定时;单个的下属技能逐步结合成总括技能,并使一些对抗性的反应得到消除)和自主阶段(这时行为技能的程序步骤已不再需要学习者通过思考来完成)。该模式主要包括以下四个基本程序:定向—参与性练习—自主练习—迁移。

四、教学模式的选择与创造

教学模式是多样的。因此在选择模式时,没有最好的,只有最合适的。也就是说,只有当某种教学模式适合特定的教学内容、特定的学生、特定的情境时,它才是最有效的。因此,对于教学模式而言,存在一个选择与创造的问题。

(一)教学模式选择和创造的原则

教学模式的选择与创造要遵循以下几个基本原则:

1. 尊重学生的时代特点

每个时代的学生,都有其特点。由于信息技术的普及与运用,现在的学生所具有的知识远比以前学生所拥有的知识丰富,他们对网络的熟悉程度远远超出教师的想象。同时,现代的许多学生都是独生子女,他们表现欲望强烈,个性特征鲜明,思维活跃而且不拘一格。因此,在运用、选择与创造教学模式时,要注意多给学生表达与表现的机会,即使是运用"讲授-接受"式教学模式,也要给学生发表见解的机会,鼓励他们自主思考。

2. 体现现代的教学目标

现代教学的目标,不在于把学生培养成"知识型的人",而在于将学生培养成"创造型的人"。因此,教师在运用教学模式时,要注意突出创造性的培养,选择那些能培养学生创造性的教学模式。比如,在教学过程中,应该多选择"引导-发现"式教学模式;即使是运用"讲授-接受"式教学模式,也应该先让学生自己思考、探究、讨论,然后再讲解。

3. 贯彻现代教学过程设计的要求

现代教学过程设计的基本要求是,要充分发挥学生的主体性,要综合运用多种学习方式。因此,教师在选择与创造教学模式时,要注意这些要求。比如,在运用"讲授-

接受"式教学模式时,教师的讲授应该尽量少一点,学生的接受式学习也不一定是听讲,还可以运用观察、体验、讨论等手段。此外,现代教学设计还需要充分考虑教师的个性特点、教学内容的特性等,因此必须体现教学模式选择的多元化、运用的灵活化。

(二)教学模式选择与创造的方法

选择与创造教学模式,主要有直接选用、借鉴改造和独立创造等方法。直接选用、借鉴改造与独立创造,不仅可以看作是选择与创造教学模式的三种方法,而且还可以看作是教师运用、发展教学模式的三个阶段。

1. 直接选用

直接选用是指从已有的教学模式中,选择符合自己个性与能力、所教学科特点的教学模式。当然,同一个学科中不同的教学任务、教学目标,所需要的教学模式也不一样。所以在选用教学模式时,一定要结合具体的教学任务和教学目标来进行。一般而言,某种教学模式起初是在哪一学科、哪类教学任务中创建的,该教学模式对于这一学科、这类教学任务最有效。比如,情境教学模式是李吉林老师在小学低年级语文教学中创造的,因此该教学模式最适宜于小学低年级语文教学;卢仲衡的自学辅导教学模式是在初中数学教学中创造的,因此它最适宜于初中数学教学。对于新入职的教师,一般采用直接选用的方法来运用教学模式。

2. 借鉴改造

借鉴改造就是对已有教学模式进行适当的修改,使其更好地服务于教学。已有的教学模式是基础,改造就是对这已有教学模式的某些部分进行调整。改造的方式有增删模式要素、改变操作程序、扩大适用范围等。比如,"引导-发现"式教学模式的一般操作程序为创设情境、发现问题、提出假设、进行探索、验证总结。在这种教学模式中,教师的主要作用是创设情境,其他步骤都应该放手让学生独自去完成。然而,对于不同年级的学生,教师应采取不同的处理策略:对于小学中低年级学生而言,让其自己去"发现问题"是相当困难的,因此教师可以"提出问题"。

同样,对于不同学科,教师也应该做适应性改造。比如对于自然科学类学科,"进行探索"最好的方式可能是试验;对于社会科学来讲,"进行探索"最好的方式可能是调查;对人文科学而言,"进行探索"的方式可能是"讨论"加"反思"。当教师发展到对基本的教学模式都非常熟练时,他就可以进行教学模式的借鉴与改造。

3. 独立创造

独立创造就是指教师创造属于自己的教学模式。创造教学模式时,教师一定要结合自己的兴趣、所教学科的特点、自己对教学的理解来进行。创造教学模式的主要方法有归纳法、演绎法、移植改造法。[①] 当教师对教学、对自己所教学科有独到理解并想实现自己的教学理想时,才会独立创造教学模式。

练习与思考

1. 简述你对教学过程的本质的认识。
2. 简述赫尔巴特、凯洛夫、杜威、加涅的教学过程思想。
3. 简述传授-接受式教学的基本结构。
4. 简述探究-发现式教学的基本结构。
5. 简述情境-体验式教学的基本结构。
6. 什么是教学模式,它由哪些要素构成?
7. 教学模式的选择与创造要遵循什么原则?
8. 教学模式的选择与创造有哪些基本方法?

[①] 参见:陈佑清,宇贤主编.校本研究个案透视——武汉市崇仁路小学校本研究之研究[M].武汉:湖北教育出版社,2005:170—178.

第十章　教学组织形式的选择

> **学习目标**
>
> 1. 掌握教学组织形式的含义。
> 2. 了解教学组织形式的历史发展线索。
> 3. 掌握班级授课制、小组教学、个别教学、网络教学、走班制、复式教学等常见的教学组织形式。
> 4. 理解影响教学组织形式选择的主要因素。

教学组织形式就是教学活动的组织方式,它回答的主要问题是用什么方式将教学各要素组织起来,以形成一个教学活动的结构。教学组织形式不是固定不变的,而是随着社会经济、政治、文化的发展及其对人才培养要求的提高而不断改进的。本章主要讨论教学组织形式的含义、历史发展以及几种主要的教学组织形式。

第一节　教学组织形式概述

教学组织形式就是教学的组织方式。它经历了个别教学、集体教学以及多元化发展三个阶段。

一、教学组织形式的含义

应该如何理解教学组织形式?国内形成了不同的看法。王策三教授认为:"教学组织形式理论所要研究和解决的问题,就是教师以什么形式把学生组织起来,并通过什么形式与之发生联系?是个别的、小组的,还是班级的?是固定的,还是灵活变动的?教学活动如何安排?教学时间如何分配?如此等等。"[1]李秉德先生认为:教学组织形式就是"教学活动中师生相互作用的结构形式""或者说,是师生共同活动在人员、程序、时空关系上的组合形式。"[2]还有学者认为,"教学组织形式是指为完成特定的教

---

[1] 王策三.教学论稿[M].北京:人民教育出版社,1985:272.
[2] 李秉德主编.教学论[M].北京:人民教育出版社,1991:214.

学任务,教师和学生按一定要求组合起来进行活动的结构。"①可见,教学组织形式通常是指教学中各要素进行组合的形式。这些因素包括实质性因素,如教师、学生、课程等;还包括条件性因素,如时间、空间等。因此本书认为,教学组织形式是指教学活动中各种要素的组织方式。它要解决的问题是用什么方式将教学中的各个要素组织在一起,以便教学活动能够顺利而有效地开展。

二、教学组织形式的历史发展

在人类历史上,教学组织形式先后经历了个别教学、班级授课制以及教学组织形式的多元化三个阶段。

(一) 个别教学

个别教学兴起于原始社会末期至奴隶社会早期。当时社会生产力水平总体上较低,社会对人才的需求量比较小,学校的数量少,有机会进入学校学习的人也比较少,因此学校教育主要以个别教学的形式进行。个别教学在教育史上持续了相当长的一段时间,大概从奴隶社会早期一直到封建社会晚期。我国商周到隋、唐时期的各级官学和私学,古希腊、古罗马时代的各类学校以及欧洲中世纪的教会学校和宫廷教育,均采用个别教学的形式。②

(二) 班级授课制

社会的不断发展、知识经验不断增加为越来越多的人接受学校教育提供了可能性和必要性。特别是资本主义生产方式出现以后,为适应机械化大工业生产和大范围贸易的需要,社会需要大量人才。此时,仅靠个别教学难以满足社会对人才的需求,"班级授课制"应运而生。

班级授课制萌芽于16世纪西欧的一些国家,兴起于17世纪乌克兰兄弟会学校,经捷克教育家夸美纽斯的总结、改进,逐步形成了一种比较稳定的课堂教学制度。1632年,夸美纽斯在其发表的《大教学论》中对班级授课制作了系统的阐述与论证。

由于提高了教学效率、扩大了教学规模以及社会流动的日益频繁,班级授课制一经产生,便迅速在全世界流传开来。班级授课制在传播的过程中,它本身也经历了一个不断丰富和完善的过程。我国最早采用班级授课制的是1862年开设的京师同文馆。随着1905年科举制度的废除以及新式学校的建立,班级授课制在全国得以正式推广。

(三) 教学组织形式的多元化

班级授课制虽有不少优点,但它难以照顾个别差异,因此自其产生之日起,批判的

---

① 王道俊,郭文安主编.教育学[M].北京:人民教育出版社,2009:250.
② 李秉德主编.教学论[M].北京:人民教育出版社,2000:217.

声音与改革的努力就没间断过。19世纪末20世纪初,欧洲"新教育"运动和美国"进步主义教育"运动对班级授课制产生了巨大的冲击。此后,对班级授课制进行改革的浪潮此起彼伏,教学组织形式呈现出多元化局面。概括起来,对班级授课制的改革主要表现为以下几方面。

1. 突破班级授课制的改革

有一部分改革者认为班级授课制存在不可克服的缺陷,于是创造出新的教学组织形式来替代它。其中影响较大的有:设计教学法、文纳特卡制和开放课堂。这是一种最激进的改革。

1)设计教学法

设计教学法(Project Method)是美国进步主义教育家克伯屈于1918年创建的。他从杜威"从做中学"的教育思想出发,并在杜威"问题教学法"的基础上,根据内部动机(inner motivation)和附随学习(concomitant learning)的理论所创造的一种教学组织形式和方法。其目的在于克服传统教学中呆板的课堂教学方式、只重视书本知识、学生被动的学习以及孤立的分科教学等缺陷。它废除了班级授课制度,打破了学科界限,摒弃了传统的教科书。

1918年9月,克伯屈在《哥伦比亚大学师范学院学报》发表"设计教学法"一文,系统地阐述了自己的看法。他说:"在批评班级授课制教育理论的教学方法时,我越来越感到有必要把教育过程中相互联系的各个方面更彻底地统一起来。我开始构想某个能达到这个目的的概念。如果发现了这样一个概念,我认为它必须强调行动因素,特别是全心全意的、充满活力的、有目的的活动。"①

克伯屈通过设计教学法把杜威的教育哲学具体化、程序化,使其更具有操作性,被人们认为是杜威教育理论的主要阐释者和推广者,他因此也被杜威认为是其有生以来最好的学生。

设计教学法中的"设计"是指主动的、自愿的活动。设计教学法通过让学生主动地、自愿地参加需要解决问题的活动来进行学习。它具备如下特征②:是一个有待解决的实际问题;是有目的、有意义的单元活动;由学生自己负责计划和实行;是一种可以增长经验的活动,使学生通过设计获得发展和生长。

2)文纳特卡制

文纳特卡制(Winnetka System)是由美国人华虚朋(C. W. Washburne)于1919年在芝加哥市郊的文纳特卡镇公立学校实行的一种教学组织形式。它将课程分为两部

---

① [美]威廉·克伯屈著.教学方法原理——教育漫谈[M].土建新译.北京:人民教育出版社,1991:329.
② [美]威廉·克伯屈著.教学方法原理——教育漫谈[M].土建新译.北京:人民教育出版社,1991:15.

分进行教学:一部分按照学科进行,由学生个人自学读、写、算以及历史、地理等方面的知识与技能;另一部分通过音乐、艺术、运动、集会以及开办商店,组织自治会等来培养和发展学生的"社会意识"。这一部分吸取了设计教学法的因素,活动由学生自己设计、自己执行。① 前者通过个别教学进行,后者通过团体活动进行。

文纳特卡制有如下特点:第一,有具体的学习目标和内容,对每个单元都有非常细致的规定和自学教材。第二,应用各种诊断法检查学生每个单元的学习情况。在这种测验之前,先进行练习测验,由学生自行练习、自行改错,直到做对为止。第三,通过自学及诊断测验后,方可学习下一单元的教学内容。第四,教师经常深入学生中间,因人、因时、因事而进行个别指导。②

3) 开放课堂

这种教学组织形式源于20世纪30年代进步主义者的教育主张,在"第二次世界大战",期间及其后的英国得以迅速发展。最初主要运用于幼儿园,1967年开始在小学运用。70年代,这种教学组织形式传到美国,在许多小学进行试验。

开放课堂的主要特点是③:教学不拘于形式,没有固定的结构,不进行分科教学,也不按教材传授知识,学生可以根据自己的兴趣在教室或其他活动场所自由活动或学习。教师的职责是为学生的学习创设并布置学习环境,重视发展学生的个性。

2. 对班级授课制本身进行的调整

另有一批教育改革家认为,虽然班级授课制存在缺陷,但完全废除班级授课制是不恰当的。在大体保留班级授课制的基础上,他们对班级授课制的某些要素进行改进、优化。基于这一改革思路出现的教学组织形式主要有贝尔-兰开斯特制、活动课时制、小队教学、选科制、分组教学、单元教学等。

1) 贝尔-兰开斯特制

贝尔-兰开斯特制(Bell-Lancaster Method),又名导生制(Monitorial System),是一种流行于19世纪初的教学方法。该教学组织形式由两位英国教育家——安德鲁·贝尔博士(A. Bell,英国圣公会牧师)和约瑟夫·兰开斯特(J. Lancaster,公谊会教师)分别独立创行。1791年(或1792年),贝尔在印度马德拉斯的军人孤儿学校开始选择导生帮助他教其他学生,因此这种方法也被称为"马德拉斯制"。1798年,他在回到英国以后,曾经出版过一本小册子《一个教育实验》介绍导生制,不过没有引起人们的关注。1798年,兰开斯特在伦敦巴勒路创办了一所学校,也运用了这种办法。后来,他发现贝

---

① 王策三.教学论稿[M].北京:人民教育出版社,1985:282—283.
② 李秉德主编.教学论[M].北京:人民教育出版社,2000:220.
③ 李秉德主编.教学论[M].北京:人民教育出版社,2000:235—236.

尔的小册子,并在1803年出版了《教育的改良》,引起英国公众的关注。贝尔-兰开斯特制的思路是:教师先教会年长或成绩较好的学生(导生,helpers),然后由他们担任教师的助手,将他们刚学会的内容再教给其他学生。由于贝尔-兰开斯特制对于普及初等教育很有价值,因此在19世纪初的欧美各国相当流行。陶行知先生在20世纪30—40年代提倡的"小先生制",就与贝尔-兰开斯特制相似。贝尔-兰开斯特制在本质上还是班级授课制,区别只在于,在贝尔-兰开斯特制中,担任授课职责的有可能是年龄稍长、成绩稍好的学生。

2)活动课时制

"活动课时制"中的"活动"是指"灵活、变化"的意思。该教学组织形式出现于20世纪50年代的美国。活动课时制对班级授课制中统一、固定的教学时间进行了改革,把原来一堂课45~50分钟缩短为15~25分钟;并且,主张不同的学科和不同的教学活动可以使用不同的教学单位时间。我国的上海育才中学在20世纪80年代也进行了活动课时制的改革实验。它把课时分为大课和小课,大课55分钟,小课30分钟,不同的学科使用不同的单位时间。大课主要用于逻辑思维强的课程,如数学、物理等;小课主要进行形象思维强的课程,如音乐、生物等。每个学日分为三段,每段两节课,一大一小。全天共六节课(上午4节,下午2节),第一、三、六节为大课,第二、四、五节为小课。[①] 实行活动课时制,有利于适应不同学科、不同年龄段学生的特点,调节学生脑力活动节奏。

3)小队教学

小队教学(Team Teaching),也叫协同教学,它出现在第二次世界大战后的美国。[②] 1959年在哈佛大学教育研究生院的协助下,罗伯特·安徒生(R. Andetsen)主持了小队教学的实验研究,随后在美国很多中学实行。

小队教学的基本特点是,由两个或两个以上的教师一起组成一个小队,共同负责一个班或几个平行班的教学工作。一般的做法是,一个有经验或精通业务的教师,与一个经验少的教师、一个实习教师及一个教师助手组成教学组,前者负责教学组的管理并上大课,其他教师则负责小班或小组教学、讨论或个别辅导。

这种教学组织形式的一个与众不同之处是,在教学组织形式的改革中,开始注意改变教师的组织结构与数量,由教师小组而不是一个教师负责一个班的教学。

4)选科制

选科制是20世纪五六十年代以来,西方国家尝试运用的一种教学组织形式。澳

---

① 王策三.教学论稿[M].北京:人民教育出版社,1985:294.
② [美]A.C.奥恩斯坦著.美国教育学基础[M].刘付忱,等译.北京:人民教育出版社,1984:219—220.

大利亚的教育研究人员曾就选科制的两种形式进行了实验研究。[①] 一种形式是,按照学校开设的主要科目,建立侧重点有所不同的班级,在学年开始时,学生在教师的指导下选择自己愿意去的班级,学习该班的课程;另一种是,对于某些核心课程如语文、数学和自然科学,学生有权选择自己要去的班级,但学习其他课程时,仍在学校或教师规定的班级学习。这一教学组织形式的特点是,在整体保留班级授课制的基础上,给学生一定的选择课程的权利,使学习更符合学生的兴趣、需要和基础,实现因材施教。

5) 分组教学

分组教学出现在19世纪末。随着工业生产的迅猛发展和资产阶级自由竞争的加剧,社会不仅需要大批有文化、有知识的工人,而且还需要卓越人才。传统的班级授课制只能培养大量的有文化的工人,难以培养卓越人才,因为卓越人才是个性、潜能得到了充分发展的人才,而班级授课制由于其统一的教学内容和教学进度等因素,只能保证每个人学到基本的知识,而无法促进人的个性、潜能充分发展。在这一背景下,就出现了分组教学。

分组教学通常按年龄或能力将学生分成不同的组,然后由老师依据每个组的特点以组为单位组织教学。这种形式容易导致对差生的歧视,被认为不民主,在20世纪40年代开始受到尖锐批评。50年代后期,由于国际竞争加剧,各国都非常重视英才的培养,分组教学在美、英、法等发达国家再度受到重视。分组教学的目的在于克服班级授课不能适应学生个别差异的缺陷,有利于因材施教[②];但它又不是一种彻底因材施教的方式。

6) 单元教学

单元教学(Unit Teaching)在西方相当流行。其主要主张是,学生学习的内容和活动应该是完整的,反对把教材分成一课一课的形式,认为这是一种割裂,不符合学生心理的整体性。它将学习内容划分为较大的单元,以这种单元作为教学的单位,而不以一课时的内容作为教学单位。单元有两类[③]:一类是以问题为中心来组织,这与设计教学法类似;另一类是学科单元,即将一门学科的内容划分为若干单元,或将几门相关学科的内容打破,将之组合为若干单元。单元教学主要是对教学单位对应内容的划分进行了调整,但一般不改变班级编制,有的也不改变课时。单元教学的主要特点是,保留了班级授课制的基本形式,但打破了班级授课制中"课"的限制,打破了分科教学的传统,加强了不同学科之间的沟通与协同。当前中国某些学科进行的"学科联动主题教学"[④]改革,采用的就是"单元教学"的方式。

---

① 李秉德主编.教学论[M].北京:人民教育出版社,2000:234—235.
② 李秉德主编.教学论[M].北京:人民教育出版社,2000:233—234.
③ 王策三.教学论稿[M].北京:人民教育出版社,1985:284.
④ 参阅:为生命而教育:整体联动与品质优化——成都高新实验小学"大科创"教育模式的课改实践[N].中国教育报,2013-5-22(11).

3. 对班级授课制进行补充而进行的改革——特朗普制

这种教学组织形式改革的思路是，在保留班级授课制的基础上，采用一些其他的教学组织形式与班级授课制配合，以达到取长补短、扬长避短的目的。随着这一改革思路而出现的教学组织形式主要是特朗普制。

特朗普制(Trump Plan)由美国教育家劳伊德·特朗普(L. Trump)在20世纪50年代创立。[①] 这一教学组织形式将大班上课、小组讨论、个人独立学习结合在一起，并采用灵活的时间单位代替固定划一的上课时间。大班上课通常把两个或几个平行班结合在一起(可能100多人)，讲课采取现代化技术手段，并由优秀教师担任；之后分成小班上课(每班约15~20人)，由教师或学习成绩优异者带领学生研究、讨论大班上课的材料；最后是个人独立学习，如到图书馆学习或完成教师布置的作业。教学时间分配大体是：大班上课40%，小班上课20%，个人独立学习40%。这一教学组织形式的特点是，将班级授课制、小组教学、个别教学结合起来，充分发挥三种教学组织形式的优势，但其缺点是难以组织。

4. 突出个性化学习的教学组织形式改革

这一改革的思路基本上也是废除班级授课制，但是它与"突破班级授课制的改革"不同。后者不仅废除了班级，而且也废除了知识的学习。"突出个性化学习的教学组织形式改革"虽然废除了班级授课制，但保留了知识学习。与班级授课制统一组织学生进行知识学习不同，这种教学组织形式鼓励学生以自己的方式、进度学习知识。基于这一思路出现的教学组织形式主要有道尔顿制、程序教学、不分级制等。

1) 道尔顿制

道尔顿制又称"契约式教育"，全称"道尔顿实验室计划"(Dalton Laboratory Plan)。由美国帕克赫斯特(H. H. Pvarkhurst)于1920年在马萨诸塞州道尔顿中学所创建。该方法在20世纪20年代中国的上海、北京、南京、开封等地也进行过实验。

其基本做法是，每位学生分别从教师那里领取学习任务，并与教师签订合约，然后去实验室(或作业室)进行自主学习，学习过程中有困难可以随时请教教师；合同期到，就去接受教师的检查，检查合格再领取新的任务并签订合约；检查不合格则需要再学习，直到合格才能领取新的任务并签订合约。这种教学组织形式的特点是：没有年级或班级的区别，每个学生的学习进度不一样；强调学生的自主学习，教师对学习只起管理和辅导作用。与设计教学法不同的是，它保留了学科和课程。[②]

[①] [美]A.C.奥恩斯坦著.美国教育学基础[M].刘付忱等译.北京：人民教育出版社，1984：223.
[②] 王策三.教学论稿[M].北京：人民教育出版社，1985：282.

2) 程序教学

程序教学(Programmed Instruction)由美国人斯金纳于20世纪30年代发明,在50年代开始流行的教学组织形式。其主要特点与单元教学相反,它认为传统的课步子太大,主张把教学内容划得更细,使学生小步学习,学完一步后通过检测了再继续下一步的学习。这一教学组织形式完全打破了"课"的划分,也没有了固定的班级和课时,完全由学生自己学习,自己控制学习时间和学习速度,与其他同学没有直接的互动关系,教师也不必在场。① 其教学原则有积极反应原则、小步子原则、即时反馈原则、自定步调原则等。

3) 不分级制

20世纪五六十年代,美国有些学校采用不分级制这种教学组织形式。其主要做法是,学生在校的学习进度、学习年限等,都由学生的个人能力决定,而不是以班级平均水平或学生的年龄决定。一个学生根据自己的实际,可能在不同水平的班级学习不同的科目。比如,他可能在三年级学习语文,在四年级学习数学,而在六年级学习社会。只要达到某一学科规定的某一年级的水平,学生就可以进入该学科的下一个年级学习。在这种教学组织形式中,传统的班级已经不存在,其主要目的还是为了因材施教。② 不分级制也叫"走班制",或者"无班级授课制"。

不分级制在当今芬兰高中教育中得到普遍使用。③ 在当前中国教育改革中,不少学校也开始采用不分级制:2011年,分级分类课程、走班选课在北京市十一学校高一年级全面实施,现在已在全校推广。其结果是,"4000多名学生,4000多张独一无二的课程表"④。2014年3月25日,人大附中、清华附中、北大附中三所顶尖中学宣布教改合作,未来三所附中将联合开展教育综合改革试点项目,成立合作研究中心。据三所附中的校长透露,未来各校将在"互动教学"模式、"走班制"改革以及大学先修课等各个方面展开深度合作。⑤

第二节 几种主要的教学组织形式

一、班级授课制

(一)班级授课制的概念

班级授课制是指按照年龄或能力将学生编成人数相对固定的班级,由固定的教师

---

① 王策三.教学论稿[M].北京:人民教育出版社,1985:285.
② [美]A.C.奥恩斯坦著.美国教育学基础[M].刘付忱,等译.北京:人民教育出版社,1984:247—248.
③ 田友谊.无班级授课制:芬兰高中教育体制改革透视[J].外国中小学教育,2003(12):16—22.
④ 靳晓燕.北京十一学校改革记[J].光明日报,2014-2-28(1).
⑤ 人大、清华、北大三附中推行"走班制"教学[EB/OL].(2014-03-26)[2014-4-30].http://www.edu.cn/ji_jiao_news_279/20140326/t20140326_1090510.shtml.

在固定的时间、固定的地点对全班学生进行集体教学的一种教学组织形式。班级授课制尽管存在着不可克服的缺陷,但在当前,它仍是基本的教学组织形式。

班级授课制是教学的基本组织形式,是因为它具有其他教学组织形式无法取代的优点,在提高教学质量和效率上起主要作用。具体原因如下[①]:第一,形成了一整套严格的制度;第二,以课为单位进行教学,比较科学;第三,便于系统地传授各科的系统科学知识;第四,能够充分发挥教师的主导作用;第五,能促进学生的社会化与个性化。然而,肯定班级授课制是教学的基本组织形式,并不意味着它完美无缺。

(二)班级授课制的特点

1. 学生是分班级的

"分级"是指,不同年龄或水平的学生处于不同的年级中,如一年级、二年级、三年级等;"分班"是指,同一个年级的学生如果过多,就会分成若干个班。分班一般是随机分,但也有按水平分(重点班与普通班)、按兴趣分(音乐班、体育班)、按背景分(如西藏班、新疆班等)的。有研究指出[②],发达国家的班级规模一般都控制在 25 人以内,这不是"小班"的标准,而是"标准班级规模"的标准;目前西方正在进行小班化探索,其标准为 13 人左右。

2. 教师是分科教学的

在班级授课制中,每个班会开设许多不同的学科。通常而言,教师是分科教学的,即一个教师只负责其中的一门课或两三门课的教学。只有在教师极度缺乏的情况下,才存在一个教师负责一个班所有学科教学的情况。

3. 教学以班为单位进行

在上课时,教学以班为单位进行,即教师同时面对一个班的学生进行集体教学。一个教师可能教几个班,甚至几个年级,但每一次的教学只针对一个班。

4. 学习内容及其进度一致

在班级授课制中,一个班级的所有学生学习内容基本上是一样的。不仅学习内容的数量、要求一致,而且学习内容的难度,进程安排等也一致。

5. 教学时间相对固定

首先,每一节课的教学时间基本一致,一般都是 40 分钟或 45 分钟。其次,每一门课程在每周的教学时间安排基本稳定。再次,某门课(或某本教材)的教学时间长度一致,一般都是一学期。

---

① 王道俊,郭文安主编.教育学[M].北京:人民教育出版社,2009:253.
② 潘颖,李梅.班级规模与学生发展的问题研究[J].东北师大学报(哲学社会科学版),2006(6):159—163.

（三）班级授课制的优势与局限

1．班级授课制的优势

与其他教学组织形式相比，班级授课制有明显的优势。这主要表现为以下几方面：第一，极大地扩大了教学规模；第二，便于教师发挥主导作用；第三，能够充分利用学生群体的心理氛围，因为学生在一个集体中学习，相互之间存在相互作用，相互影响；第四，提高了教学活动的系统性、计划性和可控性。

2．班级授课制的局限

班级授课制的局限有：第一，不利于教师进行因材施教；第二，不利于学生主体性的发挥；第三，不利于多种教学方式的运用；第四，不利于学生的全面发展，因为它只对知识的学习最为有效。

二、小组教学

（一）小组教学的含义

小组教学是指将学生分成若干小组，然后以组为单位进行教学的组织形式。它是针对班级授课制中难以照顾学生的个别差异以及个别教学中教学效率低的缺陷提出的。因此，它是一种折中于班级授课制与个别教学之间的教学组织形式。

小组教学主要有两种形式：小组学习与分组教学。[①] 小组学习是指由教师组织和指导学生以小组的形式开展讨论学习或合作学习。分组教学也叫分层教学，是指教师将学生按知识基础相近，或者存在的学习问题相同等因素将学生分成不同的组，然后以小组为单位进行教学。分组的方法主要有外部分组与内部分组、有能力分组与作业分组、同质分组与异质分组、固定分组与动态分组等。

（二）小组教学的特点

1．教学以小组为单位进行

与班级授课制和个别教学不同，在分组教学中，教师一次面对一个小组的学生进行教学，小组规模一般都不会太大，通常在4～8人。

2．小组通常并不固定

在不同课程或不同教学任务的教学中，小组的构成通常不一样。这是因为，每个学生各方面的发展是不均衡的，当某些学生在某一方面的知识或能力比较接近时，他们在其他方面的知识与能力可能相差甚远。

3．小组教学通常与班级授课制配合使用

在当今，很少将小组教学作为一种独立的教学组织形式来运用。通常是在班级授

---

① 陈佑清.教学论新编[M].北京：人民教育出版社，2011：359.

课制的基础上开展小组教学,将其作为班级授课制的补充。①

(三)小组教学的优势与局限

1. 小组教学的优势

第一,有利于提高教学的针对性;第二,有利于教师进行因材施教;第三,可以充分发挥群体的互动效应,因为组内学生比较少,可以实现充分的互动,并建立比较亲密的人际关系。

2. 小组教学的局限

第一,它不是一种彻底的因材施教的方式;第二,它并不是一种独立的教学组织形式,通常要和班级授课制结合起来使用;第三,分组教学,尤其是内部分组教学,组织起来比较困难。

三、个别教学

(一)个别教学的含义

个别教学是教师一次只面向一个或少数几个学生进行教学的组织形式。它是最古老且生命力最强的教学组织形式。即使在今天这个高度发达的社会中,个别教学依然具有强大的生命力。前文所讲到的文纳特卡制、程序教学、道尔顿制等,都是现当代的个别教学形式。在当今的欧美,有一种上学方式叫作"在家上学"(homeschooling),其实也是一种个别教学。

个别教学有两种主要表现形式:一是独立式的个别教学,它与班级授课制同时存在;二是补充式的个别教学,此时它仅仅作为班级授课制的补充。比较而言,补充式的个别教学在当前教学中相对普遍些。

(二)个别教学的特点

1. 教师一次只面对一个或两三个学生进行教学

这是个别教学的主要特点。个别教学的前提假设就是,真正好的教学,是适应每个学生特点的教学,是让每个学生的个性、潜能都得到充分发展的教学。

2. 教学进度主要由学生的学习情况决定

在个别教学中,只有当学生完全掌握了一个内容后,教师才进行下一个内容的教学。因此,教学进度是由学生自己决定的。如果学生很快就达到了掌握的水平,教师的教学进度就快。否则,教学进度就会慢些。

---

① 陈佑清.教学论新编[M].北京:人民教育出版社,2011:359.

(三) 个别教学的优势与局限

1. 个别教学的优势

第一,有利于教师进行因材施教;第二,有利于建立良好的师生关系;第三,有利于隐性知识的学习,因为隐性知识的最好学习方式是师徒制,而这只有在个别教学的环境中才能实现;第四,有利于学生主体性的发展。

2. 个别教学的局限

第一,教学效率低,因为个别教学一次只教一两个学生;第二,缺乏群体动力,因为它缺少班级授课制或分组教学所具有的那种同学之间的相互作用、相互影响。

四、网络教学

(一) 网络教学的含义

网络教学是指基于现代网络技术的使用而形成的教学组织形式。网络教学改变了教学中主要因素的组合方式,如教师与学生、学生与学生之间相互作用的方式,教学活动发生的时间和空间形式等。网络教学在当前的高等教育中已渐成趋势。可以设想,随着网络的普及以及网络的优势被越来越多的人接受,网络教学将会在基础教育中逐渐得到推广与普及。

(二) 网络教学的特点

1. 教学突破了固定时空的限制

在网络教学中,教与学可以发生在任何时间点,持续的时间可以自定,突破了班级授课制的固定时间限制。同时,网络教学可以发生在任何有网络终端的地方,突破了传统教学空间(教室、实验室)的限制。正是由于网络教学极大地方便了学生的学习,它才受到了不少人的青睐。

2. 教学资源丰富,呈现形式多样

在班级授课制中,教材是主要的学习材料;而在网络教学中,学习材料主要是网络资源,包括教师事先制作好的以及互联网上可以搜集到的资源。在学习过程中,学生还可以获得任何愿意提供帮助的人的帮助。教师也是一样,可以随时获得自己想要的资源。教学资源呈现方式非常多样:同一种教学资源,可以用文字呈现,也可以用图片、虚拟模型等方式呈现,还可以以视频、动画等多媒体的方式呈现。

3. 人际互动非常便捷

采用网络教学,极大地方便了人际互动。第一,它扩大了人际互动的范围,人际互动不再局限于班级内部。第二,人际互动的方式便捷,可以通过文字互动,也可以通过语音、视频的方式互动。网络教学尤其为那些性格内向,不善于口头表达的学生提供

了良好的互动方式。

(三) 网络教学的优势与局限

1. 网络教学的优势

第一,极大地扩大了教学规模,其教学规模可以说是无限大(如 MOOC 课堂);第二,丰富了教学内容的呈现方式;第三,提高了学习的灵活性,学生可以选择任何单位进行学习。

2. 网络教学的局限

第一,学生的学习通常会受到与学习无关的网络资源的干扰;第二,容易导致肤浅的学习;第三,缺少人与人直接面对面的深入互动;第四,教学质量难以保证。

五、走班制

(一) 走班制的含义

走班制是指让学生通过走班的方式来进行学习的教学组织形式。在走班制中,学生没有固定的班级,教师则有固定的课室。不同的教师开设不同类型、不同水平的课程,学生则根据自己的水平与需要进入相应教师的课室进行学习。由于学生要学习不同的科目,因此一般而言,每一节课学生都要进入不同的教室进行学习。

(二) 走班制的特点

1. 教师有固定的课室,学生没有固定的教室

在走班制中,教师上课的地点和时间是固定的,而学生几乎每节课都会走进不同的课室。用一句形象的话说,传统的班级授课制是教师到学生的教室中去上课,而在走班制中,是学生到教师的课室中去听课。

2. 学生学习与发展的异步性

在走班制中,不同学生的学习与发展是不同步的,同一个学生不同方面的学习与发展也是不同步的。比如,同一个学生,语文可能在学习四年级的,数学可能是在学习六年级的;另一个同学可能正好相反。从这个角度看,不同的学生拥有不同的课表。

(三) 走班制的优势与局限

走班制的优势在于,它高度满足了学生个性化发展的需要。其不足在于,学生的管理比较困难;不适用于年龄小的学生;它对学生自觉性的要求比较高。

六、复式教学

复式教学是班级授课制的一种变体,它保留了班级授课制的关键特征,但同时又对其某些特征进行了改革。从积极方面说,复式教学是对课堂教学进行改革的结果。

从消极方面说,这种改革也是不得已而为之,因为它主要是为了完成特定条件下的教学任务发展而来的。不论如何,复式教学在我国的教育发展中扮演了重要的角色,并且日后可能还将继续发挥它特有的作用。

(一)复式教学的概念

复式教学是指一个教师在同一节课内向两个或两个以上不同年级的学生同时进行教学的组织形式。它是班级授课制(课堂教学)的一种变式,或者说是它的一种特殊形式。

复式教学在我国的教育发展中有着特殊的地位。清末民初,复式教学便从日本引进,至今未曾间断。它适用于学生少、教师不足、教学设备较差的地区。我国面积广阔,农村所占面积较大,且很多农村地区人口稀少,在这种落后且人口密度小的农村地区,复式教学对于提高当地的人口素质与发展当地的经济有重要作用。目前,随着计划生育政策的落实,农村人口呈逐年减少趋势,进行复式教学的区域还将不断扩大,所以这种教学形式还将大有用武之地,它可以节约人力、物力、财力及教育资源。

(二)复式教学的特征

它具有课堂教学的基本特征,如分班教学、按学科教学、每节课有固定的时间等。所不同的是,教师在同一课时内要同时巧妙地组织两个或两个以上年级的教学活动,对两个或两个以上的班级进行交替教学;同一个班的学生要交替参与直接教学与自动作业。

复式教学的特殊性决定了它在组织实施时不同于课堂教学。在进行复式教学时,要注意组织与设计好以下的各项任务:

1. 合理编班

合理编班是搞好复式教学的前提性工作。复式教学中包括的年级多少不等,所以编班时应区别对待。一般在编班时有单班多级式编班、两班复式编班、三班复式编班等几种形式。采用何种形式,可根据学生的多少、教室的大小及教师的多少等全面考虑,灵活掌握。总之,在编班时要考虑尽量减少班级间的相互影响。如在三级复式编班中,可以将一、三、五三个年级编在一个班,二、四、六三个年级编在一个班。

2. 合理排课

在制订复式教学课表时,主要要处理好直接教学与自动作业之间的搭配关系,安排好教学顺序。在复式教学中,直接教学的时间短,对某个年级而言,直接教学与自动作业是交替进行的,因此处理好二者的关系十分重要。一般来说,要处理好以下几方面的关系:一是各门课程之间的关系,如语文与数学的搭配;二是处理好新课与复习课之间的关系;三是要处理好同一堂课中同一个年级直接教学与自动作业之间的关系,主要是顺序及次数安排;四是年级间不同科目的搭配关系,最好采用"同堂异科"的方式,这样可减少相互干扰。

3. 培养助手

在复式教学中,培养与合理使用小助手不仅可以减轻老师的负担,增多直接教学时间,同时也可以培养学生的工作能力和为集体服务的意识。教师可以使用小助手帮助检查课前准备情况,领导全班学生复习、维持课堂教学秩序等,甚至还可以用小助手进行新课的教学。教师在使用小助手时要对其严格要求,帮助他树立威信,但不能使他有骄傲自满情绪,同时要给予一定的权力。

4. 建立常规

在复式教学中,教师要特别注意建立良好的课堂学习常规,如对自动作业时的纪律要求,部分学生自动作业完成了后应该做什么等。教师还要与小助手相互配合,如教师讲解时,小助手的活动就应尽量用文字、手势、表情、动作来表达。

实践证明,如果组织得当,复式教学效果并不比单式教学效果(即上文所说的"课堂教学")差,且这种课堂中的学生自学能力与自制力比单式教学下的学生强。不过,复式教学也有自身的缺陷,如教师直接教学的时间较单式教学少、学生学习所受的干扰也较多、难以组织多样化的教学活动等,所以复式教学对教师素质要求较高,它要求教师要做好各方面的准备、组织工作。

第三节 影响教学组织形式选择与运用的因素

在选择与运用教学组织形式时,要综合考虑以下因素,[1]以便充分发挥各种教学组织形式的功能。

一、教学目标与教学内容

教学目标与教学内容具有高度一致性,教学目标通常是指向学生发展的,教学内容主要是根据教学目标的要求选择和创造能够促进学生发展的资源。但是,教学目标与教学内容并不会自动实现学生的发展,它必须借助于一定的活动方式、活动过程才能内化为学生的素质。特定教学目标和教学内容的落实,需要特定的教学组织形式与之相配合。例如,以掌握知识为主要目的的课,就可以运用集体教学的形式;而在学习动作技能或培养创造能力为主要目的的课中,个别指导教学是最有效的。因此,在选择教学组织形式时,必须考虑教学目标和教学内容的本质要求。

---

[1] 参阅:陈佑清.教学论新编[M].北京:人民教育出版社,2011:369—370.

二、拟采用的教学活动类型

对于同样的教学目标和教学内容,可以通过多种教学活动来实现。比如,以掌握知识为主要目的和内容的课,可以采用传授-接受的方式实现,也可以采用自学-辅导的方式实现,还可以采用指导-探究的方式实现。此时,选择什么样的教学组织形式,就看教师准备采用什么样的教学活动类型。如果教师准备采用传授-接受的方式进行教学,那对应的教学组织形式就应该是班级授课制;如果教师准备采用自学-辅导或指导-探究的方式进行教学,那相应的教学组织形式就应该是个别教学。

三、班级规模及学生之间的差异

班级规模与学生彼此之间的差异状况是影响教学组织形式选择的重要因素。如果班级规模较大,而且学生之间的差异较小,就适宜采用班级授课制的教学组织形式;如果班级规模较大,而且学生差异也比较大,则应以分组教学、个别教学作为班级授课制的补充;如果班级规模较小而学生之间的差异又比较大,则适宜采用分组教学以及个别教学的形式;如果班级规模较小而学生差异也比较小,则适宜采用班级授课制的形式进行教学。

四、教学的资源条件

对教学组织形式而言,相应的教学资源条件有教师数量、教学时间、教学空间、教学设备、教学资料等。不同的教学组织形式,所需的教学资源不一样。因此,选择教学组织形式时,还必须考虑教学资源条件。如果缺乏相应的图书资源、网络资源,以指导-探究为主的个别教学组织形式就很难展开。如果教室空间非常小,分组教学也难以实施。

在实际教学中,单独或固定运用某种教学组织形式的情况是很少见的,也难以产生良好的教学效果。因此,选择教学组织形式,其实质在于根据实际情况实现不同教学组织形式的变换与组合,充分利用各种教学组织形式,实现教学效果的最大化。

练习与思考

1. 解释下列名词:班级授课制、个别教学、特朗普制、道尔顿制、单元教学。
2. 简述班级授课制的特点及优缺点。
3. 简述个别教学的特点及优缺点。
4. 简述走班制的特点及优缺点。
5. 影响教学组织形式选择与运用的因素有哪些?请举例说明。

第十一章 课堂教学的组织与实施

> **学习目标**

1. 理解教学原则的概念。
2. 掌握常用的教学原则及其要求。
3. 理解教学方法的概念。
4. 了解教学方法的分类。
5. 掌握常见的教学方法及其要求。
6. 理解生成性教学及其特征。
7. 掌握生成性教学的实施建议。
8. 了解课堂管理的必要性、目标以及内容。
9. 掌握创设课堂环境的基本要求。
10. 掌握预防性课堂管理的基本策略。
11. 掌握处理课堂问题行为的基本策略。

将设计的教学过程变为实际教学过程的过程,就是课堂教学。当然,教学不限于课堂,只是人们习惯于称其为"课堂教学"。课堂教学是让课程发挥教育功能的主要渠道,因此这一过程也称为"上课"。在将设计的教学过程转化为实际的教学过程时,要遵循一定的原则,要凭借一定的方法,要充分利用教学过程中生成性资源,还要加强过程的管理。

第一节 教学原则的运用

教学原则源于教学实践经验的总结以及人们的教学理想,是教学活动必须遵循的基本要求。它指导着教师的教学行为,并贯穿于课堂教学的始终。教学活动应选择适当的教学原则并灵活运用,以确保教学的质量与效率,保证教学的教育性。

一、教学原则的概念

教学原则是指根据教学规律制订的,进行教学工作所应遵循的基本要求。通常而言,教学规律比较抽象,难以被教师直接运用。教学原则是由教学规律转化而来的,它既体现了教学规律的要求,又具有较强的实践指向性和可操作性,能够被教师理解和执行。从这个意义上讲,教学原则是连接教学理论与教学实践的桥梁。虽然有许多教学原则源自教学实践经验的总结,但它在无形中呼应了教学规律的要求。教学原则有以下几个特点。

(一) 合目的性

任何一个教学原则,都必须符合教学目标的本质要求。教学目标是关于教学活动结果的设想,是对学生通过教学活动应获得的发展结果的设想。组织教学活动的根本目的就在于促进学生的发展。教学原则作为教学活动过程的指导准则,必须指向于教学目的的实现,指向于学生的发展。之所以要在教学工作中运用、发挥教学原则的指导作用,最终的目的就是为了实现教学目标,使学生获得持久、高效的发展。

(二) 合规律性

规律是隐藏在事物背后本质的、必然的、稳定的联系,反映事物必然的发展趋势,需要人们运用理性思维去把握。教学规律也不例外。教学原则必须符合教学规律的本质要求,才能够得到继承与发扬。只有久经教学实践检验并被证明能有效指导教学的原则,才是科学、有效的教学原则。许多教学原则,久经不衰,根本的原因就在于它符合教育、教学的本质要求。教学原则要符合教学规律的要求,并不是说教学原则与教学规律之间存在着明确的一一对应性关系。相反,教学原则与教学规律之间的对应性是模糊的:一条教学规律可能对应几条教学原则,同时一条教学原则也可能体现出几种教学规律。

(三) 可操作性

教学原则必须能够指导教学活动。倘若它不能发挥对教学活动的指导作用,就没有存在的价值。教学原则是从宏观层面对教学提出的基本要求,它必须是教师可以理解并执行的。教学原则所提出的每一个要求,都应该是能付诸实践的。

二、常见的教学原则及其运用

在小学教学中,常见的教学原则包括科学性和思想性相统一原则、统一性与特殊性相结合原则、理论联系实际原则、直观性原则、启发性原则、巩固性原则、系统性原则、量力性原则等。下文将着重介绍这些原则。

(一) 科学性和思想性相统一原则

科学性和思想性统一原则是指教师在对学生进行科学文化知识教育时要恰当地渗透思想教育。也就是说,教师在教学时要将科学知识的教育和思想教育结合起来,思想教育融入知识教育之中,知识教育承载着思想教育。所谓的思想教育,主要是指根据教学内容对学生适时地进行正确世界观、人生观、价值观的教育。科学文化知识是人类文化的精华,同时具有科学性与思想性。在教学过程中,教师要注意挖掘、充分利用教学内容的思想性。

科学性和思想性相结合的原则,体现了教学的教育性规律。教学的教育性规律,是由德国著名教育家赫尔巴特提出的。赫尔巴特认为,任何教学过程都必须进行道德教育,同时道德教育必须依赖教学;没有无教学的教育,亦没有无教育的教学。但赫尔巴特同时又指出,"远非一切教学都是有教育性的。"[①]这说明,教学的教育性需要教师有意地去维持。科学性与思想性相统一的原则也符合"教学是教育的基本途径"这一原理。既然教学是教育的基本途径,那教学过程中必须渗透教育,否则整个教育就如同没有地基的大厦,立不起来。

在教学过程中贯彻科学性和思想性相统一原则要满足以下要求:

1. 必须保证教学的科学性

保证教学的科学性,是对学生进行思想教育的基础。教学的科学性就是指教师在教学过程中所讲的知识、技能、观念、方法等,甚至每说的一句话,都尽可能做到正确。这对小学生非常重要,因为他们的经验不足,判断力有限,而且向师性非常强,相信教师所说的每一句话。当然,一些开放性的内容和富有争议的内容除外。保证教学的科学性,教师除了要保证所讲的知识都是科学的以外,还要采用科学的方法和科学的态度、精神。如果让学生以背诵的方法去学习数学,尽管数学结论不会出错,但所使用的方法是不科学的,难以保证教学的科学性。同时,如果教师在教学中将知识讲错了,不能做到以科学的态度与精神去承认并及时纠正错误,也难以保证教学的科学性。所以说保证教学的科学性,不仅要做到内容的科学,还要做到方法的科学和态度的科学。

2. 正确地渗透思想教育

进行思想教育就是对学生进行辩证唯物主义、历史唯物主义的教育,就是对学生进行正确的人生观、价值观和世界观的教育。在教学中正确地渗透思想教育体现在充分利用学科特点,做到"润物细无声"。比如语文、政治、历史等社会学科具有鲜明的政治性、思想性,为提高学生的修养与进行世界观教育提供了良好素材。物理、化学、生物等自然科学本身虽然不带有政治色彩,但其中蕴藏着丰富的唯物主义与辩证法的思想。在教学中,教师要深度发掘教材的思想性,结合教学内容的教学,潜移默化地对学生进行思想品德教育。学科教学要反对那种刻意、专门、脱离具体内容对学生进行的思想品德教育或者政治说教,因为这种教育不仅起不到应有的效果,还会引起学生的

[①] [德]赫尔巴特著. 普通教育学·教育学讲授纲要[M]. 李其龙译. 杭州:浙江教育出版社,2002:12.

反感。

在教学中正确地渗透思想教育,还指在教学时要加强对教学过程的管理,通过对教学过程的管理来进行思想教育。如果学生在上课时说话、闲聊、睡觉等行为没有得到正确的管理,不论老师讲的内容多么具有教育性,对学生而言都没有教育意义。总之,保证教学的思想性,既要充分挖掘内容的思想性,又要保证过程的思想性。思想教育一定要渗透在教学过程中,让学生潜移默化地受到影响,切忌生硬地、脱离具体学科内容进行思想教育,更不要将所有的课都上成思想品德课。

3. 不断提高教师的专业水准与思想修养

只有提高了教师的专业水平,才能保证教学的科学性;只有提高了教师的思想修养,才能保证教学的思想性。因此,提高教师的专业水平与思想修养是贯彻科学性与思想性相统一原则的基础。更重要的是,当教师专业水平和思想修养提高了,其自身就成了学生学习的榜样,这也是无形的科学教育和思想教育。因此,作为教师,一方面要拓宽自己的视野,丰富专业知识,不断地进行研究,提高专业水平;另一方面通过学习各种理论,参加各项社会活动,经常关注时事等来提高思想素养。

(二)统一性与特殊性相结合原则

统一性与特殊性相结合原则是指教学中教师对所有学生提出同样的要求,同时又要结合学生的个别差异采取有针对性的教学措施,促进每个学生获得最大化的发展。在小学教学中,一定要注意对所有学生提出同样的要求,这一是为了教育的公平,二是为了让学生获得最基本的发展。与此同时,每个学生由于先天遗传以及后天环境、教育影响的不同而存在差异。教师一定要针对学生的差异采取有针对性的教学措施,让每个学生都获得最大化发展。因材施教包括两种情况:一是不同的学生为了达到同样的目标,需要不同的方法与途径,此时教师要针对不同的学生采取不同的方法与措施;二是不同的学生原本就应该达到不同的目标,比如有的人想当作家、有的想当科学家、有的想当运动员等,此时教师就应该为不同的学生设置不同的目标,并采取不同的方法与手段。因材施教,可以让每个学生都得到最大化发展,成长为独特的人才。统一性与特殊性相结合原则,符合小学教育是基础教育的特点,符合学生个别差异性的诉求,符合人的发展是共性与特殊性相统一的规律。

在教学过程中科学地运用统一性与特殊性相结合原则,需要满足以下要求:

1. 对学生提出统一要求

统一要求就是要求学生实现共同的目标,学习同样的内容,遵守共同的纪律等。只有对不同学生提出同样的要求,才能保证国家的教育目的得到实现,才能保证不同的人都具备基本的素质,具有相近的理想和思想方式、行为方式等。学生的个别差异性,也只有在实现统一要求的过程中才能体现出来。当然,教学中的统一要求不可过高,应该是所有学生稍加努力都可以实现的,否则,学生为了达到统一要求会耗掉所有的精力与时间,失去了个性化发展的可能。

2. 关注与研究学生的个体差异

在完成统一的任务、达到统一要求的过程中,不同学生会表现出差异。如有的学生学习非常自觉且成绩好,有的学习看似非常自觉但学习成效差;有的学习完全不自觉;有的喜欢写作,有的不喜欢;有的喜欢文科课程,有的喜欢理科课程等。对于学生在学习过程中表现出来的个体差异,教师要积极关注并进行研究,搞清楚导致差异的原因,以便对症下药。

3. 采取有针对性的措施进行教学

因材施教的关键在于,教师采取有针对性的教育措施,以促进学生的学习与发展。对学习感到轻松或困难的学生,要进行个别指导;对能力强者增加课业,"开小灶";对困难者给予特殊帮助、补课;对能力强、态度认真的学生布置难度较大一点的作业,同时严格要求他们精益求精;对语言表达没条理的学生,尽量多提供发言的机会,克服其不足;对反应慢的学生,鼓励他们积极独立思考,敢于回答问题;对注意力不集中的学生,多提醒、暗示、提问,增强自控能力;对于一些有天赋、特长的学生,教师要采取相应措施让其得到充分发展,比如对其进行个别辅导、请专家学者支招,鼓励其参加校外的竞赛活动等。概而言之,采取有针对性的措施进行教学有两种情境:一是学生缺乏哪些素质就采取有针对性的措施加强这方面素质的教育,我们称之为"补短教育";二是学生哪些方面的素质发展得比较好,就采取措施促进此方面素质的进一步发展,我们称之为"扬长教育"。由于小学处于基础教育的基础阶段,其目的是培养学生的基本素质,因此在教学过程中要尽量多地采用"补短教育",弥补学生发展中的缺陷。到了中高年级以后,可以更多地进行"扬长教育"。

(三)理论联系实际原则

理论联系实际原则是指教师在向学生讲授理论时要结合它在实际生活与工作中的运用来进行,同时要培养学生将理论运用于实际的意识与能力,达到学以致用。这一原则的运用有利于解决理论与实践、书本与现实生活相脱离的问题。当今社会日新月异,许多理论都产生于社会发展过程,同时社会的发展也需要用理论去指导。现在的小学生呈现出思维灵活、视野开阔、个性鲜明等特征,教师讲授书本知识时,应该结合现实生活与工作,努力培养学生将所学知识运用于社会的意识与能力,努力促进社会的积极变革与发展。

理论联系实际原则,体现了哲学上的理论来自实践,又指导实践的道理;也符合学生学习遵循着由感性认识到理性认识的发展规律。

在教学过程中贯彻理论联系实际原则要满足以下要求：

1. 结合实际进行理论知识教学

在教学中，教师要积极引导学生学好理论，发挥理论的导向作用，但教师在向学生传授基本知识、学科结构时必须注意联系实际。做好三个联系：一是联系小学生的生活经验；二是联系社会生活实际；三是联系科学发展的实际。联系实际进行教学，有利于增加知识的生活性、趣味性，便于学生理解、接受，有利于培养学生运用知识于实际的意识。

2. 注重进行实践教学

(1) 注重教学实践。参观、调查、实验、练习等教学实践是教学过程中引导学生理论联系实际的主要途径，在学生掌握知识、发展能力等方面起着至关重要的作用。因此，教师要积极地引导学生开展教学实践活动，并提出严格要求，定期进行检查，以督促学生，进而提高学生运用知识的能力。

(2) 重视实际操作和社会实践。教师要根据教学的实际需要组织学生实习、参加劳动、参加社会实践活动等，体验知识在实际中的运用，克服从书本到书本，理论与实际严重脱节的弊病。

(3) 教师在教学时要注意讲清楚知识在实践中运用的可能、条件与要求，甚至要让学生去构想知识如何运用于实际。

3. 适当补充相关的地方课程

补充与开发必要的地方教材、乡土教材、校本教材，能进一步加强学校教学与社会的联系。我国幅员辽阔，南北、东西、沿海与内陆在自然条件、人文环境等方面差异巨大，即使是同一个省，城乡、平原与山区等不同地区也存在差异；更何况每个地方都有其独特的历史、物产资源、风俗民情和生产状况。故而，在使用统一教材的基础上，应适当地开发一些地方课程与校本课程。这一方面是为了让所学知识与当地的实际更好地联系起来，另一方面也是为了让当地的文化、传统得到继承与发扬。

(四) 量力性原则

量力性原则也称"可接受性原则"，是指教学要从学生的实际水平出发，所教的内容能够被学生理解、接受，同时又有一定难度，需要其通过努力才能掌握。假使教学难度过度超出学生的发展水平，学生很难真正理解、掌握，甚至会失去信心；如果教学难度低于学生的发展水平，学生学习起来就没有意思，而且对学生的发展无益。对于量力性原则，苏联的教育家维果茨基(L. S. Vygotsky, 1896—1934)有过充分的研究，并提出了"最近发展区"理论。维果茨基认为，学生有两个发展水平：一是现有发展水平,即目前已经实现了的发展水平;二是潜在发展水平,即儿童在自己的努力与成人的帮助下可以实现的水平。两个发展水平之间的区域,就是最近发展区。教师的教学就应该落在最近发展区上。总之,教学活动要充分把握学情,确定好教学内容的难度,以促进学生的发展。

在教学过程中贯彻量力性原则要满足以下要求:

1. 准确把握学情

教师要了解学情,根据学情选择、组织教学内容。具体来说,要做到两点。第一,不能低估学生的发展水平。学生不是空着脑袋走进教室的,在入学之前或学习一门新课之前,他们就拥有一定的知识经验和获取知识、加工知识的能力。如果教师"低看"了学生,就会导致在教学中降低要求,抑制学生学习的积极性,降低其学习效率等问题。第二,不能过高估计学生的水平。这样会超越学生的水平,打击学生的进取心,导致学习难度增加,最终影响学生的发展。因此,在教学中把握好学生的实际水平非常重要。只有把握好了实际发展水平,才能在学生的"最近发展区"上进行教学。

2. 把握学生发展的时代特征

时代在发展,社会在进步,尤其是网络信息技术的发展,使教师不再是学生获取知识的唯一渠道。今天这个时代的小学生,与二三十年前的小学生不一样了。教师经常犯的一个错误就是,以自己曾经的经历来教育今天的学生。殊不知,这种教育方式往往难以引起学生的共鸣,反而还会被学生认为是"落伍"。因此,教师在教学时,对学生实际发展水平的估计要结合时代特征,用发展的眼光看待学生。在教学中,要积极反映时代的信息,与时俱进,引发学生的共鸣,引领学生发展。

3. 科学控制教学难度

教学难度的把握对教师来说是一项重要、复杂的工作。毕竟,现在还没有科学研究证明什么样的难度水平最符合量力性原则。随着时代的发展,学情也在不断变化。因此,这需要教师发挥聪明才智,不断地进行研究、反思与总结。如果所教的内容低于学生的发展水平,就应该提高学生的学习要求;如果所教的内容远高于学生的实际水平,那就应该降低学生的学习要求。此外,通过提高速度和放缓速度的方式也可以改变教学内容的难度。

(五)直观性原则

直观性原则是指在教学中要通过学生观察所学事物或教师语言的形象描述,引导学生形成对所学事物、过程的清晰印象,丰富他们的感性知识,从而使学生正确理解所学的内容,发展其认识能力。直观性原则符合人的认识是由感性认识到理性认识的发展规律。它能给学生以形象、具体的认识,有助于学生理解知识,提高学习的兴趣。

在教学过程中贯彻直观性原则要满足以下要求:

1. 选择适当的直观教学手段

在教学中,选择直观教具要结合学生的年龄、心理特点及教学的目标、内容来进行。由于小学生处于形象思维占主导地位的发展阶段,因此在整个小学阶段,都要注意加强直观性教学。通常说,直观教具分为三类:一是实物直观,如各种实物、标本、实验等;二是形象直观,如原物的图片、视频等;三是模型直观,比如模型、结构图等。不论选取哪种直观教具,都要注意其典型性、代表性,是否符合教学要求。通常而言,能用实物直观的,就尽量用实物直观,然后依次是形象直观与模型直观。在小学低年级,尽量多运用实物直观与形象直观;到了中高年级,可以增加模型直观。现在网络技术和多媒体技术的发展为直观教学手段的运用提供了极大的便利,教师要充分利用这一优势。

2. 直观要与讲解相结合

教学运用直观的目的是要求学生在教师的指导下进行有目的的观察,而非简单地看。因此,教师在运用直观教具的过程中,要适时提出问题引导学生理解事物的特征与联系;同时要结合讲解,讲清楚事物的原理,解答学生在观察中的疑虑,让学生在感性认识的基础上深化知识,掌握理性知识。直观与讲解结合,能够提高直观的运用效果,能够增加直观运用的目的性。

3. 重视语言直观的运用

贯彻直观性原则要重视语言直观的运用。在教学中,教师运用生动、形象的语言讲解,能够给学生带来深刻的感性认识。语言直观的优点在于不受实物直观、形象直观、模型直观的限制,同时它还能发展学生的想象力。教师在运用语言直观时,要结合学生已有的经验、知识,还要结合教学的需要进行重新组合,使要学习的事物在学生头脑中形成表象。此外,语言直观要考虑学生的年龄、心理特点:对于高年级的学生,由于知识经验比较丰富,可以多用;而对于低年级的学生,由于缺乏相应的阅历,要慎用语言直观。

4. 防止直观手段的滥用

运用直观手段的根本目的是帮助学生理解、掌握相应的教学内容,不是为了直观而运用直观,不是为了让课堂"花哨"而运用直观。如果不运用直观也能取得良好的教学效果,那就不要用。因为,过度运用直观,会剥夺学生的想象能力、思考能力和建构能力。

(六)启发性原则

启发性原则是指在教学中教师不要将知识结论等直接呈现给学生,而应充分调动学生的主动性,引导他们通过独立思考和积极探索来获得知识,以提高分析问题与解决问题的能力。启发性原则遵循了学生认识发展的规律。学生是学习的主体,掌握知识只能由学生自己思考、操作才能真正完成。假设教师草率地将答案直接告诉学生,一方面会让学生产生依赖心理,不愿意思考,影响学生独立思考习惯的养成;另一方面甚至会打击学生的自信心。

在教学过程中贯彻启发性原则要满足以下要求:

1. 充分调动学生的积极性

学生是学习的主体,学习应该由他们自己去完成。因此在教学中,教师应充分调动学生学习的积极性,鼓励他们自己去思考、去探索。这是调动学习内部动机的最好方式。实践证明,外部奖惩对学生学习积极性的维持很难持久。为了调动学生学习的积极性,教师在教学时应充分挖掘课程材料本身的内在价值,发挥课程本身的吸引力。同时,要注意将课程材料与学生的生活、学习联系起来,要使学生觉得课程本身是有趣的。为了调动学生学习的积极性,教师还要对学生的自主学习活动及时给予鼓励。此外,培养学生的责任意识也是调动其学习积极性的一个方面。

2. 要给学生充分的学习机会

在贯彻启发性原则时,要求教师不能把知识结论直接呈现给学生,而应创造条件和机会,让学生自己去学习、思考、探索,尽量让学生自己获得知识结论。因此,对于任何内容,教师都应该先让学生自己去学习。在学生自学的基础上,教师视其学习效果及程度来决定要不要讲,讲到何种程度。在教学中,教师的主要作用在于提供学习的材料,创设学习的环境,提供学习方法的支持等。

3. 教师要善于提问

启发的关键在于激活学生的思维,激发学生学习的兴趣,让学生产生一种不得不去思考的紧迫感。为此,教师要善于提出值得思考的问题。首先,教师提出的问题要精心设计,不能太难或太易;其次,教师的提问要正中要害、发人深省;再次,教师要善于追问,引导学生进行深入思考。比如,有位教师在讲《落花生》这一课时,当讲到"所以你们要像花生,它虽然不好看,可是很有用"这一句时,就问学生:"作者是不是要求我们做人要做有用的人,不要做好看的人?"这样的一个问题,能够打开学生的思维,让不同的学生都有话说,因此就能起到激发深入思考的作用。

4. 构建民主和谐的教学氛围

启发原则的运用需要民主和谐的教学氛围,因为只有在这样的一种氛围中,学生才敢表达自己的想法而不用担心遭到讥讽与呵斥。为此,教师一方面要积极了解、研究学生,树立正确的学生观,热爱、尊重学生,公平对待学生,主动与学生沟通,善于与学生交往;另一方面,对于学生的任何表现与观点,教师都要给予理解和宽容,不能当头一棒。此外,教师要不断提高自我修养,健全人格,让学生觉得你是可信的、可亲的。

(七) 巩固性原则

巩固性原则是指教师在教学中要采取多种措施引导学生巩固自己的所学,达到扎实而牢固地掌握所学知识、技能的目的。巩固知识、技能为学生学习新知识、新技能和运用知识与技能奠定了基础。这一原则正确处理了新知识、旧知识的关系,同时也符合学习的基本原理。奥苏贝尔指出,学生能够学会什么,取决于他已经学了什么,因此已经学会的东西对于新学习而言,具有重要意义。要想让新的学习顺利而高效,必须让已经学过的东西稳固地存在于头脑中。此外,建构主义思想也指出,我们总是用已有的知识来建构新知识的意义的,故而巩固已有知识对于新知识意义的建构非常有益。

在教学过程中贯彻巩固性原则要满足以下要求:

1. 在理解的基础上巩固

学生掌握知识应该是以理解为基础的。理解了的知识才能留下深刻印象,才能被牢固掌握。因此,在教学中教师要积极引导学生在理解的前提下去巩固知识,反对死记硬背。当然,在教学中机械记忆也是必要的,比如英语字母、简单的英语单词、一些固定的有特殊含义的符号(如圆周率π)等,但教师应尽量采取对策鼓励学生在理解的基础上去巩固所学的知识、技能。

2. 通过恰当的复习来巩固

有效的复习可以强化学生对知识的掌握,深化对知识的理解。因此,在教学中教师要根据教学内容及时有效地组织复习。首先,教师要明确复习的任务,目标具体、明确;其次,提前安排好复习时间,有计划地进行复习;再次,向学生教授复习的技巧与方法,比如画线、重复、编歌诀、谐音联想、做笔记、画知识树、做表格、多感官参与等;最后,要教给学生一些复习的策略,比如及时复习、平时复习、分散复习等。

3. 借用多种方式来巩固

在教学中,教师要善于采用多种方式来巩固学生的知识、技能。一是通过练习,如适当的作业、习题来巩固所学的知识、原理;二是通过运用,如实习、实践、探究活动等,来巩固知识;三是通过进一步的学习来巩固,如通过学习平行四边形的面积公式来巩固长方形的面积公式;四是通过系统整理的方式来巩固,如学完了长方形、正方形、平行四边形、三角形、梯形的面积公式后,教师进行了系统总结。

(八) 循序渐进原则

循序渐进原则也叫"系统性原则",是指教学要按照学科的逻辑系统和学生心理发展的顺序由浅入深、由易到难地进行。循序渐进原则中的"序"包括两个方面：一是学科知识的逻辑顺序，二是学生心理发展的顺序。因此，循序渐进的原则要求教学既要符合学科知识的逻辑顺序，也要符合学生心理发展的规律。

在教学过程落实循序渐进原则，要满足以下要求：

1. 按照课程的系统进行教学

通常而言，已经编制好的课程，不论是课程标准、课程方案还是教材，其本身都是系统化的，课程编制者在编制课程时就充分考虑到了教学的顺序问题。因此，在绝大多数时候，按照课程的系统进行教学，就能够保证教学的系统性。教师要认真学习和研究课程标准、课程方案和教材，要充分了解和掌握课程的逻辑以及其对学生的要求，这是教学系统性的根本保证。

2. 由近及远、由易到难地进行教学

虽然课程本身是有顺序的，但它更多地侧重的是学科逻辑、知识逻辑；就算它已经涉及了学生的心理逻辑，也只是针对学生的共性而言的。因此，在教学中，教师要充分考虑学生的心理逻辑。对于学生的心理逻辑而言，复杂的知识未必难，简单的知识未必易。也就是说，简单和复杂主要是就知识本身的构成而言的，易和难是相对于学生的知识经验、认知水平而言的。通常而言，学生熟悉的东西，即使本身非常复杂，对他们而言也比较简单。因此，教学时教师尽量要按照对学生而言的由易到难、由近及远的顺序进行。

3. 把握好教学的重点与难点

循序渐进原则还要求教师在教学中能够分清主次、详略得当，而非面面俱到、蜻蜓点水。本着突出重点、突破难点的要求，教师在教学活动开展前要对教学内容进行深度加工。教学重点往往是教材中最重要、最基本的内容，是知识网络中的连接点，是设计教学结构的主要线索，是本节课要解决的关键性问题。教学难点是指学生感到难理解或难接受的内容。教学中，教师要把主要精力放在重点，围绕重点去组织教学。同时还要明白，许多时候教学重点不一定是教学难点，难点也不一定是重点。难点是学生难以理解的，因此教师在此处应该多想办法，多开发一些策略，把握重点，突破难点。

三、运用教学原则时要注意的问题

在教学中灵活地运用教学原则，充分发挥其指导作用，有利于提高教学水平，促进学生发展。但是，在具体的课堂上，到底应选择和运用哪一种或哪几种教学原则，如何运用这些原则，并没有一定之规，但又不能随心所欲。概而言之，教学原则的选择、运

用要注意以下几个方面的问题。

(一)提升教师教育理论修养

教育理论修养高的教师,往往具有强烈的教育情怀和儿童意识,他们将教育原则内化于心,外化于行。在教学中,他们可以做到"随心所欲不逾矩"。此时,他们不一定记得有哪些教学原则,但他们的每一个行为、每一句话都很好地体现了教学原则。此外,教育理论修养高的教师,往往也很容易接受新的教学思想与教学原则。从这个角度看,提升教育理论修养对教学原则的选择与运用具有奠基性的作用。

(二)依据教学原则进行教学设计

教学原则运用于课堂教学过程之中,是事先预设好的,而不是临时刻意去运用的某种原则。因此在备课时,教师就应该对教学原则的运用进行设计。针对这个特定的教学内容,有哪些原则与之相关,最需要优先考虑的原则是什么,运用这些原则需要准备什么材料,需要怎样的教学过程才能体现这些原则,等等。只有事先思考周全了,在运用时才会行如流水。

(三)有区别地使用不同的原则

不同的原则,侧重点不同,在使用时教师要区别对待。有些原则是每节课都应考虑的,如科学性与思想性相结合的原则、理论联系实际的原则、启发性原则等;有些原则是某些特定的课需要重点考虑的,如直观性原则、巩固性原则等。

对于同一原则,在不同的课堂中,所考虑的侧重点也不一样,比如对于科学性与思想性相结合原则而言,在数学、科学等课中,应该侧重于科学性,在语文、思想品德等课中,应该侧重于思想性。在教学中,并不需要每节课将所有原则都同时用到,可以有所侧重。

第二节 教学方法的选择

做任何事情,都要凭借一定的方法才能完成,教学亦如此。凭借教学方法的灵活运用,教学活动才得以推进,学生的发展才能实现。本节主要讨论教学方法的有关问题。

一、教学方法的内涵

(一)教学方法的概念

教学方法是指教师和学生在教学过程中为完成教学任务而采用的手段与行为方式。教学方法既包括教师的教法,也包括学生的学法,是师生共同活动的方法。需要说明的是,此处所说的教学方法,是狭义的。在广义上,教学方法包括了教学模式,如赫尔巴特的五步教学法、杜威的五段教学法等,都是在广义上使用"教学方法"一词的。

正确理解教学方法的概念,需要注意三点。

(1) 教学方法具有目的性。教学方法是为实现一定的教学目的、完成一定的教学任务服务的。纯粹的方法是没有意义的,只有当它指向教学目的的实现、任务的完成时,它才具有价值。从这个角度看,教学方法只要达到教学目的就行了,过度地运用反而不好。比如,"讲授法",只要教师讲解之后,学生能够领会到所讲内容的含义、价值即可;过度地讲授、过多地讲授,都是没有必要的。

(2) 教学方法是教法与学法的统一。但是,在为教学方法命名时,往往是以主要的一方来命名的。比如,"讲授法",既然有教师的"讲授",那就有学生的"接受",但在这一过程中,"讲授"是主要的方面,故以"讲授"命名之。又如,"自学法",既然是教学的范畴,有"自学"就有"指导",但在这一过程中,"自学"是主要方面,因此以"自学"命名之。在学习教学方法时要注意这一点,不要顾名思义地理解教学方法。

(3) 教学方法存在于教学过程之中。教学方法不能独立存在,因为它不是实物性的存在,而是一种活动性、过程性的存在,只能存在于教学活动过程之中。教学过程,其实就是运用恰当的教学方法来呈现教学内容,激发学生思考的过程。

(二) 教学方法的分类

关于教学方法的分类,是一个既重要又复杂的问题,一方面是因为现有的教学方法种类比较多;另一方面,随着现代科技、教学理论与实践的发展,还会涌现出许多新的教学方法。因此,在教学论研究领域,对教学方法还没有形成统一、公认的分类法。研究者在借鉴国内外教学方法分类经验的基础上,结合目前我国常用的教学方法现状,根据师生活动方式的特点把教学方法分为五大类。[①]

1. 以语言形式获得间接经验的教学方法

以语言形式获得间接经验的教学方法是指教学中师生以语言为主要的传递信息的方式来进行教学的方法。这类方法具有显著的优点:利于发挥教师的主导作用;能够短时间内迅速传递信息;能够锻炼学生的语言表达能力。语言传递性教学方法主要有四种:讲授法、讨论法、谈话法、读书指导法。

2. 以直观形式获得直接经验的教学方法

以直观形式获得直接经验的教学方法是指教师在教学过程中通过借助直观教具或者通过参观、实验等活动,使得学生获得感性认识的方法。这类教学方法的突出优

---

① 王本陆主编.课程与教学论[M].北京:高等教育出版社,2009:197.

点有：使抽象知识变得具体、生动、形象，让学生易于接受与理解；学生能够多种感官并用；教学内容可以给学生留下深刻印象。直接感知的教学方法主要有两种：演示法（展示法）和参观法。

3．以实际训练形式形成技能、技巧的教学方法

以实际训练形式形成技能、技巧的教学方法是指在教学中通过练习、实验、实习等实际训练的形式培养学生的技能、技巧等的方法。其特点在于，它使教学过程变成学生手脑并用、学以致用的过程。这类教学方法主要有练习法、实验法、实习法。

4．以探索、发现形式培养研究能力的教学方法

以探索、发现形式培养研究能力的教学方法是指学生在教师的引导下进行探索、研究进而获得知识，以促进研究意识、研究精神、研究能力发展的方法。它的突出特点在于能够充分发挥学生的主体作用，能够激发学生主动探究、解决问题的兴趣。这类教学方法主要有探究法、讨论法、发现法等。

5．以情境创设形式陶冶情感、情操的教学方法

以情境创设形式陶冶情感、情操的方法是指学生通过参与教师创设的情境来获得情绪上的感染、思想境界的提升的方法。其中的"情境"可能是模拟的情境，也可以是真实的情境。此方法的突出特点是，通过情境感染的方式让学生在无意中获得教育。这类教学方法主要有陶冶法、欣赏法等。

此外，还可以根据教学活动中以谁的活动为主将教学方法分为两类：以教师的传授活动为主的方法和以学生学习活动为主的方法。前者包括讲授、谈话、演示等；后者包括自学、实验、实习、研究等。

二、常用的教学方法及其运用

在当今的小学教学中，常用的教学方法有讲授法、谈话法、讨论法、读书指导法、练习法、实验法、演示法、参观法、研究法和陶冶法等。下面就从含义与要求两个方面分别介绍这些方法。

（一）讲授法

1．讲授法的内涵

讲授法是指教师通过口头语言系统、连贯地向学生传授知识、思想的方法。讲授法是使用最普遍的方法，同时也是历史最悠久的方法。

讲授法可分讲述、讲解、讲演、讲读四种。讲述是指教师向学生描绘学习对象，介绍学习内容，描述事物发展变化的过程。讲解是教师向学生解释、论证概念、定理、公式等。讲述与讲解在教学过程中结合常常使用。讲读是指综合运用讲、读等来开展教学活动的教学方法。该方法在语文教学中用得比较普遍。讲演要求教师一方面要对事实进行系统、全面的描述,另一方面要对事实进行深入分析、论证;这是高年级阶段教师常采用的一种教学方法。

讲授法的优点非常显著,主要表现在以下几个方面:首先,讲授法能够提高教学效率,能在较短的时间里向学生传授大量系统的科学文化知识。其次,教师的讲授如果具有艺术性、情感性,能够引起学生的情感共鸣,从而使学生受到情感与思想道德方面的陶冶。其三,讲授法能够进行审美素质、身体素质等方面的基础知识教育,为这些方面的进一步发展奠定基础。最后,讲授法能够充分发挥教师的主导作用。

讲授法的缺点主要表现为以下几点。第一,它不利于学生主动性的发展,因为它是形式单一的"传递-接受"式的教学方式,"使学生感受不到他自己应有的责任,并使学生不能做出积极自由的反应。"[①]同时,"由于一方在年龄、知识和无上权威等方面的有利条件和另一方的低下与顺从的地位而变得根深蒂固。"[②]第二,它不利于因材施教,因为它以教师的活动为主,很少关照学生的理解与感受,因此很难照顾学生的差异性。第三,它对道德品质、动作技能、审美素养等非知识性素质的发展作用有限。

需要说明的是,许多人将讲授法等同于灌输式教学,其实这是误解。灌输式教学多半都是通过讲授来完成的,但讲授未必就是灌输式教学。如果教师的讲授生动、形象、有趣,抓住了学生的注意力,让学生跟着教师的讲授一起思考,或者引起了学生的情感共鸣,那它就是非常好的启发式教学。如果教师不顾及学生的发展水平,不观照学生的学习状态,不了解学生对知识的掌握水平,将知识结论强行塞给学生,那就是灌输式教学。另外还需要明白,灌输式教学也未必都是由讲授造成的,其他的教学方法,如现场教学等,也可能导致灌输式教学。

2. 运用讲授法的基本要求

第一,讲授要兼具科学性与思想性。这是讲授法最基本的要求。这要求讲授时,一方面要保证教学内容的科学性,不要将知识讲错了;二是挖掘教学内容的思想性,在讲授过程中适时渗透品德教育。一般而言,知识的科学性和思想性已经体现在课程之中了,但教师讲授并不是简单地将知识直接传递给学生,而是将自己对知识的理解传递给学生,因此讲授的过程中依然要强调科学性和思想性。讲授的科学性要求教师必须保证教学时讲的每一句话都尽可能是准确的,能够经得起检验;所使用的方式是合理的,学生能够接受与理解。讲授的思想性要求教师一定是在教学过程中渗透思想教

---

① 联合国教科文组织.学会生存——教育世界的今天和明天[M].北京:职工教育出版社,1989:94.
② 联合国教科文组织.学会生存——教育世界的今天和明天[M].北京:职工教育出版社,1989:118.

育,一要注意潜移默化,不要引起学生的反感;二要富有情感性,以情育人。

第二,讲授要富有启发性和直观性。教师在运用讲授法时,需要适时对学生进行启发,尽量只提供思考的素材、提出思考的问题,让学生自己去探究、去思考,不要将知识结论直接地、过早地呈现给学生。同时,教师的讲授要考虑到学生的"最近发展区",不要太难或太容易,以便能够引导学生积极主动地思考。此外,鉴于小学生的思维发展处于形象思维占优势的阶段,因此教师的语言需要形象生动,确保通俗易懂、简短精练、条理清晰,方便小学生理解、掌握。

第三,讲授要结合小学生注意力不稳定的特点。由于小学生的神经系统还处在发育当中,所以注意力不集中是所有孩子的共性,而且年龄越小,就越难控制注意。心理实验证明:3岁幼儿注意力可维持3~5分钟,4岁孩子10分钟,5~6岁儿童也只有15分钟,7~10岁20分钟左右,10~12岁25分钟左右。鉴于小学生注意力这些特点,在讲授时需要注意四点:一是每次讲授的时间不能过长,而且年龄越小的学生,每次讲授的时间应该越短;二是讲授过程中应该适当地穿插其他学习活动;三是语调要抑扬顿挫,速度尽量慢一点;四是适当发挥身体语言的作用,让讲授绘声绘色,吸引小学生的注意力。

第四,不断提高讲授的艺术与水平。由于讲授法是最主要的教学方法,所以教师使用得最多。从这个角度看,讲授法对提高教学质量和促进学生发展具有重要作用。鉴于此,在教学中更应该充分发挥讲授法的作用。这要求教师在教学过程中,不断提高讲授的艺术与水平。在讲授时,教师首先应该保证讲清楚,让学生听明白;然后再追求生动形象,让学生听得懂;最后再追求幽默与悬念,让学生听得有趣味。同时,教师要带着情感去讲授,这样才能打动学生、感染学生。为了提高讲授的艺术与水平,教师应该去听不同教师的课,同时还可以对自己的讲授进行录音、录像进行重听或重看,看其中有哪些不足与不当之处,以便于添补或改正。

(二)谈话法

1. 谈话法的内涵

谈话法,又称"回答法""对话法",是师生通过语言交谈来传播和学习知识、思想的一种方法。谈话法的特点是教师引导学生运用已有的经验和知识回答教师提出的问题,借以获得新知识、新思想或巩固、检查已学的知识、思想。谈话法在小学教学实践中运用得也比较普遍。

根据谈话的目的与任务,可以将谈话法分为复习性谈话、启发性谈话、总结性谈话和研究性谈话四种。复习性谈话是指教师结合学生已学内容向学生提出问题,通过师生谈话形式帮助学生复习、巩固已学的知识。启发性谈话是指教师向学生提出没思考过的问题,引导学生深入思考、探究新知,为新知的学习打基础。总结性谈话是指在一堂课、单元等结束时,教师提出一些能够概括所学内容的问题,通过学生的回答达到复习、总结的目的。研究性谈话是指教师提出一些尚未形成定论的问题,这些问题富有启发性,能够激发学生思考与探究,发展学生的探究能力、创新能力。此外,谈话法还可分为个人谈话、集体谈话,这是根据运用谈话法时学生人数的多寡进行的分类。

谈话法的优点主要有四个方面:一是它有助于提高学生学习的积极性,培养学生独立思考问题的能力,因为它是基于学生的已知来获得新知的;二是它方便教师知晓学生的学习情况,有助于教师适时调控教学;三是它有助于锻炼学生综合能力,特别是语言表达、思维能力;四是它有助于发展民主平等型的师生关系,因为在谈话中,教师不能以权威者的姿态出现。正是由于谈话法体现了民主平等型的师生关系,当今许多学者将对话法(谈话法的另一种名称)作为一种教学理论来研究

教学中运用谈话法也有其弊端。首先,这一方法耗费时间长,效率低;其次,它只适用规模较小的班级,如果班级规模过大,谈话法很难保证质量,因为它很难获得每个同学的反馈;再次,它不适用于年龄小,经验不足,思维能力有限的学生。并且,它只对知识、思想的学习比较有效,而对操作能力、道德品质、审美素养的形成作用甚微。

2. 运用谈话法的基本要求

第一,做好谈话的准备工作。教师要有充分的准备,这是运用好谈话法的关键。在上课前,教师要结合教学内容、学生已有的经验与阅历等,拟订好谈话大纲,确保谈话的计划性、条理性。

第二,要善于提出值得思考的问题。谈话法主要依靠提问来组织学习,因此提出值得思考的问题对于谈话法非常关键。提问是一门教学艺术,也是教师应具备的一种重要素质。具体来说,教师的提问需要做到以下几点:一是所提出的问题要明确、具体;二是问题要有启发性,即问题有助于发展学生的思维和智力;三是问题要有典型性、针对性,即兼具面对全班学生与因人而异;四是问题要有层次性,能够让不同程度、水平的学生回答,确保提问对象的普遍性;五是问题要有一定的思想性,能够对学生进行思想品德教育;六是要在学生探究陷入困境时,语言难以达意时发问,即把握好提问时机;七是认真听取学生的答案,并作出恰当的回应与追问。

第三,要做好谈话后的归纳、总结。教师在谈话教学结束后,要做好归纳、总结,帮助学生系统地掌握知识。同时,对学生的错误认识进行纠正,帮助他们准确地掌握知识。

(三)讨论法

1. 讨论法的内涵

讨论法是教师指导学生针对某个问题的解决或知识点的理解开展讨论,让学生各

抒己见，展开辩论，进而让学生找到解决问题的办法，或明辨是非，加深理解。其突出特点在于：它以语言传递为主，是一种带有传递性质的方法；它同时又是一种带有探究性的方法，具有探究性、民主性、开放性、合作性等特点。讨论法，尤其是小组合作讨论是当前小学教学运用得较多的教学方法。

讨论法根据讨论的组织形式，可以分为班级讨论和小组讨论。根据讨论内容的性质与特点，可以分为三类：综合性讨论，是指为延伸相关理论知识的学习而开展的讨论；专题性讨论，是指针对某一门学科中的关键问题或难点而进行的讨论；研究性讨论，是指探讨某一课题而组织的讨论。

讨论法的优点在于：能够充分地发挥学生学习的积极性、主动性；能够让每位学生都有表达意见与观点的机会；能够集思广益，为困难的问题找到解决的办法，或者加深学生的理解、拓展学生的视野；有利于培养学生的思辨能力、表达能力、倾听能力、合作能力等。

讨论法的缺点主要在于：耗时较长，效率低；教学秩序难以维持，易导致课堂混乱；教师的指导与组织比较困难；需要学生具备一定的知识、能力基础。

2. 运用讨论法的基本要求

第一，做好准备工作。教师要在讨论开始前设计好讨论的主题、要求，指导学生收集、阅读相关资料并进行学习，拟订好发言大纲，以保证讨论的目的性、计划性、组织性。

第二，控制好讨论法使用的时间与频率。讨论法一般在一个较大的单元学习结束后，或者在遇到一个富有争议的问题时使用，而在平时教学中多半用小型的讨论，如讨论10分钟左右。由于讨论法要求参加者所掌握的知识具有一定的深度和广度，因此对小学低龄段的学生尽量少采用讨论法。

第三，要组织好讨论的过程。讨论时，教师要营造好讨论氛围，积极引导、鼓励学生发言，特别是敢于说出不同看法；引导学生的讨论紧紧围绕论题，结合实际，还要确保大多数学生都有发言机会。

第四，做好讨论的总结工作。讨论结束前，进行适时总结，突出那些有创意的观点与意见，要表扬那些在讨论中表现突出的学生，并纠正学生的错误认识，进而使学生获得的知识正确、系统化。

（四）读书指导法

1. 读书指导法的内涵

读书指导法是指学生在教师的指导下通过阅读教科书、参考资料以及课外读物等获得知识、发展能力的方法。学生的发展是通过学生自己的学习活动来实现的，教师的作用在于促进学生的学习。同时,学生学习的内容主要还是书本知识,从这个角度看,读书指导法对学生的自主学习、终身学习以及终身发展具有重要意义。它有利于培养学生的自主阅读习惯和自学能力,是小学运用比较普遍的一种方法。

读书指导法的优点主要在于丰富学生的知识,拓宽学生的视野;使学生学会学习;培养学生的自学能力;充分发挥学生的自主性等。

读书指导法的缺点在于缺少教师指导,学生对教师的指导领会不到位,就会影响学习效果;难以保证学生学习过程的质量;它对学生的学习能力和自我控制能力有一定的要求,因此不适合年龄较小的学生。

2．运用读书指导法的基本要求

第一,教师要提出明确的目的与要求。让学生带着任务和问题学习,才能提高学习的效果,确保学习的方向,因此在学生读书之前教师要提出明确的要求。

第二,教给学生科学的阅读方法。教师可以在学生阅读过程中引导学生做笔记、划重点、谈感想、做批注与尾注等,让学生在阅读过程中思考,提高阅读效果。

第三,让学生学会对阅读内容进行加工。阅读并不是读了就能获得发展,而是通过对阅读内容进行加工让学生获得发展。阅读加工的主要方式有:分析重点的字词句;提出疑问并尝试解决它;联系自己的经验来理解;分析阅读材料的结构;将阅读内容与以前读过的相关内容进行比较;反思阅读材料中哪些有道理,哪些没有道理等。通过对阅读内容的加工,学生才会彻底地理解阅读材料,才会将阅读材料中的思想、观点、知识内化。

第四,组织学生进行读书反思。组织学生对读书活动进行反思,有利于巩固读书效果,培养读书兴趣。主要方法有复述阅读内容,谈读书体会、写读书笔记、开展读书交流会等。

(五)练习法

1．练习法的内涵

练习法是指在教学过程中,教师根据教学目标,指导学生通过运用所学的知识或完成课内课外作业,或者完成一定的操作来巩固知识,掌握技能和技巧的方法。练习法的应用范围较广,是教学的一种基本方法。

练习法常见的类型有做习题、设计活动方案、进行模拟操作、进行实际操作、参加相应的活动等。任何知识技能的牢固掌握,都需要通过一定的练习来保证。然而,练习不在于数量,而在于质量。简单重复的练习,不仅不能达到巩固知识、技能的目的,而且还会挫伤学生学习的积极性、加重学生的课业负担。练习可以在课内进行,亦可以在课外进行。练习法的种类很多。根据培养学生不同方面的能力可以分为口头练习、书面练习和操作练习等;根据掌握技能的进程可分为模仿性练习、独立性练习、创造性练习等。

练习法的优点在于,它能促进知识、技能的巩固,培养学生的应用能力、实践能力。

练习法的不足在于,它对非智能领域的发展作用有限,使用不当的话会加重学生课业负担。

2. 运用练习法的基本要求

第一,确保练习的目的明确、恰当。练习时,教师要让学生明晓练习的目的和目标。这有助于提高练习的积极性、自觉性。

第二,注意学生练习的科学性、合理性。科学、合理地安排学生的练习的分量、时间非常重要。由于小学生身心发展尚未成熟,所以练习时间不宜过长、练习的分量不宜过多。此外,要设计、运用多种练习的形式,提升学生对练习的兴趣。

第三,加强练习过程中的指导。教师应注意指导和检查学生掌握练习方法、步骤的情况;要指导学生科学合理地分配作业练习的时间;要指导学生树立正确的练习观,防止其为练习而练习;要培养学生练习后进行检查的习惯。

第四,注意学生练习的总结。教师要及时总结学生练习中存在的优缺点,肯定成绩纠正错误,同时为学生指明进一步练习的方向。

(六)实验法

1. 实验法的内涵

实验法是指学生在教师指导下运用一定仪器、设备进行独立操作,探究事物发展变化规律,获取知识技能的方法。实验法是小学科学、数学等学科教学运用较多的一种方法。根据实验的目的与任务可将其分为:(1)感知性实验,在学习新知、新的理论前运用;(2)验证性实验,在学习新知、新的理论后运用;(3)探究性实验,多用于对未知领域与现象的探究。

实验法的优点在于,有利于学生直观地理解事物之间的联系以及其运动变化发展规律;有助于发展学生的动手操作能力;有利于培养学生探究的兴趣。

实验法的缺点主要在于,对实验场所的要求比较高,如要提供较大的空间,要控制无关因素的干扰等;代价比较高,需要一定的仪器设备以及易耗品;实验过程不易管理,容易发生意外。

2. 运用实验法的基本要求

第一,做好实验前的准备工作。如,安排并布置实验的场所,准备好与实验相关的仪器、设备,设计好实验的方案等。在组织学生正式做实验以前,教师最好先做一遍。

第二,确保实验的目的、要求明晰。教师告知学生实验的目的、要求、步骤以及注意事项,必要时教师可以先做示范实验,提升实验的组织性、自觉性。

第三,加强实验过程中的指导。教师在实验过程要对学生进行指导,确保学生实验的程序科学、操作规范。此外,尤其注意实验过程中的安全问题。实验结束后,要指导学生将实验用品与用具整理好,并做好清洁工作。

第四,做好实验后的小结。实验结束后,教师要针对实验过程、结论进行总结,分析其中存在的问题,并指导学生撰写实验报告。

(七)演示法

1. 演示法的内涵

演示法是指教师通过展示直观教具或实验,并结合适当讲解,让学生认识事物、获得知识的方法。演示法的目的是让学生获得对事物的感性认识,更重要的是让学生理解事物的结构、原理以及发展过程。其显著特点是直观性、形象性、过程性,符合小学生身心发展特点,是小学阶段教学常用的方法。

演示法优点主要在于:一是有利于激发学生的兴趣,提高学生的观察力;二是能够使学生获得直观、感性的认识,帮助学生理解概念、原理等;三是理论联系实际,让学生明白理论与实际的相互关系。

演示法的缺点主要在于:一是它所适用的教学内容有限;二是它有一定的设备与条件的要求。

2. 运用演示法的基本要求

第一,做好演示前的准备。教师在运用演示法时,要根据教学任务,提前准备好演示需要用的教具、设备、课件等,拟订好演示的流程。在向学生演示前,教师最好事先自己演示一遍,以确保课堂演示能够成功。

第二,明确演示的目的、要求。告知学生演示的目的、要求与过程,提高学生观察演示的自觉性。

第三,要讲究演示的方法。演示要想取得良好的效果,必须讲究演示的方法。教师在演示时,不宜过早地呈现演示的教具;演示结束后,要及时收回教具。演示时,要确保所有学生都能看清楚整个过程;同时,要适当配合语言的讲解。在关键环节,教师可以放缓演示的过程。此外,教师还要注意维持演示过程中的纪律。

第四,做好演示结束后的总结。教师要采取措施把学生通过演示法获得的感性的认识上升到理性认识,让学生透过现象看到本质与规律。

(八)参观法

1. 参观法的内涵

参观法是教师组织学生进行实地观察、研究,以获取、巩固知识的方法。其特点在于能够直观感知客观事物,获得感性认识。它也是小学阶段运用较多的教学方法。

参观法根据参观的目的与任务分为四类:(1)准备性参观,是在学习某一知识之前,组织学生参观,为让学生获得必需的感性认识,为学习新课奠定基础;(2)并行性参观,是指在学习某一课的过程中参观,以便学生理解、丰富知识;(3)验证性参观,是指在某一课结束后参观,以便用事实验证学生已学的知识;(4)总结性参观,是指在某一课结束后参观,以巩固所学的知识。

参观法的优点是能够帮助学生获得直观、真实的认识;有助于学生获取新知与验证所学知识;加强了学校教学内容与社会生活的联系;有助于学生了解社会,拓展视野。

参观法的不足在于,费时费力,每次参加都要花费很多的时间与精力;受场馆、设施的限制,如果当地缺少相应的场馆、设施,就无法进行参观;与参观对应的学习内容比较少,只有某些特定的学科的特定内容,才适合采用参观法;参观的过程难以组织。

2. 运用参观法的基本要求

第一,做好参观前的准备工作。一方面,参观要依据教学目标,结合教学任务进行;另一方面,参观之前,教师要确定好参观的时间、地点、重点、必要的交通工具等。此外,还要强调参观的纪律,做好参观的意外预案。

第二,做好参观过程中的指导。教师要引导学生在参观的过程中进行看、听、问、记、思等;要维持参观过程的纪律;要适当地进行讲解。

第三,做好参观后的总结。参观结束后,教师要引导学生进行总结,整理参观记录,撰写参观报告,交流参观感想等。

(九)研究法

1. 研究法的内涵

研究法是指教师指导学生进行独立探索,创造性地分析问题、解决问题,以获得知识、发展能力的方法。它是我国新课程改革所倡导得一种教学方法。

苏霍姆林斯基(B. A. Сухомлйнский,1918—1970)曾说过,人内心有一种根深蒂固的需要——总感到自己是一个发现者、研究者、探寻者。[1] 因此,在教学中运用研究法,有利于满足学生作为一个发现者的需要。研究法根据参与研究的人数,可以分为

---

[1] [苏]苏霍姆林斯基.给教师的一百条建议[M].天津:天津人民出版社,1981:11.

合作研究法和独立研究法。

运用研究法有利于培育学生的研究意识、能力及创新精神;有助于培育学生科学的态度与情感体验;有利于充分发挥学生的主体性。

研究法的缺点主要表现在:一是要求学生具备一定的知识,这对于缺乏知识经验的小学生来说是一个挑战;二是耗时长,效率低;三是对教学内容有要求,并不是所有教学内容都适合运用研究法。

2. 运用研究法的基本要求

第一,正确选定研究课题。教师要根据教学内容、教学目标以及学生身心发展的特点来确定研究课题。此外,要确保研究课题的真实性,并且具备一定的难度、价值、独特性、系统性。

第二,引导学生独立思考与探索。研究法需要学生充分发挥自主性与创造性,教师要给学生留足思索、探究的空间,放手让学生独立思考、探索、假设。

第三,提供必要的条件。教师可以向学生提供研究所需要的设施、资料等,实现研究对象从简单问题向复杂问题慢慢过渡。

第四,指导好学生的探究过程。教师的指导是确保学生研究性学习效果的基础。运用此类方法时,需要教师适时恰当的启发、点拨。必要时提供研究方法的指导,或者教师进行示范等。

第五,做好总结工作。研究结束后,教师要指导学生撰写研究报告与研究心得体会,并组织学生进行交流。

(十)陶冶法

1. 陶冶法的含义

陶冶法也叫"情境陶冶法",是指通过让学生参与教师创造的情境从而获得相应的情绪、体验,从而使学生的心灵受到感化的一种方法。此处的"情境",可以是教师通过音乐、语言、画面等手段营造的情境,也可以是真实的生活情境。情境陶冶法的主要目的不是进行知识、能力的教育,而是情感、思想的教育。情境陶冶法的特点是,将情与境、情与理融为一体,让学生在无意中受到教育。

陶冶法的优点是,对学生情感、思想、道德等领域的教育比较有效,其教育方式是潜移默化的。陶冶法的不足在于,它对教师的素质要求比较高,如果没有较高的教育素养,是难以创造出情境的,或者很难让学生获得同感;它只适用于特定的教学内容,如艺术、道德、情感等领域的内容。

2. 运用陶冶法的基本要求

第一,要选择好能够运用陶冶法的教学内容。如前所述,并不是所有内容都适用于陶冶法，因此选择好教学内容对陶冶法的运用非常重要。

第二，创设良好的情境。情境陶冶法的关键在于情境。要取得良好的教学效果，情境创设非常重要。情境的创设，必须结合相应的教学内容进行，必须综合运用语言、音乐、画面、动作等因素。情境必须具有感染性，能够激起学生情感上的共鸣。

第三，要带领学生进入情境。带领学生进入情境，是情境陶冶法的关键。如果学生外在于情境，不论情境具有什么样的感染性，都难以发挥教育作用。带领学生进入情境，一要排除外在环境的干扰；二要学生处于静心状态；三是让学生参与情境，如一起唱、一起诵、一起动等；四是在整个过程中，必须配合艺术元素，如背景音乐、绚丽的画面，富有激情的语言等。

第四，整个过程要舒缓。只有过程舒缓，学生才能处于轻松、自由、自然的状态，教育因素才能渗入学生内心。

三、影响教学方法选择的因素

教学方法没有最好的，只有最合适的。没有哪种教学方法能够实现所有教学目标，或者适合所有教学内容。要找到最合适的教学方法，必须根据影响教学方法使用的因素进行选择。具体而言，教学方法的选择与运用必须综合考虑如下因素。

（一）教学内容的性质

教学方法是进行特定内容教学的方法，因此它必须与特定的教学内容相匹配。同样性质的教学内容，可以采用相同或相近的方法；不同性质的内容，必须采用不同的方法。从教学方法的角度而言，教学内容可以分为知识性的、原理性的、技能性的、情感性的四大类。对于知识性的内容，可以采用讲授法、谈话法、讨论法、读书指导法等；对于原理性的内容，可以采用讲解法、演示法、实验法等；于对技能性的内容，可以采用练习法、实验法、研究法等；对于情感性的内容，可以采用陶冶法等。忽视教学内容的性质而随意选择教学方法，不但不能取得良好的教学效果，而且还会起到消极作用。比如，如果教学内容是基本概念与原理，那采用讲授法是非常有必要的；如果教学内容是动作技能，仅仅采用讲授法是不理想的；如果教学内容为情感性的，采用讲授法则难以促进学生道德品质的发展。

（二）教学效果的要求

判断一种教学方法运用得怎么样，教学效果是必然的尺度。运用任何一种教学方法的目的，都是为了取得良好的教学效果。反之，如果要想取得良好的教学效果，就必须采用合适的教学方法。比如，对于基本概念和基本理论这样的内容，如果只是要求记忆与理解，那讲授法就行了；如果要求会运用，则必须采用练习法。再比如，对于情感或思想品质领域的内容，如果只是要求学生知道相应的知识与概念，那讲授法就行了；如果要求学生将其内化为道德品质，陶冶法是少不了的。传统教学的一个弊病就是，对于任何性质的内容，都采用讲授法，结果是学生只掌握了相关的知识与概念，却没有形成相应的素质。

（三）教学条件的可能

有些教学方法的运用，需要一定的条件，比如多媒体设施、实验室、相应的场馆等，而且还需要一定的经费支持。如果条件不具备，那相应的教学方法就无法使用，或者使用效果不佳。比如，参观法如果没有相应的场馆和经费，就无法进行；实验法如果没有相应的设备，就无法进行。在选择教学方法时，要充分考虑到学校的教学条件和当地的资源，尽量选择经济适用而又可行的教学方法。

（四）师生主体的特征

简言之，教学方法是教师教的方法与学生学的方法。教师在教学中起着主导作用，教师的教学能力、专业素养等，直接影响着教学方法的使用效果，进而影响着教学方法的选择。比如，对于知识性的内容，语言表达能力强的教师宜采用讲授法，而对于语言表达能力差的教师，读书指导法比讲授法的效果要好。再比如，情感丰富、表现力强的教师采用体验法的效果比较好，而不具备这些素质的教师若采用该方法，效果则会大打折扣。

教学方法是一种活动性的存在，只有学生参与了对应的教学活动，相应的教学方法才可能起到教育作用。然而，学生参与活动，是有能力与素质要求的；如果学生不具备相应教学方法所需要的素质，教学效果就不会好。比如讨论法，对小学低年级学生就不适用，因为他们缺乏讨论、交流的技能。再比如，对于研究法，如果学生缺乏学习的自觉性，自我约束力差，使用效果就差。总而言之，对小学低年级学生应该更多地采用直观性强，教师占主导地位的方法；高年级则可以更多地采用抽象性强、学生占主导地位的方法。

第三节　生成性教学及其实施

就实施状态来看，教学可分为两种类型：预成性教学与生成性教学。预成性教学是严格按照教学计划进行的教学，与其对应的课程就是"制度性课程"，即按照教育制度的要求设计的比较规范的课程。这种课程在教学之前就已经存在了；教学的过程就是将预先存在的课程付诸实践的过程。本书前面各章各节所讲的内容，主要是就预成性教学而言的。本节主要讨论生成性教学及其实施问题。

一、生成性教学的内涵

(一) 生成性教学的定义

生成性教学是教师根据课堂中的互动状态及时调整教学思路和教学行为的一种教学形态。[①] 生成性教学没有严密的教学计划,没有事先设计好的教学流程。教学的下一步怎么做,主要看学生的反应状态以及教学的情境。在生成性教学中,课程并不是事先存在的,而是现场生成的,因此是地地道道的"生成性课程"。需要说明的是,有研究者将与"制度课程"相对的课程称为"体验课程",即被教师与学生实实在在体验到的课程。[②] 如果是这样,那"制度性课程"也可以变成被师生实实在在体验到的课程。因此,我们认为,将与"制度性课程"对应的课程称为"生成性课程"更为合理。在生成性教学的视野中,教学的过程就是课程开发的过程,课程开发的过程就是教学的过程,二者是同一件事的两种不同称谓。

(二) 生成性教学的特征

对于生成性教学的特征,不同学者有不同的看法。本书主要从整体的视角来概述其特征。

1. 情境性

在生成性教学中,教学的每一步如何进行,都依赖于课堂情境。课堂上所发生的每一件事,都成为教学的一种情境,都影响着下一阶段的教学进程。比如,在科学课上如果学生突然提出"鸟和蝙蝠有什么区别"这一问题,那下一步可能就是对这一问题进行讨论。

2. 开放性

在生成性教学中,由于不受"制度课程"的限制,不受事先教学计划的限制,因此教学呈现出巨大的开放性。第一,教学目标不限于本节课的目标,只要有利于促进学生发展的预期结果,都可成为教学目标。第二,任何素材,只要有利于学生发展,都可以成为课程。第三,在生成性教学中,对于任何事物,都没有固定的结论;对于任何知识,都没有终极的解释。

3. 过程性

生成性教学非常注重教学的过程性。它认为,对学生发展产生影响的,并不只是前人创造的文明成果,还有教师设计的教学过程。在它看来,上课即使不直接教给学生人类的文明成果,只要教学过程符合教育的本质要求,同样能促进学生发展。在生

[①] 罗祖兵.生成性教学及其基本理念[J].课程·教材·教法,2006(10):28—33.
[②] 张华.课程与教学论[M].上海:上海教育出版社,2000:87.

成性教学中,教学过程"意味着一些有价值的活动,它们具有内在价值,而不是达到别的目标的手段"①。因此,生成性教学的重点是将教学过程组织好、实施好,而不是简单地去实现预先设定的目标,更不是去考虑实际的教学过程与事先设计的教学过程是否一致。

4. 生成性

生成性教学之所以有生成,乃是关注学生的结果。在生成性教学中,教学应该关注学生的发展,而不是预定目标的实现程度。"它将学生放在教学的中心,强调教学要适应学生的状态和变化而不是让学生去适应教学。"②因此,教学的每一步如何进行,取决于学生的状态与反应。从这个角度看,生成性教学是以生为本的教学。

二、生成性教学的实施建议

生成性教学的实施,要注意以下几点要求。

(一) 弹性化的教学设计

生成性教学是超越了教学设计的教学,然而这并不意味着它不需要教学设计。生成性不需要刚性的教学设计,需要的是弹性的教学设计。"衡量一个教学计划是否具有教学论质量的标准,要看这个计划是否能够使教师在教学中采取教学论上可以论证的、灵活的行动,使学生创造性地进行学习。真正好的教学设计应该为教学生成留有广阔空间,是弹性化的教学设计。它不是对教学过程的精细规划,而是宏观策划;不是写出来的死板讲稿,而是考虑、预期、想象事情会如何发展。"③与传统的教学设计相比,生成性教学的教学设计有两个明显特点:一是更粗放,它只为教学设计了大概路径和主要事件,并不具体规定每一步怎么走,也不详细规定每一事件的处理方略;二是更精细,它虽然没有为每一步教学作详细规定,但却考虑到了教学的种种可能,为教学设计了多种可能路向和推进策略。

(二) 充分有效的课堂互动

课程互动是教学生成的重要原因。如果没有互动,就没有生成性的课程资源,没有对生成性课程资源的关注,就不会有生成。因此,如果要进行生成性教学,就必须有充分而有效的课堂互动。第一,课堂互动一定要充分。"充分"的意思是说,课堂要进行深入而广泛的讨论与交流,要让每个独特的观点与想法都能表达出来。第二,课堂互动一定要有效。"有效"的意思是说,课堂互动中所讨论的问题应该是教学中的问题,应该是与学生发展有关的问题;每个人在互动之前就应该对相应的内容与问题有

---

① 施良方.课程理论——课程的基础、原理与问题[M].北京:教育科学出版社,1996:178.
② 罗祖兵.生成性教学究竟是什么样的教学.[J].湖北教育(教育教学),2008(9):10—11.
③ 罗祖兵.生成性教学的实践策略.中国教育学刊,2009(9):64—66.

充分与独立的思考;互动的目标是加深与拓展理解,寻求解决问题的办法,而不为了互动而互动。

(三) 高度关注学生的反应

生成性教学需要根据课堂情境的即时变化、学生的即时反应来决定下一步教学怎么进行,这就需要教师保持对教学情境的高度敏感性。如果教师对课堂中的关键事件或学生的特别反应没有关注,那教学就不可能有生成,或者说只有漫无目的的生成。因此,教师要善于捕捉课堂情境中的关键信息与有价值的事件,并做出及时而正确的判断,为下一步的教学提供思路。

(四) 果断而有效的教学决策

课堂教学行为的及时调整是生成性教学最直观的表现,而这取决于教师对课堂中生成性事件性质的判断。在生成性教学中,"教师的每一个决策都会改变教学的路径,都可能会使实际的教学发生一次转向。所以,一次良好的决策可以使整个教学发生转机,一次糟糕的决策也可能会使整体教学陷入危境。"[1]这就要求教师必须对生成性事件做出果断而有效的决策。"果断"是指,教学决策必须迅速,容不得驻足思考,否则会导致教学过程不流畅。"有效"是指,教学决策必须符合课堂情境,必须有利于教学朝着有利于学生发展的方向演进。要做出果断而有效的教学决策,需要教学经验的积累,更需要经常进行教学反思。

(五) 保持教学行为的灵动性

在生成性教学中,决策和行动几乎是同时做出的。因此,在进行教学决策时,教师就必须立即采取行动。生成性教学的教学行动,必须是及时的、积极的。马克斯·范梅南(Max van Manen)曾说:"一位不仅仅是作为知识传授者的教师需要不断地感知怎样做才是在教育上正确的言行。换句话说,就像一个爵士音乐家知道如何临场演奏一首乐曲(去吸引观众)一样,老师知道如何临场从教育学上对课程进行临场发挥(为了孩子的利益)。"[2]在生成性教学中,教师的行为必须是创造性的、智慧性的,即能解决学生的疑惑,又能激发学生的思考。

三、生成性教学的样态

在生成性教学中,由教学互动而生成的课程资源就是生成性课程。因此,如果没有生成性教学,也就不会有生成性课程。正是如此我们才说,教学的过程就是课程开发的过程。从这个角度看,在生成性教学中,教学与课程以共时态的方式存在。

---

[1] 许晓莲,罗祖兵.教学即"即席创作"——生成性教学的基本特征探讨[J].教育研究与实验,2005(1):27—30.
[2] [加]马克斯·范梅南著.教学机智[M].李树英译.北京:教育科学出版社,2001:210.

就生成性教学与预成性教学的关系而言,生成性教学有两种存在方式。一是独立性的生成性教学,此时的教学全部都是生成性的,不依赖于任何事先制订的教学计划。二是伴随性的生成性教学,此时的教学有部分是生成的,生成性教学是伴随着预成性教学而存在的。在第二种情况下,教学整体上还是有计划的,只是在某些环节有教学生成。

下面呈现一个生成性教学的实例[①],试图形象地说明生成性教学是什么样的教学。

教学内容

本课教学内容是九年义务教育六年制小学教科书《语文》(苏教版)第七册《鹬蚌相争》一文。

教学片段

《鹬蚌相争》的故事学起来可真带劲,孩子们诵读着,表演着,乐不可支。

奇怪的是,每逢这种时候就分外活跃的小常今儿个怎么似乎游离在外?

我正待悄悄过去看个究竟,他已经高高地举起了小手。

"老师,我觉得课文有问题!"语气是那样地兴奋,"你看,书上写鹬威胁蚌说:'你不松开壳儿,就等着瞧吧。今天不下雨,明天不下雨,没有了水,你就会干死在这河滩上!'你想呀,鹬的嘴正被蚌夹着呢,怎么可能说话呀?"

"是呀是呀,这样想来下面也有问题。下面课文又写蚌得意扬扬地对鹬说:'我就夹住你的嘴不放,今天拔不出来,明天拔不出来,吃不到东西,你也会饿死在这河滩上!'蚌正夹着鹬的嘴呢,怎么说话呀,一开口不就让鹬拔出嘴了吗?"其他同学受到启发,也有了新的发现。

这不就是新课程提倡的"生成性资源"吗?我接着他们的话题:"同学们不迷信书本,善于思考,勇于发表自己的想法,真是好样的!这样吧,大家就这个问题小小组讨论讨论。另外,还可以参阅老师课前发下的这则寓言的古文。"

教室里立刻安静下来,片刻之后成了叽叽喳喳的一片。

"我同意刚才几位同学的意见,课文这样写不妥。"

"我觉得那不能怨编者,古文就那样写着呢,课文是根据古文改编的。"

"不对,古为今用,可并不是照搬照用,不正确的也要修正。"

"要我说,课文是寓言,你想想,鹬也好蚌也好,其实哪会说话呀,那是人们借这么个故事说明道理呢,所以我觉得课文这么写是可以的。"

"我不同意,尽管是寓言,想象也要符合实际情况呀,譬如总不能说鹬夹住蚌的

---

① 周益民.无法预约的精彩[J].人民教育,2004(1):34—35.

嘴巴!"

我乐了:"这叫要符合事物的特性特点。"

"同学们讨论得真热烈,也很够水平。不过咱们不能光停留在发现问题上,我建议,同学们一起动动脑来改改教材,再动动手给编辑叔叔写封信,如何?"

"好——"一致通过。

下面是"柠檬酸"小小组的一封信。

敬爱的编辑爷爷:

您好!

您组织编写的语文课本真是太棒了!这一本本语文书就像一艘艘小船,带着我们在知识的海洋里遨游。每次新学期开学发新书,我们总是抢先翻看语文书。

今天上《鹬蚌相争》时,我们觉得有个地方有点欠妥。我们读到"鹬威胁地说"和"蚌得意扬扬地说"这部分内容时,脑子里闪出了疑问:蚌用外壳把鹬的嘴夹住,鹬怎么能说话呢?而蚌一旦说话,鹬不就可以趁机拔出嘴巴逃走了吗?我们想是不是可以这么改:

"鹬用尽力气,还是拔不出来,便狠狠地瞪了蚌一眼,心想:哼,等着瞧吧,今天不下雨,明天不下雨,你就干死在这河滩上吧。蚌好像看透了鹬的心思,得意扬扬地想:哼,我就夹住你的嘴不放,今天拔不出来,明天拔不出来,吃不到东西,你就会饿死在这河滩上!"

编辑爷爷,您觉得我们的想法有道理吗?

海门市实验小学四(6)班
柠檬酸小小组

正想着为这次讨论画上句号时,又有一位学生要求发言:"我觉得我们刚才的讨论有问题。鹬的嘴被蚌夹住了确实不能说话,可是蚌就不一定了。它是软体动物,嘴应该在壳里,也许不用开合壳就能说话呢!"

呵,链接到生物学上了!"这个问题怎么解决?"我问。

"上网或去图书馆查资料。"

"请教自然老师去。"

"不,设法弄只蚌来自己观察。"

呵呵,看来这一课还没结束呢!

第四节 课堂的管理

课堂管理是教师采用一定的方法和手段保证教学活动顺利推进的过程,其实质是为保证课堂教学活动顺利而高效地进行和维护良好的课堂环境。课堂管理并不是课堂教学的一个环节,而是贯穿于整个教学过程的要素。

一、课堂管理概述

(一)课堂管理的必要性

课堂管理的必要性源自课堂的复杂性。这种复杂性一方面来自课堂教学的构成要素,另一方面来自课堂活动本身。具体而言,课堂教学的复杂性表现为以下几个方面。

1. 学生的多元性和个别差异性

学生的发展是由遗传、环境、教育、个体的主观能动性等因素共同作用的结果,由于每个学生在这些方面都存在差异,因此每个学生现有的发展状态都有别于其他的学生。这种差异,宏观上表现为学生的多元性,微观上表现为学生的个别差异性。不同的学生,在知识经验、思维方式、学习需求等方面都有所不同。这种不同,既有水平上的不同,也有结构与类型上的不同;既表现为现状的不同,也表现为倾向的不同。具有不同发展状态的学生,对同一事物就会有不同的反应方式和行为方式,在课堂上就会有不同的表现。为了教学的顺利推进,教师就需要协调不同学生具有个别差异性的表现,这就是课堂管理。

2. 课堂活动的多维性和交叠性

课堂教学是由许多活动构成的。这些活动并不是按单一线索依次出现的,而是按多重线索交叠出现的。也就是说,在同一时刻存在多种教学活动,如讲课、观察学生的反应、板书、播放幻灯片、在教室里走动等。而且,这多重活动并不一定是同时开始、同时结束的。它们也许会呈现出交叠的状态,可能一个活动已经进展到一半了,另一活动才刚开始,还有一活动快结束了等。进行课堂管理,有利于促进具有多维性和交叠性的诸多课堂活动的协调与配合。

3. 课堂事件的非预期性与紧急性

课堂上的许多事件,都是突发的、紧急的,如学生出现突发行为(出现打斗、要求外出)、突然停电、外面传来噪音等。这些事件,不仅出现和发展的速度快,而且具有不可预测性。这些事件一旦出现,必然会对课堂教学造成不良影响。为了保证课堂教学的顺利进行,教师必须及时、果断而机智地处理这些意外事件。

4. 课堂生活的公开性与传播性

课堂教学生活的公开性是指,在课堂教学过程中,师生的行为对于在该教室的所有人而言,都是公开的。学生是如何表现的,教师是如何反应的,都被其他人看在眼里。如果某一不当行为没有得到正确处理,该行为就可能在其他学生身上重复出现。课堂生活的这种公开性增加了教师处理学生异常行为的难度。它要求教师对问题行为的处理必须是合理、公正、适当的。

(二)课堂管理的目标

进行课堂管理,最主要的目的是促进教学活动顺利进行,以实现教学发展效应的最大化。同时,对课堂进行管理,其本身也是一种教育活动,对学生具有重要的教育意义。具体而言,课堂管理的目标主要有以下几个方面。

1. 督促学生积极参与学习

由于当前的教学多采用班级授课制的形式,因此教师在课堂中通常是用同一种方式来对待所有学生的学习问题的。对于教师所采用的同一方式,不同学生会有不同反应:有的学生会积极应对,有的学生被动应付,有的学生则置若罔闻,等等。因此,教师必须采用一定的管理措施,促进所有学生,尤其是那些课堂反应不积极的学生,积极、深度地参与学习过程。因此,在课堂管理过程中,教师要让每一个学生都知道如何参与班级活动,参与不同活动的规则和程序,并给予一定的提示与督促。

2. 保证更多的有效学习时间

在教学过程中,尽管每个学生可用的学习时间都是一样的(通常而言都是一节课45分钟),但每个学生用于学习的有效时间并不一样。其原因就是,有的学生容易受无关因素的干扰而将本应该用于学习的时间用来做其他事或用于发呆。课堂管理要促进学生将更多的时间用于学习,并且通过有价值和适宜的活动使学习时间得到有效运用。

3. 促进学生进行自我管理

课堂管理的最高目标是教会学生进行自我管理。自我管理就是指,"学生通过作出选择、处理结果、树立目标及目标等级、管理时间、合作性学习、解决纷争保持和谐状态,与值得依赖的教师和同学建立信任关系等方式,学会自我控制。"[1]然而,自我管理不是一步到位的,它需要一定的时间,需要外部环境和条件的支撑。越是年龄小的学生,需要的外部支持越多。因此,进行课堂管理的一个目标是,采取有效措施,促进每个年龄阶段的学生尽可能学会自我管理。

---

[1] [美]Anita Woolfolk 著.教育心理学[M].何先友等译.北京:中国轻工业出版社,2008:7.

(三)课堂管理的内容

课堂管理关注的问题主要有:教学行为的顺利进行需要什么样的课堂环境,如何通过建立和执行课堂规则来营造这种课堂环境,当学生出现不良行为时应如何制止等。具体而言,课堂管理的内容主要有以下几方面。

1. 创设良好的课堂环境

创设良好的课堂环境,是指为课堂教学创造良好的物质环境与和谐的心理氛围。良好的课堂环境,是进行教学活动的背景与"场",能够为教学提供良好的时空、设施、氛围等方面的支持,有利于教学活动顺利而高效地推进。

2. 进行预防性课堂管理

进行预防性课堂管理,就是指采取一些措施预防不良课堂行为的出现。不良课堂行为会对教学产生极大的干扰,如果等其出现了再进行管理,那它对教学的干扰就已经发生了。所以,在教学管理中,要注重多运用预防性课堂管理,在不良课堂行为还没有出现时就将其扼制住。

3. 处理课堂问题行为

处理课堂问题行为,是指对已经出现的干扰教学顺利进行的不当行为进行处理。不论如何预防,课堂问题行为终归还是会出现,因为学生是处于成长中的人,出现问题行为是必然的、正常的。预防性课堂管理可以预防一些问题行为,但并不能杜绝问题行为。当课堂问题行为出现时,教师必须进行处理,以免其扩大化。

二、创设良好的课堂环境

其实,所有的课堂管理,包括问题行为的处理,其目的都是为了创造良好的课堂环境。不过,此处的"创设良好的课堂环境"是狭义的,是指采取某种直接的手段来创设课堂的物理环境和心理气氛。在西方,前者被称为"组织环境",指"对课堂物理上的和视觉上的安排";后者被称为"社会环境",指"课堂上倡导的互动方式"①。

(一)物理环境及其安排

课堂物理环境是指影响课堂教学活动的物质性因素及其安排,如课堂教学的物质性背景、支持条件等。物理环境的构成要素有:班级学生数量、座位安排、教学资料与设备的摆放、教室环境布置等。

班级学生的数量对教学的影响表现为:第一,影响教学活动的组织形式,比如,如果学生过多,教师就不可能采用小组合作学习的形式,个别指导也非常有限;第二,影

---

① [美]加里 D. 鲍里奇著.有效教学方法[M].易东平译.南京:江苏教育出版社,2012:2.

响课堂交流,如果学生太多,教师只能面对所有学生进行集体交流,老师与学生,学生与学生之间个别交流的机会非常少,而且不充分。

座位安排对教学的影响表现为:第一,影响教学活动中老师与学生,学生与学生之间的交流。如果是传统的相向而坐的秧田式座位安排,师生之间的交流多半只能是集体式交流,而学生之间的交流非常少;如果是小组合作式的座位安排(四人或六人坐在一起),师生之间的交流则是小集体式的,师生之间的个别交流也会多些,而学生之间的交流会更加方便、充分。第二,影响学生的视线。在传统的秧田式座位安排中,如果个子高的学生坐在前排中间,就会大大地影响其他学生的视线。第三,影响学生的学习态度。一般而言,坐在教室前排的、中间的学生,学习时注意力会更加集中,会更加喜欢老师所上的课,学习成绩也会好一些;而坐在后排的、靠两边的学生的学习情况则相反。

教学资料与设备的摆放,直接影响着教学活动的方便程度。如果教学资料与设备的摆放合理,在教学过程中需要用到这些资料时就会非常方便,而且避免了取资料与运用设备时产生的时间浪费、对教学活动造成不必要的干扰。

教室(或课室)环境的布置,潜在地影响着学生的学习。它是通过影响学生心理而影响学生学习的。如果教室环境的布置比较温馨、舒适,那学生学习时心理状态就好,学习效果也会比较好。此外,在教室环境布置中,班级活动规则、行为记录等的张贴,对学生的学习行为具有直接的提示作用。

归纳起来,班级物理环境的功能有以下几点:第一,影响学生在教室中活动的空间,如班级人数容量的大小,设备的摆放等。第二,影响教学交流的效果,如学生人数的多寡、座位安排,教师的可走动性等。第三,影响教学活动类型(如集体教学、小组讨论、分组表演等)的选用,如班额、设备条件等。第四,影响教学活动时的心理状态,如教室墙壁布置、色彩的设计等。

在课堂管理中,创设物理环境的基本要求包括:一,要方便教学的顺利推进,如材料容易取放、设备方便操作、小组合作容易组织等;二,要有利于广泛而深入的教学交流,如要方便教师在教室里走动、方便学生活动等;三,要让学生感觉到舒适、安全,如学生不容易受伤,如设备的摆放、色彩的设计让学生觉得舒适等。

(二)心理环境及其创设

心理环境是指影响学生课堂学习的心理气氛,它是由班级成员共同营造出来的。它是存在于课堂活动过程中的一种隐形"场",通过影响学生的心理状态而影响教学活动及其效果。概括而言,课堂心理气氛有竞争、合作、个人主义三种[①]:在竞争的氛围

---

① [美]加里 D. 鲍里奇著.有效教学方法[M].易东平译.南京:江苏教育出版社,2002:12.

中,教师是唯一的裁判,学生们为他们自己的正确答案或教师所立的标准而展开竞争;在合作的氛围中,学生在教师的引导下进行对话活动,教师有条不紊地插入指导,使观点更加鲜明,让讨论迈向更高水平;在个人主义的氛围中,学生完成教师布置的任务,并被鼓励按他们认为最好的答案完成任务,强调展示和自我考验。这三种氛围并没有优劣之别,所以说教学并不是只需要其中某种最佳的气氛,而在于根据不同任务、需要、情境创设不同气氛。

良好课堂心理环境的基本要求是:第一,自在、安全。在良好的心理环境中,学生会觉得很自在,很舒适,同时感觉到心理上很安全。这里的"安全"主要指心理上的安全,即不论有什么样的学习表现,都不会受到指责、谩骂、讥讽、挖苦等。第二,和谐、支持。在良好的心理环境中,所有的人际关系都比较和谐,很少存在相互争斗、指责的现象;同时,这种环境是支持性的,不论任何人遇到困难,都会得到其他人的鼓励与支持。第三,吸引力、魅力。具有良好课堂心理环境的课堂,是一个有吸引力、有魅力的地方,学生觉得生活在其中是一种幸福,而且都向往生活在其中。

在课堂管事中如何创设良好的心理环境呢?第一,建立科学、民主的课堂管理制度。课堂管理制度,规定了哪些行为是合理的,哪些行为是不合理的。它能起到约束和预测学生行为的作用,让所有学生都知道哪些行为是课堂中不应该出现的,尤其是一些极端行为良好的人际关系。因此,科学、民主、明确的课堂管理制度,不仅能有效规范学生行为,而且有利于课堂中学生的心理安全。第二,建立平等、融洽的人际关系。良好的人际关系是创设良好课堂心理环境的最重要的手段,因为良好的人际关系可以让人感觉到安全、并获得支持和归属感等。第三,培养学生的主人翁意识和关怀意识。培养学生的主人翁意识,可以促进学生多为班集体着想,多为班集体做贡献;培养学生的关怀意识,能够让被关怀的学生获得归属感。

三、进行预防性管理

预防性的课堂管理强调从事后应对性的管理转向事前预测性和预防性的管理。有效的课堂管理,不在于出现问题后能够及时处理,而在于采取有效措施减少课堂问题的出现。一项经典的研究发现,富有成效的班级管理者和低效的班级管理者"在问题发生时选用的处理方法并没有显著的差异""二者之间真正的不同在于成功的管理者能够更好地预防问题的发生。"① 预防性管理采取的策略主要如下。

(一)引导学生遵守课堂规则

课堂规则就是课堂教学过程中学生应该遵循的基本要求,它涉及学生在课堂上的

---

① [美]Anita Woolfolk 著.教育心理学[M].何先友等译.北京:中国轻工业出版社,2008:7.

所有行为。课堂规则告诉学生,在什么情境中应该如何做。按学生的活动来分,课堂规则主要有按时上下课、专心听讲、积极参与课堂讨论、按时完成作业等。

制订课堂规则要注意以下几点要求:

1. 规则应明确、合理、必要和可行

规则必须"明确",让学生知道如何做。过于笼统的规则,"有"等于"没有"。"合理"是指规则必须符合教育教学的要求以及儿童的心理发展特点。如"如果上课听讲不认真,你就必须站着听课"这一规则就不合理,因为它不符合对儿童的教育要求。"必要"是指规则对于正常进行课堂教学而言,是必不可少的。比如:"倾听别人发言时,不允许做其他的任何事"这一规则就是必要的;而"倾听别人发言时,必须将双手放在课桌上"就没有必要,因为双手是否放在课桌上与是否倾听别人发言没有必要联系。"可行"就是规则能够被执行。它包括两方面的内容,一是规则本身可以被执行;二是规则对于特定年龄阶段的学生而言可被执行。比如,"在小组讨论时,小组长必须负责将讨论的内容记录下来",这一规则对一年级的学生就没有可行性。

2. 应让学生民主参与讨论

规则能够执行是建立课堂常规的关键,但其前提是它能够被学生理解、认可。制订规则时充分吸纳学生的观点,让学生参与讨论,就能够让学生更好地理解、认可规则。"让学生参与规则的制订会提高他们的评价主人翁感和自主感,这也就增加了他们遵守规则的可能性。"[①]

3. 规则要少而精

规则少而精,有利于学生记住它,也有利于学生去执行。如果规则太多,或者太繁杂了,学生就记不住,那完全执行就非常困难。

规则制订好了,关键在于引导学生执行。在日常教学执行规则的过程中,必须做到严格、公平、始终如一。"严格"是指规则在任何相应的情境中都要被执行。"公平"是指规则对所有学生都是一样的。"始终如一"是指规则能够被长期地执行。根据行为主义心理学原理,"始终如一"地执行规则是建立学生某种行为反应的最为有效的手段。

(二)保持适当的教学节奏

保持适当的教学节奏是指教学节奏要能够被学生接受和承受,符合学生心理年龄特征。平稳和适当的教学节奏能够避免异常行为发生,因为它以恰当的方式让学生专注于学习,避免了学生分心。保持适当的教学节奏,并不是说教学始终应该以一个合适的节奏进行下去,而是指教学的节奏要以儿童的心理年龄特征为前提,它应该张弛

---

① [美]保罗·埃根,唐·考查克著.教育心理学:课堂之窗[M].郑日昌主译.北京:北京大学出版社,2009:12.

有度,快慢有序。

保持适当的教学节奏,要避免"悬挂""反复""唠叨"等现象。"悬挂"是指一件事没有做完就停止了,然后做下一件事;"反复"是指一件事情被反复地做;"唠叨"是指教师简单地用语言不断地重复、解释某个规则或某件事。

(三)精心安排不稳定时间内的课堂活动

教学中的不稳定时间是指课堂教学中容易出现混乱的时间,如刚开始上课的前后、从一种教学活动转向另一种教学活动时、临近下课时等。在这样的时间段里,学生的注意力都还没有或难以集中到要做的事情上来,而且处于兴奋状态,极容易出现课堂混乱。所以,教师要注意安排不稳定课堂时间中学生的活动。比如,平常应该要求学生在上课前做好上课的准备,如将要用的教材、学具等放在课桌上,上课前就应该检查每位同学,看是否做好了准备。长期坚持,上课前的这段时间就不会出现混乱。

(四)培养学生的责任心

进行预防性课堂管理的基本机制是,通过教师的要求与提示,让学生学会自我约束、自我行动。因此,学生的自我约束、自我行动才是课堂管理的最终目标,而培养学生的自制力与责任心,有利于实现此目标。所以,在日常教学中,要告诉学生要对自己的行为负责,要让学生承担自己行为的后果。

四、处理课堂问题行为

课堂管理的一个目的就是避免问题行为出现,然而,不论教师如何优秀以及如何努力,它还是会出现。课堂活动的主体是具有主观能动性的学生,他们有自己的想法,不会完全听任于教师的安排。优秀教师和普通教师课堂的区别,不是有没有课堂问题行为,而是课堂问题行为的多寡以及对课堂问题行为采取的处理方式有优劣之分。

(一)课堂问题行为的种类

奎伊(H. C. Quay)等人把课堂问题行为分为以下三类。[①]

一是人格型问题行为。这类行为带有神经质特征,常常表现为退缩行为。例如,害怕教师提问和批评;不相信自己的能力;在课堂中沉默寡言、胡思乱想;等等。

二是行为型问题行为。这类行为具有对抗性、攻击性或破坏性等特征。例如,缺少耐心、容易冲动、不能安静、多嘴多舌、交头接耳、坐立不安、乱涂乱画、嬉笑打闹、欺侮同学,等等。

三是情绪型问题行为。这类行为主要是指由于过度紧张、焦虑和情绪多变而导致的问题行为。例如,漫不经心、冷淡漠视、态度扭捏、过分依赖教师或同学、害怕失败、

---

① 参阅:陈佑清.教学论新编[M].北京:人民教育出版社,2011:379—380.

心事重重、注意力无法集中,等等。

(二)课堂问题行为管理模式

1. 施良方等人的分类

施良方(1951—1998)等人从众多的课堂管理模式中提炼出六种比较普遍的"课堂管理模式"[①]。虽曰"课堂管理模式",但它们同样适用于课堂问题行为的管理,因此亦可将其看作"课堂问题行为的管理模式"。

(1) 权威管理模式。权威管理模式认为,整个课堂教学是由教师负责的,因此教师对学生的行为负有直接的管理和控制责任。教师对学生行为的管理和控制是通过建立、强化并执行课堂规则来实现的。该模式非常强调教师的权威,强调以教师为主来维持良好的课堂秩序,以及对不良行为进行处理和处罚。

(2) 放任管理模式。放任管理模式认为,课堂管理应以学生能够自由选择、自由行动、自己担责为目的;教师的作用就在于促进学生自由行动,自由发展。它强调学生的自我管理,要求教师尽量少的干预学生的行为,除非学生的行为可能危害到学生本人和其他人。

(3) 教导模式。教导模式认为,精心设计和认真实施的课堂教学活动本身就可以避免绝大多数课堂问题行为。因此,教师的重点不在于管理,而在于教学:一是要精心设计教学,二是要认真实施教学。只要教学节奏适当、过程顺畅,而且生动有趣,课堂问题行为就出现得少。该模式相信,只要教师采取正当的措施让学生专注于学习活动,学生就没有时间和机会出现课堂问题行为。

(4) 行为矫正模式。行为矫正模式认为,良好行为和问题行为都是通过强化习得的,课堂管理就在于通过正确运用强化来增加良好行为,消除问题行为。该模式是基于行为主义心理学提出来的。在课堂管理过程中,教师要注重运用正强化及鼓励来增加学生的良好行为,运用负强化以及批评来消除学生的不良行为。在课堂管理过程中,"把重点放在对期望行为进行正强化的课堂系统比重点放在惩罚上的课堂系统更有益。"[②]

(5) 人际关系模式。人际关系模式认为,良好的人际关系可以减少问题行为的出现,不良的人际关系是导致问题行为的重要原因。因此,在课堂管理过程中,教师的主要任务是建立良好的师生关系、同学关系,创设良好的课堂氛围和班级氛围,提升学生的归属感。

---

① 施良方,崔允漷主编.教学理论:课堂教学的原理、策略与研究[M].上海:华东师范大学出版社,1999:310—317.
② [美]保罗·埃根,唐·考查克著.教育心理学:课堂之窗[M].郑日昌主译.北京:北京大学出版社,2009:12.

(6)群体过程模式。群体过程模式也称社会心理学模式。人的任何一种行为都是建立在一定的群体动力基础之上的,学生的问题行为亦如此。学生群体就是一个小社会,它对生活于其中的每一个学生都具有约束与规范的作用。教师管理的责任在于,建立和维持有效的、积极的、富有活力和正义感的学生群体。

2. 阿伦兹的分类

阿伦兹(R. I. Arends,1903—1989)从依据的心理学理论倾向出发,将课堂管理模式分为以下三种①:

(1)基于强化理论的传统模式。这是一种建立在行为主义心理学原理基础之上的管理模式,其基本理念是:教师应以自信和确定无疑的方式对学生的不当行为做出反应,并对违反规定的课堂行为按事先确定的规则进行处罚。明确而细致的规则以及严格的执行是这一管理模式的基础。

(2)促进学生自我管理的模式。这是一种建立在人本主义心理学和建构主义教学原理基础之上的管理模式。其基本理念是,教师的课堂管理应以促进学生的自我管理为目的。因此,在整个管理过程中,教师的核心任务就是培养学生的责任心、自我管理意识与能力。具体做法是,当出现课堂问题时,教师要和学生一起商量解决问题的办法,并让学生学会对自己的行为、人格以及社会性的发展负责。

(3)关心课堂模式。这是一种建立在建构主义、学生中心原理以及关怀伦理学基础之上的管理模式,其基本理念是教师在课堂管理中应建立一种没有威胁的学习共同体,帮助学生做出自己的选择和发展自我管理能力。在课堂管理的过程中,该模式要求教师应以公正的方式采取行动,建立一种独立于权力与控制之外的关怀型师生关系,给予学生话语权并让他们自己解决问题。

(三)课堂问题行为管理策略

对于课堂问题行为的管理策略,这里主要介绍波里奇(G. D. Borich)的"低姿态管理策略"和克鲁克香克(D. R. Crickshank)的"干预策略"。

1. 波里奇的"低姿态的课堂管理"

波里奇分析了课堂管理中的人本主义方法、行为主义方法和传统的管理方法(即预防性管理)之后,概括出了一种具有整合性的方法,即"低姿态课堂管理"(Low-profile Classroom Management)。"低姿态课堂管理"是指在不破坏课堂教学进程的条件下,教师运用相应的策略制止学生的不当行为(见表11-1)。具体策略如下:

(1)预料。预料是指教师基于自己的判断对可能出现的课堂问题行为采取预防措施。它包括主动地前后扫视课堂以迅速抓住潜在的问题、加快教学速度以对付学生

---

① R. I. Arends(2007). Learning to teach. McGraw-Hill, pp. 194—201.

的无精打采、移除那些能分散学生注意力的诱惑、开展有趣的课堂活动以增加兴趣、改变自己的声调或以适当的方式在教室走动以感染与影响学生、当学生之间出现争执时改变座位安排等。

(2) 阻止。阻止是指当学生的不良课堂行为出现一点苗头时,教师立即采取一定的干预措施,将之扼杀在萌芽状态。它包括走近有捣乱行为的学生、带着特定表情与学生进行目光接触、以语言的方式提示应该做正确的事、将捣乱学生的名字置入教师讲课的内容之中、将表现适宜的学生告知全班等。

(3) 反应。反应是指教师采取某些果断而有力的措施阻止某些严重的问题行为。它包括,对学生的不良行为提出警告;积极采取有效的惩罚措施。其中主要的惩罚措施有剥夺某些特权、将违规者逐出教室以暂停其听课、放学后留校等。

表 11-1 "低姿态课堂管理"的三种行为方式[①]

预　料	阻　止	反　应
低姿态	⟷	高姿态
扫视	走近	警告
加快步调	目光接触	剥夺特权
移除诱惑	提示	暂停
增加兴趣	名字置入	免除
改变座位安排	同辈认同	留堂

2. 克鲁克香克的干预策略

克鲁克香克提出了一些针对学生不同程度的问题行为的干预策略。[②]

(1) 消除。消除是指教师对小的、不会对其他同学产生大的影响的行为故意忽视或置之不理。需要注意的是,在采用这一策略时,教师必须注意到学生的问题行为,而且必须使有问题行为的学生知道教师不理他。在运用这一策略时,教师一方面可以对有问题行为的学生置之不理,另一方面可以表扬那些做得好的学生,以使捣乱的学生知道应该如何做。

(2) 隐约的停顿。隐约的停顿是指教师以非语言的动作或隐约的停顿来处理学生的问题行为。非语言的动作有注视、摇头、面部表情、打手势、走近、接触等。隐约的停顿有放慢语速、声音更轻或更重、简短的停顿等。

(3) 责备。责备是指教师采取一定的措施指责学生的不当行为。责备一般要私

[①] 参阅:陈佑清著.教学论新编[M].北京:人民教育出版社,2011:382;[美]加里 D.鲍里奇著.有效教学方法[M].易东平译.南京:江苏教育出版社,2002:12.

[②] 参阅:陈佑清著.教学论新编[M].北京:人民教育出版社,2011:382—383.

下进行,一定要让学生明白自己的错误及原因,给学生指出正确的行为并要求改正,并告诉学生继续犯错的后果等。

(4)重新改正。重新改正是指教师让学生将不良行为按正确的方式重新做一遍,或要求学生对自己不良行为造成的损害进行补偿。

(5)暂停。暂停是指将有严重问题行为的学生排除在正常的教学活动之外,如让其到教室后面去,到教室外面去,或到校长办公室去等。

(6)惩罚。这是课堂管理中最后的策略。运用惩罚时要注意如下几点:不滥用,只有在迫不得已时才使用;要迅速,在不良行为出现后立即采用;要协商,采取惩罚的方式要同学生商量,要让学生选择;要相关,惩罚的方式要与被惩罚的行为相关;要适宜,根据具体的情境选择适当的惩罚方式;要简化,不能太复杂、太费时;等等。

练习与思考

1. 什么是教学原则?它有哪些特点?
2. 简述科学性和思想性相统一原则及其运用要求。
3. 简述统一要求与因材施教相结合原则及其运用要求。
4. 简述量力性原则及其运用要求。
5. 简述直观性原则及其运用要求。
6. 简述启发性原则及其运用要求。
7. 简述讲授法及其运用要求。
8. 简述谈话法及其运用要求。
9. 简述练习法及其运用要求。
10. 简述演示法及其运用要求。
11. 简述研究法及其运用要求。
12. 简述陶冶法及其运用要求。
13. 为什么要对课堂进行管理?
14. 课堂管理的目标是什么?
15. 创设良好的课堂物理环境的基本要求是什么?
16. 如何创设良好的心理环境?
17. 如何进行预防性课堂管理?
18. 课堂问题行为的管理策略有哪些?

第十二章　教学评价的设计与实施

学习目标

1. 掌握教学评价的概念及其功能。
2. 掌握教学评价的基本取向。
3. 掌握教学评价的分类。
4. 掌握教学评价的内容。
5. 掌握教学评价的基本原则。
6. 了解教学评价的方法。
7. 掌握试题编制的基本要求。

教学评价是教学活动的重要环节。它起着鉴定教学效果的作用，也起着改进教学的作用。在某种意义上，教学评价起着导向作用，决定着教学的走向。本章主要介绍教学评价的内涵、取向、类型、内容和方式。

第一节　教学评价的内涵与取向

教学评价是对教学进行价值判断的过程。教师教学的效果和学生学习的效果究竟如何，需要通过教学评价来确定。然而，不同的人由于其价值取向不一样，对教学评价的看法也不一样。

一、教学评价的概念

教学评价是对教学过程及其结果进行价值判断的活动。在一个阶段的教学结束后，为了弄清教学过程对教学目标的实现程度，需要采用一定的方法和手段了解实际教学效果，这就是教学评价。同时，教学评价还包括对教学活动过程的评价，主要是评价教学过程的科学性、合理性等。研究者指出，"评价作为人类认识的一种特殊形式，既要对客体的事实性材料（属性）加以描述和把握，又要从主体的目的、需要出发对客体作价值判断，是以事实把握为基础的价值判断过程。"[①]因此，教学评价是在对教学进

---

① 黄甫全，王本陆主编.现代教学论学程[M].北京：教育科学出版社，2003：324.

行事实判断基础上进行的价值判断。

教学评价主要包括评价主体、评价对象、评价方法等基本要素。评价主体是从事评价活动的人,既包括教师、学生和家长,也包括教育行政人员和管理人员。评价对象是评价活动作用的对象,它可以是教师、学生,也可以是教师教导的过程和学生学习的过程,还可以是教师教导的结果和学生学习的结果。评价方法是指评价主体作用于评价对象的手段、方式,其主要作用是收集、分析、判断有关评价对象的信息、性质。

二、教学评价的功能

教学评价是判断教学目标是否实现的手段,同时也是实现教学目标的重要手段,对整个教学过程具有不可忽视的作用。具体而言,教学评价的功能主要表现为以下四个方面。

(一) 诊断功能

教学总是以学生原有的知识水平和能力为基础的,因此正确评价学生原有水平是有效教学的前提条件之一。教学评价是用以获取学生水平的有效方法,可以使教学人员在正式教学前了解学生各方面情况。"教学是否有效,学生学习水平如何,在学习中有什么问题,课程计划是否合理,教材选用是否合适,教学过程存在哪些缺陷,都可以通过教学评价进行诊断。"[①]此外,通过教学评价,教师还可以随时了解学生的课堂学习状态。通过教学评价信息的反馈,可以帮助教师和学生认清教学结果与教学目标之间的差距,为后续改进指明努力方向。教学评价的诊断功能就好比医生给病人看病前的"把脉"过程,只有把准了"脉象",才能作出正确的诊断。

(二) 导向功能

教学评价是依据一定的标准和目标对教学过程及其结果进行价值判断的过程。评价者所采用的评价标准对被评价者来说起着"指挥棒"的作用。因此,师生要想获得理想的教学效果,必须依照教学评价的标准和教学目标指引进行教学。这样,教学评价就对教学起到了导向作用。如果评价者确定的评价标准是正确、合理的,那就会对教学起到正面的导向作用,反之就会带来负面的影响。

(三) 调控功能

教学评价是对教学结果达到教学目标的状况进行判断过程,评价结果对从事教学及教学管理工作的人员而言,就是反馈信息。通过这些信息反馈,教师可以了解到自己教学中存在的问题,进而调整教学计划、教学进度和改进教学方法;对学生而言,通

---

① 王本陆主编.课程与教学论[M].北京:高等教育出版社,2009:272.

过教学评价可以使学生了解到自己掌握了哪些知识,存在哪些问题,从而调整自己的学习策略、改进学习方法;对学校来说,通过教学评价可以使校长了解到本校教学中存在的问题以及取得的成就有哪些,从而为改进本校教学质量采取相应措施。通过经常性的教学评价活动,可以使教学过程成为一个随时得到反馈调节的过程,能够有效控制和预防教学过程中出现的不良行为,防止教学过程走偏方向。美国著名教育评价专家斯塔弗尔比姆(D. L. Stufflebeam)认为:"评价最重要的意图不是为了证明(prove),而是为了改进(improve)";评价是"为决策提供有用信息的过程"[①]。

(四)发展功能

教学评价本身是教学活动的组成部分,因此,评价本身能对学生的发展起到促进作用。学生通过参与评价,使得评价成为学习的一部分,并在评价的过程中获得发展。通过参与教学评价,学生也能获得新知识,学习新技能。教学评价的结果不仅提供了教师教学效果的反馈信息,也提供了学生学习效果的反馈信息。评价反馈信息既可能是肯定的也可能是否定的,肯定的反馈结果对于激发学生进一步学习和教师提高教学效果来说无疑是一种促进和鼓舞,而否定性结果也有助于学生和教师进一步认识自我和反思改进。同时,教学评价是对一定的教学方法和教学理念的贯彻落实,对于先进的教学方法和理念将会起到积极的推广、实践和发展作用;对于存在不足的教学方法和理念,教学评价会发现其存在的问题,进而不断进行改进。因此,教学评价的过程是师生双方不断认识自我和完善自我的过程,也是教学方法和理念不断走向规范化、科学化的过程。教学评价的发展功能是多方面的,既包括学生的发展,也包括教师的发展,甚至还包括学校的发展。

三、教学评价的取向

教学评价是依据一定的标准和目标对教学过程及其结果进行价值判断的过程,不同的评价者所依据的评价标准不一样,由此就导致了评价的不同取向。教学评价取向是指评价者对教学评价所秉持的特定的、一贯的价值立场。它支配和影响着具体的教学评价活动。概括而言,教学评价的取向有三种,即"目标取向的评价""主体取向的评价"和"过程取向的评价"。

(一)目标取向的评价

目标取向的评价深受"泰勒原理"的影响,其代表人物为"当代教育评价之父"泰勒以及布卢姆等。泰勒在八年研究的基础上提出了"泰勒原理",可归纳为"确定教育目标——选择教育经验——组织教育经验——评价教育计划"四步。目标取向的教学评

---

① 瞿葆奎主编.教育学文集·教育评价[M].北京:人民教育出版社,1981:301.

价将教学结果与事先预定的教学目标进行比较,从而判断教学结果实现的程度。在目标取向的评价看来,评价就是判断目标达成度的过程。为了使评价结果尽量保持"客观""准确",目标取向的教学评价在评价的过程中注重对能够数字化的资料的收集,评价中经常使用的是量化研究方法。通过将教学目标与教学结果进行对比,得出是否达到教学目标的结论。

"目标取向的评价在本质上是受'科技理性'和'工具理性'支配的,其核心是追求对被评价对象的有效控制和改进。"[1]在评价的整个过程中,都非常强调评价者对被评价者的控制。在进行评价前,由于事先制订好了评价目标,因此教师会将评价目标当作教学目标;在教学过程中,教师始终以事先确定的评价目标来导向和调整自己的教学。"应试教育"的主要缺陷就在于,评价什么教师就教什么,不评价的教师就不教。由于这种评价过于受目标的控制,因此评价过程缺少灵活性。由于教学评价的对象是教师和学生,他们具有能动性和创造性,而不是被动等待评价的"产品"。目标取向的评价忽视了教学评价现象的复杂性,忽略了教学评价过程中的一些不可控因素,因此这种评价的使用范围有限。目标取向的教学评价将参与评价的人客体化、简单化了,忽略了人在评价中的重要作用,忽略了人的生命及能动性、创造性。当前小学各学科的考试和测验,多属于目标取向的评价。

(二)主体取向的评价

教学评价的参与者包括评价者与被评价者。传统的教学评价认为教师是教学评价的主体,学生是被评价的客体,师生之间的关系是控制与被控制的关系;主体取向的评价认为,教学评价是评价者与被评价者、教师与学生共同参与评价,主动建构意义的过程。评价是一种价值判断的过程,不同的评价者由于价值立场不一,对同一评价内容可能会做出不同的评价。比如,一个学生考试考了80分,有的教师可能认为这个成绩并不高,有的教师则认为这个学生已经非常努力了。因此,为了获得准确的评价结果,教学评价应让多方主体平等参与。在教学评价的情境中,教师和学生最了解教学过程,是教学效果最直接的受益者,因此应主动听取他们的意见。教师和学生不应该被排除在教学评价之外,他们是评价的主体。简而言之,主体取向的评价主要是判断教学是否促进了学生的发展,是否满足了学生的发展需要,而不是简单地看教学结果是否符合目标的要求。如果某一教学让学生获得了良好的发展,即使它不符合教学目标的要求,也是好的教学。为了了解教学评价过程中教师和学生的教学效果,主体取向的评价一般采用质性研究方法。通过对教学过程中教师和学生行为的记录描述,从而判断教学是否有效。

---

[1] 张华.课程与教学论[M].上海:上海教育出版社,2000:392.

"主体取向的评价在本质上是受'解放理性'支配的,倡导对评价情境的理解而不是控制。"[①]主体取向的教学评价强调教师和学生的主体地位,倡导教师和学生参与评价的过程。评价的过程是一种民主参与、协商改进的过程。主体取向的评价认为评价不是单纯依靠外部力量的约束和控制,而是以人的自由和解放为评价的最终目的。每一个人都具有无限发展的可能,因此在评价的过程中要尊重差异,倡导价值多元化的评价取向。教师和学生在进行评价的过程中,也应该树立起评价主体的意识,主动参与评价,承担评价中相应的责任和义务。但是由于这种评价取向强调评价主体的多元和平等,缺乏明确的标准和操作程序,因此评价过程不好操作,易流于形式。当前小学对学生特长的评价,多半属于主体取向的评价。

(三) 过程取向的评价

教学是一个过程性存在,不论是目标取向的评价还是主体取向的评价,均是在教学结束后进行的。区别在于,目标取向的评价主要是看教学结果是不是符合教学目标,主体取向的评价主要是看教学结果是否促进了学生的发展。过程取向的评价则认为教学评价的对象是教学过程,因此评价也只能在教学过程中进行。在进行教学评价时,过程取向的评价重视时间上的一贯性和评价对象的整体性。在时间上,过程取向的评价将教师和学生在教学前、教学中以及教学结束后的全部情况纳入评价范围。在对象的整体上,过程取向的教学评价试图将教师和学生在课程开发、实施以及教学过程中的全部表现都纳入评价的范围之内。在进行评价的过程中,关注预期目标之外的结果,主张不论是否与预定目标相符、与教育价值相关的结果,都应当受到评价。过程取向的评价不仅能够反映教学评价活动的各个阶段,而且也能够反映评价的全过程。这种评价取向的代表人物为美国的斯克瑞文(M. Scriven)和英国的斯滕豪斯(L. Stenhouse,1962—1982)等。

"过程取向的评价在本质上是受'实践理性'支配的,它强调评价者与被评价者的交互作用,强调评价者对评价情境的理解,强调评价过程本身的价值。"[②]过程取向的评价模式对于冲破预定目标对评价的限制,发现评价目标之外的事物具有一定的积极作用。但是这种取向的评价模式由于没有完全摆脱目标取向评价的影响,对人的主体性和创造性重视不够。过程取向的教学评价模式是对目标取向的教学评价的"改进",但是这种"改进"并不彻底。当前在小学使用的档案袋评价,则属于过程取向的评价。

---

① 张华.课程与教学论[M].上海:上海教育出版社,2000:392.
② 张华.课程与教学论[M].上海:上海教育出版社,2000:392.

第二节 教学评价的类型

按照不同的标准,教学评价可分为不同的类型,本节主要介绍几种常见的教学评价的分类。

一、目标本位评价与目标游离评价

目标本位评价即以教学计划实现的目标为依据而进行的评价。目标本位评价,顾名思义就是判断目标的实现程度。这种评价在教学实践中广为运用,代表人物有泰勒、布卢姆等。其突出特点是目标明确,任务集中,能够把握重点。但是,这种评价只关注目标范围之内的教学结果与教学行为,对目标之外的教学结果与教学行为视而不见,无异于缩小了评价的范围。同时,这种评价模式对目标本身的合理性缺乏反思。

针对目标本位评价的一系列问题,1967年斯克瑞文提出了目标游离评价。目标游离评价(goal-free evaluation)要求评价摆脱预定目标的束缚,将教学活动的全部实际结果作为评价对象。"由于目标游离评价抛开目标对评价的约束,试图通过对课程计划的全面评价来判断该计划是否符合教育者和学生的需要,因此,目标游离评价也被看作是'需要本位评价'(need-based evaluation)。"[①]目标游离评价的评价标准不是事先确定好的目标,而是要反映管理者、决策者和被评价者的意图。因此,这种评价从根本上体现了以个人需要为标准的评价取向。但是这种模式的弊端也比较明显,由于没有明确的目标和操作方法,在进行教学评价时难以保证其客观、准确,往往是公说公有理、婆说婆有理。

二、常模参照评价、标准参照评价和个体内差异评价

常模参照评价是以学习者的学习成绩在某个特定的群体中的相对位置来判断其学习效果的评价方式。由于群体标准的不同,同一学习者的成绩可能会出现相对变化,因此这种评价是一种相对评价。常模参照评价的标准通常是以学生所处群体的平均成绩作为参照标准,根据学生的成绩确定其名次。例如,某学生是班级的第一名,但是在年级排名时却有可能是十几名。常模参照评价通常用于综合性、范围较广的教学目标,评价的结果可供选拔、分班和分组使用。由于这种评价模式强调学生群体内部之间的比较,重视考试名次,对于激发学生之间的竞争和监督教学效果起到良好的作用。

标准参照评价是以事先确定的知识和技能的标准为依据来衡量学生学习效果的

---

① 张华.课程与教学论[M].上海:上海教育出版社,2000:397.

评价方式。由于这种评价在评价时有固定的标准,不考虑其他的个人因素,因此它属于绝对评价。"标准参照测试以学生是否'达标'为衡量学习效果的标准,因此学生成绩在团体中的相对位置就不重要了。"[①]标准参照评价具有标准客观的特点,因此评价经常用于基础知识、基本技能的测评。标准参照评价是教学中经常使用的一种评价方式,常用于教学前的诊断性评价以及教学过程中的形成性评价。评价结果对于及时改进教学中出现的问题非常有益。但是,标准参照评价也存在一定的局限性,例如,有些学科的目标很难具体化,不容易制订标准;它以事先的标准为评价参照,往往忽略学生的进步。

个体内差异评价是指以过去的成就为标准来衡量学生进步情况的评价方式。在这种评价中,评价的标准是学生过去的成绩与成就,不考虑其他人的进步情况,也不考虑是否达到目标。个体内差异评价仍是一种相对性评价,即相对于自己过去的进步情况。比如,如果一个小学生数学考试考了26分,班上的平均成绩是80分,此时不论是采用标准参照评价还是常模参照评价,他的成绩都是偏低的;但是如果我们看看过去的成绩,他上一次数学考试的成绩是10分,将两次成绩进行对比可以发现,该学生进步比较大。个体内差异评价的好处是能激发学生学习的信心与兴趣,鼓励学生不断进步,其缺陷是容易导致学生自满。

三、诊断性评价、形成性评价与总结性评价

根据评价在教学过程中的不同作用,美国心理学家布卢姆将教学评价分为诊断性评价、形成性评价和总结性评价三种类型。

诊断性评价是在教学前进行的诊断学生发展状态的评价,其目的是为制订有针对性的教学措施提供依据。由于诊断性评价一般在教学前进行,因此又被称作教学前评价或准备性评价。它的作用是,通过查阅学生原有的相关成绩记录、进行摸底考试等办法,对学生已具备的知识水平进行诊断;在了解到学生学习的基础、优势与劣势后,就能为教师采取有针对性的教学措施提供指导。

形成性评价是在教学过程中进行的判断学生学习状况的评价,其目标是为后续的教学走向提供依据。形成性评价是在教学过程中进行的,其目标是促进学生发展,因此又被称作"过程性评价"或"发展性评价"。这种评价能够了解学生的即时学习情况,并采取相应的教学措施。通过评价,如果发现学生对相应内容的掌握情况比较好,则会继续进行新的教学;如果发现学生掌握情况不太好,则一般不会直接进行新的教学,而会采取一定的措施帮助学生继续学习先前的内容,等学生通过考试后再进行新的教

---

① 盛群力主编.教学设计[M].北京:高等教育出版社,2005:360.

学。常见的形成性评价方式主要有三种：一是课堂提问，即通过提问让学生回答的方式来了解学生的掌握情况，它主要用于了解个别学生的学习情况；二是课堂小测验或作业，即通过课堂测验或作业来了解学生的学习情况，它可以考察全体学生，也可以考察个别学生对相应内容的掌握情况；三是单元测验，即在一个单元的教学结束后采用测验的方式来考察学生的掌握情况，它可以用来考察全体学生，也可以考察个别学生。形成性评价关注的是学生在学习过程中对相应教学内容的掌握程度，可为教师及时改进调整教学策略提供反馈信息。

总结性评价通常是在一门课或一项教学活动结束后对学生的整体学习状况进行的评价。由于它是在教学活动结束后进行的评价，因此又被称作"终结性评价"或"结果性评价"。总结性评价一般次数较少，通常是在学期中、学期末，或学段末进行，如期中、期末考试、毕业考试等。总结性评价的结果往往是衡量教师教学的质量和学生学习效果的依据。

四、效果评价与内在评价

效果评价与内在评价由斯克瑞文提出，两种评价的着重点不一样，代表了两种不同的评价思想。

效果评价是对课程或教学计划实际产生的效果进行的评价。它关注的是教学前后，教师和学生在行为、知识和情感上所发生的变化。这种评价对于教学的过程，产生变化的原因并不关注，只需通过对教学前后的数据进行对比即可作出判断。"这种评价因而也被称为'暗箱式评价'（black-box evaluation）——只关注输入与输出之间的不同，忽略中间的过程。"[1]效果评价只关注最终的教学效果，对教学中其他因素关注较少。

内在评价是对教学过程本身的评价，而不涉及教学结果的评价。内在评价关注教学的过程，认为只要有好的教学过程，就一定会取得理想的教学效果。内在评价更多地关注教学过程本身是否科学合理，是否具有教育意义，而教学结果一般不在关注的范围内。

从对效果评价与内在评价的定义分析中可得知，效果评价注重结果，内在评价重视过程，两种评价具有互补性。

五、鉴赏性评价与鉴定性评价

1976年，艾斯纳（E. W. Eisner，1933—2014）在《美育杂志》（*Journal of Aesthetic Education*）上发表了题为"教育鉴赏和教育批评：它们在教育评价中的形式和功能"的

---

[1] 张华.课程与教学论[M].上海：上海教育出版社，2000：398.

文章,首次把文艺批判中的鉴赏与批评概念引入课程评价领域,提出了课程评价中的教育鉴赏与教育批评模式。① 为了方便,本书将艾斯纳所倡导的教育鉴赏和教育批评简称为"鉴赏性译价"。

　　鉴赏性评价是指对教学中师生的独特性做出价值判断的过程,一般用来判断教学的优势,因此它又被称作优势评价。鉴赏性评价的主要目的是为了让学生和教师了解自己学习和教学中的优势,以便其"扬长"。在鉴赏性评价中,如果学生具备某种素质,评价者就应该以欣赏的态度来对待,就应该感到欣慰;如果学生不具备某种素质,评价者就不应该责备求全。鉴赏性评价的基本特征在于,评价者就学生实际具备的素质来评价他,而不是以先定的评价框架来评定他。在这种评价中,对不同的学生,使用不同的评价框架与标准,评价是为学生量身定制的,是因学生自身的特性而建构的。

　　鉴定性评价是用先在的评价框架和标准来评价教学,以鉴定教学的优劣。在鉴定性评价中,评价的范围、指标体系和评价标准在评价前就已经存在了,评价就是将实际的教学结果同先在的评价内容、指标体系和评价标准相对照,以判断师生是否达标以及在多大程度上达标。由于它假定先在的评价体系及标准是没有问题,评价的目的就是找到教学中存在的问题,以便师生进行"补短",故而它又被称为缺陷评价。可以说,前文讲到的各种评价,基本上都是鉴定性评价。鉴定性评价的基本特征在于,不论学生实际发展状况如何,都以先在的评价框架和标准来评价他们。在这种评价中,评价者使用同样的评价框架和标准来评价所有的学生。因而,如果学生的发展超越了先在的评价框架和标准,或者处在先在的评价框架和标准之处,就不会受到评价的关注。

第三节　教学评价的内容

　　根据不同的评价任务和对象,教学评价的内容亦有不同。常见的教学评价内容可以划分为两个维度:一是教师教学效果与教学过程,即"评教";二是学生的学习结果和学习过程,即"评学"。2001 年 6 月颁布的《基础教育课程改革纲要(试行)》和 2002 年 12 月发布的《教育部关于积极推进中小学评价与考试制度改革的通知》对教学评价也提出了具体的要求,表现为:一是由过去注重教师"教"的评价转向重视学生"学"的评价;二是由过去注重"双基"和"学科能力"目标落实的评价,转向既注重"双基"和"能力"的形成,也注重学生在学习过程中情感态度发展的评价;三是由注重对教材使用和教学方法选择的评价,转向注重学生学习方法的指导和教学媒体使用的评价等。由此

---

① Eisner, E. W. (1976). Educational Connoisseurship and Education Criticism: Their Forms and Functions in Educational Evaluation[J]. Journal of Aesthetic Education, 10(3-4).

可见,对教学评价内容和方法进行变革是此次"新课改"一个亮点。

一、学生的学习效果

学生的学习效果是衡量学生发展程度的重要指标,因此是教学评价的核心内容。教师的教学水平和教学效果都是通过学生的学习效果得到体现的。学生的学习效果通常取决于教师教学的效果,它往往是判断教学效果的依据,但它们没有绝对的对等关系。这是因为,影响学生学习效果的因素多种多样,既有主观因素,如心理状态差、自觉性与努力程度不够等,也有客观因素,如试题难度、家庭意外情况、疾病等的影响。因此,直接将教学评价等同于学生学习效果的评价是不恰当的。

学生的学习效果是教学评价的重点,也是参与评价的各方都较为关注的一个问题。通过对学生学习效果的评价,可以为教师的教学和学生的学习提供反馈信息,为人才选拔提供依据,为判断教学质量提供信息。需要说明的是,评价学习效果应该重点看学生的发展状况,而不是看学生的考试成绩,因为考试成绩与学生发展状况具有不对等性,成绩好未必意味着发展好。

二、学生的学习过程

在传统的教学评价中,评价往往只关注学生学习的结果,对学生的学习过程并不重视。它缩小了教学评价的范围,影响了教学评价功能的发挥。因此,"新课改"提出评价要注重学生在学习过程中情感、态度的变化,注重学生学习方式的变化,要让学生学会学习。"通过对学生学的行为的评价,评价者能更全面、准确地获取关于学生学习的信息,从而能科学地评价学生的学习,并为有效地改进教和学提供针对性的真实资料。"[1]通过评价学习过程,同样能起到判断学习效果的作用。比如,两位小学生英语考试都考了 85 分,如果仅从结果去判断,那么两生的英语水平相同;但如果从学习过程角度去看,则结果可能有所不同。假如学生 A 每天花很多时间学习英语,学习感到很吃力;学生 B 则花时间较少,学习非常轻松。从学习过程可以看出,尽管二者都考 85 分,但学生 B 的英语能力强些,因为他没有花那么多时间去学习,说明他很可能是因为掌握了学习英语的技巧与方法。因此,评价学习效果仅仅看结果是不客观、不全面的,还必须看过程。从改进学生学习的角度而言,也必须评价学习过程。

学生的学习过程评价内容主要包括学生学习前的准备状态,包括知识能力的准备,情感上的准备等;学习过程中的努力程度以及态度,学习结束后的反思与认识等。在进行教学前,学生的思想、态度、知识基础等都会对即将发生的学习产生影响。因

---

[1] 钟启泉主编.课程与教学概论[M].上海:华东师范大学出版社,2004:212.

此,在教学前教师要充分考虑学生的学习准备状态,调动学生学习的兴趣。在教学进行过程中,学生是否努力,是否积极参与课堂互动,是否敢于提出问题,发表见解,遇到问题是否主动与老师和同学讨论交流等也是影响学生学习效果的重要因素。在学习结束后,学生是否能对自己的学习状态与结果有清醒的认识,能否从中吸取经验教训等,亦是影响后续学习效果、能否获得持续发展的重要因素。因此,对学生学习的评价,必须包含着对学习过程的评价。

三、教师的教导效果

教师教导效果的评价是对教师教导行为的结果作出价值判断的过程。教师教学效果的评价主要是依据教学目标和学生的学习效果。教师的教导效果如何,主要看教师是否完成了教学任务,是否实现了预期的教学目标,是否促进了学生的发展。一般而言,学生的学习效果是判断教师教导效果的重要依据,但并不是唯一依据。

在过去的教学评价中,评价教师的教学质量就是评价学生的学习成绩。首先,这犯了一个"张冠李戴"的错误。教学的目的是促进学生发展,因此教学评价主要是判断学生的发展情况。学生的成绩可能代表发展,也可能不能代表发展,至少发展不等于分数的获得。因此用学生成绩来代表学生的发展状况,极大地窄化了教学评价的外延。其次,就算以学生全部的发展状态来判断教师教学质量,也依然有问题,因为学生的发展未必都是由教师的教导造就的,还受其他因素影响,有可能教师采取了相应的教学措施而期待的学生发展并没有出现。因此,判断教师的教学效果,还应该考查学生上课的感受。这种感受影响着学生的长期发展,短期内体现不出来。正是因为这样,国外在评价教师的教学效果时,除了考试以外,还要让学生填写一份有关教师上课情况的问卷,以调查教师的上课情况以及学生听课的感受。

四、教师的教导过程

教导过程评价其实就是评价教师执教的过程。评价教导过程是对教师教导的直接评价,而通过学生的学习与发展状态来评价教导过程则属于间接评价。评价教导过程,必须深入课堂。其评价内容如下:

第一,教学目标的贯彻情况。在一定意义上,可以说教学过程就是实现教学目标的过程。评价教师的教导过程,就要看教师在整个教学过程中教学目标是否明确,目标意识是否强烈。但同时要注意,教师在教学过程中要贯彻目标,又不能仅限于目标,对目标之外的东西一概视而不见。教学其实是一个以目标为导向的过程,这意味着教师可以超越目标的要求,也可以关注与目标方向一致的非目标范围之内的内容和行为。

第二,教学内容的处理情况。教学内容的处理包括以下几种情况:一是教学内容的呈现方式是否合理,是否易于学生接受和理解;二是教学内容科学性和思想性的体现情况,是否把握了教学内容的实质,是否有利于培养学生的情感态度和价值观。三是教学内容的加工是否符合教学内容本身的性质,是否符合教育学生的要求。

第三,教学方法的使用情况。这主要包括以下几种情况:一是教学方法的选择情况,主要是指所选择的教学方法是否符合教学内容的特征,是否符合学生的发展水平等;二是教学方法的使用情况,包括教学方法利用是否科学、到位,是否取得了该教学方法应该取得的教学效果等。

第四,教学过程的组织情况。这主要包括以下几种情况:一是教学组织形式的选择是否恰当;二是课堂的各环节是否顺利流畅;三是对课堂突发问题的处理是否得当;四是重难点的处理情况,即重点是否突出,难点是否突破;五是整个教学过程中学生的参与情况;六是整个教学过程中,教师是否注重让学生学会学习。

第五,人际关系的维护情况。包括:一是教学的过程中师生关系、学生之间的关系是否融洽,教学环境是否民主;二是整个教学过程中师生之间、学生之间是否有充分的互动与交流;三是整个教学过程中是否充分体现了教师对学生的关心、爱护。

第四节 教学评价的原则与方法

在明确教学评价内容的基础上,接踵而至的是如何进行教学评价。这就涉及教学评价的原则和方法问题。这一节主要介绍教学评价中常用的原则和方法。

一、教学评价的原则

为保证教学评价的效果,提高教学评价的质量,确保教学评价的正常进行,在进行教学评价的过程中应遵守全面性、客观性、发展性、激励性和多样性等原则。

(一)全面性原则

全面性是指在进行教学评价时应制订全面的标准,关注教学的各个方面,而不是局限于某一方面。在对学生进行评价时,既要评价学习的结果,又要评价学习的过程;既要评价知识与技能的发展情况,又要关注过程与方法、情感态度与价值观的发展状况。在对教师进行评价时,既要看学生成绩,又要看教学过程本身的情况。在整个评价过程中,既要关注目标范围之内的教学结果,也要关注目标之外的教学结果。

提高评价工作的全面性,需要各方的努力和配合。首先,在评价标准和评价目标的制订上要全面合理,广泛听取各方的意见;其次,在评价的过程中,要确定完整的评价内容,多方面收集评价资料,综合、辩证地处理评价资料,在此基础上作出价值判断;最后,在进行评价的过程中要坚持全面性的原则,切忌因个人主观因素导致评价偏向。

(二) 客观性原则

客观性原则是指评价要客观公正、不能主观臆断。教学评价必须是基于评价对象的真实情况做出价值判断。客观性原则要求在评价的过程中要排除评价者的主观因素,反对评价者根据自己的主观好恶对评价对象作出不实评价。只有评价真实、客观,评价结果才能被相关利益方采用,才能使师生准确认识教学情况,进而改进教学。

为了确保教学评价的客观性,需从以下几方面努力。首先,评价人员要树立公正评价的理念,在评价的过程中坚守自己的道德底线;其次,需要有明确、具体的评价标准。评价标准越具体、准确、可操作,越有利于减少评价过程中的主观性、随意性;最后,应加强对评价过程的监督和对违规行为的惩罚。外部力量的监督确保了评价过程中的弄虚作假行为会受到相应的惩罚,确保了评价的客观、公正。

(三) 发展性原则

发展性原则是指在进行教学时,应着眼于学生学习进步、动态发展以及教师教学改进、能力提高等方面。教学评价的目的是为了促进师生的发展,提高教学的质量,而不是简单地对教学进行定性。正如斯塔弗尔比姆所说,评价的主要目的是为了改进,而不是对教师和学生进行强制分等。但是,反观当今的教学评价,基本上都是对学生进行分等与分级。评价改进教学、促进学生发展的作用没有得到很好地发挥。

为了更好地落实发展性的评价原则,需要从以下几个方面努力:第一,树立正确的评价观。评价的主要目的不是为了证明,而是为了改进。"评价不是甄选的工具而是改进教学、促进个体发展的必要基础。"[1]只有树立正确的评价观,在评价的过程中才有可能确保评价方向的合理性。第二,评价并不是"一锤定音",应该具有过程性和发展性。"美国教育评价者布卢姆主张在教学过程中应为那些在测验中未达到标准要求的学生再次提供时间与帮助,等待他们矫正、掌握后再测验。"[2]教学评价是对教师和学生某一阶段教学和学习效果的反馈,暂时的失败并不代表永远失败。教师和学生根据评价的反馈信息,调整自己教学和学习的策略,最终达成某一教学目标。第三,切忌为了评价而评价。教学评价并不是教学的总结,而是应在此基础上继往开来:发现问题,解决问题,实现教学相长。

(四) 激励性原则

激励性原则是指在教学评价时明确教师和学生在教学和学习的过程中的长处和不足,在此基础上提出建设性的意见,从而使被评价者能够发扬优点,克服缺点,不断进步。教学评价应该给教师和学生提供反馈信息,发现师生的进步与潜力,指明教学

---

[1] 钟启泉主编.课程与教学概论[M].上海:华东师范大学出版社,2004:213.
[2] 王道俊,王汉澜主编.教育学[M].北京:人民教育出版社,1999:295.

前进的方向。如果教师和学生看不到评价的意义,就会在评价时消极怠工、盲目自大,导致评价促进教师和学生提高的功能被掩盖。

为了更好地贯彻激励性原则,教师可从以下几点着手:第一,分析学生,采取有针对性的激励手段。每一个学生都是不同的个体,因此教师在教学的过程中要善于总结不同的策略用于激励不同的学生。第二,要善于把握激励的时机。利用不同的时机进行适当的激励会起到截然不同的效果。在进行教学评价后,教师要善于抓住时机对学生进行激励。第三,正确使用激励手段。对于学生的学习行为和结果,教师要妥善使用激励手段,切忌对所有的学生,不分时机和场合滥用激励原则。

(五)多样性原则

多样性原则是指在进行教学评价的过程中,应根据教学任务,评价对象等采用多样化的评价方法和手段。单一的教学评价方法和手段,不能满足多样化教学的需要。

多样性的教学评价原则,首先,表现在评价方法的多样性:教学评价既要重视质化评价,也要重视量化评价;既要坚持自我评价,也要做到他评和同行评价相结合;既要定期进行评价,也要经常开展不定期评价。其次,表现为参与评价主体的多元化。评价既包括教师评价,也包括学生评价和家长评价等。再次,多样性原则还体现在评价标准的多样化。最后,评价的多样性还表现为评价结果的多样性。由于在教学中,教师和学生作为不同的评价主体拥有的知识基础和对教学效果的掌握程度不一样,教学评价可能会出现参差不齐的结果。因此,教学评价应关注个体差异,满足不同学生的发展需要。

二、教学评价的方法

采用正确的方法是教学评价有效进行的关键。只有运用了正确的评价方法,才能确保评价结果的客观、可信。根据评价手段的不同,教学评价可以分为量化评价和质性评价。下面主要介绍这两种评价方法。

(一)量化评价

量化评价(或定量评价)是评价主体运用统计分析、多元分析等数学方法,收集、分析资料,用数字或量度表述评价结果的一种方法。量化评价主要包括三个方面的内容:一是对得到的数据资料进行统计分类;二是对数据资料进行数学的分析处理;三是呈现并解释评价结果。常见的量化评价方法有学业成就测验、量表评价法等。

1. 学业成就测验

学业成就测验通常是以笔试的方式来检查学生的学习情况。在当下,它也可以通过电脑和网络来完成。学业成就测验通常是让学生在统一时间完成统一命制的试卷或试题,主要用于对学生的文化科学知识进行成绩评定。其形式包括客观性测验、论文式测验、标准化测验、问题情境测验等。

客观性测验以评价标准的客观性而闻名。它是通过一系列客观性的试题来考查学生的知识掌握情况、能力发展情况。题型主要有选择题、判断题、填空题、改错题和配对题。由于这种类型的测验答案是固定的,因此评价过程中较少受评价者主观因素的干扰,具有较高的可信度。但是这种方法也有缺陷,如编制测验试卷难度大,题型缺少灵活性,无法考查学生高层次的认知能力(如创造性)、动作技能、情感态度等。

论文式测验是通过让学生做少量的论述题来检测学生知识、能力以及创造性的方法。论文测验的题目通常是与所学知识有关的,但又没有固定答案,其开放性程度比较高。它的优点是能够检测学生综合运用知识的能力、分析问题和解决问题的能力、创造力等;缺陷是评价范围有限、评价标准比较主观。由于它的主观性比较强,所以也被称为"主观性测验"。

标准化测验是一种具有严格统一的评价标准,且对评价误差进行严格控制的一种测验。这种类型的测验要经过专家精心设计编制,严格控制误差。题型一般以客观题为主,知识覆盖面大;测试的实施必须严格按照测验指导进行,防止主观随意;评分时要遵循评分标准。

问题情境测验是通过设计和创造一定的情境,要求学生在具体情境中完成一定的任务来测定学生的知识与能力水平。它的优点是能够测定学生运用知识解决实际问题的能力;缺陷是测验的样本容量较小、测验内容少、花费时间和精力较多。

在小学,评定学生的学业使用较多的方式是考试。考试就是通过让学生在规定时间内做一套事先编制好的试题来检测学生学习情况的方法。在运用考试这一评价方式时,关键在于编制试题。编制试题的一般要求有以下几方面:

(1) 要根据教学目标、课程标准来编制试题。

(2) 试题的覆盖面要大,凡是学过的内容,都应该是考试的范围。

(3) 试题的类型要多,应该有客观题,如选择题、判断题、填空题、计算题、改错题;也应该有主观题,如论述题、作文题、设计题;还应该有综合运用题,它往往涉及多种知识、多种能力等。这样,既能考查学生的知识掌握情况,又能考查学生的能力发展情况,还能考查学生分析问题、解决问题的能力和创造力。

(4) 考试要有重点,虽然要求考试覆盖面要广,这并不意味着试题要平均分布。相反,试题应该有重点,即考核重点章节的内容多些,分数的比重大些。

(5) 试题之间不能相互提示、相互交叉,防止学生在试题的题目中找到另一道题的答案。

(6) 试题应该有一定的难度和区分度,以便拉开学生之间的差距。

(7) 试卷题目的文字表述要简洁、明了,不可让学生因为读不懂题目而不会做题。

2. 量表评价法

量表评价法是指运用提前编制的测量量表,对教师的教学情况和学生的学习情况进行评价(表12-1)。它是教学评价中经常使用的一种评价方法。量表评价先将要评价的内容分解为项目,然后将每个项目分解为若干指标,再为每个指标拟订赋值标准。评价时按指标进行评价,然后将每个指标的得分进行综合,得到总体评价的结果。量表评价既可以用于局部某一指标的评价,也可用来进行总体评价。但是,其设计以及赋值过程都易受主观因素的影响,难以做到客观、合理。量表评价往往兼有量化评价和质性评价的特征。

表12-1　中小学课堂教学评价量表

学校_____　班级_____　授课教师_____
科目_____　课题_____　日　期_____

评价项目	评价指标	权重	评分
教育教学理念	1.以学生发展为本,面向全体学生(5分) 2.体现学科知识、培养能力与塑造健康人格的统一(5分) 3.课堂教学态度端正,言行举止规范,为人师表(4分)	14	
教学目标的确立	1.具有针对性,切合学生需要(5分) 2.具有综合性,体现三维目标(3分) 3.具有层次性,适应不同层次学生需要(2分)	10	
教材内容的处理	1.以教材为基础,指导学法(4分) 2.知识正确,学生能够接受(4分) 3.把握教材的重难点,解决疑难问题(4分)	12	
教学过程的安排	1.教学结构合理,有利于学生认知的建构(5分) 2.教学节奏适宜,时间分配合理(3分) 3.突出学科特色(5分) 4.给学生自主学习的时间,负担合理(4分)	17	
学生学习状态	1.学生积极参与,课堂气氛活跃(5分) 2.学生主动交流,与他人合作,学会倾听(5分) 3.积极思考问题,主动探索钻研(5分) 4.学生体验到学习的成功和愉悦,具有创新意识(4分)	19	
教学基本功	1.教态自然大方,语言准确(5分) 2.有效组织课堂教学,妥善处理突发问题(5分) 3.运用教具得体,熟练(5分) 4.板书科学、工整、美观(3分)	18	
教学特色	教学中的创新(10分)	10	
综合评价			

在教学评价领域,弗兰德斯(N. A. Flanders)在1970年提出的弗兰德斯互动分析系统(Flanders Interaction Analysis System,FIAS)影响比较大。FIAS运用一套代码

系统(Coding System)记录在教室中师生互动的重要事件,以分析研究教学行为(表12-2)。通过分析课堂中师生互动情境事件,帮助教师了解、改进教学行为。FIAS 分类简明,易于执行,兼有质的研究与量的研究的特点。它包括三个部分:"一套描述课堂互动行为的编码系统,即量表;一套关于观察和记录编码的规定标准;一个用于显示数据,进行分析,实现研究目标的迁移矩阵。"[①]在课堂观察中,弗兰德斯互动分析法采用时间抽样的办法,一般每间隔3秒钟观察者就依据下述分类记录下相应的编码。通过这样连续记录的方式,对一节课中教师和学生的语言互动进行记录和分析,从而为教师改进自己的教学提供数据支持。

表 12-2　弗兰德斯互动分析分类表[②]

教师语言	间接影响	1. 接受感情 2. 表扬或鼓励 3. 接受或使用学生的主张 4. 提问
	直接影响	5. 讲解 6. 给予指导或指令 7. 批评或维护权威性
学生语言	教师驱动	8. 学生被动说话(比如回答教师提问)
	学生主动	9. 学生主动说话
沉默或混乱		10. 沉默或混乱

弗兰德斯互动分析系统通过量表的方式,对课堂中教师和学生的语言行为进行观察记录。通过数据录入,生成教师和学生的语言互动情况量表。在量表的基础上,对整节课中教师和学生的语言活动进行分析,进而为教师改进教学服务。

(二) 质性评价

质性评价(或定性评价)也是教学评价中常用的评价方法之一,是评价主体运用分析和综合、比较和分类、归纳和演绎等逻辑方法,对教学中的有关资料、数据进行思维加工和质的分析的过程。质性评价通常是在自然环境下进行,关注事物发展的过程及其相互关系。常见的质性评价主要有观察法、表现性评价、成长记录袋、评语评价法等。

1. 观察法

观察法是通过在一定条件下有目的、有计划地对教学中的现象、行为、表现等进行

[①] 肖锋.课堂语言行为互动分析——一种新型的课堂教学研究工具[J].辽宁师范大学学报(社会科学版),2000(6):40—44.
[②] N. A. Flanders(1970). Analyzing teaching behavior[M]. Addison-Wesley Publishing Company, p. 107.

观察而获得相关信息,然后对这些信息进行加工分析以获得相应评价结论的过程。观察通常是在自然状态下进行的,有时也在特定情境中进行。根据不同的标准,观察法又可细分为不同的类型。

第一,根据观察的情境条件,可分为自然观察和实验室观察。自然观察是指在自然状态下观察行为或活动的发生、发展情况。自然观察法能够收集到客观真实的数据、资料。实验室观察也称控制观察,一般在实验室中,或者在由研究者特别设计的情境中进行观察。在实验室观察中,评价者要严格地控制无关变量,操纵自变量,以期获得准确的观察结果。

第二,根据观察方式的不同,可分为直接观察与间接观察。直接观察是指观察者利用自己的感觉器官,直接对观察对象进行观察并作出价值判断。间接观察是指观察者利用一定的仪器和技术手段作为中介对观察对象进行考察。教学评价中,既有直接观察,也有间接观察。两种观察模式各有利弊,评价者可根据实际情况进行选择。

第三,根据观察者的参与状态,可分为参与式观察与非参与式观察。参与式观察是指研究者直接参与到被研究者的群体和活动当中,在参与活动的过程中进行隐蔽性的观察。这种观察由于深入到被观察者内部,因此能够获得深层次的材料和信息。但是观察者容易受被观察者的影响,影响评价的客观性。非参与式观察是指研究者以旁观者的身份进行考察。由于观察者不受被观察者的影响,其结论通常比较客观。但是,非参与式观察易导致评价流于表面化,难以获得深层次的信息。

表 12-3　学生课堂学习情况观察量表

类型	一级指标	二级指标	赋		值		简 评
学生课堂学习情况	学习态度	学生有良好的听课习惯,求知欲强	10	8	5	3	
	参与活动	学生积极主动参与教学活动,大胆展示自己					
	课堂纪律	学生有良好的课堂纪律与自我管理能力,课堂气氛和谐					
	知识理解	学生能较快、较好地理解所学知识					
	知识运用	学生能学以致用,将知识与生活联系起来					

观察者为了在观察中获得可观的观察资料,首先要制订明确的观察量表,明确要观测哪些行为;其次,要明确观察的目的,尊重客观事实,如实记录;最后,对观察中出现的一些突发和特殊情况做好记录,以便发现教学的一些鲜为人知的特质。

2. 表现性评价法

表现性评价法是20世纪90年代在美国兴起的一种评价方法。表现性评价是指以学生在日常生活和教学活动中的真实性表现来评价学生某方面能力的评价方法。如通过口头演讲、论辩和实验操作等来评价学生的口头表达能力、文字运用能力和实验操作能力等。表现性评价又可以分为两种,一种是限制式的表现性评价,一种是开放式的表现性评价。

限制式的表现性评价对评价的任务、目标等都有明确的要求,而且对被评价者的行动也做出了一定的限制,不允许被评价者自由发挥。例如,实验技能考核就属于一种典型的限制式表现性评价。开放式的表现性评价是一种对被评价者完成评价任务的材料、方法、手段不做限制性要求的评价方法。例如,演讲就属于一种开放式表现性评价。

表12-4　演讲比赛表现性评价量表

评价项目	评价要点	得分
演讲内容 (30分)	1. 内容紧扣主题,观点正确,见解独到,生动感人 2. 稿件结构严谨,构思巧妙 3. 文字简练流畅,思想逻辑性较强	
语言表达 (30分)	4. 语言规范,吐字清晰,声音洪亮圆润 5. 表达流利、顺畅、自然 6. 语速适当,语气、语调、音量、节奏起伏变化	
形象礼仪 (20分)	7. 精神饱满,有激情 8. 能较好地运用姿态、动作、手势、表情等	
综合印象 (20分)	9. 着装朴素大方,举止得体 10. 幽默,有风度,富有艺术感染力	
附加分 (10分)	11. 脱稿、合作和表演等	

3. 成长记录袋评价法

学生成长记录袋评价是从国外引进的一种新兴的评价方式,此种评价在20世纪80年代中期的美国广为使用。学生成长记录袋评价是根据教学目标的要求,有意识地收集和记录反映学生成长过程中的实证性材料,并依此进行评价。通过分析学生成长记录袋,反映学生成长过程中的优势与不足,付出的努力与进步,为他们进一步反思与改进提供反馈信息。

成长记录袋具有以下四个方面的特征:第一,真实性。成长记录袋收集和记录的是学生的真实作品。第二,目的性。成长记录袋里收集和记录的资料是有目的的,而不是随意的、杂乱无章的。第三,发展性。学生成长记录袋记录学生某一方面素质发展情况的变化,反映了学生素质发展的变化过程。同时,学生成长记录袋留给学生反思的空间,通过反思自己的不足,激励学生不断发展改进。第四,动态性。学生成长记录袋反映的是学生成长变化的过程,因此资料的收集和整理具有动态性,体现学生不同时期的发展变化。

　　成长记录袋(表12-5)评价的使用具有多种优势,主要有：第一,有利于教师和学生发现自己的不足,及时改进;第二,给学生展示自我的机会,激发学生内在的动力;第三,有利于学生个性化、多元化的发展。但是不可否认,在教学评价过程中使用学生成长记录袋也具有一定的局限性：一是增加了学生的负担,学生在学习时还不得不收集各方面的资料。二是增加了教师工作的负担。教师在教学之余,还要指导学生如何收集资料、整理资料和撰写评语等。三是评价分数难以确定。由于成长记录袋评价缺乏统一的标准,每个学生记录的内容不一样,导致评价很难给出适合的分数。同时,由于评价标准不一致,导致评价也很难具有可比性。

表12-5　学生成长记录袋

姓名_____　性别_____　学号_____

序号	存档材料	份数
1	一份或几份平时考试或考查完成很满意的试卷	
2	一篇最好的作文或周记	
3	一本保持得最整洁,正确率最高的作业本	
4	一幅最好的美术作业或创作画	
5	你的座右铭	
6	一件科技小制作(照片、说明资料)或一篇小论文	
7	老师们最让你感动的言语	
8	一份"优点单"(自己对自己的评价)	
9	你个人获得的表彰证书复印件或你参加的集体活动获奖证书	
10	父母对我的期望	
11	我心目中的自己	
12	制订的学习计划、不断修改完善的学习计划	
13	学习总结与反思	
14	各科的学习评价表	
15	我的特长	
说明	成长记录袋的设计和内容收集、编排工作由学生自己来完成。 家长、教师的作用和角色： 1. 指导学生操作,并鼓励其大胆、正确地完成自我评价; 2. 引导学生学会自我反思,自我定位,自我激励; 3. 指导学生改进行为; 4. 收集、保存学生的成长记录袋。	

注：表为安徽省蚌埠第六中学学生成长记录袋,来源于 http://www.bblz.cn/jyc_20101031100008.html

成长记录袋评价在目前的基础教育中广泛使用,例如进行综合素质评价时就采用了成长记录袋评价法。为了确保成长记录袋内容客观真实,应鼓励多方主体参与评价。例如可邀请教师、学生、家长和社区参与评价监督等。在进行评价的过程中,要鼓励学生经常进行自我反思,发现自身的优缺点,扬长补短,不断提高自身素质。

4. 评语评价法

评语评价法是通过写评语的方式来评价学生在某一阶段或某一门科目的学习情况。客观、生动的评语往往能够打动被评价者的内心,激发被评价者更加努力地学习。但是评语评价法也具有局限性,评价者需要对被评价者比较了解才能写出客观、真实的评语。另外,评语评价法不像分数那样直接,不适用于测量学生的成绩、考试等情况。常见的评语类型有学生评语、班主任评语和小组评语等。

学生评语是由学生(或同学)写的评语,既可以是学生个体单独进行的评价,也可由全班学生整体进行评价。这种评价由于参与评价人员的多样性,获得的评价资料较多,客观性较强。

班主任评语是由班主任对学生的学习情况、生活情况和素质发展情况所做的评价。由于班主任在日常生活中经常接触学生,因此,其评语往往具有较大的参考价值。

小组评语是由学生所在的小组经过协商之后,针对学生的学习、活动和行为等对小组成员做出价值判断的过程。小组成员通常由 3~5 人组成,经过集体协商之后做出评价。

练习与思考

1. 什么是教学评价?它有哪些基本要素?
2. 教学评价有哪些功能?
3. 简述教学评价的三种取向。
4. 简述目标本位评价和目标游离评价。
5. 简述常模参照评价、标准参照评价与个体内差异评价。
6. 简述诊断性评价、形成性评价和总结性评价。
7. 简述效果评价与内在评价。
8. 简述鉴赏性评价与鉴定性评价。
9. 教学评价的内容有哪些?
10. 教学评价的原则有哪些?
11. 学业成就测验有哪些方式?
12. 简述试题编制的基本要求。

第十三章 教学艺术及其形成

> **学习目标**
>
> 1. 掌握教学艺术的内涵及其特征。
> 2. 了解教学艺术的分类。
> 3. 了解影响教学艺术形成的因素。
> 4. 了解教学艺术形成的过程。

真正好的教学,不仅仅是尊重了教学规律的教学,而且还必须具有艺术性。没有一般性的好教学,好教学是符合具体情境、具体任务、具体学生的教学,是具有个性的教学,是富有艺术感染力的教学。而这一切,均有赖于教师能动性、创造性的发挥。教学艺术是教师教学的最高境界。本章主要介绍教学艺术的内涵、类型、形成过程和影响因素。

第一节 教学艺术的内涵与类型

自20世纪80年代起,国内的教育学者展开了教学的科学性与艺术性之争。"对教学科学与艺术的不同倾向,会导致对教学研究持不同的观点。追求教学科学与艺术的辩证统一,如今已成为大家的共识。但我们现在似乎还没有清楚地认识到这一问题的实质,'科学与艺术的辩证统一'在很多著作中还只是一个笼统的提法,这一判断之中所包含的具体问题还缺少深入研究。"[①]

一、教学艺术的内涵

(一) 教学艺术的概念

谈论"教学艺术",必然涉及"教学科学"。对于教学到底是科学还是艺术,研究者意见不一。强调教学是科学的研究者认为,教学是有规律可循的,好的教学必定是遵循了教学规律的教学。强调教学是艺术的研究者则认为,教学没有固定的模式,好的教学是那些具有个性、感染力和艺术性的教学。教学科学性表达的是教学的规律性、

---

① 施良方,王建军.论教学的科学与艺术之争[J].课程·教材·教法,1996:56—59.

规范性的一面；而教学的艺术性表达的是教学的个性化、独特性的一面。其实，教学的科学性是教学的基础，没有科学性的教学不能成为教学。教学的艺术性是教学的最高境界，没有艺术性，教学仍可以是教学，但它称不上是优秀的教学。教学科学性是教学艺术性的基础，教学的艺术性是对科学性的超越。因此，教学艺术是教师灵活地运用各种教学手段从而使教学过程成为一个艺术创造的过程。教学艺术是一种过程性艺术，它没有产生静态的艺术作品，过程本身就是艺术。教学艺术是教学的最高境界，不一定每位教师都能够达到这一境界，但每位教师都可以，而且应该追求这个境界。

（二）教学艺术的特征

如前文所述，教学的艺术性是建立在教学科学性的基础之上的，因此当我们谈论教学艺术时，一定是在教学科学性的基础之上去谈的。教学艺术是包含了教学科学的艺术，以此认识为基础，我们认为教学艺术具有如下特征：

1. 个体性

教学艺术的个体性是指教学艺术是教师个体的一种创造，是教师个性的一种体现。这并不是说教师的个性一定会表现为教学艺术，但教学艺术一定体现了教师的个性。对于同样的教学内容，面对同样的学生，由两位教师采用同样的教学手段（如教学方法、教学原则、教学媒体等）进行教学，其效果是不一样的。这除了教师的能动性、创造性发挥程度不一样外，更与教师个性有关。就讲授法的运用而言，有的教师不论怎样努力，都不能让自己的讲授产生艺术效果；有的教师稍加努力就能让自己的讲授具备艺术效果。之所以有这种差别，乃教师个性使然。教学要具有艺术性，必须与教师个性契合。正是由于个体性的渗入，才使教学艺术具有魅力。教学艺术的个体性包括对教学手段的个性化选择与运用，对教学内容的个性化解读与加工，对教学问题的个性化分析与处理，等等。

2. 形象性

形象性是任何艺术的首要特征。可以说，没有形象，就没有艺术。正是因为形象性，艺术才会被大众接受。形象是艺术最直观的特征，也是艺术的载体。凡是艺术，必须通过形象展现出来。教学艺术亦如此。教学艺术的形象性是指，教师在教学过程中要运用形象的手段（如图片、情境、语言、表情等），增强教学的感受性、直观性、可接受性，从而让复杂的内容变得简单，让简单的内容变得神奇。

3. 情感性

教学是师生双边的共同活动。在这种活动中，不仅有知识与思想的交流，而且也有情感与精神的交流。知识、思想的交流可以通过语言来进行，而情感、精神的交流仅靠语言交流远远不够,它只能以教师的情感来感染学生、以教师的精神影响学生。教师在教学中对学生有深厚的情感,对所讲的知识、事实等表达出了自己的情感,学生才会受到情感的熏陶。艺术之所以能感动人、打动人,就是因为创造艺术的过程中饱含了创作者的情感。教学作为一种艺术,必然是富有情感的。教学艺术中的情感不仅是指教师对学生、教学等充满热爱之情,而且更指教师在课堂教学时要全心投入,达到忘我的境界。通过教师的真情投入,让学生获得情感上的感动或同情,或获得精神上的欣慰与愉悦。

4. 创造性

教学艺术的创造性是指教师通过对教学理论和教学手段(如教学方法、教学模式、教材等)的创造性运用从而使教学达到艺术的境界。其中,"创造性运用"并不是指教师随心所欲地运用,而是指使教学理论和教学手段适合具体课堂情境和教育的需要。在教学中,教学原则、教学方法与教学模式的使用以及教材的处理并没有一定之规。如何运用它们,完全依赖于教师的判断与智慧。此外,创造性还指在课堂教学中,对生成性事件或者说"意外事件"的恰当处理。强调教学艺术的创造性,实际上就是强调教学的智慧性、机智性。

5. 目的性

教学艺术与其他艺术(如美术、音乐、舞蹈等)有一个巨大区别:其他艺术所追求的是艺术的审美性、享受性;而教学艺术不一样,教学艺术不是为艺术而艺术,也不是为享受而艺术,而是为提高教学效果而艺术。因此,教学艺术有一个外在的目的,即增进教学效果。在教学中,如果运用某种艺术性的手段达到的是不太理想的教学效果,那还不如不用它。良好的教学效果是教学艺术的出发点,也是教学艺术的归宿。

二、教学艺术的分类

对教学艺术进行分类是一项难度比较大的工作,其困难在于,教学艺术的模糊性、整体性比较强,很难找到一个大家都认可的分类标准。如有研究者认为,根据教学的具体环节和使用的教学手段,可以将教学艺术分为备课的艺术、教学过程的艺术、教学组织与管理的艺术、课外辅导的艺术、教学的语言艺术、教学的非语言艺术、板书的艺术等。[①] 显然,这一分类是不严谨的,"教学过程的艺术"与"教学的语言艺术"不并列,"教学的非语言艺术"与"板书的艺术"也不并列。

为此,有研究者"尝试从总体上采用多重标准,以尽量全面地反映教学艺术的整体

---

① 张武升.教学艺术论[M].上海:上海教育出版社,1993:18.

面貌;而每一次划分又坚持单一标准,以保证分类的严格逻辑性;分类结果的整体排列从宏观到微观、从抽象到具体、从外部到内部,构成一定层次序列;而每一次划分的结果又相对独立,不致混乱人们的认识"。同时,"通过对教学艺术的形态学分析,初步描述出教学艺术种类的大致谱系,并在此基础上提出可供参考的教学艺术研究课题,以深化教学艺术的理论研究。"具体的分类情况列于表13-1。[①]

表13-1 教学艺术类型谱系

	分类维度		基本类型
1	时间-空间	时间	古代教学艺术、近代教学艺术、现代教学艺术、当代教学艺术等
		空间	中国教学艺术、美国教学艺术、俄罗斯教学艺术、英国教学艺术、德国教学艺术、日本教学艺术等
2	级别-类别	级别	小学教学艺术、中学教学艺术、大学教学艺术等
		类别	普通学校教学艺术、特殊学校教学艺术等
3	学科-对象	学科	社会科学学科教学艺术、自然科学学科教学艺术、其他学科教学艺术等
		对象	集体教学艺术、个别教学艺术等
4	结构-功能	结构	备课艺术、上课艺术、评改艺术、辅导艺术、总结艺术等
		功能	德育教学艺术、智育教学艺术、体育教学艺术、美育教学艺术等
5	内容-手段	内容	教学再现艺术、教学表现艺术等
		手段	使用传统教学手段的艺术、使用现代化教学手段的艺术等
6	方式-方法	方式	明示教学艺术、暗示教学艺术等
		方法	教学讲授艺术、教学谈话艺术、教学讨论艺术、教学实验艺术、教学演示艺术等

之所以将"时间-空间"两个因素作为一个统一的维度来对教学艺术进行分类而不是作为两个独立的维度,原因在于,这二者之间可以交叉,如"中国古代教学艺术""中国近代教学艺术""中国现代教学艺术""中国当代教学艺术"及"美国古代教学艺术""美国近代教学艺术""美国现代教学艺术""美国当代教学艺术";等等。其他维度的两个因素亦如此。当然,不同维度的两个因素之间也存在交叉的可能,比如"美国的上课艺术""古代的讲授艺术"等。对于小学教育而言,第3、4、5、6维度的分类具有重要意义。

[①] 李如密.教学艺术论[M].济南:山东教育出版社,1995:105—107.

第二节　教学艺术的形成

教学艺术不是每位教师都能有的,有些教师工作了一辈子,也没有达到艺术的境界;有些教师不论怎么努力,也难达到艺术的境界。但是,了解教学艺术的形成过程,分析影响教学艺术形成的因素,有利于教师形成教学艺术。

一、影响教学艺术形成的因素

(一) 个体因素

1. 个人努力

教学艺术是教学的卓越境界,但这一境界是在教学科学的基础上发展起来的。教学要达到规范,教师必须付出努力;要达到艺术的境界,更需要努力。其实,教学艺术是教师长期努力、探索与积淀的结果。因此,年轻教师的教学通常很难具有艺术性。

2. 教育情怀

教学具有艺术性的教师,对教育都有深厚的情感。他们热爱教育、喜欢教学、关爱学生。他们对教育的热爱,是发自内心的,并不是因为外在的理由(如可以获得一份稳定的工作)。这类教师通常都有这样一个特点:不论他们处于何种地位(比如当校长了),他们仍不愿意离开课堂、离开学生。正是由于这份爱,他们对教育、教学孜孜以求、饱含激情,从而使教学具有艺术的感染力。

3. 教育理性

教育理性是指不论在任何条件下都按教育的内在规定性进行教学的信念。教育理性不仅仅是对教育的一种合理性的认识,而且是对教育规律的一种坚持。教育理性使教师做符合教育规律的事,同时抵制那些不符合教育规律的事。只有当教师具备教育理性时,教学才能越来越接近其本质与规律。教学艺术主要表现为教师对教学模式、手段、方法与途径等的灵活运用与自由创造,如果没有教育理性,这种灵活运用与自由创造就会走向教学的反面。

4. 教育天赋

教育天赋是指某人所拥有的适合于从事教育工作的先天素质与倾向。教师所从事的工作,如果恰与其天赋吻合,那工作起来就会更加得心应手,而且容易达到与工作融为一体的境界。教育天赋与个人努力是相辅相成的,努力可以使教学工作达到一定的水平,天赋则可以使工作达到卓越的境界。虽然中国人非常强调主观能动性的重要性,但有些工作,仅凭努力是无法达到卓越的,比如说艺术创作、运动、唱歌等。有些教师虽然从事教学工作多年甚至是一辈子,工作也非常认真与努力,但其教学却始终称不上是艺术。这就说明他们缺乏教育天赋。大凡教学达到艺术境界的教师,多半都是对教学有着天生的爱好,是具有教育天赋的人。

5. 教育经验

教育经验是教师对在生活、学习与工作中经历过的教育事件、教育过程的印象性积累。教育经验通常蕴涵着成功与失败的教训以及教育直觉。每一种教育经验,都蕴涵着丰富的解决教育问题的办法。经验越丰富,意味着教师所拥有的可用于解决教育教学问题的办法越多,意味着他能应对的教育情境就越多、越复杂。教育经验与教师的工作经历有关,但并不是说教师工作时间越长,教育经验就越丰富。获得教育经验的关键因素,除了要经历诸多的教育事件外,还需要反思。反思可以使所经历的教育事件具有教训的意味。

(二) 环境因素

"教学个性的升华、美化则为教学艺术。"[①]这说明,没有个性,就一定没有教学艺术。以此为基础,我们认为教学艺术的形成需要以下几方面的文化制度条件。

1. 营造追求卓越的环境氛围

教学艺术是教师不懈追求的结果。在教学达到规范水平的基础上,再进一步追求,才有可能形成教学艺术。是否追求卓越,表面上看是教师个人的事,实际上却与教师的工作环境有关。"教学艺术形成的过程是一个不断研究教学内容、教学方法与教学对象的过程,它需要一个支持探索、鼓励创新、你追我赶的学术氛围"[②]。尽管目前不乏追求卓越的教师,但整体而言,其比例甚微,难以形成主流。只有教师工作的整个环境都在追求卓越时,教学艺术才能成为绝大多数教师的自觉追求,那些具有教育天赋的教师才会脱颖而出。当前的实际情况是,许多教师都将教学当作一份工作来做。其中有相当一部分人追求的教学境界是"不出问题"即可,于是他们时刻在预防问题的出现;还有一部分人追求的教学境界是考试分数高,于是他们加班加点地想办法来提升成绩。在这样的大环境中,个别教师如果追求教学艺术,就会受到群体的排斥,除非他具有极高的独立性与自主性。所以,在教师群体中创造一种不断追求卓越的工作氛围是教学艺术形成的前提条件之一。

2. 鼓励创造的教学制度

说教学是艺术,那是因为教学同艺术一样,具有高度的创造性。"创造性是教学工

[①] 吕渭源.教学模式·教学个性·教学艺术[J].中国教育学刊,2000(1):29—32.
[②] 刘晓鹏,王升.关于教学艺术形成的思考[J].河北师范大学学报(教育科学版),2004(5):103—107.

作的突出特点。艺术的生命力在于创造,艺术最忌模式化,教学的成败也在于创造"[①]。由于受传统"大一统"文化与管理模式的影响,当前的教育教学制度只强调统一性,没有给创造留适当的空间。或者说在政策文本上、理论上都非常强调教育教学的创造性,但在实际的教育教学和管理工作中,创造性并没有受到真正的重视。

试想,在那种"不求有功,但求无过"的教学管理制度下,除了极个别有追求、有胆量的校长、教师敢于突破已有的规定框架外,绝大多数人都会选择墨守成规。在绝大多数教师都简单地只遵循上级规定这一环境下,教学艺术就很难产生。从这个角度看,要想使尽量多的教师教学具有艺术性必须建立鼓励创造的教学制度,通过制度引领教师创造、保障教师创造。建构鼓励创造的教学制度,还要在制度上允许失败。否则,没有人敢创造。

3. 尊重个性的教学文化

教学文化是隐藏在教师群体中的观念、氛围与规则,它直接影响着教师的行为。在实际工作中,教师的教学行为更多地受教学文化的影响,而不是受教学制度的影响。由于教学艺术是在教学个性的基础上形成的,因此创建一种尊重个性的教学文化有利于教学艺术的生成。创建尊重个性的教学文化,就要尊重和鼓励教师的独特想法与做法,鼓励每位教师形成自己的教学特色。要形成这种教学文化,可以采用三种策略[②]:通过改变教学观念来促成尊重个性的教学文化,如通过舆论宣传、系统学习、全员培训等方式将重个性的教学理念传递给教师;通过改革教学制度来构建尊重个性的教学文化,如教学评价注重评价教师的教学特色,而不是简单地看教师的教学是否符合规范;通过变革教学行为来实现尊重个性的教学文化,如帮助教师分析自己的个性,分析哪种教学模式、方式适合自己等。

二、教学艺术的形成过程

教学艺术的形成是一个漫长的积累过程。一般而言,它要经历这样几个阶段[③]:模仿性教学阶段、独立性教学阶段、创造性教学阶段和有风格的教学阶段。

(一) 模仿性教学阶段

在模仿性教学阶段,教师喜欢模仿别人的教学方法、教学语言、教学技巧等,在一切教学行为举止上都尽量与自己认可的榜样教师的行为一致。通过模仿,可以使教师在较短的时间里适应教学工作,掌握教学的基本规范与要求,从而使教学工作尽早走

[①] 李定仁,徐继存. 教学论研究二十年:1979—1999[M]. 北京:人民教育出版社,2001:336.
[②] 罗祖兵. 从"忠实"到"创生":论教学文化的变革[J]. 教育理论与实践,2009(16):54—57.
[③] 李如密. 教学艺术论[M]. 济南:山东教育出版社,1995:417—418.

上正轨。但是在模仿的过程中,教师不是消极地、盲目地模仿,而是主动地、有选择地模仿。一般而言,可供模仿的对象很多,可供模仿的行为也很多,但教师并不会将所有的对象和行为都作为自己效仿的对象,而只选取其中的一个或几个对象和行为作为自己努力的目标。至于到底选择哪些对象和行为作为模仿的目标,主要取决于教师自身的条件、能力和倾向。一般而言,教师总会选择那些自己认为值得模仿、符合自身条件、自己能完成且自己比较喜欢的对象和行为作为目标行为。不仅如此,教师在模仿过程中还会对目标进行适应化的改造,即教师并不是完全使自己的行为与理想的行为一致,而是使理想的行为与自身的行为相互协调,进而达成一致。

"情境教学"的模仿教学阶段[①]:

那是1979年的春天,我中学的外语老师蒋兆一先生对我说:"你汉语里训练语言的方法,我们外语可以用。"我在惊喜之余,即刻请教蒋老师:"那么外语里有什么方法,我们汉语也可以用呢?"蒋老师说,"有一种叫'情境教学'的方法。"并告诉我,最近一期的《中小学外语教学》中有具体介绍……我产生了移植的想法,并作了粗浅的分析——无论是汉语还是外语,都是人们交流思想和情感的工具。既然是工具,两者必有共性。语言这样的本质属性告诉我,外语训练语言的方法也可以成为中国学生学习母语的方法。我积极地尝试来自大洋彼岸的教法。

(二)独立性教学阶段

在独立性教学阶段,教师可以超越模仿对象的限制,开始独立自主的教学。在这一阶段,教师能够顺利完成教学的各项任务,能够熟练地运用常规性的教学方法与手段,能够独立自主地开展教学工作,对教学有了初步的自信心。此时,教师已经初步形成了自己的教学套路和模式,不同教师之间的套路与模式并不完全一样,而且这些套路与模式的主要部分是早已存在于他人或前人的教学之中。"教师进入独立教学阶段,就自觉不自觉地建立了自己的教学形象。这是一种客观实际,每个教师不论满意或不满意,都必须正视和接受自己形成的个人教学形象。"[②]实际上,教师的这种个人教学形象是自己曾经模仿的对象的教学行为与自身因素通过相互作用而积淀的结果。由于在模仿时就具有选择性,再加上教师个人素质的不同,所以不同教师的教学形象不一样。显然,这仍是教学选择的结果。

"情境教学"的独立教学阶段:

我从外语的"情景"很自然地联想到中国古诗词的"意境"。我开始学习刘勰的《文

---

① 李吉林.为儿童快乐学习的情境教学[J].课程·教材·教法,2013(2):3—8.
② 李如密.教学风格论[M].北京:人民教育出版社,2002:141.

心雕龙》,书中"情以物迁,辞以情发"这八个字在我眼前一亮。细细一想,其中的"情""物""辞"三个关键词表明客观世界会影响人的情感,而人的情感又会触发语言的表达。我开始意识到这可以帮助我解决语文教学中儿童作文的难题……

实践探索让我开发了"观察情境说话、写话""情境口头作文""情境作文""想象性作文""童话作文"等唤起学生兴致的习作新样式。从写一话起步,通过写观察日记打下认识和表达的基础;再以情境作文作为主要训练的方式,并辅以各种应用性情境习作的训练。我还归纳出情境作文指导五步法:第一,观察情境提供题材;第二,进入情境激发动机;第三,拓展情境打开思路;第四,范文引路教给方法;第五,提早起步螺旋上升。终于突破了"遵命作文"无病呻吟的重围,翻开了情境作文教学崭新的一章。开发了学生的创造潜能,给他们带来习作的快乐,在当时就实现了今天"新课标"所要求的"乐于表达"……

我反复研读"意境说",从中概括出"真、情、思、美",成为整个情境教育构架的核心元素。作文教学的成功,阅读教学的跟上,凸显了情境教学"形真""情切""意远""理寓其中"鲜明的个性特点和独特优势,让儿童在优化的情境中快乐地学习着,并采取"多读书,不做题,注重整体训练"。

(三)创造性教学阶段

在创造性教学阶段,教师已经不再满足于常规性教学了,而是力图对常规性教学进行改造与改革,从而尝试与探索新的教学手段与方法。在这个阶段,教学创造主要表现为以下几个方面:一是对自己习惯了的教学方法、教学手段进行改革,或者是对已有的方法与手段进行优化,或者是创造新的方法与手段来补充或替代已有的教学手段;二是对教学内容进行改组、创造,教学不受固有教材的限制;三是教学行为方式已经显示出自己的特色,经常表现出一些超乎常规教学的行为;四是对教学有自己的理解与感悟,能够独立思考,且能坚持自己正确的见解。如果教师将教学创造当作自己的一种追求,他就会不断超越他人、超越自己,进而创造就会积淀为教师的教学习惯,所展现出来的教学也就会越来越具有个人特色。

"情境性教学"的创造性教学阶段:

作文教学的成功给了我一个很好的启示,无论是观察的客体,还是习作的内容都是"美"的。美的无穷魅力让儿童主动地投入其中,真正享受到"舞文弄墨"的快乐与成就感。于是,我很自然地想到怎么让阅读美起来,继续让学生从阅读中享受到学习的快乐。于是,我从教育学联想到美学,又从美学联想到艺术。这虽是三个领域,但是它们之间有着相似、相近、相融的空间。艺术手段的借鉴让阅读教学美起来。我运用孩子们喜欢的图画、音乐、戏剧等艺术手段,直接与语言描绘相结合创设情境,让他们在审美感受中建构自己的认知体系,搭建了富有美感的成长空间。美感的潜移默化,润泽了儿童的心灵,丰富了儿童的精神世界。

(四) 有风格的教学阶段

在有风格的教学阶段,教师已经能够随心所欲不逾矩了,他不用再刻意去追求教学的创造性,因为教学已经具备了独特的创造性。当教师的教学具有了自己独特的风格时,教学艺术也就形成了。教学风格是教学创造与教师个性的合金,是教学创造的进一步升华。总的看来,教学艺术是教师进行教学选择和教学创造的结果,这种选择与创造是符合教师自身条件、能力、偏好与愿望的。也正是因为教学选择和创造一开始就是个性化的,所以教学风格才能形成。

"情境教学"的有风格教学阶段:

在大量实践和长期研究的基础上,我梳理归纳出情境阅读的程序、步骤:"初读——创设情境抓全篇,激发学习动机""细读——强化情境,理解关键词、句、段""精读——凭借情境品尝语感,欣赏课文精华。"同时找到了学生在情境阅读中"入情—动情—移情—抒情"的情感发展脉络。我在此阶段把情境教学界定为"优化或优选学习环境,以情激情,把儿童的认知活动和情感活动结合起来的教学模式"。由此建立起独特而高效能的小学语文教学新体系……

在漫长的情境教学实践研究过程中,我非常习惯回顾走过的路。这就是今天所说的"反思"。通过反思不仅能发现其中的缺憾,而且可以发现成功的诀窍,往往由此产生顿悟,那是最有收获的时刻。正是一系列规律的揭示,才建构了情境教学—情境教育—情境课程的理论框架。

练习与思考

1. 什么是教学艺术?它与教学科学是什么关系?
2. 影响教学艺术形成的因素有哪些?
3. 教学艺术的形成有哪几个基本阶段?每个阶段有什么特征?

北京大学出版社
教育出版中心 精品图书

21世纪高校广播电视专业系列教材
电视节目策划教程（第二版）	项仲平
电视导播教程（第二版）	程晋
电视文艺创作教程	王建辉
广播剧创作教程	王国臣
电视导论	李欣
电视纪录片教程	卢炜
电视导演教程	袁立本
电视摄像教程	刘荃
电视节目制作教程	张晓锋
视听语言	宋杰
影视剪辑实务教程	李琳
影视摄制导论	朱怡
新媒体短视频创作教程	姜荣文
电影视听语言——视听元素与场面调度案例分析	李骏
影视照明技术	张兴
影视音乐	陈斌
影视剪辑创作与技巧	张拓
纪录片创作教程	潘志琪
影视拍摄实务	翟臣

21世纪信息传播实验系列教材（徐福荫 黄慕雄 主编）
网络新闻实务	罗昕
多媒体软件设计与开发	张新华
播音与主持艺术（第三版）	黄碧云 睢凌
摄影基础（第二版）	张红 钟日辉 王首农

21世纪数字媒体专业系列教材
视听语言	赵慧英
数字影视剪辑艺术	曾祥民
数字摄像与表现	王以宁
数字摄影基础	王朋娇
数字媒体设计与创意	陈卫东
数字视频创意设计与实现（第二版）	王靖
大学摄影实用教程（第二版）	朱小阳
大学摄影实用教程	朱小阳

21世纪教育技术学精品教材（张景中 主编）
教育技术学导论（第二版）	李芒 金林
远程教育原理与技术	王继新 张屹
教学系统设计理论与实践	杨九民 梁林梅
信息技术教学论	雷体南 叶良明
信息技术与课程整合（第二版）	赵呈领 杨琳 刘清堂
教育技术学研究方法（第三版）	张屹 黄磊

21世纪高校网络与新媒体专业系列教材
文化产业概论	尹章池
网络文化教程	李文明
网络与新媒体评论	杨娟
新媒体概论	尹章池
新媒体视听节目制作（第二版）	周建青
融合新闻学导论（第二版）	石长顺
新媒体网页设计与制作（第二版）	惠悲荷
网络新媒体实务	张合斌
突发新闻教程	李军
视听新媒体节目制作	邓秀军
视听评论	何志武
出镜记者案例分析	刘静 邓秀军
视听新媒体导论	郭小平
网络与新媒体广告（第二版）	尚恒志 张合斌
网络与新媒体文学	唐东堰 雷奕
全媒体新闻采访写作教程	李军
网络直播基础	周建青
大数据新闻传媒概论	尹章池

21世纪特殊教育创新教材·理论与基础系列
特殊教育的哲学基础	方俊明
特殊教育的医学基础	张婷
融合教育导论（第二版）	雷江华
特殊教育学（第二版）	雷江华 方俊明
特殊儿童心理学（第二版）	方俊明 雷江华
特殊教育史	朱宗顺
特殊教育研究方法（第二版）	杜晓新 宋永宁等
特殊教育发展模式	任颂羔

21世纪特殊教育创新教材·发展与教育系列
视觉障碍儿童的发展与教育	邓猛
听觉障碍儿童的发展与教育（第二版）	贺荟中
智力障碍儿童的发展与教育（第二版）	刘春玲 马红英
学习困难儿童的发展与教育（第二版）	赵微
自闭症谱系障碍儿童的发展与教育	周念丽
情绪与行为障碍儿童的发展与教育	李闻戈
超常儿童的发展与教育（第二版）	苏雪云 张旭

21世纪特殊教育创新教材·康复与训练系列

特殊儿童应用行为分析（第二版）	李芳 李丹
特殊儿童的游戏治疗	周念丽
特殊儿童的美术治疗	孙霞
特殊儿童的音乐治疗	胡世红
特殊儿童的心理治疗（第三版）	杨广学
特殊教育的辅具与康复	蒋建荣
特殊儿童的感觉统合训练（第二版）	王和平
孤独症儿童课程与教学设计	王梅

21世纪特殊教育创新教材·融合教育系列

融合教育本土化实践与发展	邓猛 等
融合教育理论反思与本土化探索	邓猛
融合教育实践指南	邓猛
融合教育理论指南	邓猛
融合教育导论（第二版）	雷江华
学前融合教育（第二版）	雷江华 刘慧丽

21世纪特殊教育创新教材（第二辑）

特殊儿童心理与教育（第二版）	杨广学 张巧明 王芳
教育康复学导论	杜晓新 黄昭明
特殊儿童病理学	王和平 杨长江
特殊学校教师教育技能	昝飞 马红英

自闭谱系障碍儿童早期干预丛书

如何发展自闭谱系障碍儿童的沟通能力	朱晓晨 苏雪云
如何理解自闭谱系障碍和早期干预	苏雪云
如何发展自闭谱系障碍儿童的社会交往能力	吕梦 杨广学
如何发展自闭谱系障碍儿童的自我照料能力	倪萍萍 周波
如何在游戏中干预自闭谱系障碍儿童	朱瑞 周念丽
如何发展自闭谱系障碍儿童的感知和运动能力	韩文娟 徐芳 王和平
如何发展自闭谱系障碍儿童的认知能力	潘前前 杨福义
自闭症谱系障碍儿童的发展与教育	周念丽
如何通过音乐干预自闭谱系障碍儿童	张正琴
如何通过画画干预自闭谱系障碍儿童	张正琴
如何运用ACC促进自闭谱系障碍儿童的发展	苏雪云
孤独症儿童的关键性技能训练法	李丹
自闭症儿童家长辅导手册	雷江华
孤独症儿童课程与教学设计	王梅
融合教育理论反思与本土化探索	邓猛
自闭症谱系障碍儿童家庭支持系统	孙玉梅
自闭症谱系障碍儿童团体社交游戏干预	李芳
孤独症儿童的教育与发展	王梅 梁松梅

特殊学校教育·康复·职业训练丛书（黄建行 雷江华 主编）

信息技术在特殊教育中的应用	
智障学生职业教育模式	
特殊教育学校学生康复与训练	
特殊教育学校校本课程开发	
特殊教育学校特奥运动项目建设	

21世纪学前教育专业规划教材

学前教育概论	李生兰
学前教育管理学（第二版）	王雯
幼儿园课程新论	李生兰
幼儿园歌曲钢琴伴奏教程	果旭伟
幼儿园舞蹈教学活动设计与指导（第二版）	董丽
实用乐理与视唱（第二版）	代苗
学前儿童美术教育	冯婉贞
学前儿童科学教育	洪秀敏
学前儿童游戏	范明丽
学前教育研究方法	郑福明
学前教育史	郭法奇
学前教育政策与法规	魏真
学前心理学	涂艳国 蔡艳
学前教育理论与实践教程	王维 王维娅 孙岩
学前儿童数学教育与活动设计	赵振国
学前融合教育（第二版）	雷江华 刘慧丽
幼儿园教育质量评价导论	吴钢
幼儿学习与教育心理学	张莉
学前教育管理	虞永平

大学之道丛书精装版

美国高等教育通史	[美]亚瑟·科恩
知识社会中的大学	[英]杰勒德·德兰迪
大学之用（第五版）	[美]克拉克·克尔
营利性大学的崛起	[美]理查德·鲁克
学术部落与学术领地：知识探索与学科文化	[英]托尼·比彻 保罗·特罗勒尔
美国现代大学的崛起	[美]劳伦斯·维赛
教育的终结——大学何以放弃了对人生意义的追求	[美]安东尼·T.克龙曼
世界一流大学的管理之道——大学管理研究导论	程星
后现代大学来临？	[英]安东尼·史密斯 弗兰克·韦伯斯特

大学之道丛书

市场化的底限	[美]大卫·科伯
大学的理念	[英]亨利·纽曼
哈佛：谁说了算	[美]理查德·布瑞德利

麻省理工学院如何追求卓越	[美]查尔斯·维斯特
大学与市场的悖论	[美]罗杰·盖格
高等教育公司：营利性大学的崛起	[美]理查德·鲁克
公司文化中的大学：大学如何应对市场化压力	
	[美]埃里克·古尔德
美国高等教育质量认证与评估	
	[美]美国中部州高等教育委员会
现代大学及其图新	[美]谢尔顿·罗斯布莱特
美国文理学院的兴衰——凯尼恩学院纪实	[美]P.F.克鲁格
教育的终结：大学何以放弃了对人生意义的追求	
	[美]安东尼·T.克龙曼
大学的逻辑（第三版）	张维迎
我的科大十年（续集）	孔宪铎
高等教育理念	[英]罗纳德·巴尼特
美国现代大学的崛起	[美]劳伦斯·维赛
美国大学时代的学术自由	[美]沃特·梅兹格
美国高等教育通史	[美]亚瑟·科恩
美国高等教育史	[美]约翰·塞林
哈佛通识教育红皮书	哈佛委员会
高等教育何以为"高"——牛津导师制教学反思	
	[英]大卫·帕尔菲曼
印度理工学院的精英们	[印度]桑迪潘·德布
知识社会中的大学	[英]杰勒德·德兰迪
高等教育的未来：浮言、现实与市场风险	
	[美]弗兰克·纽曼等
后现代大学来临？	[英]安东尼·史密斯等
美国大学之魂	[美]乔治·M.马斯登
大学理念重审：与纽曼对话	[美]雅罗斯拉夫·帕利坎
学术部落及其领地——当代学术界生态揭秘（第二版）	
	[英]托尼·比彻 保罗·特罗勒尔
德国古典大学观及其对中国大学的影响（第二版）	陈洪捷
转变中的大学：传统、议题与前景	郭为藩
学术资本主义：政治、政策和创业型大学	
	[美]希拉·斯劳特 拉里·莱斯利
21世纪的大学	[美]詹姆斯·杜德斯达
美国公立大学的未来	
	[美]詹姆斯·杜德斯达 弗瑞斯·沃马克
东西象牙塔	孔宪铎
理性捍卫大学	眭依凡

学术规范与研究方法系列

如何为学术刊物撰稿（第三版）	[英]罗薇娜·莫瑞
如何查找文献（第二版）	[英]萨莉·拉姆齐
给研究生的学术建议（第二版）	[英]玛丽安·彼得等
社会科学研究的基本规则（第四版）	[英]朱迪斯·贝尔
做好社会研究的10个关键	[英]马丁·丹斯考姆
如何写好科研项目申请书	[美]安德鲁·弗里德兰等
教育研究方法（第六版）	[美]梅瑞迪斯·高尔等
高等教育研究：进展与方法	[英]马尔科姆·泰特
如何成为学术论文写作高手	[美]华乐丝
参加国际学术会议必须要做的那些事	[美]华乐丝
如何成为优秀的研究生	[美]布卢姆
结构方程模型及其应用	易丹辉 李静萍
学位论文写作与学术规范（第二版）	李 武 毛远逸 肖东发
生命科学论文写作指南	[加]白青云
法律实证研究方法（第二版）	白建军
传播学定性研究方法（第二版）	李 琨

21世纪高校教师职业发展读本

如何成为卓越的大学教师	[美]肯·贝恩
给大学新教员的建议	[美]罗伯特·博伊斯
如何提高学生学习质量	[英]迈克尔·普洛瑟等
学术界的生存智慧	[美]约翰·达利等
给研究生导师的建议（第2版）	[英]萨拉·德拉蒙特等

21世纪教师教育系列教材·物理教育系列

中学物理教学设计	王 霞
中学物理微格教学教程（第三版）	张军朋 詹伟琴 王 恬
中学物理科学探究学习评价与案例	张军朋 许桂清
物理教学论	邢红军
中学物理教学法	邢红军
中学物理教学评价与案例分析	王建中 孟红娟
中学物理课程与教学论	张军朋 许桂清
物理学习心理学	张军朋
中学物理课程与教学设计	王 霞

21世纪教育科学系列教材·学科学习心理学系列

数学学习心理学（第三版）	孔凡哲
语文学习心理学	董蓓菲

21世纪教师教育系列教材

教育心理学（第二版）	李晓东
教育学基础	庞守兴
教育学	余文森 王 晞
教育研究方法	刘淑杰
教育心理学	王晓明
心理学导论	杨凤云
教育心理学概论	连 榕 罗丽芳
课程与教学论	李 允
教师专业发展导论	于胜刚
学校教育概论	李清雁
现代教育评价教程（第二版）	吴 钢
教师礼仪实务	刘 霄

家庭教育新论	闫旭蕾 杨萍
中学班级管理	张宝书
教育职业道德	刘亭亭
教师心理健康	张怀春
现代教育技术	冯玲玉
青少年发展与教育心理学	张清
课程与教学论	李允
课堂与教学艺术（第二版）	孙菊如 陈春荣
教育学原理	靳淑梅 许红花
教育心理学	徐凯

21世纪教师教育系列教材·初等教育系列
小学教育学	田友谊
小学教育学基础	张永明 曾碧
小学班级管理	张永明 宋彩琴
初等教育课程与教学论	罗祖兵
小学教育研究方法	王红艳
新理念小学数学教学论	刘京莉
新理念小学音乐教学论（第二版）	吴跃跃

教师资格认定及师范类毕业生上岗考试辅导教材
| 教育学 | 余文森 王晞 |
| 教育心理学概论 | 连榕 罗丽芳 |

21世纪教师教育系列教材·学科教育心理学系列
| 语文教育心理学 | 董蓓菲 |
| 生物教育心理学 | 胡继飞 |

21世纪教师教育系列教材·学科教学论系列
新理念化学教学论（第二版）	王后雄
新理念科学教学论（第二版）	崔鸿 张海珠
新理念生物教学论（第二版）	崔鸿 郑晓慧
新理念地理教学论（第三版）	李家清
新理念历史教学论（第二版）	杜芳
新理念思想政治（品德）教学论（第三版）	胡田庚
新理念信息技术教学论（第二版）	吴军其
新理念数学教学论	冯虹
新理念小学音乐教学论（第二版）	吴跃跃

21世纪教师教育系列教材·语文教育系列
语文文本解读实用教程	荣维东
语文课程教师专业技能训练	张学凯 刘丽丽
语文课程与教学发展简史	武玉鹏 王从华 黄修志
语文课程学与教的心理学基础	韩雪屏 王胡霞
语文课程名师名课案例分析	武玉鹏 郭治锋等
语用性质的语文课程与教学论	王元华
语文课堂教学技能训练教程（第二版）	周小蓬

中外母语教学策略	周小蓬
中学各类作文评价指引	周小蓬
中学语文名篇新讲	杨朴 杨旸
语文教师职业技能训练教程	韩世姣

21世纪教师教育系列教材·学科教学技能训练系列
新理念生物教学技能训练（第二版）	崔鸿
新理念思想政治（品德）教学技能训练（第三版）	胡田庚 赵海山
新理念地理教学技能训练（第二版）	李家清
新理念化学教学技能训练（第二版）	王后雄
新理念数学教学技能训练	王光明

王后雄教师教育系列教材
教育考试的理论与方法	王后雄
化学教育测量与评价	王后雄
中学化学实验教学研究	王后雄
新理念化学教学诊断学	王后雄

西方心理学名著译丛
儿童的人格形成及其培养	［奥地利］阿德勒
活出生命的意义	［奥地利］阿德勒
生活的科学	［奥地利］阿德勒
理解人生	［奥地利］阿德勒
荣格心理学七讲	［美］卡尔文·霍尔
系统心理学：绪论	［美］爱德华·铁钦纳
社会心理学导论	［美］威廉·麦独孤
思维与语言	［俄］列夫·维果茨基
人类的学习	［美］爱德华·桑代克
基础与应用心理学	［德］雨果·闵斯特伯格
记忆	［德］赫尔曼·艾宾浩斯
实验心理学（上下册）	［美］伍德沃斯 施洛斯贝格
格式塔心理学原理	［美］库尔特·考夫卡

21世纪教师教育系列教材·专业养成系列（赵国栋 主编）
微课与慕课设计初级教程	
微课与慕课设计高级教程	
微课、翻转课堂和慕课设计实操教程	
网络调查研究方法概论（第二版）	
PPT云课堂教学法	
快课教学法	

其他
三笔字楷书书法教程（第二版）	刘慧龙
植物科学绘画——从入门到精通	孙英宝
艺术批评原理与写作（第二版）	王洪义
学习科学导论	尚俊杰